CDA数据分析师系列丛书

统计分析

从小数据到大数据

丁亚军◎著

电子工业出版社
Publishing House of Electronics Industry
北京·BEIJING

内 容 简 介

面对小数据和大数据，数据分析师应该如何收集数据信息？传统的业务框架如何与统计学相关联？测量学扮演着什么角色？建模过程有哪些预分析技术和修正技术？建模工作完成后，如何解析？如何归因？如何预测？等等，这些数据分析能力构成了本书的分析框架。

本书分为8章，小数据与大数据分析模式的动态切换贯穿全书，展示了数据分析案例的模块化分析思路。第1~3章为数据预分析部分，强调业务问题与统计问题的衔接；第4~6章为统计建模阶段，其中附有对行业案例和业务敏感度的训练、对统计和业务整合的审美建议，进而构造出一套具有灵活调校的数据分析模式。第7~8章解决的问题是，如何将晦涩难懂的统计解释转换成业务解释。

由衷地希望本书能够成为数据运营人员与初中级数据分析师分析数据的行动指南。

图书在版编目（CIP）数据

统计分析：从小数据到大数据 / 丁亚军著. —北京：电子工业出版社，2020.1

（CDA数据分析师系列丛书）

ISBN 978-7-121-37753-2

Ⅰ.①统… Ⅱ.①丁… Ⅲ.①统计分析 – 应用软件 Ⅳ.①C819

中国版本图书馆CIP数据核字（2019）第240101号

责任编辑：张慧敏　　　　　特约编辑：田学清
印　　刷：中国电影出版社印刷厂
装　　订：中国电影出版社印刷厂
出版发行：电子工业出版社
　　　　　北京市海淀区万寿路173信箱　　　　邮编：100036
开　　本：720×1000　　1/16　　印张：15.75　　字数：434千字
版　　次：2020年1月第1版
印　　次：2020年1月第1次印刷
定　　价：79.00元

凡所购买电子工业出版社图书有缺损问题，请向购买书店调换。若书店售缺，请与本社发行部联系，联系及邮购电话：（010）88254888，88258888。

质量投诉请发邮件至 zlts@phei.com.cn，盗版侵权举报请发邮件至 dbqq@phei.com.cn。

本书咨询联系方式：010-51260888-819，faq@phei.com.cn。

致母亲：

唯慈爱，方慰藉

序言：数据是通往智能化的阶梯

早在 1996 年，尼葛洛庞帝在其出版的《数字化生存》一书中就指出：人类生存在一个虚拟的、数字化的空间，人们在这个空间里应用数字技术（信息技术）进行信息传播、交流、学习、工作等活动，这便是数字化生存。2010 年 2 月，肯尼斯·库克尔在《经济学人》上发表了一篇长达 14 页的大数据专题报告——《数据，无所不在的数据》，该报告中写道，"世界上有着无法想象的巨量数字信息，它们以极快的速度增长……从经济界到科学界，从政府部门到艺术领域，很多地方都已受到这种巨量信息的影响。科学家和计算机工程师已经为这个现象创造了一个新词汇——'大数据'"。库克尔也因此成为最早洞见大数据时代趋势的数据科学家之一。2018 年，人工智能风起云涌，苹果手机装上了 AI 芯片，百度无人驾驶汽车开进了北京海淀公园。展望未来，AI 不仅将走入寻常百姓家，还将成为与生命科学并肩的技术。它一方面使机器更像人；另一方面使人更像机器（基于基因和量子科技等技术，使现代医学更好地了解人类）。

数据分析（或数据挖掘）算法作为 AI 这一未来革命性趋势的重要引擎，是近期 AI 能成功的第一重要因素。深度学习是数据分析算法的一个分支，它的出现类似于医学史上出现的青霉素，青霉素使西医掌握了一项重要的"武器"。要掌握 AI 这项"武器"，我们就必须从最基础的数据知识开始学习，丁亚军老师的《统计分析：从小数据到大数据》一书是给零基础的朋友提供的一本严谨又不失趣味的教材，通过这本书，我们可以领略到数据的魅力！

作为 CDA 数据分析师品牌的首席讲师，丁亚军老师一直致力于把自己在电商大数据、统计调查小数据的实战心得传授给学员。

这些年来，CDA 数据分析师的企业客户名单中增添了不少重量级的客户：银行，如中国工商银行、中国银行、招商银行、中国邮政储蓄银行、渣打银行、北京银行等；三大电信运营商，即中国电信、中国联通、中国移动；知名车企，如奔驰、宝马；跨国企业，如 IBM、麦当劳等。数据分析师在美国是一个常设岗位，但在中国才刚刚开始设立。

本书经过 CDA 和电子工业出版社审核，将其归入"CDA 数据分析师系列丛书"。对于希望加入数据分析师行业的读者来讲，本书是一本靠谱的、有趣味的商业数据分析读物。

CDA 数据分析师理事 赵坚毅

前　言

统计分析是基于大数据的商业智能分析、机器学习等多项技术的基础，同样也是训练大数据思维的理论基础。

每种技术既有优点，又有缺点。为了弥补传统统计方法的不足，人们引入了数据挖掘算法。不管是算法、应用，还是数据探索，基于不同的方法体系都将产生不同的方法论，本书以此为基础，探讨小数据和大数据的核心区别，以及由大数据引起的算法"进化"。

内容特色定位

本书内容具有如下几个重要的特征。

- 从运营报告开始了解业务环境，进而建立业务视角的统计思维，如将业务问题转化为统计问题、数据项目落地、共享模型价值等。
- 通过强调应用统计和理论统计的区别和联系，进一步讲解应用统计工作者应该如何梳理业务关系、学习统计模型等。
- 从小数据到大数据，厘清了数据分析的技术脉络，包括：模型预分析和修正；算法的"进化"，从 1.0 到 4.0；统计算法和机器学习的深入解读。
- 案例学习模块化和流程化。其中，模块化表现为统计的家族特征，如每种模型在家族中有什么表现、继承了什么样的算法优势；流程化表现为从小数据到大数据的算法，对应不同需求而设计的分析流程。
- 本书试图搭建统计与机器学习间的基础理论桥梁，使读者了解算法的"进化"过程，从而掌握每次进阶学习的核心信息，跨越进阶障碍。

读者定位

鉴于对统计算法和大数据算法的探讨，本书比较适合如下几类人群阅读。

（1）经常与数据运营或运营报告接触的业务人员。

本书能够帮助业务人员理解数据特征，看懂运营报告，掌握常见的数据可视化工具，使用数据语言进行业务沟通和交流，并能够提高业务人员的数据化思维，使其尽快成长为业务能手。

数据运营人员和数据管理人员经常与数据打交道，他们需要知道如何将数据转化成商业价值——量化需求、寻找影响因素、工具归因、数据可视化。

（2）数据分析入门者或想转行成为数据分析师的读者。

初学者最重要的是训练统计思维，这需要初学者搭建业务框架、训练角色意识、提高审查数据的量化标准、识别数据行列模式、学习应用统计、了解统计的商业价值评估、熟悉统计解释等。本书站在初学者的视角，立体地呈现出这些必要的知识，并以案例和固定操作流程的方式展现给大家，尽量使专业的知识简易化。

（3）机器学习从业者或机器学习初学者。

大数据的温床孕育了机器学习等人工智能算法，这是大数据模式下的全新技术。小数据与大数据产生于不同的应用环境，所以小数据和大数据的算法区别是：对数据是总体分析还是个体分析、数据信息的分布是宏观的还是微观的，等等。两类算法各有千秋，甚是不同。

学习建议

建议读者将第 1 章和第 2 章涉及的业务思维的讨论按顺序读完。

关于第 3 章，数理统计基础偏弱的读者可以直接越过与数理统计有关的内容，这样做并不影响对第 3 章内容的理解。建议阅读完第 3 章后直接阅读第 7 章和第 8 章，这样可以更好地理解全书内容，并可以完善读者对数据分析流程的学习。

数理统计基础较好的读者，按顺序阅读本书即可，无须跳转。

第 4 章线性回归与统计家族作为读者学习的重点，建议读者在阅读的同时跟着案例和流程进行操作。此外，建议学习第 5 章 Logistic 回归与统计家族时，将其中的知识点与第 4 章的知识点对应起来，并回答两个问题：线性回归如何解读？线性回归如何应用？

第 6 章降维技术中的主成分回归是重点内容，通过学习本章内容，读者可以体验多变量技术的案例应用及其业务、统计和可视化的整合过程。

针对本书行文内容有以下几点补充说明：

- 本书侧重于商业案例的应用，为了便于初学者理解，可能有些词汇具有个人习惯倾向，并不一定严格符合科学术语。
- SPSS 中文版有诸多翻译不足之处，但为了迎合读者的语言习惯，本书仍使用中文版对应的翻译，但会有相应注解。
- 本书涉及从小数据到大数据的方法论，为了行文方便并遵循习惯叫法，正文涉及的大数据模型称为数据挖掘模型，小数据模型称为统计模型。

致谢

本书成稿历时 3 年有余，其间反复修改，甚至有停下来的想法，不过最终还是在数百个寂静的清晨后完成了书籍撰稿，在此期间不断激励我的是我的父亲，从构思到撰写，他都给予我极大的鼓励，在此表示感谢。

在生活中，妻子和岳母对家庭及小宝的悉心照料，使我能够如约完稿，在此对她们表示感谢。此外，感谢亲友丁凤萍、丁敏、徐强、丁飞等对我的支持和鼓励。

感谢赵坚毅老师，不辞辛苦提供指导意见，并为本书作序。

本书在修改过程中，尤其感谢电子工业出版社的张慧敏老师及其同事的悉心指导。

本书部分内容受到在演讲和主题研讨时学员提问的启发。因此，感谢学员对本书的期待和贡献。

最后，因本人学识浅陋，行文内容难免存在不足之处，望读者不吝赐教。

说明

书中部分插图由于为软件生成图，所以图中变量显示为正体。

丁亚军

2019.5.26

目 录

第 1 部分　数据分析准备

第 1 章　从业务到统计

第 2 章　变量角色与描述

第 3 章　数据预分析

第 1 部分　数据分析准备

数据分析师为什么也叫业务分析师？业务人员
成为业务专家需要 8～10 年，数据分析师成为业务
专家则只需 6～8 年，这是真的吗？

第1章 从业务到统计

本章从数据分析师面临的业务环境方面，先归纳了 3 种常见的数据特征；然后阐述了不同特征的数据及其业务信息量，并据此判断了数据与统计模型间的关系；最后比较了小数据分析方法和大数据分析方法的流程，并由此拓展至对统计原理的探讨。

1.1 业务需求从哪来

没有业务的数据分析犹如空中楼阁。

回溯统计的发展历程，从小数据到大数据的分析思路均源于验证性数据分析，因此，业务需求尤为重要，而需求从何而来是由数据分析师所处的行业而定的。

数据分析的需求来源如图 1-1 所示。运营报告综合了一家公司所有的业务，也是一种"数字语言"。运营报告可以告诉我们：过去发生了什么（经验与业务的综合框架）？现在如何（一个重要且亟待解决的痛点）？未来怎样（数据分析的总目标）？

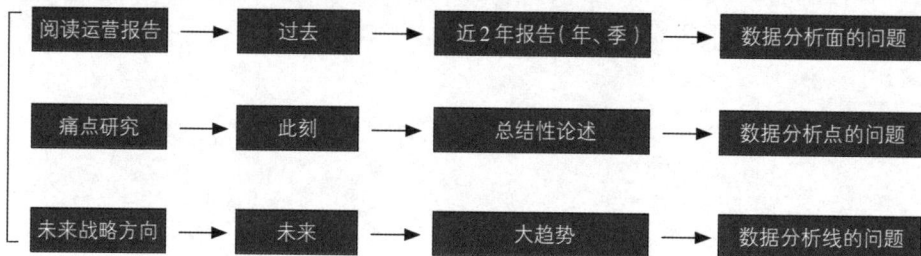

图 1-1　数据分析的需求来源

下文将从阅读运营报告、研究痛点和未来战略方向几个方面展开讨论。

1.1.1　学习业务的最快途径：阅读运营报告

学习业务最快的方式不是埋头干活，而是研究运营报告。

1）阅读运营报告

谈到运营报告就不得不提及数据库。

我们经常将数据库喻为"数据海洋"，其数量和内容之多超出我们的想象。就电商公司而言，数据库装载几千张表是很正常的现象，每张表的数据从几十列到上百列不等，整个数据库至少有几万列数据。一名数据分析师仅仅了解这些字段（基于描述类工作），估计没有一年半载是办不到的。

运营报告包含很多有用字段，凡是能在报告里出现的字段都是经过业务人员过滤并经过几年的持续修改而成的，这恰恰包含了数据分析所需的统计信息。

数据分析框架如图 1-2 所示。如果事先对业务问题进行总结，那么运营报告中的字段将得到大幅缩减。例如，如果消费者关注商品颜色，那么运营报告需要提及这一字段，并设计相应的营销方案；相反，如果最近业务更加关注客户满意度，那么商品颜色这一字段就用不上了，运营报告自然也不会提及这一字段。由此看来，数据库中只有部分字段能够充分利用起来（通常认为只有不足 10% 的字段经常被使用），而其他字段可能暂时还没有用。

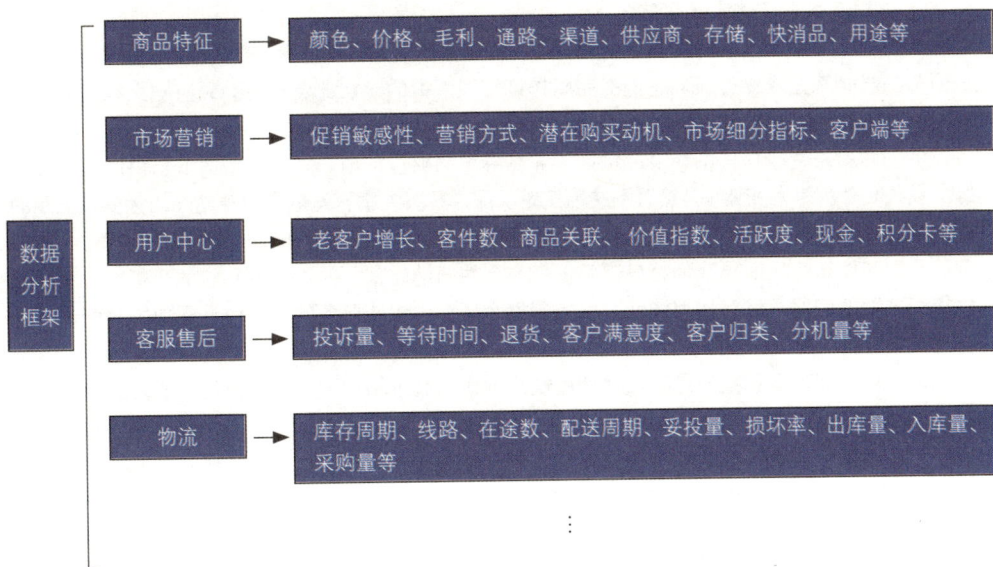

数据分析框架

商品特征	→	颜色、价格、毛利、通路、渠道、供应商、存储、快消品、用途等
市场营销	→	促销敏感性、营销方式、潜在购买动机、市场细分指标、客户端等
用户中心	→	老客户增长、客件数、商品关联、价值指数、活跃度、现金、积分卡等
客服售后	→	投诉量、等待时间、退货、客户满意度、客户归类、分机量等
物流	→	库存周期、线路、在途数、配送周期、妥投量、损坏率、出库量、入库量、采购量等

图 1-2　数据分析框架

运营报告通常分为年报、季报、月报、周报，甚至还有日报，建议经验较少的数据分析师收集最近两年的运营报告。年报和季报提供公司的运营目标，其内容比较少，因此数据分析师可以背下来。月报是重点，需要反复阅读，并标注已发生的重要事件，数据分析师需要达到非常熟悉的程度。例如，当提到今年 3 月的数据峰值时，数据分析师应该回忆起当时发生过哪些业务事件。周报涉及短期的业务行为，往往是数据分析师的"试验场"[1]，通常并不重要。

上述工作建议在 6 个月内完成，这是数据分析师进入新环境的适应时期，过了这段业务学习黄金时期再进行业务学习的成本会很高。

---

[1] 试验场是指将一些不稳定、有待后续调校的模型暂时放在周报里，并不将其视为决策的依据。

2）以报告看统计

（1）因变量 y 和自变量 x 从何而来？[①]

公司每段时期出现的问题都会呈现在报告中，问题所在之处就是量化 y。有了 y 后，需要对问题进行归因，而变量 x 就是结果 y 的归因因素，因此寻找影响因素 x 是建模的主要过程。寻找 x，不是从数据海洋中搜寻，而是判断运营报告中提到的字段。

理论上说，报告中涉及的字段都有可能成为 y 或 x，但企业在每段时期暴露的严重问题涉及的字段才最有可能是 y，而且 y 并不会很多，因为大多数问题，只有几个主导的因素。例如，订单下滑、满意度不佳、活跃度不够等问题的根本原因可能是广告投放失效，那么广告投放就是当前的 y。x 是归因的依据。模型是寻找影响因素最快捷的方式，如果能够掌握数据分析方法，那么搜寻 x 的过程就简捷多了。

我们是否需要寻找报告之外的 x 呢？这实际上涉及数据分析的创新，但创新是发生在夯实的业务基础之上的。也就是只有具备了数据分析技术、业务知识，再加上时间的积累，创新才有望发生。数据分析师职业生涯前 2～3 年，无须寻找这部分 x。

（2）搭建模型的前提是业务准备。

数据降维（x 的筛选过程）和角色问题确定后，需要做的是模型搭建。数据分析师应该用"点→线→面"的思路来完成业务梳理，进而完成构筑模型所需的一切业务准备。只有把点的问题还原成面的问题，痛点问题才有望被解决。

点的问题就是造成损失的环节。例如，商品导致的业务问题，如毛利润太低、供应商供货问题等。损失之处就是因变量 y。然后围绕因变量 y 探讨解决方案，这就是自变量 x 与因变量 y 间的结构关系，y 的问题就是点的问题。线的问题，即自变量 x 是如何影响因变量 y 的，其重点在寻求归因，即整体结构。如果我们将各部门发生的事件归纳起来，并通过点和线的分析方式将这些事件编织成面的问题，然后使用统计技术控制每个环节，促使业务问题与统计解决方案同步，那么统计方法将得到有效的运用。

总体来看，阅读运营报告是学习业务最快的方式，通过阅读运营报告能及时了解公司整体和各部门的运营状况、健康程度和发展趋势。另外，建议读者花一些时间学习大数据描述和数据分箱技术，因为只有掌握了这些知识才能更好地将发生的业务事件和数据特征对应起来，这利于业务理解并为数据分析做准备。大数据描述和数据分箱技术我们将在第 2 章和第 3 章加以讨论。

1.1.2 当务之急：研究痛点

企业在某段时间可能会面临某个严重的业务问题，企业所有资源和人力都将用于解决这个问题，数据分析师当然也不例外。企业每个时期的痛点各不相同，问题一般会持续 3~6 个月。那么数据分析师如何进行痛点研究呢？例如，老客户流失严重，首先需要找到 y，如果数据库中没有字段与该问题对应，则需要想办法构建人工字段[②]，即用商品购买周期的两倍来预判客户流失（这是人工字段）的严重性。有了 y 后，要寻找影响因素 x，构建客户流失模型。完成模型构建后，在因变量与自变量间归因是不是就自然发生了呢？最终就能找到痛点的真正原因了呢？显然，据此得出的结论过于单薄。

---

① y 表示因变量，x 表示自变量，下文统一使用这种表达。

② 人工字段，是指数据库中没有，但通过业务或数据逻辑构建的字段。与人工字段相对的是自然字段。此外本书并不刻意区分字段和变量的叫法，一般在涉及统计知识时用变量表述，在涉及数据库知识时用字段表述。

痛点问题是很多问题的综合性表现，且一个模型能解释的信息是有限的。对痛点问题进行归因是环环相套的。例如，问题的表象是产品活跃度下降，而直接导致产品活跃度下降的原因是产品满意度下降，但产品满意度下降是由物流滞后引起的，而物流滞后的原因是供应商没有按时交货，供应商没有按时交货的原因是当前产品盈利有问题，产品盈利有问题的原因是品牌效应下降。品牌效应下降也许是问题的根源，也许不是，但数据分析能够发现归因链条上的最后一环吗？答案是很难。

研究痛点仅仅是帮助我们发现归因链中有问题的环节，而此环节必须还原到产品或行为分析的框架中才能有效地归因，否则就会出现"头痛医头"的现象。有一种叫作路径分析的统计模型可以在归因链上追本溯源。路径分析是数据挖掘中常见的分析技术，该技术的前提条件是将模型放在大的业务环境中，才能够理顺因果链条问题，所以点问题必须放到面问题中才能发挥作用，否则归因只会浮于表象。

1.1.3　数据分析之锚：未来战略方向

数据分析之锚，犹如远方地平线上的一棵大树，以此为锚不会偏离方向。

一个案例场景如下：小王刚刚在某公司任职金融部数据分析主管。该公司规模较小，但风控管理良好。此时，老板将目标设为开拓市场、增加市场份额，但小王仍把最"精确"的模型放在重点位置，以此为方向来调校模型和管理团队。

以上案例中小王存在如下三个问题：第一，越"精确"的模型越不精确。所谓"精确"只是看起来精确，实际上可能过拟合；第二，风控严格会将更多客户排除在业务范围外，不利于增加市场份额，易丢失开发新市场的动力；第三，过度强调信用评估，会耗费很多财力和人力资源，从而导致资源分配不合理。

数据分析也有周期，有时老板并不看好数据分析的结果，但又不能不做数据分析，此时数据分析师的工作量会比较少。在此期间，笔者建议数据分析师可做如下事情：第一，调试模型使"精确"变成精确，以符合当前应用场景。模型判断的准则永远是业务标准，而最了解业务之人当属老板，所以老板确定的方向出错的可能性很小，要相信此锚。第二，数据分析团队应该适当地转移工作重点，如参与线下业务活动，以了解营销、物流配送、供应商谈判、客服等业务，从而了解业务与数据间的关系，但不要本末倒置。第三，参加数据分析培训。

除以上"软"问题外，如果方向不清楚，如下"硬"问题也很难确定。

- y 的量化标准是什么：分类变量还是连续变量？测量级别的具体形式是什么？
- 残差的正常范围判断模糊：哪些是真正的异常值？
- 影响因素的选择：选择哪些 x？
- 算法的精确性判断：选择算法 1.0 还是算法 3.0？
- 特征选择算法的不确定性。

上述问题的具体细节分布在后续章节中，此处暂不做阐述。

1.1.4　对数据分析"小白"的有益建议

如果读者是一名数据分析"小白"，不妨参阅如下建议。

1）模型及"能力圈"

如果把数据分析师分为初、中、高三个级别，那么初级"小白"是不建模型的，至少刚工作一年内的数据分析师应如此。因为模型及应用的成败受数据库质量、模型管理（数据清理等工作）、业务与营销协同等因素的综合影响，这需要大量的业务准备工作，很难一蹴而就。模型失败，一方面，影响建模者的自信；另一方面，错误的结论往往会带来业务损失，影响同事和老板对数据分析师的看法。

因此，从业一年内的数据分析师建的模型，最多只能运用在周报中，不可以用于年度、月度等运营报告，并很少用于提供决策支持。这里需要强调的是，这是数据分析师在进阶过程中必要的保护环节。

2）模型优化

所有模型都是错的，因为每种模型都有严格的假设。如果不满足这些假设条件，那么模型在很大程度上要进行"折扣"处理。图1-3（a）是数据挖掘模型，该模型前期需要大量的数据清理、对接及变换等操作，这是数据流中常见的清理准备。图1-3（b）是统计分析模型，并不需要严格的数据管理，它的问题是数据是否满足假设条件，如正态分布、异方差检验、结构关系的合理性、共线性及内生性处理等。

因此，尽管所有模型都是错的，但通过模型优化就可以使它们发挥作用。

几乎没有人能一次构建好模型，如下流程是一个参考——不管数据质量如何，先"上架"第一版模型，此时模型的各项指标都不好也没关系，继续优化模型，一次只调整一个问题，如默认值填补等，将模型升级为第二版，再判断各项指标，重复执行以上过程，直到各项统计和业务指标都达标。

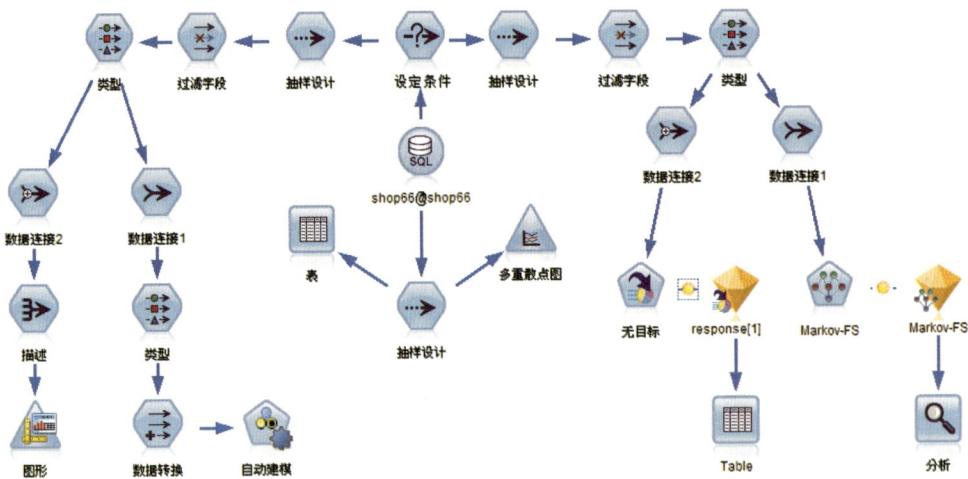

（a）数据挖掘模型

图1-3 数据分析流程图

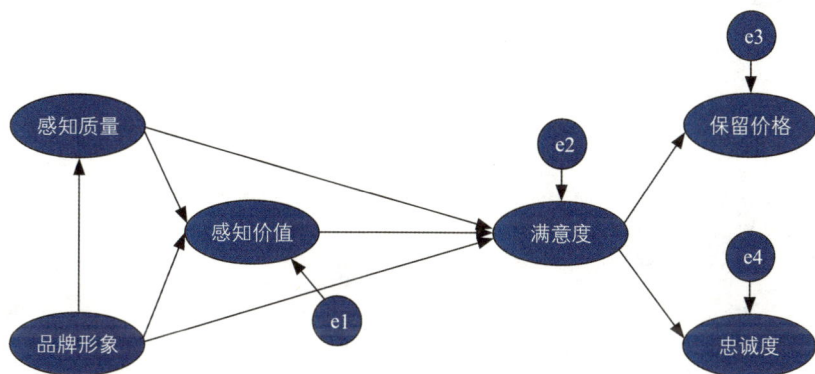

（b）统计分析模型

图 1-3 数据分析流程图（续）

3）模型擅长解决的问题

小数据分析比较擅长处理抽象及潜在行为问题，而潜在行为无外乎态度行为，在客户购买行为链中，可以使用态度行为的三要素理论：认知、评价、行为[①]。态度行为的三要素之间存在一种非常复杂的交互关系，人们可以通过测量某个要素，来推断其他要素或态度。例如，一个客户经常购买某品牌牙膏，由此可以推断该客户对该品牌比较了解，对该品牌的评价也不错。又如，某客户对某件外衣赞赏有加，由此可推断该客户未来可能会产生订购行为。小数据的行为分析就是通过研究如何量化抽象变量（如态度），来推测显在行为（如产生购买），即由潜到显的过程。

大数据分析比较擅长处理非抽象的客户行为问题。在大数据环境下，数据库里的字段大多以显在测量为主，如订单频率、积分等，但预测问题需要潜在变量。为构造潜变量，大数据分析使用了结构整合技术，即通过整合多个显变量来构造潜变量，是由显到潜的过程。关于结构、测量、显变量和潜变量的论述见第 2 章和第 7 章。

4）"能力圈"内的事

如果要知道客户的行为动机，但在数据库中无论如何也找不到与此对应的列，即没有 y，并且业务专家也没有告诉你 y 的具体形式，那么你需要第一时间告诉老板，这是数据分析无能为力的地方。如果将行业趋势分成如图 1-4 所示的 10 个阶段，其中 1 ～ 5 阶段是行业上升阶段，6 ～ 8 阶段是行业下行阶段。在行业上升阶段中，数据分析主要起到开源作用；在行业下行阶段，数据分析主要起到节流作用，不管是开源还是节流都是优化现有业务。

模型尤其擅长解决第 7 阶段和第 9 阶段的问题，即局部优化；但解决不了第 10 阶段的问题，即扭转商业颓势。因此，目前来看数据分析可做业务优化，但无法产生革命性的商业变革。

5）业务是模型之基

数据分析师并不直接面对市场，商品推荐系统、营销方案优化、客户满意度、客户细分画像、

---

① 参见诺曼·布拉德伯恩等人所著《问卷调查手册》。

销量预测等项目即使没有数据分析也能正常运作，因为公司存在业务专家。但一家公司能有几位业务专家呢？从目前来看，可以肯定的是模型的"业务能力"还无法与业务专家相比，但也可以肯定模型的"业务能力"处于业务"小白"（不足 1 年工作经验）和业务专家（8 年以上工作经验）间。不管是统计算法模型还是智能算法模型，模型的"业务年龄"为 2 ～ 3 年。

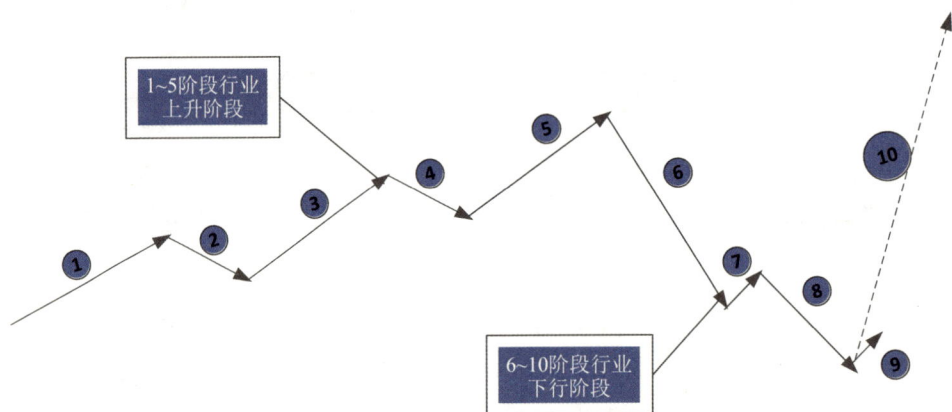

图 1-4　行业趋势示意图

具备 2 ～ 3 年的业务能力的模型能带来哪些优势呢？如果只有业务没有模型，那么精准化目标就无从谈起。业务专家是无法完成目标精准化这项工作的，粗糙的项目管理和运营势必会造成资源浪费。但如果只有模型没有业务，不管模型准不准，模型都会显得很"呆板"，模型是需要让大众信服的。试想，老板会被从没见过，又说不清业务逻辑的模型说服吗？显然不会。

业务和模型协调统一，便可以解决上述问题，但这需要业务人员和数据分析人员的合作。如何才能实现跨部门合作，又是一个新问题。在跨部门合作还不如找第三方咨询来得容易的情况下，跨部门合作犹如一纸空文。不过践行方案还是可以参阅的：第一，让数据分析师在业务部门兼职，使其成为"半个"业务人员，如客服人员、营销人员等。第二，在数据部门和业务部门上预设协调功能的领导层，通过领导层出面协调来实现跨部门合作。

1.2　从小数据到大数据：数据体量与信息分布

数据体量大小需要从行、列两个角度阐述，本节先从行数据的角度观察数据，讨论不同数据体量的精确度问题：数据信息分布与统计模型的关系如何？算法的未来是什么？如何综合应用算法及跨领域技术？

数据体量与信息分布如图 1-5 所示。从统计的历史长河看，行数据与数据精确度密切相关，并一直扮演着重要角色。从实验室的几行数据到数据库上万行甚至上亿行数据，这个过程发生了什么？下文将通过几个典型的场景对此进行阐述。

数据量	精确度与验证	核心信息	模型

实验研究 → 实验室 → 5～40（30）行 → 高（验证性）→ 微观 → 方差、回归

市场分析 → 问卷 → 50～5000（200）行 → 中（验证性）→ 微观+宏观 → 统计分析算法

数据挖掘 → 数据库 → 1万～100亿（100万）行 → 低（验证性+探索）→ 宏观 → 数据挖掘算法

跨级使用方法带来的问题

商业价值	时间	速度	精确性

均值与方差、偏度与峰度 ← 1阶矩、2阶矩、3阶矩、4阶矩 ← 要求中等 ← 没有要求 ← 精确 → 要求高

均值、方差 ← 1阶矩、2阶矩 ← 要求中等 ← 没有要求 ← 中等 → 要求中等

均值 ← 1阶矩 ← 要求高 ← 要求快 ← 不高 → 要求低

图 1-5　数据体量与信息分布

1.2.1　实验室：理论验证

科学结构的美妙之处——随机、对照、验证……，每次结构调整都会带来人类认知上的变革，而第一个映入视野的是实验室。实验需要统计控制。例如，在农业实验中经常会对温度、降水、土壤肥沃程度等因素加以控制，然后研究肥料（操作变量）对农作物带来的生长效果。那么怎么判断农作物生长效果是实验因素导致的呢？其答案就是设置随机对照分组。

1）随机对照与样本量

随机对照过程涉及抽样合理性、分组随机性、控制因素的理论性，同时还需要保证整个过程误差噪声的可控性。所以不管实验是用于客户行为分析，还是用于小白鼠行为分析，其样本量必然不会很大，否则误差源将难以控制。对 100 只小白鼠进行实验或对 100 多人进行社会场景实验的场景仅限于特殊的实验目的。一般来说，实验室的样本量介于 5 ～ 40 行，其中 30 行样本量是重要的界值，应用者往往会根据该界值判断使用参数类方法还是非参数类方法。

数据的局部信息与分布如图 1-6 所示。图 1-6 提供了 Sleadership（领导力）、Gcharacteristic（管理评价）、Jhonour（荣誉绩效）三个变量的原始数据，并分别对其绘制了线图和整合后的线图。每个变量都有自己的波动，拐点清晰，趋势也很明显。但如果分析变量间的相关性，只能看整合后的线图。

整合图显示，如果我们把管理评价视为因变量，领导力和荣誉绩效视为自变量，则当领导力评分很低、荣誉绩效评分很高时，管理评价得分最低。从整合图还可以发现领导力与管理评价有

多处交叉，且荣誉绩效与管理评价的形状有些相似等。读者可以总结出很多类似的信息。但这些结论哪些是有用的，哪些是随机噪声的影响，哪些可以推广呢？若要回答这些疑问，观察图形或数据是无法解决的，甚至经验丰富的实验人员也很难直接判断，所以需要统计分析的协助。

Sleadership	Gcharacteristic	Jhonour
5.255	3.528	4.977
5.101	4.346	5.088
4.486	4.346	5.088
4.178	4.437	5.644
4.178	4.437	4.866
4.947	4.528	5.533
5.255	3.528	4.977
5.101	4.346	5.088
4.486	4.346	5.088
4.178	4.437	5.644
4.178	4.437	4.866
3.793	3.891	5.310
4.024	2.800	5.755
4.332	4.255	5.755
4.870	4.709	5.310
4.101	5.164	5.755
4.870	4.709	5.310
5.178	4.891	5.533
4.178	3.982	4.977
4.793	4.346	5.199

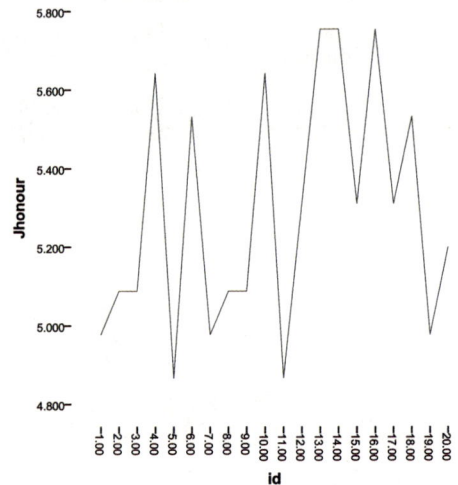

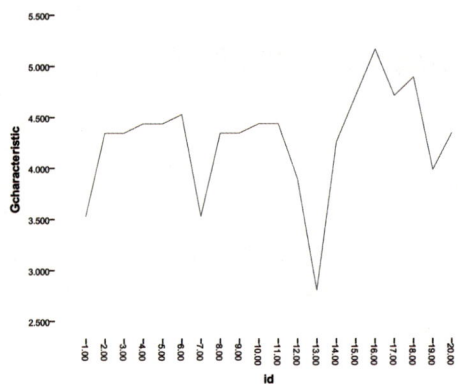

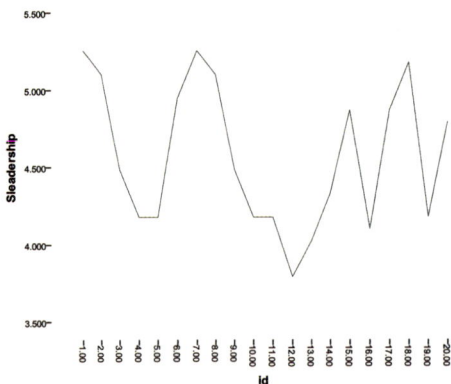

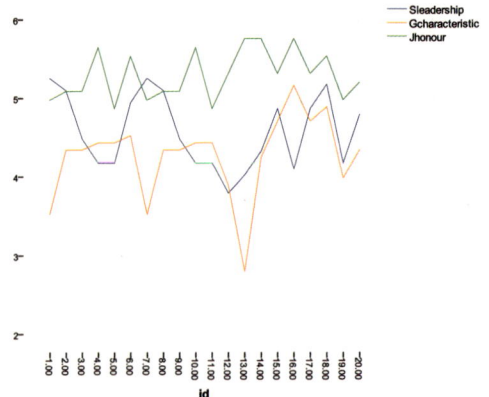

图 1-6　数据的局部信息与分布

我们观察到的数据量如果是微小的，由于控制条件的严格性，其误差也很小。因此数据信息主要分布在微观层面，通过肉眼或图形很难观察到核心信息。此时使用的统计模型需要与精确度匹配，否则无法分解统计信息，一般建议使用方差分析（ANONA）来解析数据。

2）随机对照与维度控制

实验研究中的实验室是一个广义概念，不仅仅是指有场地，主要是表示实验中的控制思想，尤其是随机噪声和影响因素的控制。在这种环境下，很容易获取高精度数据，但是实验室效应也会拉开实验与现实间的差距，这使得实验得出的结论解决的问题受到限制。

放宽条件增加更多的实验因素（这里特指自变量）可不可以呢？理论上说是可行的，但从经验来看，实验室研究的自变量通常不建议超出 4 个，如果放宽条件增加更多实验因素，就意味着在保持高精度数据质量的前提下，大量实验因素的参与将使实验误差大幅增加高维复杂的实验设计，与此相应的统计模型需要具备什么样的精确度？其复杂度远远高于范式转移后的复杂度——问卷。

综上所述，实验室技术运用的主要是方差分析、试验设计的思想。如果对误差源和影响因素没有理论限定，几乎不可能做到对行数据和列数据的高精度控制。从大的方面来说，也是对实验范式的毁灭，所以在实验室研究中验证思想占据主要地位，只有极少数场景是探索性数据分析。

1.2.2　问卷：理论验证 + 探索

问卷包括广义问卷和狭义问卷两种形式，本章是指广义问卷。

1）理论验证

从问卷结构上看，常见的问卷形式是一级概念、二级维度、三级指标。问卷结构维度如图 1-7 所示，其中，酒精依赖调查是一级概念，也是主题；二级概念由 5 个维度组成，每个维度有 1～7 个指标。问卷结构的主要特征不在于概念维度或指标数量的多少，而在于这种结构是否源于理论。校验和发展理论构成了问卷思维。

实践证明，社会科学的理论维度通常是 6～9 个，这大大拓展了现实中使用维度的数量，也打破了实验室研究的局限，由此可见问卷领域的数据不同于实验室的数据。

2）探索性

问卷涉及信效度，用来评估问卷质量。

问卷设计的误差源主要来自以下几个方面：理论问题构造的清晰度、问卷设计的形式、问卷内容的合理性、抽样误差、测试者效应、拒访率、测评误差、统计方法的选择、不合理归因等。从提出问题到得出结论，每个环节都会出现误差，这势必会带来数据质量问题。一般情况下，问卷的数据质量远低于实验室数据。增加样本量是平衡误差的主要方式，将样本增加至 50～5000 行（200 行是问卷领域的大样本界值[①]）可以将大多数随机误差控制在合理范围内。

数据行、列信息的增加，给问卷统计提供了一定的灵活度，增加了探索性数据分析的可能，但探索性数据分析在问卷形式的数据分析中所占比重仍然非常小，也许未超过 1%。

相较而言，实验室数据的核心信息分布在微观层面，问卷数据的核心信息则分布在中观层面。但二者都依赖于验证性数据分析的思路和强度数据的精确性，这与数据库领域形成鲜明对比。因

---

① 参见候杰泰等人所著《结构方程模型及其应用》，注意界值是模糊的，并不是严格意义上的 200 行。下文提的界值都只是大致范围，故不罗列论证。

为数据库数据的核心信息分布于宏观层面，更加强调商业价值、运算速度和探索，而不是数据精确性。

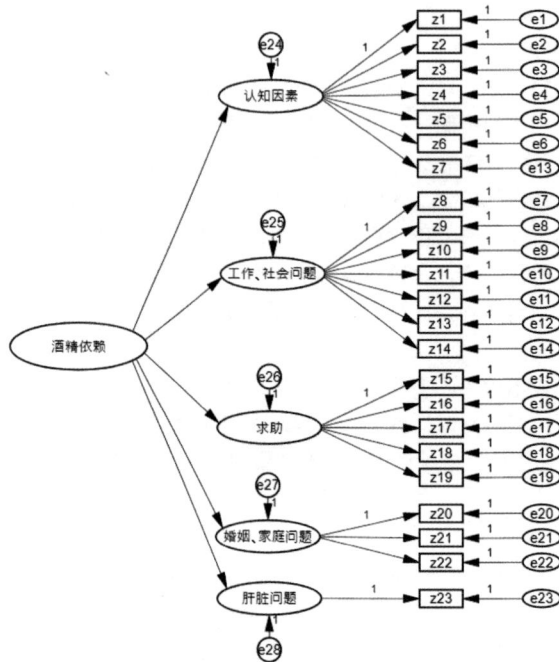

参见《心理卫生评定量表手册》中的密西根酒精依赖调查表。

图 1-7　问卷结构维度

1.2.3　数据库：业务验证 + 探索

数据量的增加，必然带来数据质量的下降。

数据库的样本量增加到 1 万～ 100 亿行，其中数据库的大数界值是 100 万行（微软公司的定义）。由于技术、人力及资金的限制，数据质量在持续下降。存储问题的复杂性催生了数据库技术，进而衍生出了数据挖掘算法。

相较实验室场景和问卷场景而言，数据库的数据质量最"差"（所谓"差"，是指数据信息少，是一种数据现象）。数据库数据的核心信息分布在宏观层面，而微观层面分布着各种随机误差，那么如何利用"差"数据进行分析呢？这就是数据挖掘算法的思想，该思想与"差"息息相关，增加了更多探索性分析的比重，也许超过了 20%。

数据挖掘算法是探索性分析的集中体现。例如，神经网络模型的忽视验证性假设、不谈归因、开放式学习，甚至自我迭代算法，都充分说明了探索性数据分析的特点。在算法的使用上，大数据界值（100 万行）成为衔接小数据和大数据的纽带。当样本量超出大数界值时，建议使用数据挖掘算法，如神经网络、决策树等；反之，既可以使用统计算法，也可以应用数据挖掘算法，如 Logistic 回归等。

1.2.4 数据信息与统计模型

如何判断数据的核心信息是分布于宏观层面还是微观层面呢?

1)解读数据集

在解读数据时,先从行的特征观测数据,以判断数据属于哪个领域,因为行的数量决定了数据质量,数据质量与信息分布直接相关。如果数据质量高,那么核心信息就分布在微观层面,因此选用的统计方法就应该以精确为准,其精确性有助于分解数据的微观信息,并可以将相对应的误差分解出来,其他统计方法很难完成这个过程。如果核心信息分布在宏观层面,则不建议使用精确的统计方法,应该使用相对粗糙的统计方法。因为这种数据在微观层面分布的信息是误差,如果使用精确的统计方法则会将误差分解,而真正有用的信息不一定能被解读出来,进而使得有意义的商业信息隐藏在大量的误差中。

数据信息与模型不匹配有两种情况:一种情况是粗糙的数据使用精确模型,这往往会得到大量误差,数据分析师很难在大量误差中找出真正有价值的信息;另一种情况是精确的数据使用粗糙模型,这种情况下所得结论只是宏观层面的信息,这些宏观层面的信息往往是产品经理或老板的经验,如果模型的作用仅仅是验证产品经理的想法,那么我们把这种分析称为无趣的数据分析。

图 1-8 是使用了 100 个正态分布随机数绘制的散点图,图 1-8(a)为相关性图形,图 1-8(b)为回归预测图。统计模型的基础是相关,由相关分析引入有归因[1]功能的回归分析。

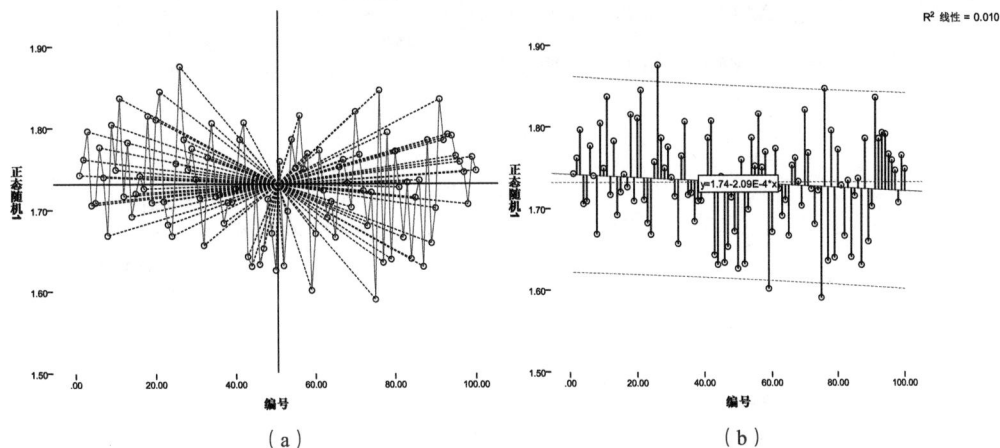

图 1-8 随机序列的相关分析图

从图 1-8(a)来看,由质心处(均数)的两条参考线产生四个象限,每个象限中的点与质心距离的长短(虚线部分)表示相关性大小,其隐含相关的方向性和强弱程度。相关分析的四象限中,隐藏着随机性。如果使用粗糙的模型,如神经网络模型,只要网络结构足够复杂,模型就可以学习到所有信息,但问题是数据是随机的(或噪声),结果很有可能是模型花费大量时间,却没有结构也没有预测。如果使用精确的模型,如统计模型回归,其以分析误差为重点,则可能将误差解析为随机噪声。

图 1-8(b)没有预测趋势,并且信度极低,说明该数量模型没有统计意义上的价值。

---

[1] 模型本身无法归因,因果仅来自理论解释。

2）统计方法与应用场景

为什么各个领域使用不同的方法，以及这些统计方法的特点是什么？解答这个问题可进一步说明上文存在的疑惑。

首先是实验室场景。如果你是一名实验室数据分析师，建议重点学习两部分内容：一部分内容是实验设计；另一部分内容是方差分析（包括非参数的方法）。这两部分内容涵盖了大部分实验室分析技术。

我们知道实验室数据小而精确，针对小而精的数据，应该使用精确的方法。什么方法很精确呢？也许这个问题的答案并不统一，但有一种方法历经时间的洗礼而不衰——方差分析。这足以说明统计学家和应用者对方差分析的重视，因此方差分析算法得到了精确、全面的开发。

SPSS 操作 在 SPSS 软件中打开"单因素方差分析"对话框、"线性回归"对话框及其二级对话框（见图 1-9），对比两种方法的选项功能，可以看出方差分析有丰富的事后检验算法（操作步骤：执行"分析"→"一般线性模型"→"单因素"命令，选择"事后多重比较"二级对话框）。

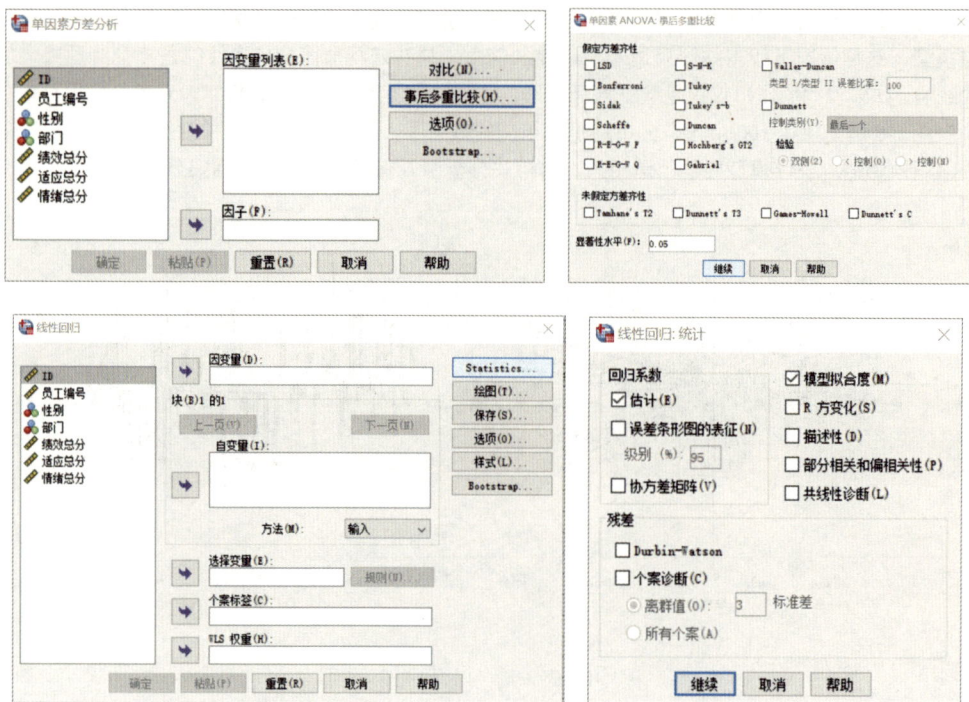

图 1-9　"单因素方差分析"对话框、"线性回归"对话框及二级对话框

方差分析有如此多的事后检验算法，一方面说明研究者的意见不统一；另一方面说明小而精的数据的每个细节的变化都可能需要使用不同的模型。当数据由精确变粗糙时，这类问题就越发不明显。感兴趣的读者可以打开其他统计模型的二级对话框的选项功能（例如，操作步骤：执行"分析"→"回归"→"线性"命令，选择"Statistics"二级对话框），通过对比这些功能及其适用条件，就可以知道方差分析在小而精的数据中被频繁使用的原因了[①]。另外，正如后续章节阐述的内容，

---

① 其实每种统计方法的选项有许多，SPSS 对话框选项默认是为简单基础的用户群设计的。

读者也可以从自变量的角度来阐述其合理性。

其次是问卷场景。如果你是一名市场数据分析师，建议把统计模型搞清楚。数据分析领域常见的方法有回归模型（如线性回归）、方差分析（如考虑低阶矩的方差）、多变量分析（如主成分分析、对应分析）、判别分析（如经典判别回归）、广义线性模型（如 Logistic 回归、生存分析）、结构方程（如中介、调节模型）等。这些方法是 SPSS 软件最具特色的地方，分别在数据行的误差和列维等方面进行了信息和误差的折中。如果从阶矩的角度来看，它们只考虑更低阶矩的问题。

4 阶矩对应的分布区域如图 1-10 所示。阶矩，是指 4 个统计量次方的数值[①]。均值可以看作 1 次方、方差可以看作 2 次方、偏度可以看作 3 次方、峰度可以看作 4 次方，所以可以将方差信息称为 2 阶矩信息。阶矩越多，考虑的信息越微观，数据越精确，模型需要考虑的阶矩信息越多。实验室模型需要考虑 4 阶矩信息，但问卷模型通常需要考虑 2 阶矩或 3 阶矩信息，下文谈到的数据库数据往往考虑 1 阶矩信息即可。

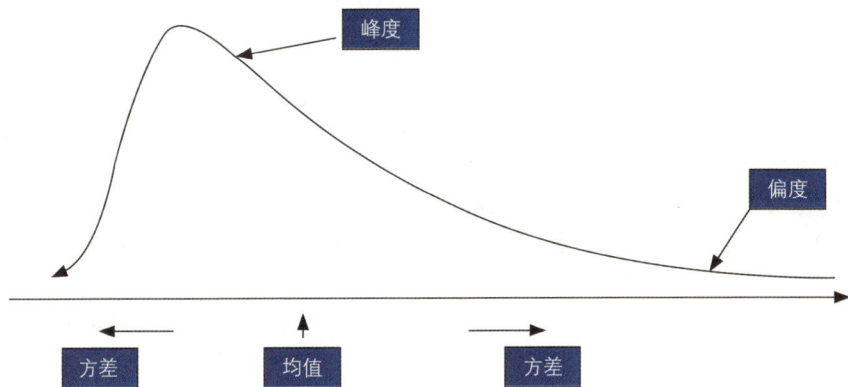

图 1-10　4 阶距对应的分布区域

具备 1 阶矩性质的数据挖掘算法就是整合数据质量、列维复杂度、运行计算和商业价值的集成算法，最有代表性的模型包括神经网络、决策树、支持向量机等分类技术，市场细分类的聚类技术，关联分析的购物篮分析等方法。

1.2.5　算法应用：是否跨界

下面我们来谈两个问题：第一，我们对于不同领域使用不同方法已经达成共识，但泾渭之河是否可以跨越？第二，不同领域的数据分析师经常谈论的主题是什么？哪些主题是他们避而不谈的？

1）跨界算法

上文显示，不同领域的数据行分别为 [5，40]、[50，5000]、[1 万，100 亿]，那如果数据恰好落在不确定区域怎么办？希望大家能够重视这个问题。

---

① 例如方差右上角的二次方，$\dfrac{\sum\limits_{i=1}^{n}\left(x_i-\bar{x}\right)^2}{n-1}$。

统计上的任何决定都离不开业务环境。

数据区间的模糊性是由数据质量、列的性质与复杂度、业务环境的变化等因素综合产生的结果，数据行只是数据领域众多判断视角中的一个。有些数据超出 1 万行，也可能被归于问卷数据分析，不能一概而论。比如方差分析在实验室、问卷和数据库场景中都有使用，只是侧重点不同。从阶矩的角度来看，如数据库使用方差分析时，并不将其用于得出最终结论，只将其用于模型的预分析；市场细分案例把方差分析作为判断变量重要性的手段；问卷分析用方差分析进行差异性检验；而实验室强调方差分析的交互作用及复杂的事后检验（或多重比较检验）功能。

除方差分析外，在数据库中使用的技术还包括在特征筛选、构造模型时使用的线性回归与 Logistic 回归，在生命周期中使用的生存分析，在市场细分、异常诊断等场景中使用的聚类分析，在大数据降维问题中使用的主成分分析等，这些技术都是著名的跨界使用方法。

方法之所以可以跨界，是因为算法"进化"出了更强的适应能力，该适应能力范围包括原有算法的核心及速度方案。"进化"后的算法能够提供速度优化功能，但其个性化的参数定制功能有所损失，我们把这一类跨界的方法称为算法 2.0 和算法 3.0。

2）场景再现

以下是不同领域经常使用的词汇及常见的讨论主题。

实验室：文献综述、现象可否推延、理论依据何在、验证性研究、本土化研究、研究范式、实验设计、实验室与场地、实验仪器与操作、主试者效应、最佳样本量计算、对照组与控制组、双盲、安慰剂效应、分解和控制误差源、自变量控制、小白鼠、抽样与效应值、主效应与二阶交互效应、自抽样技术、多重检验、证伪性、假设检验、显著性检验与 p 值、方差分析、非参数类检验方法、SPSS、外推效度、论文。其中，实验设计与方差分析是重点。

问卷：文献综述、业务发现、行为现象的意义、理论维度、验证性研究、本土化研究、问卷与量表设计、信效度、随机与分层抽样、最佳样本量计算、缺失值、异常值、异方差、正态分布、模型修正、模型条件、散点图、概率、假设检验、显著性检验与 p 值、结构分析、相关与回归、因子分析、结构方程、随机误差控制、SPSS、论文、消费者行为偏好、模型精确性、复杂模型。其中，模型精确性及模型修正是重点。

数据库：业务需求、周报与星期一、数据库清理、SQL、运行速度、服务器压力、大数据、电商与金融、缺失值、异常值、数据流、智能技术、分布式技术、神经网络与决策树、市场细分、购物篮分析、分组与预测、过拟合诊断、模型架构与业务协同、探索性分析、Python 与 SAS、营销组合、业绩评价、老板脸色。其中，模型的架构与速度是重点。

以上零散的信息需要读者自己梳理其内在结构。总体来看，不同领域的方法不尽相同，如实验室与问卷使用的是统计模型，数据库使用的是数据挖掘模型。表象不尽相同，但这些方法均源于统计思维[①]。

1.2.6 算法特征：角色

数据量呈指数级增加，但软硬件技术的发展只遵循摩尔定律，如果按这种方式发展，技术将永远解决不了数据问题。从人工的矩阵运算到统计软件的产生，统计学完成了由一般模型向高级模型的转变；从数据库的应用到云技术，统计学产生了数据挖掘算法，并由此进行了新一轮转

---

① 参见斯蒂文·M.斯蒂格勒所著《统计探源：统计概念和方法的历史》和 Pang-Ning Tan 等人所著《数据挖掘导论》。

变[1]，现有数据库的数据挖掘算法是否就是未来大数据的算法呢？每次计算机革命都带来统计革命，但对于重大问题而言，问题本身是没有答案的[2]。此刻我们正在经历云技术和数字技术的变革，这次变革对全新统计方法提出了包括运行速度、计算力与算法优化、高维计算等方面的要求。

变量角色示意图及描述如表 1-1 所示。在变量角色一列中 y 表示一个因变量，三个 y 表示多个因变量，x 的解释与此类似。

表 1-1　变量角色示意图及描述

变量角色	方法描述
第一种：y	单变量 y，表示为对研究目的的描述，也是连接统计与业务的桥梁
第二种：$y=x$	一个影响因素，是低维度向高维度转换的点
第三种：$y=x\,x\,x$	多个影响因素，是目前使用最频繁的方法
第四种：$y\,y\,y=x$	多因变量分析，是多因变量分析的雏形
第五种：$y\,y\,y=x\,x\,x$	多因变量与多自变量，是数据挖掘领域解决面的优化问题的大前提
第六种：$y\,y\,y$	多因变量，从列的分析转换到行的分析
第七种：$x\,x\,x$	多自变量，从列的分析转换到行的分析
第八种：$y\,x\,x\,x$ 或 $y\,y\,y\,x$	探索性质的数据分析

第一种情况：如果只进行单变量分析，一般不区分 y 或 x，但如果需要分配角色，那么将单变量视为 y，因为它是关注的重点。单维分析不涉及相关性，只是对变量本身的描述。业务性质决定 y 的性质，所以 y 的测量涉及测量级别问题。这些性质与业务需求一一对应，所以有时也将 y 称为统计与业务间的桥梁。能否准确定义 y 影响着业务问题能否转化成统计问题。如果目的仅仅是关注变量本身，如分布情况、集中或离散指标、异常值等，这就是描述性统计。

第二种情况：统计模型主要用于探讨高维性质的数据，如果模型只涉及一个影响因素，则称其为经典统计模型。之所以称其为经典，是因为模型的复杂性。模型可以使用图形表示，并且通过图形可以精确地将数据"翻译"出来，图形、参数与数据一一对应。由于影响因素太少，其他因素相当于没有考虑，所以只涉及一个影响因素的统计模型只是理论层面的探讨。

高维与低维间的区别在哪里？当我们通过图形很难"翻译"数据时，图形功能将产生误差，甚至失效。低维分析以图形为主，模型为辅。图形用于探讨主体模式，模型用于提供细节的数量化展示。高维分析以模型为主，图形为辅。模型可以提供抽象的数量化表达；而图形是借助观察低维上的表现推测高维现象的。

第三种情况：线性回归可以被视为 20 世纪最伟大的统计发现，智能模型（如神经网络）可以被视为 21 世纪（至少前半叶）最伟大的表现。不管是回归类技术还是智能技术，其特征都类似回归——一个 y 伴随多个 x。y 很重要，体现其重要性的是严格的测量学技术。相对而言，x 不太重要，其不重要性体现在选择问题上，如何控制或选择 x 几乎是各个领域最为艰难的统计任务。

特征选择具有不同的分析方式，其用于解决领域间的业务差异问题，如精妙的实验设计有助于控制实验室场景中的 x、问卷将 x 控制在理论框架中、数据库将 x 控制在业务范畴中。而作为

[1] 传统大数据的定义将行的数量作为标准，如 30 行、200 行、1 亿行；但云时代的大数据习惯使用 T、P 等存储大小来定义单位。参见维克托·迈尔 - 舍恩伯格等人所著《大数据时代：生活、工作与思维的大变革》。
[2] 参见托斯·马库恩所著《科学革命的结构》。

数据分析实践者，学习多少方法并不是重点，重点在于了解各方法的局限性，这种局限性体现在不同领域、目的、资源等问题的统筹中。

第四种和第五种情况：这两种情况都涉及多个 y，x 的多少并不是重点，这是现代统计技术的弱项。如何看待多个 y 的问题——统计问题抽象于业务问题——痛点研究，即当前亟待解决的问题，这就是点的问题。如果将问题进一步深化，寻求归因，按图索骥，可以得到整个部门对问题的解释，从而形成一条线。再把整个公司的问题整合出来，就是一个面。

第六种和第七种情况：这两种分析方法主要用于探讨市场细分技术。传统分析方法研究列的性质，而市场细分技术是从数据的行着手分析的。数据分析与行列模式如图 1-11 所示。

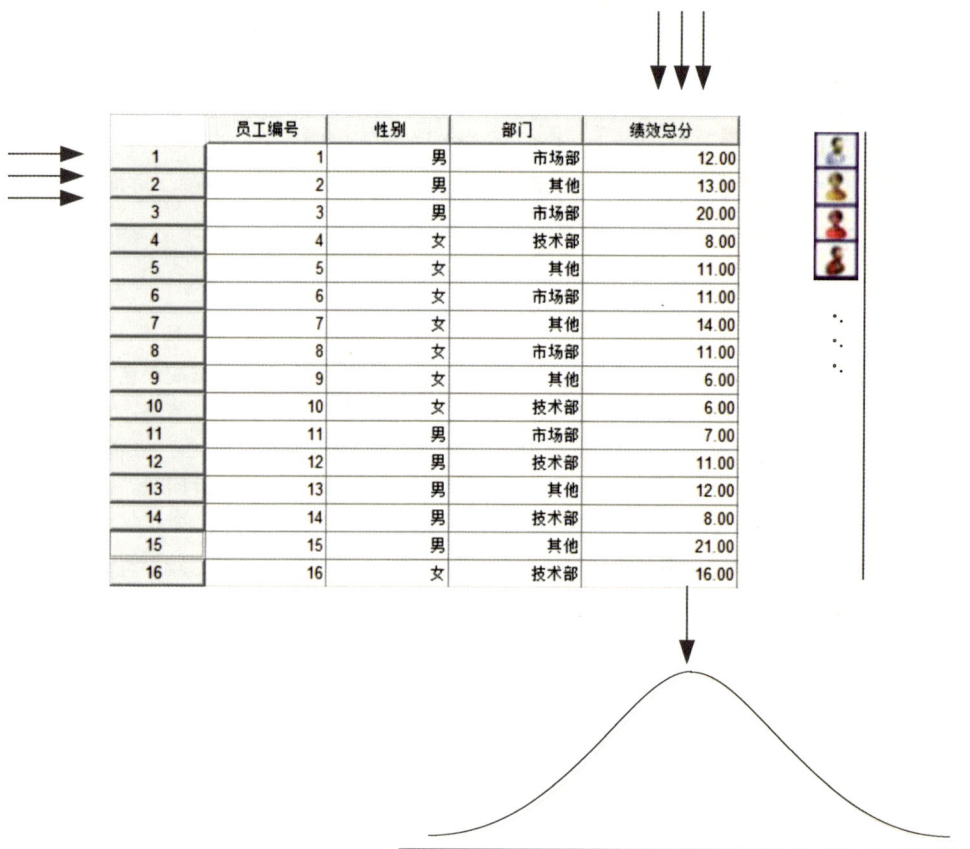

图 1-11　数据分析与行列模式

假设从列的方向投一束光，所有数据都会投射在水平面上，因为有些数值是重复的，所以数据会有重叠，重叠较多的区域，则形成凸起分布。可以通过描述性统计来解析这种分布，如平均状况如何、哪些人偏离平均、异常特征等。归纳起来，这些指标用来描述群体行为，所以对列内容的分析，关注的是群体行为，而不是个体本身。

如果从行的方向投一束光，我们看到的是一个用户具体的信息，如性别、所属部门、绩效总分等。行关注的是个体的信息，而不是群体性行为，每个人的信息很重要，所以为获得商业结论，要自下而上地归纳出群体特征，这与自上而下的列分析相区别。

第八种情况：数据分析需要归因[①]研究，但统计分析技术在本质上是一种相关，用来判断因果甚是勉强。如何利用统计分析技术判断因果呢？利用统计分析技术进行因果判断需要借助实验法和专业理论，单纯使用理论进行分析是定性研究，所以需要量化研究加以佐证。

由理论到设想并辅以数据校验，就是验证性思维。这一思维伴随统计一路走来，不管是实验室、问卷还是数据库都没有突破这个框架。未来会不会突破尚不确定，但作者倾向于认为不会突破，因为不需要归因的数据分析并不是常态。此外，也无法想象不归因的数据分析能带来多少商业价值。

探索性数据分析是从已有数据中总结出新信息的过程。探索性数据分析淡化了理论性，仅依靠相关分析，这在数据信息未知的数字时代显得尤为重要，但探索性数据分析仍不是常态，最终仍要回归验证性思维。

总而言之，数据从行、列角度不断拓展，或称为"大"，大数据之后又会带来新的数据和市场细分，如果细分足够多，则称为"小"。通过数据库研究和问卷研究我们可以得到提供足够多的线索——智能模型的频数研究、统计模型的方差研究。未来"大"和"小"同在，为什么不让"大"的算法仍用在大数据上，"小"的算法仍然用在小数据上呢？"小"的算法用于解决细分下的小数据，"大"的算法用于解决宏观协整和微观协调。

1.3　数据分析流程的启示

统计原理犹如一道启明的晨光，尽管不能确保方向一定正确，但至少不会错得太离谱。

经典数据分析流程从哪来；与统计分析技术是什么关系；为什么要遵循数据分析流程呢？带着疑问，我们先通过一段循环语句产生模拟数据作为开始。

```
set seed 123.
input program.
   loop #lop=1 to 5000.
      compute normal=RV.NORMAL(1.72,0.06).
      end case.
   end loop.
   end file.
end input program.
execute.
```

上述代码中的"loop #lop=1 to 5000"语句用于产生循环，读者可以根据需要更改循环上界，运行上述代码可分别产生 5、50、5000、500 000 个随机样本及对应的分布。随机数与分布图如图 1-12 所示。"computer normal=RV.NORMAL(1.72，0.06)"语句用于模拟一组身高数据，由于身高数据服从正态分布，所以该语句中提供了两个参数均值和标准差，其分别是 1.72 和 0.06。直方图用于判断分布，模拟的数量越大，直方图的上边界与分布曲线重合度越高。如果样本量趋于无穷，那么模拟数的统计量将接近真实值，从而可以将连续变量的数值使用分布表达。

---

① 统计学的因果区别于哲学的因果。

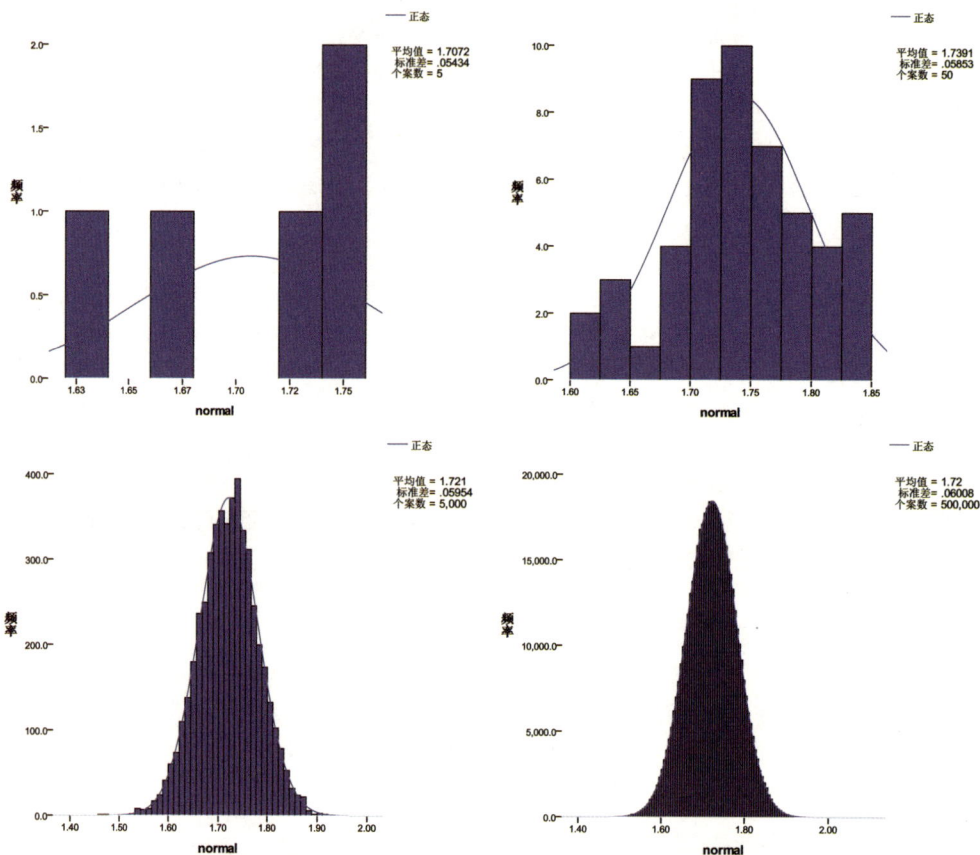

图 1-12 随机数与分布图

直方图的频数分布不是重点，重点是其频数抽象出的分布曲线。这也是经典统计和智能统计重要的岔路口，经典统计关注方差分析，智能统计更关注频数分析。从 20 世纪 90 年代开始，不同领域的研究路径越发泾渭分明，并逐渐产生了不同的方法论。下文通过一个例子来阐述数据分析流程、特点与原理，并进一步拓展到数据挖掘分析流程。

一个假设性的例子，美国政府希望对大众汽车尾气排放超标一事进行罚款[①]，如果仅仅关注统计内容，那么美国政府提供什么样的统计报告才有说服力呢？

数据分析流程如表 1-2 所示。

表 1-2 数据分析流程

步骤	统计分析流程	原理	数据挖掘流程
第一步	原假设与备择假设	验证性	归因性框架
第二步	小概率	不确定性	概率

① 根据大众汽车尾气排放事件改编，具体内容不具有真实性。

续表

步骤	统计分析流程	原理	数据挖掘流程
第三步	抽样技术	经济	商业价值
第四步	选择模型	方法论	技术架构
第五步	显著性判断	证伪性	相对性

数据分析师需要就该事件确定原假设和备择假设，以进行归因研究。一般情况下，原假设是美国政府不希望看到的结果，备择假设是美国政府希望看到的结果。现将原假设设定为大众汽车尾气排放没有超标，相应的备择假设是大众汽车尾气排放超标，并归因为软件作弊。确定假设后，需要与大众公司一起商议何为小概率；小概率的界值是多少。协商一致，并遵循"小概率事件在一次实验中不会发生"这一前提。就界值一事，他们应该会发生激烈的争吵，因为小概率是模糊的，所以美国政府希望把小概率定得大一点，而大众公司正相反，他们希望小一点。

前面条件确定下来后，接下来就可以抽取样本了。因为美国市场上已售的大众汽车很多，不可能对每辆汽车都进行检测，所以随机抽取 100 辆大众汽车，检测尾气有无超标。如何根据 100 辆汽车的检测结果，推断整个美国市场的尾气排量情况呢？这就是统计分析的内容了，如怎样选择统计方法、如何解读输出报告等，根据统计结果来判断原假设是否需要推翻，从而得到备择假设的结论，进而归因问题。

1.3.1　假设：验证与归因

第一步，为什么需要原假设与备择假设？特征是什么？

20 世纪初，三位科学家对原假设和备择假设做出了卓越的贡献，他们是戈塞特、埃贡·皮尔逊和内曼[①]。一般而言，原假设是测试者不希望得到的结果，因为测试者希望通过数据对这一结论进行证伪。证实事件的成本要远远大于证伪，甚至在有些情况下，根本无法对事件进行证实。否定之否定能让我们更快、更经济地接近事件真实的样子[②]。与原假设对立的是备择假设，两者具有互补关系，备择假设和业务归因有关，而业务归因的依据是业务假设，所以这样的因果判断是理论的因果判断，体现出了验证性思维。

我们在数据分析报告中经常看到显著性（p、sig）的信息，如果显著性的值小于 0.05，则认为统计显著。显著性用来判断原假设是否成立，但我们在数据分析中很难看到原假设，当然我们可以查阅专业的统计教科书，或了解统计模型原理。但这对于统计的入门者而言有些困难，所以下面我们介绍原假设的规律性，用于猜测原假设——测试者不希望得到的结论、不相关、系数为 0、等号、随机性、表格名称、分子的位置、自由度等。

1）测试者不希望得到的结论——数据分析师的视角

如果有一个完全陌生的事物与我们现有知识体系没有任何联系，那么我们应该如何对其展开描述呢？我们很难给出这个事物的确定性的信息，至少无法说它是什么。虽然我们不能确定它是什么，但可以确定它不是什么，即否定。如果否定的次数足够多，那么该事物就有可能与我们原有知识体系发生联系，进而构造一个新信息，新信息若能成为人们的共识，就是知识，这个过程

---

① 参见《女士品茶：统计学如何变革了科学和生活》的假设检验部分。
② 参见《世界观：科学史与科学哲学导论》。

可称为"否定之否定"或证伪。

证伪的经济意义更明显，因为否定的成本是远远小于肯定的成本。不管统计分析是应用于探索数据还是验证数据，都离不开证伪过程。所以数据分析师通过否定不合理的知识来获得新知识。这就是将测试者不希望的结论作为原假设的原因。读者要切记，在进行数据分析时，需要明确分析的主体是谁，以防弄混原假设和备择假设。

2）不相关——业务视角

不相关是原假设。影响 y 的因素有很多，为什么在这些影响因素中我们偏偏要用这些影响因素呢？从理论上说，我们并不知道影响 y 的 x 到底有多少个，这时我们分析这些 x 是因为假设这些 x 与 y 之间存在相关关系，可以说数据分析师希望得到这些 x 与 y 有相关的结论。但很多问题无法证实，所以只能将其反面放入原假设进行证伪。

绩效、适应、情绪的相关系数如表 1-3 所示（使用数据短期绩效）。绩效、适应与情绪三者两两相关，组成了相关矩阵。变量自相关为 1，这种情况在横截面模型中一般不予探讨。绩效与适应、情绪的相关性分别是 0.467 和 0.538，这就是相关系数，用于表示相关程度。如何判断相关程度的大小？虽然表格中没有显示原假设是什么，但显著性小于 0.05 则表示拒绝原假设，即通过拒绝不相关的假设来得到相关性的结论。

表 1-3　绩效、适应、情绪的相关系数

		绩效总分	适应总分	情绪总分
绩效总分	Pearson 相关性	1	0.467**	0.538**
	显著性（双尾）		0.000	0.000
	N	100	100	100
适应总分	Pearson 相关性	0.467**	1	0.411**
	显著性（双尾）	0.000		0.000
	N	100	100	100
情绪总分	Pearson 相关性	0.538**	0.411**	1
	显著性（双尾）	0.000	0.000	
	N	100	100	100

** 表示在置信度（双尾）为 0.01 时，相关性是显著的。

3）系数为 0——回归模型视角

检验的系数通常为 0。如果使用一元回归来说明系数为 0 这个问题，则可以将其关系用图 1-13 来表示，即对图 1-13 中 0.73 为 0 进行检验，如果 0.73 为 0，说明回归线（实线）是水平的，如果回归线是水平的，则不管 x 如何变化，y 的取值都不变，变化幅度始终为 0。因为大部分模型本质上可以视为类回归形式，所以系数检验经常在各类模型中出现。

4）等号——假设检验视角

对检验研究的差异是否相同进行假设，如果比较两组均值是否相同，那么均值相等是原假设

（ $\bar{x}_1 = \bar{x}_2$ ）；如果比较方差或标准差是否相同，那么方差相等是原假设（ $\sigma_1 = \sigma_2$ ）；如果比较某个统计量与特定值是否相同（如 $\bar{x} = 2.2$ ），那么统计量等于该值是原假设。为什么相等是原假设呢？仍然看短期绩效的例子。

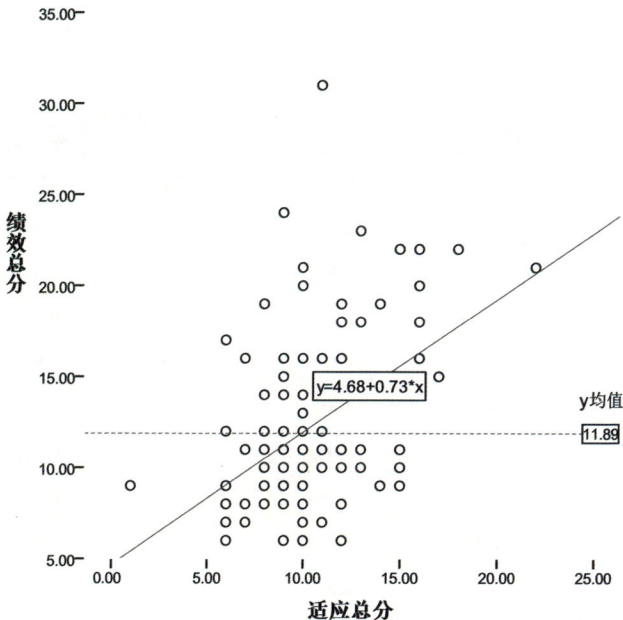

图 1-13　回归散点图

如果将绩效作为因变量、性别作为自变量构造一元回归模型，并按这种角色布局进行独立样本 t 检验，那么我们得到的回归系数其实等于独立样本 t 检验中的均值差。因此，不同模型检验的结论是相等的。

$$\bar{x}_1 - \bar{x}_2 = \beta = 0$$
$$\Rightarrow \bar{x}_1 = \bar{x}_2$$

5）随机性——误差的视角

随机性是原假设。信息能否被充分准确测量，需要信度和效度两方面的测量。例如，幸福感的测量，由于幸福是抽象指标，所以其包含的维度很难确定，所以需要通过理论尽可能穷尽幸福感的内涵和外延。在抽象的理论下，误差的存在性毋庸置疑，同时需要配合一致性测量，即信度指标的确认。在实测中信效度存在误差，所以最终获取的准确信息，即测量到的幸福感，被视为确定部分，无法充分提取的信息被视为随机部分。从理论上说，随机部分是永远无法降为零的。从这层意义上说，随机性是一种不相关性。

下面通过一组程序，进一步模拟四列随机数。其中，正态随机数有两个，模拟方程有两个。分别用于表示随机序列本身的随机性，随机序列间的无关性；方程的规律性，方程间的随机性——两个随机序列本身是随机的，随机序列间也是随机的；两个方程本身具有规律性，但它们之间也有随机性。模拟实验使用的程序如下所示。相关分析表如表 1-4 所示。由表 1-4 可知，这四列随机数的相关性与显著性并不支持相关的结论。

compute 正态随机 1=RV.NORMAL(1.72,0.06).
compute 正态随机 2=RV.NORMAL(1.72,0.06).
compute 模拟方程 1=3+6*RV.UNIFORM(0,1)+RV.NORMAL(0,1).
compute 模拟方程 2=28+0.9*RV.UNIFORM(0,1)+RV.NORMAL(0,1).

表 1-4　相关分析表

		正态随机 1	正态随机 2	模拟方程 1	模拟方程 2
正态随机 1	Pearson 相关性	1	0.084	0.006	−0.023
	显著性（双尾）		0.407	0.949	0.823
	N	100	100	100	100
正态随机 2	Pearson 相关性	0.084	1	0.045	0.020
	显著性（双尾）	0.407		0.654	0.847
	N	100	100	100	100
模拟方程 1	Pearson 相关性	0.006	0.045	1	0.063
	显著性（双尾）	0.949	0.654		0.536
	N	100	100	100	100
模拟方程 2	Pearson 相关性	−0.023	0.020	0.063	1
	显著性（双尾）	0.823	0.847	0.536	
	N	100	100	100	100

6）表格名称——预分析的视角

表格名称就是原假设。例如，白噪声检验，原假设是完全随机序列；正态分布检验，原假设是正态分布；缺失的完全随机性假定，原假设就是缺失是完全随机的。因此，进行模型预分析之前有些表格的名称可作为判断标准。

以正态分布为例，检验经验数据是否是正态分布的过程为：根据经验数据的参数，如均值和标准差，模拟一组遵循标准正态分布数据，然后将经验数据与模拟数据进行匹配并令其相同（$d_{ij}=0$，式中，i 和 j 分别表示经验数据与模拟数据对应的观测值），则构成了原假设，即经验数据是正态分布的。由此产生了各种统计检验技术，如 P-P 图、Q-Q 图、K-S 检验等。

7）分子的位置——公式的视角

统计模型的公式在分子位置上有两类指标，一类是期望值；另一类是实际值，如期望均值、期望频数。期望值指不相关、随机等特征，实际值偏离期望值的远近即相关性。若变量等于期望值，则表示实际值与期望值不存在任何相关关系，因此我们可以在分子上寻找原假设，而分母用于消除误差，因此分母通常都会有类似于方差和样本量的指标。

此规律一方面有利于我们寻找原假设，进而推测备择假设与归因性问题；另一方面表明数据分析师也分为两类，即应用统计工作者和理论统计工作者。如果我们侧重应用统计学，应该把更多精力放在分子上，因为其与归因或理论有关；相反，理论学者应该把更多精力放在分母上，因为其与误差有关，而误差就是统计学家心中的单位。

通常，学者推演和发现新公式都先从分子入手，根据原假设设计出随机性，然后在分母的位置上消除误差，进而探讨消除误差后分子上的差异问题，这样就构成了统计量。

8）自由度——数据的视角

自由度提供了数据行和列的信息，这有助于判断显著性的检验对象，如整体检验还是局部检验。但由于这部分内容已经严重超出此节的知识点，读者理解起来可能会比较困难，所以相关知识点将在讲述案例方差分析和回归分析时阐述。

以上内容是原假设的几个特征，建议读者结合案例一窥真由。

数据分析师总是希望推翻原假设，是因为备择假设隐藏了数据分析师希望得到的东西，即决策依据。小数据的主要任务是进行归因性分析，但统计分析的本质是判断相关性，而归因只能来源于理论，备择假设的内容与理论息息相关，甚至可以说是一一对应。

其实不难想象，数值是抽象指标，可以表示不同场景。例如，2>1，可以说是 2 个苹果比 1 个苹果多，也可以说 2000 元的收入大于 1000 元的收入等。既然数值可以表示不同的意义，那么当数值间有差异时应归因于谁呢？如果没有前提限定，则很容易陷入无休止的争论。为了避免争论或不确定性，我们使用理论来解释备择假设，自然就解决了这个问题，这就是理论对备择假设的解释。

1.3.2　小概率：黑天鹅的不确定

第二步，小概率。什么是小概率？如何使用？

如前文所述，统计视角的概率可以这样理解——数据的实际频数，将样本量增大至无限样本量，从而使频数转化成分布。概率密度曲线如图 1-14 所示。假设图 1-14 是模拟身高数据，身高均值为 1.72，标准差为 0.06。此时，如果我们希望知道身高低于 1.6 米的人的比例，可以借助 CDF[①] 来计算。相应的指令为 COMPUTE 身高 =CDF.NORMAL(1.6,1.72,0.06)，输出答案为 2.3%，即该人群中有 2.3% 的人的身高低于 1.6 米。我们可以计算出该人群中任意身高的占比，还可以计算任意两个身高间的差距，如 COMPUTE 身高差 =CDF.NORMAL(1.86,1.72,0.06)–CDF.NORMAL(1.6,1.72,0.06)。这样我们很容易就能知道左边身高较低的人所占的比例，以及右边身高较高的人所占的比例。

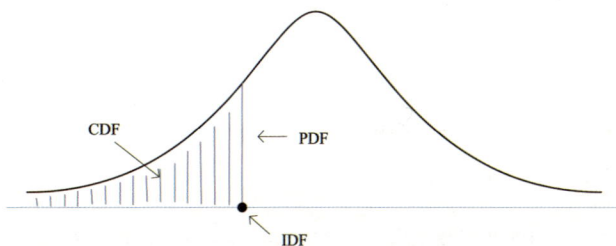

图 1-14　概率密度曲线

---

① CDF（Cumulative Distribution Function），返回正态分布下既定均值与标准差的小于指定值的累积概率；IDF（Inverse Distribution Function）是 CDF 的反函数；PDF（Probability Density Function），输入坐标轴上的点返回曲线高度。

那么该人群中占比为 2.3% 的身高低于 1.6 米的人算矮吗？遗憾的是，标准很模糊。将 5% 作为小概率界值，对于买彩票中大奖而言实属过高；对互联网产品付费转化率而言，该值也不低；对飞机失事率而言，该值很高；对邮件丢失率而言，该值很高；但对普通流感的发生率而言，该值显然并不算高。由此可知，不同行业的小概率界值是不同的，很难统一。如果不同行业的小概率界值很难统一，那么我们怎么解释这种场景：一个人走来，我们可以清楚地感受到他的高、矮、胖、瘦。这种感觉其实是一种审美。在业务上产品经理总能第一时间预感到研发的新产品是否受市场欢迎、哪些产品成功的可能性更大，这种预感也是一种审美。但审美源自何处呢？答案是大量经验或数据的抽象。

标准化正态分布示意图如图 1-15 所示。分布可以被视为不同行业数据的标准化抽象。图 1-15 中的 s 表示标准差，1 倍标准差约占正态分布曲线下面积的 68%、2 倍标准差约占正态分布曲线下面积的 95%、3 倍标准差约占正态分布曲线下面积的 99%，当然还包括 4 倍标准差、5 倍标准差、6 倍标准差，甚至更多倍标准差。大部分行业将 2 倍标准差设为大概率和小概率的界值。本章并不对具体原理及指标的使用进行阐述[1]。

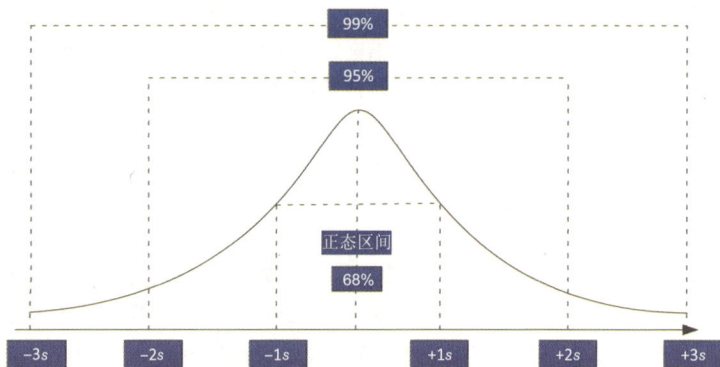

图 1-15 标准化正态分布示意图

"灰天鹅是可以模型化的极端事件，黑天鹅是未知的未知"[2]，将这句话翻译成统计术语就是在一次实验中，小概率事件（黑天鹅）是不会发生的。对这一句话进行拓展，即如果实验次数足够多，那么大概率事件就一定会发生。理论上大概率事件正常发生，小概率事件不发生，若发生了小概率事件，那么我们就可以大概率推断数据"不正常"。那么数据"不正常"的依据是什么？答案是原假设大概率出错。

判断"不正常"需要引入随机和显著两个概念，将随机和显著连在一起的是模型。下文将从随机、方法、显著多个角度来探讨模型的特征。

1.3.3 抽样技术：经济是根本

第三步，抽样技术。为什么需要抽样？样本量与误差间的关系如何？

抽样问题的根本是经济问题。不管是研究领域还是应用领域，成本与收益都是重点考虑对象。如果我们希望研究一个城市所有人的平均身高，通常有两种方案，即整体性研究和抽样性研究。

---

① 若要了解更多内容建议阅读参见何晓群等人所著《六西格玛质量管理与统计过程控制》。

② 参见纳西姆·尼古拉斯·塔勒布所著《黑天鹅：如何应对不可预知的未来》。

数据库领域进行的往往是整体性研究。国家人口统计中心存储的数据具有完整性，因此可以经济便利地进行整体性研究。当然数据库研究有时也进行抽样，但抽样的目的是解决运行的时间问题。

问卷领域常选用抽样性研究，如市场调查。在没有数据库或获取数据成本太高的情况下，抽样的小样本也可以分析一个城市的平均身高。普查是特殊的抽查调查，具有广义抽样性质。进行全国性调查的成本是非常大的，况且大型调查涉及众多环节，无论哪个环节控制不当，都可能出现极大的误差，最终结果可能并不比抽样数据更精确，因此普查很少发生，但普查之间的抽样调查经常发生。

若抽样合理，那么多少样本合适？这个问题涉及样本量、统计误差和业务容许度的问题。假设有人问 A 身高是多少？其真实身高是 1.649 922 31 米，现有 3 种回答分别是 1.7 米、1.649 92 米、2 米。从数学角度而言，这 3 种回答都没问题，只是保留的小数位不同而已。但从统计角度来说，3 种回答的准确性是不同的。回答 1.7 米误差其实是偏大的；回答 1.644 92 米太啰唆，现实中没有这么说话的人，即成本很高；回答 2 米的误差极大。

误差来自数据和业务，统计分解的是数据误差，数值围绕核心信息随机摇摆，业务容许度就是这个摇摆幅度外的幅度，当然它们需要考虑的前提是样本量。

如果某地区有 10 000 个人，判断这 10 000 个人的平均身高最精确的方式是进行全员测量，这是没有误差的（前提是控制好各种误差源），但成本太高；如果随机测量 9999 个人，误差增加一点点，但成本仍然非常高；如果随机测量 9000 个人，误差增加一些，但成本降低不少；若测量 1000 个人，误差增加许多，但成本大幅下降；只测量 1 个人，没有什么成本，但误差极大。因此，结合实际情况，需要综合分析这些因素，来判断样本量。

样本量与测量误差如图 1-16 所示，其展示了样本量与误差间的关系。

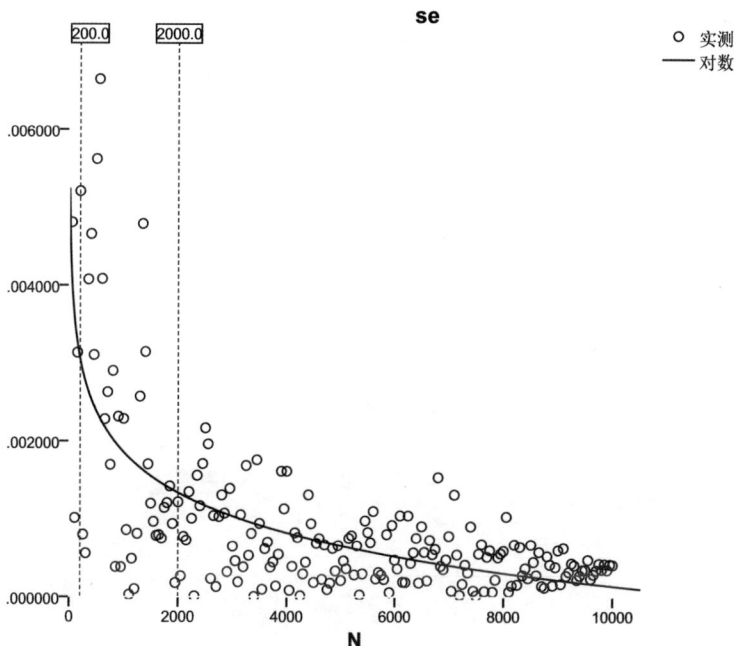

图 1-16　样本量与测量误差

首先，设定参数均值是 1.72，标准差为 0.06，通过计算机模拟 10 000 个正态随机样本。

其次，使用抽样技术，随机抽取 50 个样本的数据集、100 个样本的数据集、150 个样本的数据集……，即 50 ～ 10 000 之间每隔 50 抽取一组数据，一共 200 个数据集。

再次，经计算得总体身高均值是 1.719 840 2（真分数），然后分别计算 200 个数据集中的身高均值，令所有身高均值与总体身高均值相减，获得一组偏差序列[①]。

最后，使用偏差序列与样本量绘制散点图。

可见误差与样本量并不是线性关系。如图 1-16 所示，从右向左看，当抽取的样本量很大（包括无限量样本）时，误差都比较小，而且误差增加的幅度很小；当越过某个临界点时，在图 1-16 中该临界值为 2000，随着样本量的减少，误差将急剧增加；再越过某临界点时，在图 1-16 中该临界值为 200 左右，随着样本量的减少，误差增加的幅度更快。观察图 1-16 很容易发现，在 200 ～ 2000 可以找到某个最优值或最大拐点处，这就是样本量和误差的折中，既然样本量和成本息息相关，那么这个拐点其实也是样本量与业务容许度的折中。此外，若从误差的划分来看数据分析三大领域，与上文所述内容不谋而合。

1.3.4 选择模型：方法论

第四步，选择模型。统计模型的主要特征是什么？

小数据主要关注精确度，而大数据比较关注运行速度，我们先从数据精确度角度来分析模型分解的重点及显著性的作用。

数学倾向于关注数值本身，但统计学倾向于关注数值所代表的实际意义。通常情况下这种实际意义可以通过统计量来解释，然后赋予其理论或业务意义。

如图 1-17 所示，其中，曲线 1 表示北京地区的气温分布，曲线 2 表示我国平均气温分布。此时平均气温为 2℃。如果将曲线 1 中的 2℃ 作为参照，不管你身处北京的哪个区，对 2℃ 的气温感受都差不多，所以感觉天气预报"很准"；如果将曲线 2 中的 2℃ 作为参照，身处海南、南京、哈尔滨等地的人对 2℃ 的气温感受会相差很大，所以感觉天气预报"不准"。与此相似的讨论是：2 大于 1 吗？不管 1 和 2 表示的是苹果还是气温，如果不了解分布状况，就无法准确地回答这个问题。

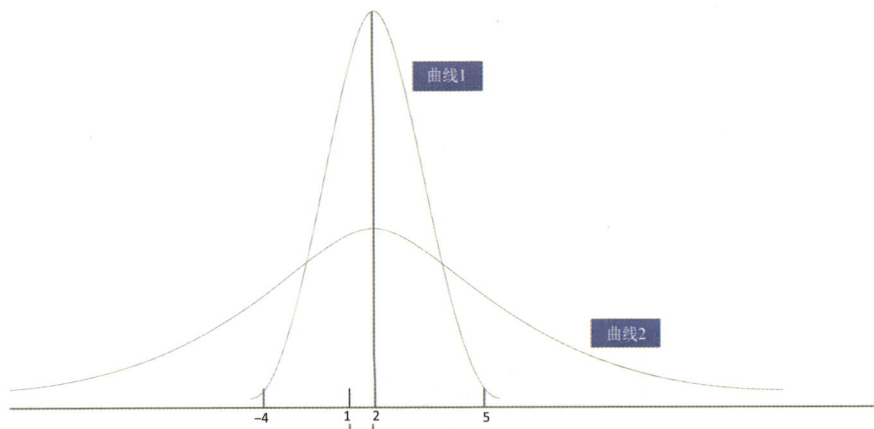

图 1-17　差异显著性示意图

① 本书使用均值差代替标准误。

我们通常用4阶距、最大值、最小值、异常等指标对分布进行描述,统计模型侧重于分布信息(特指统计算法),最终结果体现在显著性上。对应用者而言,统计帮我们省去了烦琐的过程环节,可以直接通过显著性判断 2 是否大于 1:如果显著性小于 0.05,则认为 2 大于 1 在统计意义上是显著的,也就是 2 大于 1 具有普遍的推广意义,即在各种环境中 2 普遍大于 1,当然这也是概率事件,表示 2 大于 1 的可能性比较大。如果显著性大于 0.05,我们就无法对 2 大于 1 的结论进行推广,只能说这是当前数据的结论,无法推论到总体数据或其他场景中。

1.3.5　显著性判断:可证伪

第五步,显著性判断。可证伪性是科学的哲学基础,体现在业务分析和数据分析的每个环节。

综上所述可知,原假设构建理论前提,小概率构建统计前提,模型借助分布理论,最终整合在显著性中,通过显著性判断是否违反统计前提获得了归因性的结论,可见数据分析流程的五个步骤是连贯的,我们把这种数据分析称为验证性数据分析。整个过程分别体现的是验证性、不确定性、经济性、方法论、证伪性等原理。

以上数据分析流程及原理的讨论,有助于引起对数据挖掘的深入讨论。下文我们将探讨数据挖掘的原理是否遵循同一个原理。

1)验证及其广义归因

小数据通过否定不希望的原假设,获得与理论关联的备择假设,得出归因性结论。大数据是否同样体现这种验证性?答案是肯定的。但与小数据的验证思路不同,大数据更倾向于在整体上验证,在局部细节上增加了探索性分析。

数据库受经济和效率的制约,其中,经济是资本问题,效率是技术问题,归根结底都是大的资本问题,这是数据库的前提。存储哪些字段与业务息息相关,这本身就是业务导向的,这个过程类似小数据的理论驱动性。所以,整体而言,数据库分析是校验整体业务分析下的需求;就细节而言,数据体量庞大,具体情况又不同,业务专家没有足够的时间形成一套固定的分析流程,所以探索性在这一阶段处于主流。

这种与小数据分析不同的分析模式,即"大"的验证加"小"的探索,是如何看待归因的呢?大数据需要归因吗?

如果老板问:"为什么客户投诉量居高不下?"数据分析师答:"大数据不需要归因。"老板又问:"边远地区的物流出现了什么问题?"数据分析师答:"大数据不需要归因。"老板再问:"啤酒与尿布为什么有关系?"数据分析师答:"大数据不需要归因。"那么最终结果可想而知,大数据不仅要归因,而且即使归因错了也要"归因"——工具归因[①]。

为什么需要工具归因?其理由有二:其一,"公鸡打鸣天则亮",这是一个错误的归因,但是如果我们的目的是知道天何时亮,那么公鸡打鸣是一个好的闹钟(预测因素)。至于这件事情真正的因是什么,对于解答天亮这个问题没有多大帮助,所以以上文中的"归因"指的是工具归因,可能它并不是真实的因果,但是它具有现实的指导意义。其二,数据库中的字段可能并不包含真正的原因,也就是数据分析师穷其所能也无法找到真正的解释,因为真正的归因字段根本就不在数据库中。那么这个问题就不解决了吗?答案毫无疑问是否定的。

一般解决这个问题的途径有两个:一个是通过问卷或定性分析来辅助数据库分析,但现在的

[①] 工具归因是为研究目的而设的,有利于改善项目规划,其不具有实际意义,其核心目的在于控制成本、缓解焦虑。

问题是，在当下阶段，数据分析师还没有充分挖掘出数据库的价值，更没有精力去分析问卷数据。另一个是工具归因，商业问题不可能因为"无米之炊"就停下来，如果老板只是为了起个大早，公鸡打鸣或许就是最经济的闹钟。对商业问题而言，归因是需要成本的，权衡利弊后，不妨先放下真正的归因，用工具归因缓解目前的经济压力。

2）概率与商业价值

数据量衍生出频数，频数转化成概率。

早期统计因技术限制收集数据的成本极其昂贵，所以研究者开始关注小数据和大数据间的关系，进而发现：在抽样技术指导下，小数据和大数据的分布非常相似。既然它们的分布很相似，那不妨使用小数据的分布特征推测大数据的分布特征。随着统计技术的不断演进，精确性成为统计算法的特有属性，所以小数据的研究思路沿着这个方向一直走下去，正好遇见了大数据。

计算机革命使数据库技术得到突破，存储数据变得极其廉价，小数据和大数据的存储成本问题越来越不重要。此时，以研究分布特征为方向的方法论受到前所未有的挑战，并且出现了数据挖掘算法。这种算法研究概率，但并不关心分布问题，其更加强调频数、概率与商业价值，并由此衍生出一套商业问题解决方案，这是数据挖掘算法的核心。所以概率连接了底层的频数和上层的商业价值，它独有的特征就是速度问题。

3）方法论及分析流程

小数据侧重于精确度，关注模型本身；大数据侧重于速度，关注架构。

数据源问题涉及数据如何获取，问卷领域经常以调查表的形式获取数据，比较关注测量与问卷设计技术；数据库提取数据不涉及测量问题，一般而言，应用者关注的是速度及效率，这与统计技术的关注点不同。

数据管理主要涉及与数据格式有关的排列组合、数据的纵向和横向对接、变量属性设置等问题。

就问卷而言，由于数据量比较小，排列组合问题通常在数据导入前就已完成，所以应用者只需具备基本的数据整理功能，就足以应付常见的数据管理问题，通常不会涉及数据合并技术。因为问卷的理论决定了数据的列不会出现大幅变动，所以合并功能不常用。最后是变量属性（如数值型、有序测量等）的设置，由于问卷数据使用的是传统统计技术，通常对软件的智能识别不做要求，有时即使设置错也不影响统计结果（如 SPSS 软件），它主要依赖数据分析师对数据的理解和判断，这与大数据的智能识别和智能算法不同。

如图 1-18 所示，由于数据质量参差不齐，数据库技术中的数据比问卷数据复杂得多，所以在数据预分析上花费的时间比在模型上花费的时间多出好几倍。与此相反，问卷更侧重于模型本身，其数据误差源控制得很好，主要使用精确的模型。也正是因为精确区别于粗糙，所以模型本身精确性的侧重点不同。

关注模型本身之外的技术可以统一视为架构，这是数据库技术中常见的关注点，常见的问题有缺失值的处理是否与决策树算法冲突；特征选择与主成分搭配的协调问题怎么评估；同组数据可否使用不同模型的时间；时间与商业价值；等等。

在模型输出问题上，大数据和小数据有相同之处也有不同之处。首先介绍不同之处，如图 1-19 所示，图 1-19（a）是小数据常用图形，图 1-19（b）是大数据常用图形。观察图形有如下总结：小数据比较强调简明扼要、精准传达数据含义，并不追求形式，具有极简特征；大数据并不要求精确，但除了要求能清晰翻译数据，还要求图形的颜色、形状的独特性，如颜色的饱和度、视觉冲击力、立体感等特征，具有极繁特征。

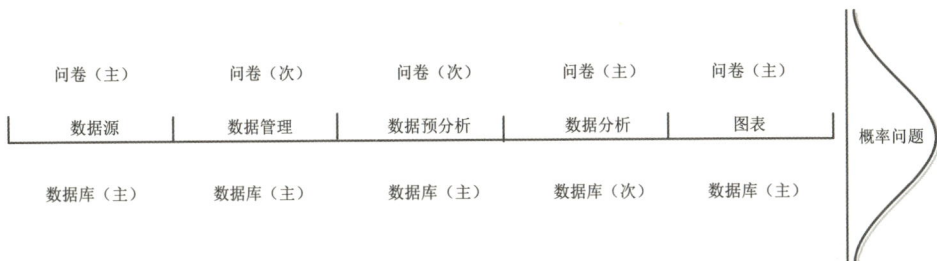

图 1-18 数据分析流程的主次分布

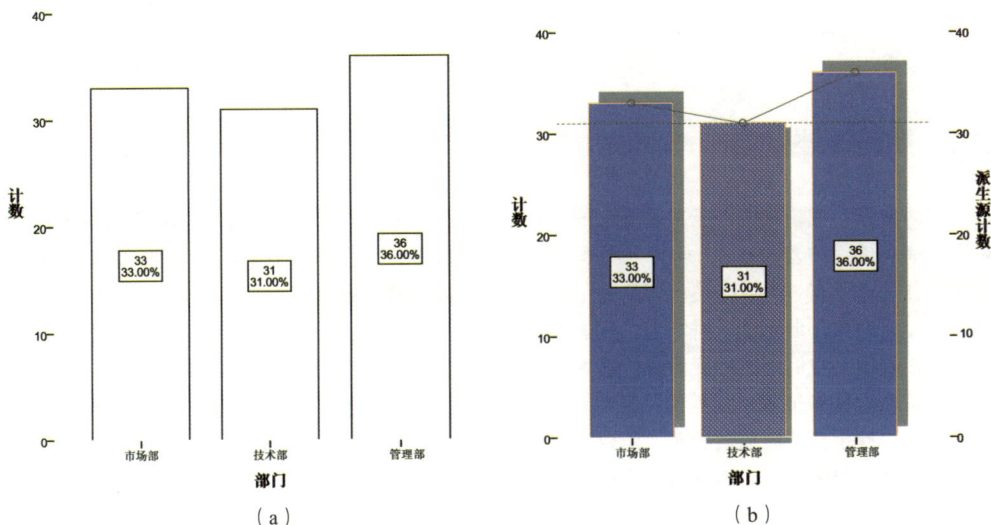

图 1-19 小数据和大数据可视化

不过，总体而言这两类数据还是以相同之处为主。两个领域所面临的场景类似，都是向非专业人群展示，如委托方、业务部的同事、老板等，因此不管是图形还是表格都力求通俗，尽量使用非专业的图形和表格，如条形图、线图、气泡图等。

4）证伪性及其相对性

在抽样技术框架下，收集的数据的质量是可以控制的，尤其是加入理论限定后，这种误差的控制更加严格，这为否定之否定提供了数据支持。因此才有显著性判断的 0.05 这样的界值，大于 0.05 则说明数据大概率呈随机波动，所以小数据喜欢谈论界值。

由于数据质量受存储技术和资本的限制，所以大数据分析并不能保证模型使用的变量具有统一的误差，使用统计模型处理这样的数据，着实困难。但智能算法可以分解出从局部到整体的不同误差，因此特征选择的有效性独具特征。数据挖掘一般不使用具体界值，也很少谈论这方面的内容。例如，p 的界值 0.05 在小数据中被频繁使用，但在大数据中，很少使用 p 值，即使使用也不谈及 0.05 的界值，而是通过它的相对大小来判断特征的相对重要性。

第 2 章　变量角色与描述

"很久很久以前，当人们许下的愿望还能够实现时，有一位国王……"[1]，这是主角 y 和配角 x 的故事。

2.1　如何描述变量

何为变量？变量是相对于常量而言的，如果一列数据的取值不变，则这列数据叫作常量。常量数据有均值但方差为 0，方差为 0 则表明数据没有波动，所以这类数据就不能提供统计信息。除常量数据外还有一类数据是一列数值一直在变化，如数据中的 ID，每个数值都不重复，这类数据的方差无穷大，但无法求得均值（代表性最差的情况）。在统计上很难利用这两类数据，尤其是横截面模型。我们所说的变量介于这两类数据之间，即数值有变化，并且有均值和方差。满足这些特征的数据有很多，如性别和身高。因为性别只有 2 个取值，所以不管数据怎么变化都在 2 个取值间。但是身高的取值较多，所以可以根据数值变化量的多少重新看待变量信息。于是，我们将变量进一步区分为分类变量和连续变量。显然性别是分类变量，身高是连续变量。分类变量和连续变量间的分界线是什么？

2.1.1　分类变量与连续变量的分界线

下面四个疑问也许有助于读者更好地理解分类变量和连续变量的区别。第一，变量的取值多不多；第二，取值的小数位是否有实际意义；第三，样本量是多少；第四，业务是如何看待变量的。

第一个问题很好理解，因为取值多少能直接反映变量的信息量是多少。SPSS 软件通常将取值小于 24 个的变量视为分类变量，如人口学特征性别、受教育程度等变量取值很少能超过 24 个，所以这些变量常见于分类变量。

如果使用 24 界值标准判断城市变量，如 1 表示北京、2 表示上海、3 表示广州等，城市变量的取值至少有上百个，显然是大于 24 的，要不要将其视为连续变量？答案是否定的，可见 24 界值标准在这类问题将失效。所以提出了第二个疑问以丰富 24 界值标准，即小数位是否有实际意义，如城市变量的 1.2 没有对应关系，所以城市变量仍然是分类变量。值得一提的是，此处的小数位并不一定表示数值中一定有小数位，而是指有或假设出现小数位有没有真实的场景与此对应。例

---

[1] 参见约瑟夫·坎贝尔所著《千面英雄》的启程。

如，职业特征变量，如果用 1 表示老师、2 表示工人等，其取值也可超过 24 个，那么 1.5 表示什么？没有与之对应的职业，所以职业特征变量为分类变量。

以上两个标准其实已经可以帮助读者将大部分分类变量和连续变量区分开，但是还有两个问题不仅是统计中常用的，还会决定变量是分类变量还是连续变量。例如，在一份问卷中使用了李克特五点测量：1 表示非常满意、2 表示满意、3 表示不确定、4 表示不满意、5 表示非常不满意。该变量只有 5 个取值，其小数位的真实含义在现实场景中也是难以一一对应的，但若问心理学家，态度变量是分类变量吗？得到的答案往往是否定的。其理由有二：其一，心理学理论认为，人的心理状态即态度具有连续性，这为理论驱动；其二，分类变量的形式其实是连续理论指导的离散化表达，通过增加样本量克服离散化后的误差，可以还原其理论连续性的特征，即增加样本量可以改变变量的性质。

综上所述，分类变量与连续变量间的鸿沟可以借助取值数量与小数位的性质加以确认，但数据分析师所处行业的理论与大样本理论可以使得数据在分类与连续间任意切换。因此我们在描述数据时就要注意，数据表面的形式与专业性内容，需提供数据描述的不同解决方案。

那么如何描述数据信息才能足够全面，不遗漏重要的信息呢？下文将从两方面对该问题进行阐述：第一，分类变量关注频数及其延伸比例问题；第二，连续变量关注频数及其延伸分布问题。数据集的描述通常侧重三个方面：其一是描述数据的集中性，即大众特征，主要指标有均值、中位数、众数、总数等；其二是描述数据的离散性，即小众特征，主要指标有方差、全距、分位距（四分位、十分位）等；其三是描述数据的小众之小众，即异常特征，主要指标有数据 3 倍标准差或 3 倍四分位距外的数据等。

关于数据描述部分使用的数据集是"bankloan_binning.sav"与"短期绩效 .sav"，关于数据集的详细说明请见附录 A。

2.1.2 分类变量及可视化

以数据集 bankloan_binning 用户的年龄和受教育程度为例，如表 2-1 和表 2-2 所示。年龄组众数是 28 岁～ 35 岁，占比是 35%，说明用户群中约 1/3 的人是比较年轻的用户。在学历组中，高中未毕业人数占到了 54%，超过用户群总人数的一半，说明用户群倾向于年轻且学历较低的人群。众数强调主要人群，而分类变量因为取值有限，所以其他取值与众数的关系演变为离散度指标，如比例是否平衡，即最大类别除以最小类别的比值。从年龄组看，最大类别与最小类别比值不足 2；从学历来看，高中未毕业人数与研究生人数比值较大。因此，在学历参与后续建模分析时要非常小心，因为类别比例不平衡会带来数量误差与抽样误差。

表 2-1 age_group Age in years

		频率 / 个	百分比 /%	有效百分比 /%	累计百分比 /%
有效	≤ 27 岁	902	18.0	18.0	18.0
	28 岁～ 35 岁	1749	35.0	35.0	53.0
	36 岁～ 43 岁	1479	29.6	29.6	82.6
	≥ 44 岁	870	17.4	17.4	100.0
	总计	5000	100.0	100.0	

表 2-2　Level of education

		频率 / 个	百分比 /%	有效百分比 /%	累计百分比 /%
有效	1 Did not complete high school	2699	54.0	54.0	54.0
	2 High school degree	1365	27.3	27.3	81.3
	3 Some college	566	11.3	11.3	92.6
	4 College degree	324	6.5	6.5	99.1
	5 Post-undergraduate degree	46	0.9	0.9	100.0
	总计	5000	100.0	100.0	

　　一般情况下，平衡性问题是较小类别的数据量、业务上是否关注小类别的真实意义、统计技术是否对此敏感等问题的综合考量。对于统计分析来讲，比例不平衡通常意味着存在异常取值。经验界值认为，比值小于 4 为正常的平衡状态，比值大于 8 为异常，比值在 4 ~ 8 为不确定区间。

　　条形图通常称为非专业化图形，主要是指没有统计专业基础的人也能看懂的图形，图 2-1 绘制了分类变量的几种不同的拓展图形。条形图在本质上强调占比，但表述占比通常使用饼图更合适，所以条形图经常与折线图一起使用，以传达衍生的含义，如趋势性、波动性和累积。请读者试着识别图 2-1 中的哪些图形可能存在问题[①]，如何纠正。

　　条形图的进化：条形图最初用来判断数据大小的百分比，强调数据占比及其相对性。但人们发现这种关系放在饼图中更为合适，于是条形图选择了另一套功能，即用于表示众多取值的单调递增或递减关系，即趋势；如果这种趋势参差不齐，即波动；如果众多的取值可分为主体与局部，即累积。因此条形图的占比并不重要，重要的是由占比延伸出的三大信息，但条形图本身无法传达这类信息，所以条形图和折线图经常一起使用，用折线含义传达数据意义。

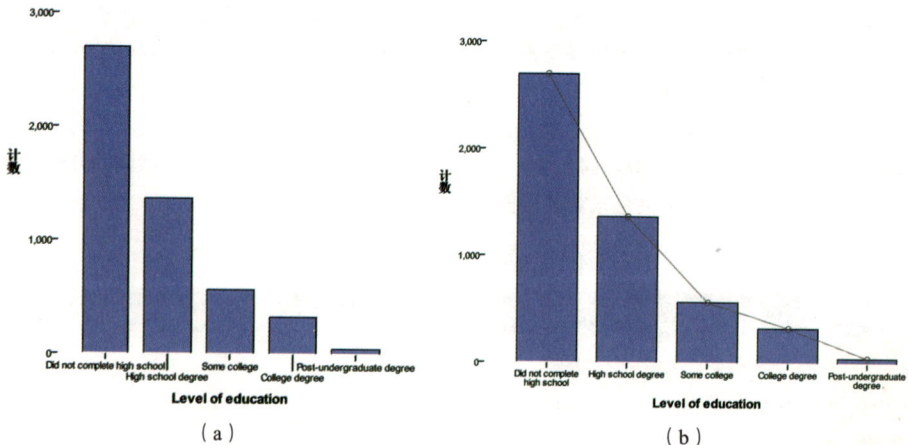

（a）　　　　　　　　　　　　　　　　　（b）

图 2-1　分类变量的可视化

---

① 此处的"问题"表示不合规范。

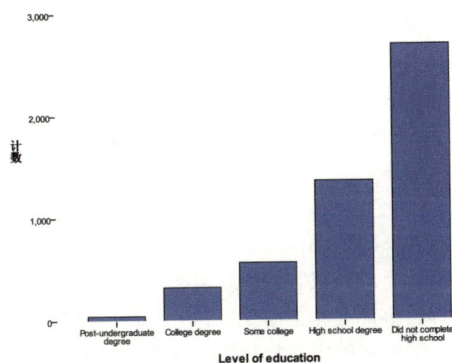

（c）

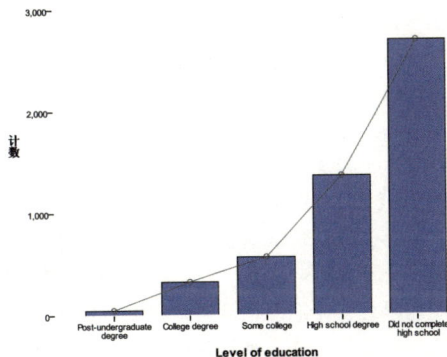

（d）

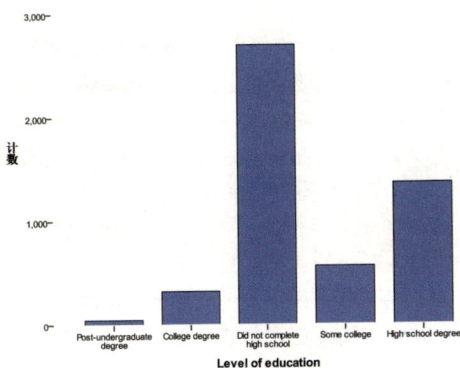

（e）

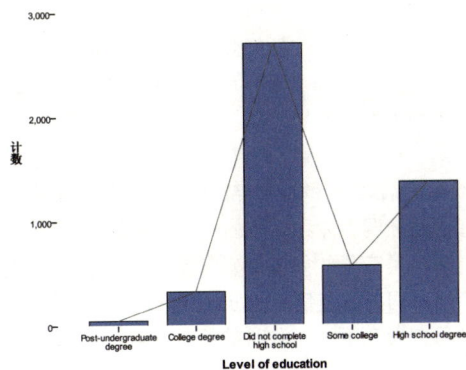

（f）

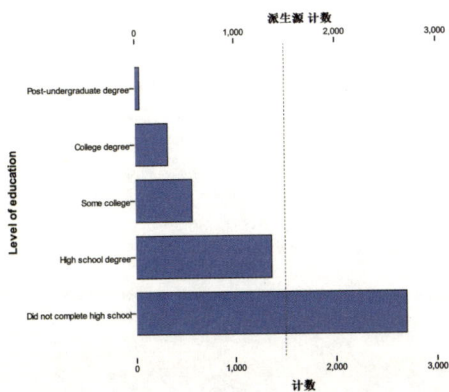

（g）

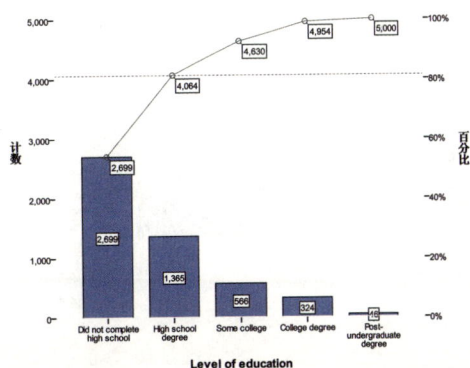

（h）

图 2-1 分类变量的可视化（续）

下文将阐述在图 2-1 中哪些图存在问题。

图 2-1（a）和图 2-1（b）都存在问题。图 2-1（a）的问题是没有折线的参与；图 2-1（b）中

虽然有折线，但折线是下降趋势。虽然，下降趋势也是数据原有的趋势，但任何老板都不希望看到员工因此士气低落的样子，所以下降问题传达出的负能量信息是不可取的，而选择不汇报，又违反规定。此时就需要数据分析师寻找替代方案，如帕累托图。图 2-1（h）中的取值虽然也是降序，但可以强调累积，如低学历用户（高中未毕业与高中毕业）占总人群 80% 左右；类似的问题有 20% 主打商品的销售额占总销售额的 80% 等。总之不能准确表达的信息与产生负能量的信息要折中表达，权衡利弊。

图 2-1（c）～图 2-1（f）图形类似，其中，图 2-1（c）和图 2-1（e）都没有折线参与，图 2-1（d）和图 2-1（f）分别表示增长趋势和数值波动。就趋势而言，趋势的横坐标往往具有顺序性，其可以体现顺势而为的趋势是什么，以及趋势短期预测的是什么。所以我们需要将公司的大宗事件与条形图的平缓、陡峭、预测等信息结合起来，以确定哪些事件强化或削弱了这一趋势。如果条形图描述的趋势是波动，则强调相对幅度的大小。相对幅度能反映出正常的波动与非正常的波动如何；非正常波动的方差与正常波动的方差相比，差别有多大；最大值与最小值分别与什么事件对应；方差与人们预期效果相差在哪里；损失是不是可以承受等与风险有关的信息。所以通常会将公司中可能造成损失的事件与相对幅度联系，并做出合理解释。

图 2-1（g）存在的问题：第一，反传统。图形格式以符合人们习惯为主，条形图很少横着看。第二，图形中增加了另一个坐标轴，信息高度重叠。如无必要，勿增实体。第三，参考线的添加增加了图形中突兀的元素；该参考线并不是重点，但它会引起读者关注。

图 2-1（h）为帕累托图，其重点在于累积及解释。图 2-1（h）分布的信息大概有 10 处，分别是条形图与累积线上的标记点，但重点信息主要是在第二个累积点上（累积线上的标记处）。对该点的解释主要强调主体和局部的关系，尤其是比值 2∶8，如 20% 的产品创造了 80% 的总营业收入。

对分类变量的解释比较侧重于解释取值及其延伸含义，而延伸含义多数与折线图有关，因此表示出不同的数值信息。如果我们有无数个离散取值，那么每个条形图之间的间隙就会逐渐减少，直到可以忽略不计，此时的折线会变成什么样子呢？此时，折线将变得非常平滑——这种平滑可进一步延伸出分布的含义，从而不再具有原来的性质[①]。

SPSS 操作 常用如图 2-2 所示的菜单及功能对分类变量进行描述。

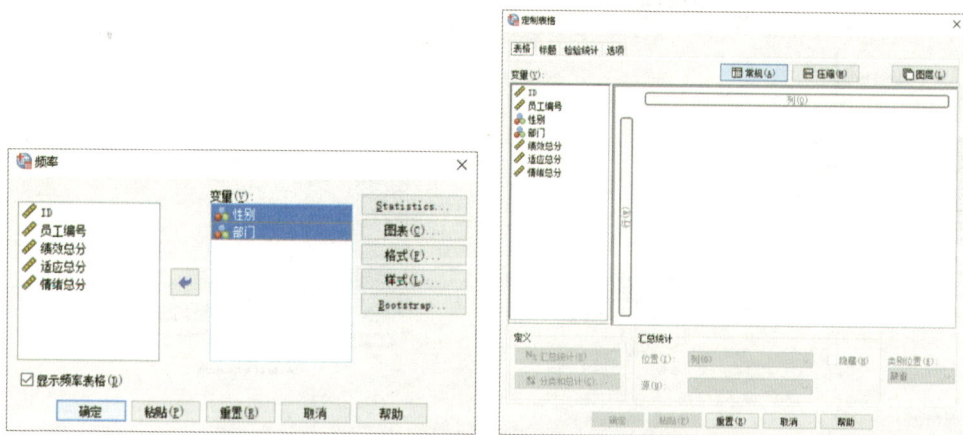

操作步骤：执行"分析"→"描述性统计"→"频率"菜单　操作步骤：执行"分析"→"定制表格"命令

图 2-2　频率与定制表对话框

① 此处并不是指离散变量没有分布，而是指应用者关注的侧重点发生了变化。

　　SPSS 频率分析功能提供了常务的描述性统计指标及图形（条形图和饼图），不过功能并不全面，所以定制表格功能作为频率分析功能的补充可提供丰富的指标，但两个功能并不重叠，频率分析提供了对多个变量的同时性描述，即一次完成对所有单变量的分析；定制表格功能尽管提供了丰富的统计指标，但整体上侧重于对较少变量进行描述。

　　频率分析功能还可用来解决大数据的速度优化问题、快速诊断缺失值、定制极简表格等，因此该功能更加强调便利性。尽管定制表格功能操作复杂，使用起来并不便利，但也提供了有效的模板定制功能，这为系统化操作提供了便利。

2.1.3　连续变量及可视化

　　图 2-3 是小数据常见的三种分布，图 2-4 是大数据常见的三种分布。下文将分别从小数据和大数据角度来阐述数据描述、统计量解析和软件操作。

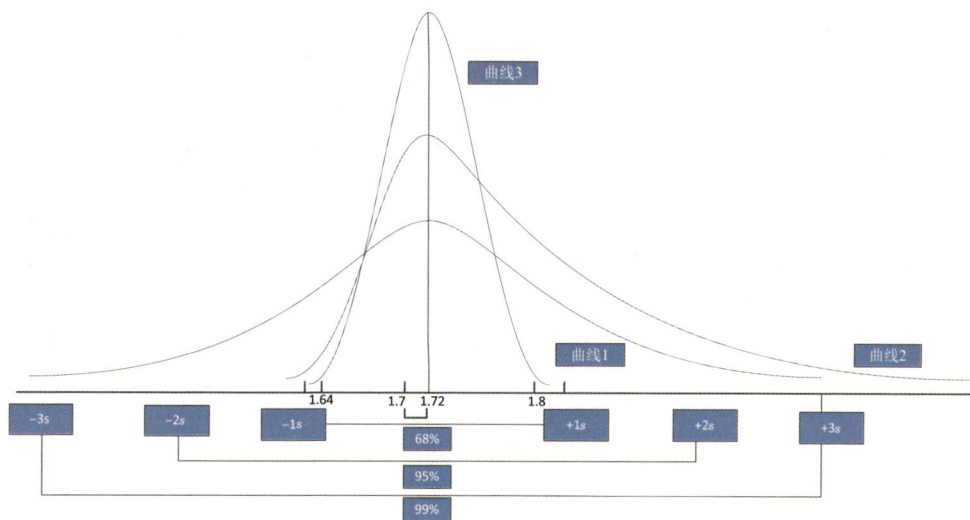

图 2-3　小数据常见的三种分布

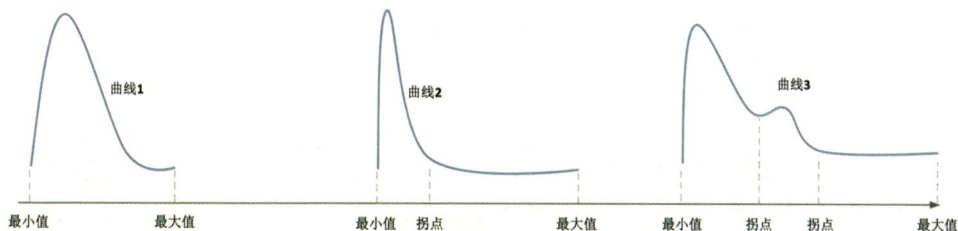

图 2-4　大数据常见的三种分布

1）小数据特征

　　假设一组身高数据的均值与标准差分别为 1.72 和 0.06。该组数据的分布图如图 2-3 中的曲线 1 所示。一般使用均值代表数据的大众情况，但是均值并不能充分代表所有数据。比如，有两个人的身高分别是 1.75 米和 1.9 米，前者会感觉 1.72 米能够代表他的身高，但后者会感觉 1.72 米不能够代表他的身高。这是因为用均值代表群体存在一定误差，应用者通常将这种误差限制在均值上下 1 倍标准差之内，除此之外，偏差越大代表性越差。因此，均值代表性比较弱的这部分群体就需要寻找能够代表他们的指标，即方差。

广义上方差的概念可以理解为数据偏离大众数据远近的程度，习惯上认为，1 倍标准差之外至 3 倍标准差之间的数据覆盖了方差的主体内容。方差通常用于解释统计模型算法，方差的标准化形式——标准差，用于解释实际业务问题。

数据主体加主体外的异常数据构成了数据全部信息。异常数据即小众之小众的数据，定义异常数据是根据大众数据与小众数据间的比例关系确定的，如均值上下 3 倍标准差之外、1.5 倍的四分位点。因此均值、标准差及异常值构成了描述数据分布的常用指标，但这些指标性质很不稳定，均值和标准差极易受异常值的影响。因此如何定义异常的界值构成了这些指标是否稳健的威胁，如果这种威胁不可避免，那么替代方案是什么呢？

如果数据中存在身高足够高的人，则分布右侧被拉长，均值是将所有身高数据加总并消除人数影响的数据，所以身高足够高的人会使分子的分量增加，但分母不受影响，所以均值将增大。就图 2-3 中的曲线 2 的特征而言，此时大众的身高位于均值左侧，均值已经远远偏离大众，但均值本身是用来表示大众的指标，所以均值的性质已经被破坏，此时的替代方案为中位数。

中位数并不关心身高的具体数值，只关心排名，所以中位数相较异常值而言是稳健的，用均值减中位数的符号表示偏态特征——两者相减为正，则为正偏分布；反之，则为负偏分布。此外，习惯上将均值与中位数的差值与方差的相较大小作为偏态程度的经验参考。

偏态特征还有一种特殊的场景，即位于均值右侧的异常值可以将均值拉高；位于均值左侧的异常值可以将均值拉低。如果均值减中位数恰好等于零，那么这种分布是否叫作正态分布呢？答案是否定的。

数据存在两端异常使分布变得更加平缓，与此相对的是陡峭的形状，这类问题可以统一归为峰值问题，但不管哪种情况都表示数据不满足正态分布的条件，当然峰值同样存在误差问题。图 2-3 中的曲线 3 就是陡峭的形状。如果一组数据分布特别陡峭，另一数据分布特别平缓，但两者均值相同，那么前者往往意味着数据很窄，均值代表数据的能力很强，但其隐含的数据信息很少（方差小）；后者正好相反。如果希望进一步理解它们的区别，读者可以从区分度、密度、高阶等角度来研究，此处不再进行知识延展。

综上所述，数据分析描述会涉及阶矩问题。在数据体量与信息分布中，不同统计量的指标可以统一用阶矩表示 [1]，如均值看作一次方、方差看作二次方、偏度看作三次方、峰度看作四次方。尽管上文一再强调数据分析需要区分不同领域的统计方法，但特例是，有些模型具有跨界性，即同一模型在不同领域中都有使用，但使用的重点不同。例如，方差分析，在实验室场景中方差分析是"主角"，在问卷场景中方差分析是"配角"，在数据库场景中方差分析最多是"跑龙套"的。此意何解？不同场景中都使用了方差分析，但它们的重点不同，一般而言，在精确的数据中考虑的阶矩问题比在粗糙的数据中考虑的阶矩问题更高。例如，在实验室中需要考虑到 1 ～ 4 个阶矩带来的误差问题；在问卷中需要考虑 1 ～ 2 个阶矩带来的误差问题，偶尔会考虑 3 阶矩带来的误差问题；在数据挖掘中一般考虑 1 个阶矩就足够了，考虑到 2 阶矩和 3 阶矩带来的误差问题的时候很少。

---

① 参见高惠璇所著《统计计算》。

由此可见，小数据与大数据关注的数据特征有所不同，由于大数据有其自身的独特性，阶矩问题也表现出特有的描述问题，下文将通过图 2-3 展示的三种常见分布来阐述大数据特征。

2）大数据特征

大数据特征有其独特性，主要基于以下几个因素。第一，抽样样本与大数据的全及样本不同。大数据不进行抽样失去了平滑数据的作用，数据出现异常的可能比较大。第二，正态分布是在各影响因素均衡的状态下产生的，但商业数据各影响因素很难均衡，甚至同时存在几个主导因素，自然谈不上正态分布，甚至谈不上分布。第三，商业数据往往不具有抽样数据的抽象性（除人工字段[①]外），如幸福感（抽象）与订单量（非抽象）。并且这种非抽象性的数据往往具有最小值为零的特征，零膨胀特征和均值所处的位置会使数据的分布形状以右偏和严重右偏为主。第四，商业数据更加关注顶部 20% 的数据，因此很多资源，如人力、资金等，都投放在前端数据的质量管控等内容上。

基于以上特征大数据常见分布形状为右偏分布，如果右偏不是特别严重，如图 2-4 中的曲线 1，那么仍然可以使用常用指标，如中位数、四分位距、异常值、最大值与最小值。图 2-4 中的曲线 2 增加了拐点，拐点的意义在于区分左侧与右侧用户的群体特征。例如，拐点左侧的用户群体的分布与普通的右偏分布类似，因此这部分数据仍然可以使用传统的常用指标来描述大众与小众；但拐点右侧的群体特征没有峰值并不区分大众和小众，一般重点描述全距、等宽度区间对应的概率及业务意义。因此需要回答为什么会有拐点；拐点前后群体特征是什么；群体上、下限的意义是什么等问题。此外，图 2-4 中的曲线 3 增加了多处拐点，其需要描述的问题与曲线 2 类似。

SPSS 操作　常用如图 2-5 所示的菜单及功能对连续变量进行描述。

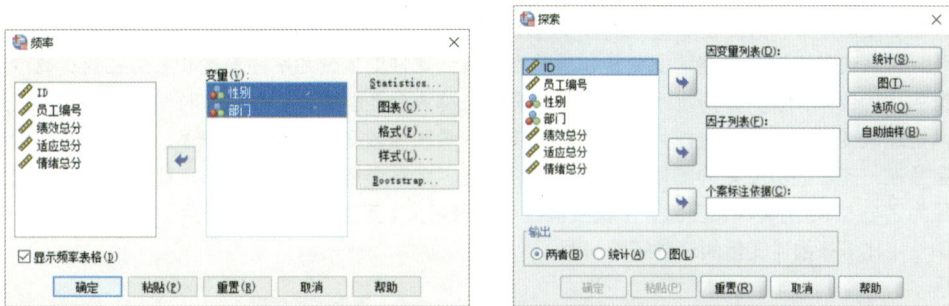

操作步骤：依次执行"分析"→"描述性统计"→　　　操作步骤：依次执行"分析"→"描述性统计"→
　　　　　　"频率"命令　　　　　　　　　　　　　　　　　　"探索"命令

图 2-5　频率与探索对话框

频率分析从名称来看是专门应用于对分类变量进行描述的，但其菜单中提供了很多对连续变量的描述，而"描述性统计"菜单是专门用于对连续变量进行描述的，但并不常用。就功能键而言，"频率"功能包含了变量描述的常用指标。那连续变量的描述功能还有存在的必要吗？当然有，这是因为统计学软件首先要确保统计学框架的完整性，所以有些功能虽然不常用，但仍然会保留。因此读者应该注意，学习统计软件框架背景固然重要，但需合理分配精力，注意哪些功能侧重于应用，哪些功能侧重于架构，学习的目的是用于解决问题。

---

① 数据挖掘领域习惯使用"字段"，统计分析领域习惯使用"变量"。人工字段区别于自然字段，人工字段源于对业务分析的需要，是多个自然字段整合产生的有意义的新字段。

　　SPSS 中的"探索"功能被频繁使用是因为小数据经常需要描述分布，而"探索"功能的主要作用是分布及稳健指标的描述，分类变量对分布的要求没有连续变量要求那么严格，所以确定分类变量的分布，有时还需借助严格的统计指标（实验室或问卷领域），结合 P-P 图和 Q-Q 图（问卷领域）来判断分布特征。

2.2　因变量的测量

　　变量信息因数据变化幅度的不同而不同，就同一变化幅度而言，可进一步分为不同的变量角色，即因变量与自变量。若从名称上看，变量区别于常量，每个变量都有自己的变化幅度及信息量。自变量可以理解为取值可以自由变化的量；因变量可以理解为取值并不随意，依赖自变量取值的变化而变化的量。因此，可以将自变量视为"因"，因变量视为"果"。

　　不同变量角色的侧重点是不同的。例如，因变量强调测量的精确性，但自变量强调变量的选择性，即特征选择。所以本节主要探讨因变量的测量，自变量的选择将在下一节讨论。

　　变量的进化史：从测量级别的精确性，到变量"潜""显"间的误差分解，到小型数据与大型数据的不同量化方案，再到有无监督的学习方式，测量学在精确性问题上的努力从未停止。因此，下文将从以下几个方面来回答精确性问题：测量级别问题、是否存在测量误差、哪些变量具有因变量的潜质、因变量常见的量化。

2.2.1　测量级别问题

　　基于对随机变量的描述，我们可以从变量取值多少、小数位意义、样本量大小、理论定义几个方面描述信息量，而信息量进一步又可以分为定量和定性的概念，随机变量的测量类型如图 2-6 所示。定量变量可以分为连续型变量和离散型变量；定性变量分为定序变量和名义变量；离散型变量包括计数变量，并同定序变量和名义变量统称为分类型变量，所以有时候我们在描述变量时，把连续变量和分类变量视为概念对，将连续变量和离散变量放在一起表述、定量变量和定性变量放在一起表述。变量的测量级别是将名义变量、定序变量、定距变量和定比变量放在一起，但是为了与 SPSS 官方叫法一致，下文我们统一使用名义（定类）、有序（定序）、间距（定距）、比率（定比）来描述变量的测量级别问题。

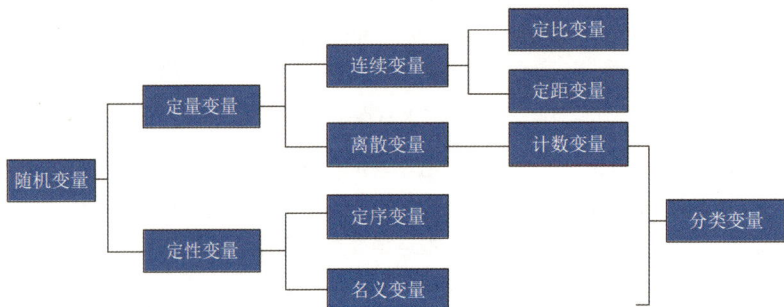

图 2-6　随机变量的测量类型[①]

---

① 参见谢宇所著《回归分析》。

测量学对于数值本身的关注构成了测量级别的定义，关注的重点是类别、顺序、间距与幅度。类别强调分类间的离散关系，即名义测量；顺序强调数值秩的等距关系，即有序测量；间距强调数值大小的线性关系，即间距测量；幅度强调数值大小的非线性关系，即比率测量。SPSS 区分名义测量、有序测量、标度测量（Scale Measurement）三种测量类型，其中标度测量包括间距测量与比率测量。

1）名义测量

如果现在有一把尺子，尺子上的刻度分别表示变量取值（见图 2-7），不同取值对应不同刻度和不同分布，除职业外其他刻度都具有大小顺序。职业及刻度仅仅用于区分分类变量的不同取值，强调类别，与高低、大小和顺序无关。比如，我们不能说农民大于老师、科学家大于工人，也不能说农民小于工人，这在实际场景中没有意义。与职业相似的指标还包括宗教信仰、民族、婚姻状态、手机颜色、购物渠道等变量。

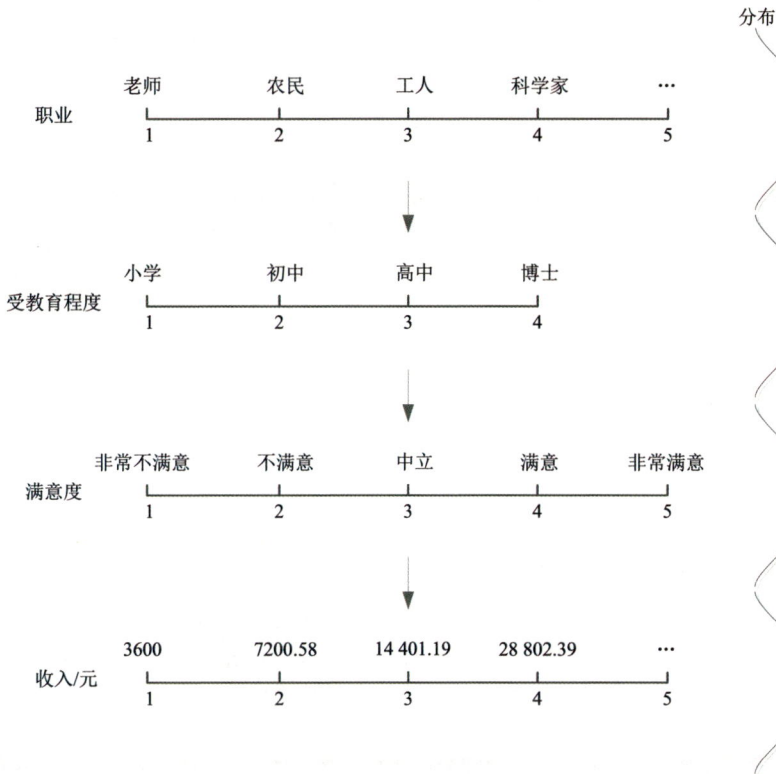

图 2-7　尺度与测量级别

在问卷设计中，名义型变量的设计通常不建议与数值或具有顺序和大小的图标联系在一起，为了避免顺序和大小对受访者的影响，通常将其选项设计为文本或图标，如 1、2、3 不如 a、b、c 合适；a、b、c 不如 *、+、# 合适等。

统计分析中常使用的卡方分析法主要用于检验度量不同分类间的关联程度，但并不强调有序性。与卡方分析相似的方法还有对数线性模型，该模型通过线性方程对进行对数转换后的联合概率进行回归，不过对数线性模型更适合在分类水平较高或分类较多的时候使用。此外，还可以使用潜在类别分析（侧重潜变量估计）、对应分析（取值间的一一对应关系）等方法进行分类，其对应的相关系数指标为相依系数、不确定系数等。

2）有序测量

有序变量提供的信息大于名义变量，因为有序变量除具有类别功能外，又增加了类别间的顺序。例如，可以说初中学习的科学文化知识是多于小学的，也可以说博士学历大于高中学历、初中学历小于博士学历等。因此针对序的问题，分析数值具有极大的便利性，但问题也因此产生。当我们关注数值差异时，序带来了识别上的"混乱"。例如，1、2、3……分别表示不同学历，因其具有大小性，所以有4（博士）减3（高中）为1，以及3（高中）减2（初中）为1，那么这两个1是否可以画等号呢？

就数值而言，两者是一样的，应该画等号；但若考虑实际情况，博士和高中之间相差10年左右，但高中和初中相差3年，所以两个1代表的年数不同，不能画等号。说这两种考虑都有道理，如果认为1等于1，其实是强调类别间的等距性，这就是序的含义；反之，不等距关注的点其实并不是类别问题，而是间距问题。比如，强调3年与10年之别，数值的具体大小对应到刻度上的间距不同，即间距有长短之分，如果使用尺子度量，数值往往存在小数位，所以我们说这是分类变量向连续变量过滤的标志。

严格意义来说，有序变量容易产生令人困扰的加减问题。如果将一个信息量足够丰富的取值与有序变量混合使用，如3.621减去1.311等于2.31与3减2等于1，前者丰富的变量取值差为2.31，则认为有序变量取值的1隐含了1与2间所有的丰富信息。但事实上，有序变量并没有提供这些信息，甚至不能假设有，因此有序变量的信息存在过度使用的风险。随着大数据的兴起，数据分析师并不认为该问题是什么大问题。所以下文的方法主要还是从统计的角度来看序的意义，如方差分析及其均值趋势（避开加减问题）、非参检验（强调序）、有序相关性指标（gamma系数、肯德尔系数等）等。

3）间距测量与比率测量

SPSS软件并没有对间距测量与比率测量区分，统一用标度测量表示，所以通常将其视为连续变量，但两者间统计性质的区别有助于我们更好地理解数据，所以以本部分内容侧重强调其区别。

变量测量的形式有很多，但并不是每一种形式都能准确传达真实环境中人们所表达的信息内容。例如，一个苹果需要1.2元，如果对方说需要1.226 789元，虽然很精确，但过于啰唆，这不是测量技术追求的"刚刚好"的状态。因为在统计领域，并不是所有的模型都是越精确越好，有时精确性是次要的。那"刚刚好"如何在不同性质的数据中准确表达呢？连续型变量对这一问题提出了挑战。

考虑有序型变量的间距长短，使分类变量向连续变量过渡，这种变量被称为间距变量，也是连续型变量的第一种形式。间距变量具备的一系列特征可以与比率变量进行对照——抽象性、0和倍的表达。

一般情况下，有现实意义的抽象性的变量倾向为间距变量，反之倾向为比率变量；数值中的0无意义的变量倾向为间距变量，反之倾向为比率变量；不能使用"倍"表达的变量倾向为间距变量，反之倾向为比率变量。

以变量幸福感和月收入为例，用户评估得分如表2-3所示。

表 2-3　用户评估得分

用户	月收入（0～10万元）	幸福感（0～10分）
001	10	10
002	6.8	6.8
003	0.5	0.5
004	0	0
量化形式：是否形象化	人民币	—

月收入为 10 万元，则表示收入很高（参照 2019 年中国平均收入状况），比较富裕；若月收入为 6.8 万元，则表示收入偏高；若月收入为 0.5 万元，则表示收入很低；若月收入为 0 元，则表示此人没有收入或没有参加工作。显然每个数值，都有合理的实际说明（至少这样的解释大家基本没有太多争议）。针对幸福感来讲如果某人幸福感评分为 10 分，可以说明此人完全幸福吗？如果某人幸福感评分为 6.8 分，可以说明他比幸福感评分为 6.7 分的人幸福吗？如果说他比一般人（平均而言）幸福一点也可以解释得通。但是若此人的幸福感为 0 分，是不是能说明此人一点都不幸福？一点都不幸福是什么？幸福的反面又是什么？也许心理学家都很难回答这些问题。

抽象性的问题主要集中在极值上，而社会科学数据的下限和最小值往往为 0，所以如何给予 0 实际意义和统计意义决定了这类数据的使用形式。使用 0 参与加减运算和乘除运算所带来的统计意义是不同的。例如，一个同学数学考了 80 分，另一个同学考了 0 分，若取平均值则每人有 40 分（性质没有改变），但是若进行乘除运算，则相乘后每人都是 0 分，相除后更没有实际意义，可见数据的性质发生了改变。若将多维性及不同性质的变量混在一起，会使统计解释变得混乱。因此，建议将 0 没有实际意义的变量放在加减形式的线性模型中，不建议用在乘除形式的非线性模型中。

其实 "0" 的意义是 "倍" 的逻辑起点。用李克特五点测量进行满意度测评，取值为 2 表示不满意，取值为 4 表示满意，但不能说满意是不满意的 2 倍，也就是乘除法在这类数据中是没有意义的。就收入而言，把收入 7200 元看作收入 3600 元的 2 倍，不管是在表述方面还是人们的理解方面都没问题，由此可知，造成这类问题的主要原因是，数值中的 0 是否有绝对位置。间距测量中的 0 是相对的，而比率测量中的 0 是绝对的。

使用数据集测量级别做加减和乘除形式运算的对比，其中服务 1 表示受访者对服务的满意度评价，服务 2 和服务 3 分别是由服务 1 平移 1 个单位和 100 个单位得到的，最终研究服务对产品满意度的影响。值标签如表 2-4 所示。

表 2-4　值标签

服务 1	服务 2	服务 3	产品
1.00 = "非常不满意"	2.00 = "非常不满意"	101.00 = "非常不满意"	1.00 = "非常不满意"
2.00 = "不满意"	3.00 = "不满意"	102.00 = "不满意"	2.00 = "不满意"
3.00 = "一般"	4.00 = "一般"	103.00 = "一般"	3.00 = "一般"
4.00 = "满意"	5.00 = "满意"	104.00 = "满意"	4.00 = "满意"
5.00 = "非常满意"	6.00 = "非常满意"	105.00 = "非常满意"	5.00 = "非常满意"

服务 1、服务 2、服务 3 对应的指标都是李克特五点测量。使用不同变量对业务解释没有任何影响，因为变量表达的含义没有改变。可见李克特测量并不关心具体取值或起点在哪里，但使用李克特测量需要注意的统计问题如表 2-5 所示。

表 2-5　统计量

		服务 1	服务 2	服务 3	产品
个案数	有效	20	20	20	20
	缺失	0	0	0	0
平均值		3.35	4.35	103.35	2.95
中位数		3.50	4.50	103.50	3.00
标准差		1.348	1.348	1.348	1.395
全距		4	4	4	4
最小值		1	2	101	1
最大值		5	6	105	5

服务满意度相对于产品满意度增加的倍数，能反映两者间的比率变化。

服务 1 满意度相对产品满意度增加的倍数：3.35/2.95=1.14 倍。

服务 2 满意度相对产品满意度增加的倍数：4.35/2.95=1.47 倍。

服务 3 满意度相对产品满意度增加的倍数：103.35/2.95=35.03 倍。

可见，业务解释完全相同的变量，在研究比率时得到的结果完全不同。除离散指标（标准差和全距）外，其他统计量都体现出了不同的加、减、乘、除带来的问题。

线性与非线性回归输出如图 2-8 所示。在图 2-8 中我们也发现了加、减、乘、除带来的问题。若以不同服务（服务 1、服务 2 或服务 3）分别做自变量，拟合线性与非线性回归，线性回归的输出除截距项外，其他统计量都一样，这是因为线性回归是一种线性（加减）方差分解模型，方差未变，回归的结果自然也不会发生变化，这与非线性的乘除性质不同。

系数[a]

模型		非标准化系数 B	非标准化系数 标准错误	标准系数 贝塔	t	显著性
1	（常量）	0.880	0.703		1.251	0.227
	服务1	0.618	0.195	0.598	3.162	0.005

a. 因变量：产品

系数[a]

模型		非标准化系数 B	非标准化系数 标准错误	标准系数 贝塔	t	显著性
1	（常量）	0.262	0.888		0.295	0.771
	服务2	0.618	0.195	0.598	3.162	0.005

a. 因变量：产品

系数[a]

模型		非标准化系数 B	非标准化系数 标准错误	标准系数 贝塔	t	显著性
1	（常量）	-60.915	20.201		-3.015	0.007
	服务3	0.618	0.195	0.598	3.162	0.005

a. 因变量：产品

（a）线性回归输出

模型摘要和参数估算

因变量：产品

方程式	模型摘要 R^2	模型摘要 F	模型摘要 df1	模型摘要 df2	模型摘要 显著性	参数估计值 常量	参数估计值 b_1
逆模型(N)	0.411	12.574	1	18	0.002	4.371	-3.748

自变量为 服务1。

模型摘要和参数估算

因变量：产品

方程式	模型摘要 R^2	模型摘要 F	模型摘要 df1	模型摘要 df2	模型摘要 显著性	参数估计值 常量	参数估计值 b_1
逆模型(N)	0.429	13.541	1	18	0.002	5.259	-8.937

自变量为 服务2。

模型摘要和参数估算

因变量：产品

方程式	模型摘要 R^2	模型摘要 F	模型摘要 df1	模型摘要 df2	模型摘要 显著性	参数估计值 常量	参数估计值 b_1
逆模型(N)	0.362	10.202	1	18	0.005	67.001	-6618.642

自变量为 服务3。

（b）非线性回归输出

图 2-8　线性与非线性回归输出

根据上文所述内容可知，小数据往往研究抽样意义下的群体行为，具有抽象性，常使用线性模型；大数据往往是全及样本的个体行为分析，不具有抽象性，常使用非线性模型。

SPSS 操作 常见的测量级别的处理功能如图 2-9 所示。

	名称	类型	标签	值	缺失	测量	角色
1	ID	数值		无	无	度量	输入
2	员工编号	数值		无	无	度量	输入
3	性别	数值		{1,男}...	无	名义(N)	输入
4	部门	数值		{1,市场部}...	无	名义(N)	输入
5	绩效总分	数值		无	无	度量	输入
6	适应总分	数值		无	无	度量	输入
7	情绪总分	数值		无	无	度量	输入

操作步骤：依次单击"数据主界面"→"变量视图"选项卡

图 2-9 变量视图

在测量菜单下，名义的图标为 🔵，该图标是 3 种不同颜色的圆，意旨不同类别的变量；有序的图标为 📊，该图标是 3 种颜色且具有高低特征的条形图，意旨不同类别变量的顺序性；变量的图标为 📏，意旨存在小数位的连续变量。

SPSS 界面分布着两套功能——传统功能和交互式功能。凡是交互式功能都必须正确设定测量级别，否则统计结果将出错；如果使用传统功能，则可以不需要设置测量级别，但是测量级别的内容对数据分析师而言是很重要的知识点，因为这是从统计视角看数据的全新维度，所以建议不管哪种情况都正确设定测量级别。

2.2.2 是否存在测量误差

经典测量理论认为，总误差变异包括系统误差和随机误差，其公式如下：

$$X = T + E \tag{2-1}$$

式中，X 表示实际得分；T 表示真分数；E 表示随机误差（满足线性回归的假设）。

经典理论认为真分数加随机误差等于实际得分。信效度指标可以用来评估实际得分的优劣。信度表示测验结果的一致性程度或可靠性程度；效度表示测验结果对真实情况的反映程度。不过经典统计结构模型通常把变量看作是没有测量误差的，使用的是 X（实际得分）。例如，在问卷测量中，使用 y_1、y_2、y_3 分别表示 Y 的 3 个维度，最终研究者希望通过项目汇总量化方式对 3 个变量进行汇总（如取均值）。项目汇总量化方式的合理性在于，汇总量化可以控制误差源，使误差平滑，最终总误差会相对较小[①]，不过前提是所有误差都要服从经典测量理论的分布假设。

经典测量模型与结构方程模型如图 2-10 所示。经典测量模型只涉及结构模型，并不涉及测量问题。经典测量模型用 X 解释 Y，进行回归，无法解释的部分就是残差（ε_1）。但此残差是回归部分产生的结构误差，与测量 Y 产生的误差没有关系，所以，在经典测量模型中不存在测量问题。

大样本理论指导的结构方程技术认为，在结构方程模型中应该增加测量模型，以增加测量指标的可信度。例如，X 对 Y 回归，产生残差 ζ_{11}，等同于经典测量模型中的 ε_1。此外，与经典测量

---

① 由 $x_1 = \lambda_{11} F + \varepsilon_1$，$x_2 = \lambda_{21} F + \varepsilon_2$，可得 $\dfrac{1}{2}(x_1 + x_2) = \dfrac{1}{2}(\lambda_{11} + \lambda_{21})F + \dfrac{1}{2}(\varepsilon_1 + \varepsilon_2)$。

模型不同的是，使用 3 个维度测量 Y，并且每个维度的测量误差分别是 ε_1、ε_2、ε_3［见图 2-10（b）］，这些误差间可以有相关性，分布也可以不尽相同，甚至可以自定义分布状态。

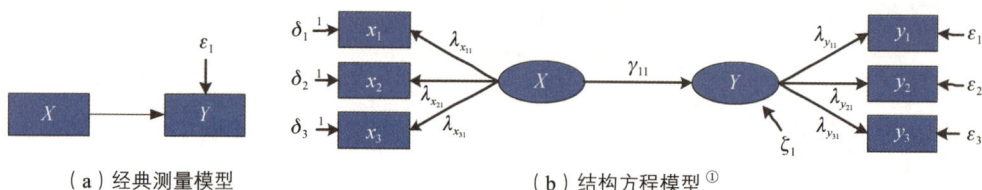

（a）经典测量模型　　　　　　　　　　　　（b）结构方程模型①

图 2-10　经典测量模型与结构方程模型

以幸福感为例进一步区分经典测量与结构方程模型测量。

如果幸福感由以下几个因素组成：收入、社会地位、人际关系、家庭和谐度。假设有一位研究者希望研究幸福感，但他对幸福感的 4 个维度毫不知情，希望通过调查研究推演幸福感的维度。他根据大量事例发现收入越高人们越幸福。为了该想法，他调查了 100 位受访者对"收入就是幸福感"的看法。100 位受访者中有 99 位受访者提出反对并提出大量反对理由，因此，收入并不足以表示幸福感。然后该研究者在反面案例中寻找未知维度，进一步发现社会地位也是一个重要因素，于是重复以上过程，并总结了以下模式。

模式 1："收入 = 幸福感"——95 位反对——反面案例——总结。

模式 2："收入 + 社会地位 = 幸福感"——50 位反对——反面案例——总结。

模式 3："收入 + 社会地位 + 人际关系 = 幸福感"——30 位反对——反面案例——总结。

模式 4："收入 + 社会地位 + 人际关系 + 家庭和谐度 = 幸福感"——5 位反对——反面案例——总结。

模式 5："收入 + 社会地位 + 人际关系 + 家庭和谐度 +……= 幸福感"——1 位反对——反面案例——总结。

从 5 个模式来看，模式 1 使用了单指标，即一个显变量，测量一个潜变量，这是不是就是经典测量呢？答案是否定的，理由有两个：第一，经典测量认为影响潜变量的所有因素都是均衡的，没有主次之分，而且需要遵循相同的误差假设。显然在理论层面上，收入并不构成这种均衡的结果。第二，单指标的潜变量也可以存在误差，此处应该以是否存在测量误差为准。

模式 2 到模式 5 是多指标测量并且每个指标均存在测量误差，那么这些测量指标是不是越多越好？从理论上来讲，我们永远无法穷尽所有影响因素，而且基于观察发现，为数不多的因素就足以解释大部分生活现象。经验证明，反映潜在因素需要 3～6 个指标，若太少，不足以描述潜在指标面的特征；若太多，将过于强调细节而不具有外推效度。

反对者提供了校验标准，95% 对应于大众群体，即数据的主体模式；50% 对应于半效应，即数据中间一半的结构；20% 对应于小众群体，即数据主体结构的误差源，也是信息源；5%（或 1%）为异常群体，即或隐或现的数据"幽灵"，是永远无法说服的人群。反面案例是当前条件概率无法解释的部分，它的本质是选择自变量，不断丰富理论外延的过程。

可见，不管是经典统计模型还是结构方程模型，都是在概率层面上分解反对者提供的信息。

---

① 为什么在经典测量模型中 Y 是因变量，但在结构方程模型中 Y 是自变量（测量部分）呢？请读者自行查阅《潜变量指标建构过程的探讨——形成型和反映型》，或查阅本书 7.2 节预测性问题：估计值。

SPSS 操作 常使用图 2-11 所示软件或 SPSS 模块（AMOS 模型需要用户另行安装）处理测量问题。

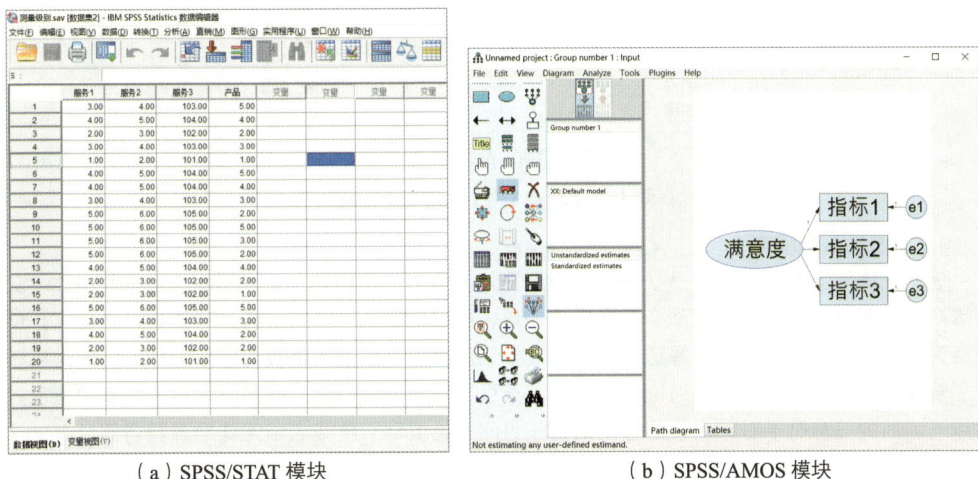

（a）SPSS/STAT 模块　　　　　　　　　　　　（b）SPSS/AMOS 模块

图 2-11　SPSS 与 AMOS 窗口

STAT 模块嵌有经典统计方法，AMOS 模块嵌有结构方程模型或潜变量技术，这两个模块的功能相互辅助。只利用 STAT 模块很难构建结构方程模型，需要结合 AMOS 模块。只利用 AMOS 模块很难进行数据清理、数据整理和统计模型，需要借助一些接口，其中，STAT 模块是最简便的一种测量问题处理横模块，推荐使用。

2.2.3　谁会成为"主角"

电影中的角色分为主角和配角，主角总是集万千宠爱于一身，经历万千艰难，克服困境，最终成为英雄。模型中的 y 又何尝不是如此呢？y 是所有信息分解的前提且为数不多，通常只有 $1 \sim 3$ 个；也是所有数据分析者和老板最关心的因素，它与业务息息相关，决定着很多事情；具有随机性，难以把控；追求精确性。x 是"配角"，与 y 形成鲜明对比。x 是影响因素，可以有很多；一般被称为确定性因素，是可控的，并且因 y 的存在而存在。可见，不同变量角色的性质是不同的。

验证性数据分析对 y 的确定，一般来自理论驱动。就理论框架而言，理论维度涉及的变量数有限，而且通常在理论层面上已经确定好 y 角色的特征，即研究主题。而数据挖掘的探索性质有所增加，面对众多字段，在数据库列维中探究业务方向，需要数据分析师具备识别潜在 y 的能力。

本节试图从业务和统计角度，提升读者对潜在因变量的识别能力。因变量具有以下几种特征：昂贵的获取成本、测量误差、抽象性、整合性、业务"危机"、老板需求。

以短期绩效数据为例，角色定义如图 2-12 所示，软件用户可以在"角色"列中定义变量角色，这样有助于后期数据流的自动化和使用 Modeler 模块。

	名称	类型	标签	值	缺失	测量	角色
1	ID	数值		无	无	✐ 度量	⊘ 无
2	员工编号	数值		无	无	✐ 度量	⊘ 无
3	性别	数值		{1, 男}...	无	♣ 名义(N)	↘ 输入
4	部门	数值		{1, 市场部}...	无	▦ 有序(O)	↘ 输入
5	绩效总分	数值		无	无	✐ 度量	◉ 目标
6	适应总分	数值		无	无	✐ 度量	↘ 输入
7	情绪总分	数值		无	无	✐ 度量	↘ 输入

图 2-12　角色定义

以箭（↘）和靶（◉）分别表示 x 和 y

1）昂贵的获取成本

信息三角如图 2-13 所示。人力资源部的管理者常面对一个困境——应聘者、老板和岗位。应聘者对很熟悉自己的信息，但不了解岗位的信息，所以他能否胜任某个岗位可能自己也确定，但他会说"我能"。但老板在理解这句话时，最多只能得出"这个人比较自信"的结论。因为应聘者了解自己的信息，但不了解岗位的信息；老板很了解岗位的信息，但是不了解应聘者的信息。所以三者间的信息是不对称的，信息无法在三者间通畅流动（虚线表示无法准确获得信息），这将造成成本问题。

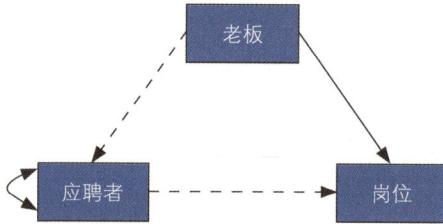

图 2-13　信息三角

当应聘者说应聘某个岗位时，老板是问："你是男性还是女性？"，还是问："你的工作能力如何？"。答案肯定是后者。因为识别性别根本不需要理性判断，看一眼就明白了，但是应聘者的工作能力一般需要很长一段时间的观察，才能得出可靠的结论，即使招聘专家也可能判断错误。因此，性别相较工作能力而言几乎没有获取成本。

2）测量误差

在测量技术的指导下，追求与业务需求"刚刚好"的精确状态是测量的含义所在。因为 y 极容易存在误差，所以因变量追求的是精确度。例如，评估性别和工作能力的精确度，性别几乎不存在误差，因此性别是天然良好的 x；而对工作能力而言，即使招聘专家的评估都存在误差的指标，因此工作能力是我们感兴趣的 y。

3）抽象性

显变量比潜变量更容易控制误差，因为显变量的维度单一，而潜变量的维度往往比较多，而且潜变量的每种维度间可能存在错综复杂的关系，甚至误差具有复杂的结构性。因为潜变量存在抽象性，所以其不确定性较大，更新和预测数据成为常见的数据分析问题。其实更新和预测数据也是评估精确性的一种方法，上文阐述了测量模型带来的精确性问题，而结构方程模型也有益于精确度的处理。例如，构建 x 预测 y 的回归模型，获得 y 的估计值，其估计值隐含了 x 和 y 的综合信息，我们认为 y 的估计值更具有 y 的抽象意义，更适合充当潜变量。例如，在金融领域，信用（y）比收入、工作时间更抽象；在电商领域，购买力（y）比订单、促销方案更抽象；在电信领域，流失（y）比电话时长、地区更抽象，等等。

4）整合性

如果有人问："在实际值和预测值出现差异时，你会相信谁？"，我会相信预测值，而不是实际值（具体讨论见第 3 部分模型应用与评估）。预测值整合了 y 和 x 所有信息。一般而言，在构建模型时，首先需要考虑关注点与影响因素是否可以建立联系，如果可以，则说明关注点可以与更多业务建立关联，那么该关注点往往是"问题丛"的枢纽，可联动业务环节，这样的指标自然是 y 的候选方案。

此外，因为关注点是"问题丛"的枢纽，所以精确问题被提上日程，不管是形成型测量还是反映型测量都是多指标的综合测量。

5）业务"危机"

业务"危机"之处往往伴随着 y 的身影。

目前，我国企业大部分处于六西格玛管理水平的三西格玛阶段[①]。运营环节出现的问题和频次不容乐观，如果是以六西格玛为准，百万产品可出现三四个次品；若在三西格玛水平，百万产品会出现 66 807 个次品。如果客户买到了次品，那么客户投诉、产品返修、产品后期维护、物流等各个环节将产生极大的成本。

一个企业不可能不存在任何问题。根据企业的产品或服务特征，不同领域、不同流程、不同时期出现问题的频次不尽相同。就电商领域而言，一般情况下每个月会出现一次小问题，如促销失利、供应商缺货、老客户轻微流失等；每个季度会出现一次大问题，如雨季导致地区物流几乎崩溃、老客户订单大幅下滑、品牌形象受挫等。并且所有问题都会在两年内出现 1～2 次，这些问题可能分布在不同部门，也可能分布在不同部门下的某些环节或时期，但只要出现问题就会造成经济损失。

问题症结往往并不是问题本身，通常点的问题可以带出很多业务环节。例如，促销失利，可能与数据准备不精确有关，也可能是促销方案有问题，或是经费短缺等原因。问题出现之处往往就可以设计 y。在促销失利的问题上，给响应者与非响应者分别赋值以产生 y 指标，然后判断存在哪些影响因素（业务驱动＋统计驱动），借助统计方法来识别关键因素和次要因素。如果企业已经使用了六西格玛管理技术，那么就可以基于出现问题的地方建构统计方法，进而进行监控、归因。

5）老板需求

公司的创始人或领导一般能站在更高的角度来看待企业发展，他们往往也能预测到各环节可能要出现的问题，所以将老板的需求作为数据分析的锚定点，以锚为方向，不会偏离主题。当然我们可能并不清楚老板的想法，老板也不会事无巨细地与数据分析师沟通，但一般情况下老板的想法可以在公司会议或记录中查阅到。"老板是业务专家中的专家"这句话表明了老板的重要性。

综上所述，对几类特征进行分组，其中，测量误差、抽象性和整合性需要数据分析师具备统计知识；昂贵的成本、业务"危机"与老板的需求需要数据分析师具备业务知识。笔者认为这些特征的核心都是业务。

---

① 参见何晓群等人所著《六西格玛质量管理与统计过程控制》。

2.2.4 y 的量化场景

因变量的量化技术比较繁多，从小数据和大数据两种场景来阐述不同领域强调的技术特征。理论和经验证明，小数据强调数据量化本身的特征及数据的精确度，而大数据强调业务环境带来的具体量化技术。

1）小数据典型场景与应用

数据的精确度是小数据追求的方向，连续变量最能体现数据的精确度，因此也是最常见的量化方式，这同样适用于因变量和自变量。

在问卷领域中数据分析师与主管的一段对话如下所示。

数据分析师："y 是分类的，用分类的方法好吗？"

主管："不行，增加样本量，视其为连续。"

数据分析师："没有经费增加样本量了。"

主管："找找理论，说明 y 的连续性。"

数据分析师："实在找不到理论了。"

主管："用最优变换将变量转为连续变量。"

数据分析师："这种方法对样本量有要求。"

主管："试试用模拟技术增加样本量。"

……

这是小数据场景的一段对话。

不管是通过问卷还是其他渠道收集的数据，数据的取值范围总是有限的，即存在最大值和最小值，但是在理论上的假设是无穷的，即取值从负无穷到正无穷。一个有限的数据如何代表无限的数据？中间需要什么机制呢？其答案就是分布。分布可以将有限的数据信息与理论上无穷的数据相关联，所以在谈论小数据时避不开的话题是分布，无论是正态分布还是卡方分布。统计分析方法，尤其是参数类方法，对分布有严格的要求。因此针对分布特征的统计方法有 P-P 图、Q-Q 图、S-W 检验等。

分布检验问题也是小数据常见的问题之一。

SPSS 操作 短期绩效数据集的变量是绩效，计算该数据集的均值和标准差两个参数，并使用该参数模拟正态分布，程序为 COMPUTE 模拟正态分布 =RV.NORMAL(11.89,5.041)。。这样我们就得到图 2-14（a）所示图形，分别对原始数据和模拟数据绘制直方图。模拟数据是正态分布随机数，理论上可以视为正态分布。原始数据与标准正态分布间的偏差是判断原始数据是不是正态分布的依据，因此两组数据相减产生了如图 2-14（b）所示的直方图。正态分布检验是检验最大偏差 d 是否等于 0，以构造假设检验中的原假设。

读者可以使用 K-S 检验或 S-W 检验来校验原始数据是否符合正态分布（操作步骤：依次单击"分析"→"描述统计"→"探索"菜单）。就便利性而言，笔者推荐使用 P-P 图，下文描述 P-P 图检验原理、解读及使用状况。

P-P 图的分布检验如图 2-15 所示。通过模拟文件确定原始数据的实际累积概率和模拟数据的理论累积概率，观察图形中数值的匹配程度，检验分布特征，图 2-14 和图 2-15 的图形性质相同。图 2-15（a）是根据原始数据（散点）和模拟数据（对角线）分别绘制的散点图，图 2-15（b）是原始数据与模拟数据对应点相减产生的偏差图。

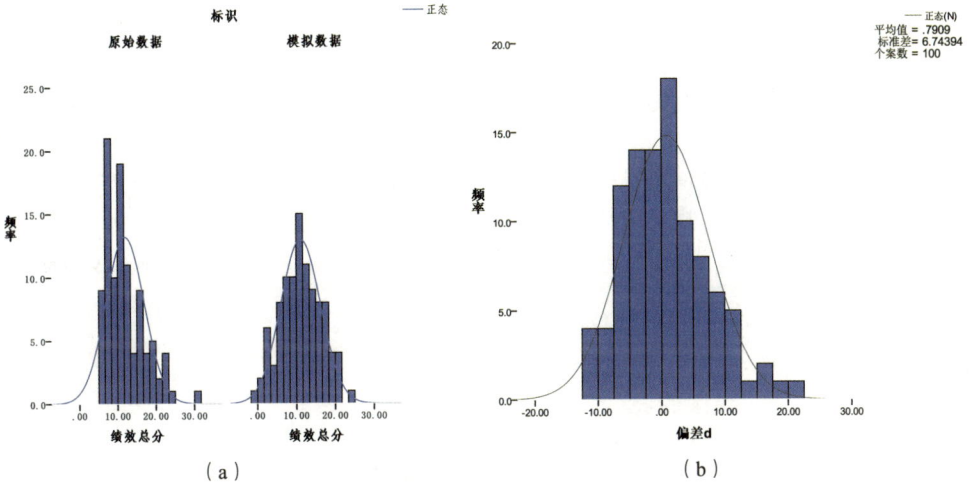

图 2-14 正态分布检验

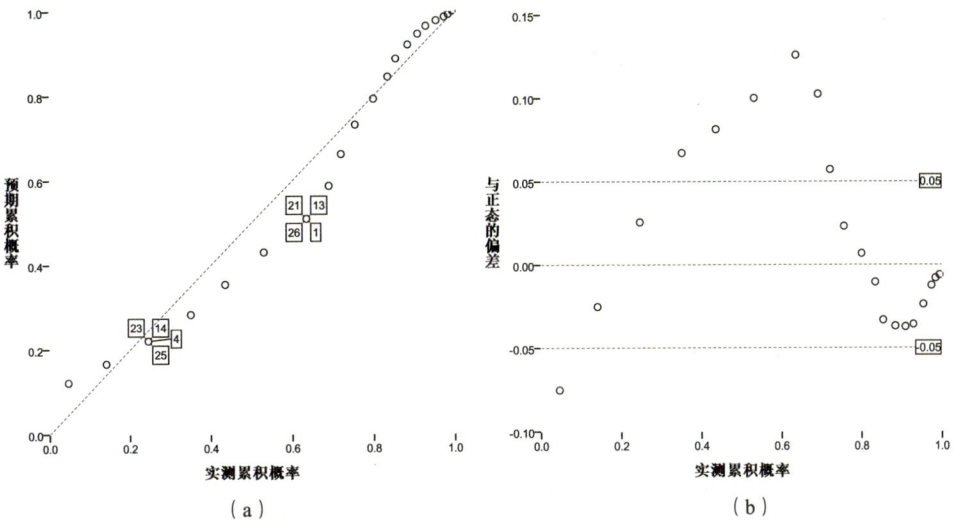

图 2-15 P-P 图的分布检验

P-P 图解读：观察原点是否紧密缠绕或聚集在理论线上，若偏离的幅度很小，则表示原始数据符合正态分布；反之，则不符合。例如，第 1 行观测值比第 2 行和第 3 行观测值更大更容易导致分布假设不满足，但是多大的偏离幅度为大，多小的偏离幅度为小呢？很遗憾，P-P 图没有提供具体的量化指标，但是 P-P 图的偏差图（去趋势图）提供了经验界值。

图 2-15（b）中的散点表示实际原始值与理论值之差。在正态分布情况下，散点应该在 $y=0$ 上下小幅分布，差值波动控制在 [−0.05, 0.05] 为宜[①]。从图 2-15（b）所示结果来看，没有足够证据表明数据符合正态分布。若差值波动区间在 [−0.05, 0.05]，则表明有充足的理由认为数据呈正

① 参见张文彤所著《SPSS 统计分析基础教程》。

态分布；若差值波动区间在 [−0.1，0.1] 之外，则表明有充足的理由认为数据不符合正态分布；若差值波动区间在 [0.05，0.1]（或 [−0.05，−0.1]），则意味着模糊区间，数据既可视为正态分布，也可以视为非正态分布，具体情况依项目实际场景而定。

以上是正态分布检验，其实 P-P 图提供了各种分布的检验，如 beta、卡方、指数、gamma（伽马分布）、半正态、Laplace、Logistic、Lognormal、正态、排列（帕累托分布）、t 检验、威布尔（Weibull）和均匀分布。如果想检验变量情绪是否服从威布尔分布，也可以调用 P-P 图的方法来检验，输出解读是不变的。图 2-16 的结论是情绪总分不符合威布尔分布。

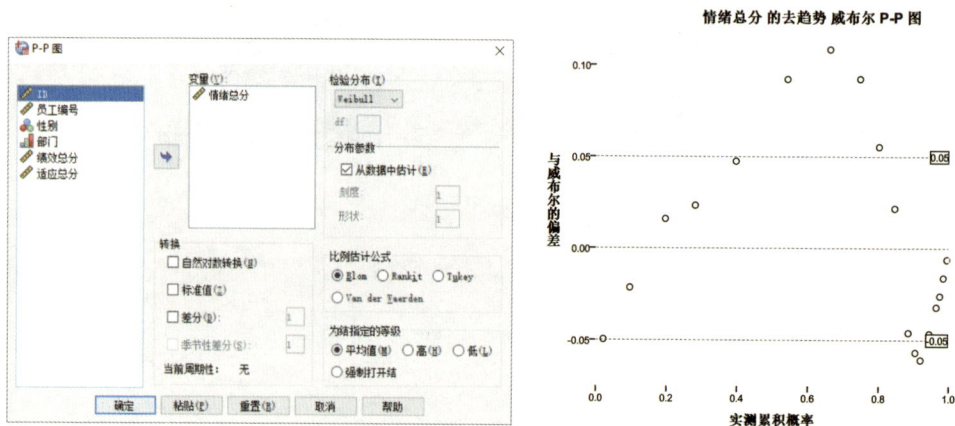

图 2-16　P-P 图界面与分布检验

P-P 图可以检验的分布多达十几种，每种分布都对应一种或几种技术检验方法。这从侧面反映出小数据的量化涉及各种类型的数据及其分布特征检验。

2）大数据典型场景与应用

数据精确性并不是大数据追求的方向，分类变量是数据挖掘领域最常见的方式。

数据集 bankloan_binning 中的 default 表示客户是否有违约记录，取值为 1 和 0，其中，1 表示存在违约记录，0 表示不存在违约记录。default 在数据库中是天然形成的、无须整理就可以获得的自然字段，还是后期根据业务需要整合出来的人工字段呢？为了回答这个问题，我们先设想一种数据分析场景。

数据库存储了用于表示违约记录的两列变量——违约金额和违约次数，现在针对如何构建模型判断 y 的角色及量化方式，几位数据分析师持有不同意见，自然字段与人工字段如表 2-6 所示。

表 2-6　自然字段与人工字段

数据库中的字段		分析师 1	分析师 2	分析师 3	分析师 4	
违约金额（元）	违约次数	Y_1	Y_2	Y_3	Y_4	Y_4'
100	1	100	1	1	100	1
100	6	600	1	2	100	6
26 000	10	260 000	1	3	26 000	10

数据库中的字段		分析师 1	分析师 2	分析师 3	分析师 4	
违约金额（元）	违约次数	Y_1	Y_2	Y_3	Y_4	Y_4'
0	0	0	0	0	0	0
0	0	0	0	0	0	0
…	…	…	…	…	…	…
0	0	0	0	0	0	0

数据分析师 1 认为，应该将违约金额和违约次数整合在一起，这样既可以保证信息的综合性，避免太烦琐，还不至于过多地丢失信息，比较强调精确性。

数据分析师 2 认为，要严控风险，具体的违约形式是违约金额还是违约次数无关紧要，总之，只要有违约记录就是违约者，比较强调业务性。

数据分析师 3 认为，第一种违约情况，违约金额为 100 元，仅此一次，这种违约性质并不严重；第二种违约情况，100 元违约 6 次，这种违约者有些粗心大意；第三种违约情况，违约金额很大并且违约次数很多是恶性违约。给予不同的量化标准 1、2、3 予以区分，比较强调业务性。

数据分析师 4 认为，数据分析师 1、数据分析师 2、数据分析师 3 的量化都会丢失信息，于是数据分析师 4 对不进行任何压缩也不进行任何编码的违约金额和违约次数两列数据进行统计分析，更加强调精确性。

4 位数据分析师争执不下，于是他们去请教数据分析主管。

数据分析主管进行了如下评述："数据分析师 1 做了连续型变量的量化，考虑了精确性，但是大数据并不要求精确性，所以先否定数据分析师 1 的方案。至于数据分析师 4，一般不建议这么使用，因为多个 y 会使后续的统计模型很难处理，且能够处理多个 y 的统计模型少之又少，如神经网络，但是神经网络技术在金融行业不能随便使用，所以数据分析师 4 的方案暂不考虑。至于相对更加强调业务性的数据分析师 2 和数据分析师 3，坦白地说我也无法定夺，需要请教老板"。

老板给数据分析主管的回答是严控风险。请问老板支持谁的量化方案？答案是数据分析师 2。可见，因变量的测量以分类形式为主，而且每步量化都离不开业务指导，并且更加强调业务与模型间的对应关系。

2.3　自变量的选择

自变量选择也叫特征选择，受研究目的、实验设计、项目经费等因素的影响，不同场景使用的研究方式不尽相同。

一般而言，实验室有更便利的对混杂因素进行控制的仪器，在这种场景下误差源可以得到有效控制，不需要更多行列信息，所以数据体量称为微型数据，行数在 5 ～ 40 行，列的数量尤其是自变量为 2 ～ 4 个。

在问卷环境下，理论维度成为控制混杂因素的主要工具。由于问卷存在严格的信效度，相比传统的物理测量有更大的不确定性，所以数据体量从列到行都需要有所扩展。一般来说，自变量的数量为 6 ～ 9 个，行的数量为 50 ～ 5000 行。

数据库与问卷、实验室的研究方式有极大差别，其主要原因在于，随着数据体量的增加，数据库中的数据不再具有抽象性质，研究的问题也从群体行为逐渐过渡到个体行为，使用的技术也不再是假设检验。

此外，企业的痛点研究涉及行为细分、分类技术和未来潜在行为的预测，而且新数据环境下全新的归因链的出现，使问题得到了串联，每个问题和另一个问题间都有相互关联性，因此归因链中的所有因素都需要纳入分析，所以影响因素会比较多。考虑模型运行时间，通常影响因素不建议超过 15 个（大数据算法也存在维度灾难问题），至于行数则越多越好。

由于实验室领域的分析并不是我们探讨的重点，所以下文分别从问卷的验证性和数据库的探索性方面来谈特征选择。

2.3.1 验证性：x 的选择

小数据问题倾向于研究群体性行为，其主要利用分布性质连接小数据与总体数据。小数据与大数据相比更利于控制成本，而推论过程恰恰可以利用验证性数据分析的思路，根据问题或理论推延，找到并提出假设，用数据加以验证，如果结论成立，则判断成立的可能性和信度；如果结论不成立，则再收集数据重复以上过程，直到非常确信假设是成立还是不成立为止。

理论是提出问题较经济的方式之一，理论是各种经验的归纳总结，其以简捷性特征为主，并不会出现众多列维。社会科学的理论维度通常为 6 ～ 9 个。在问卷中有时会有很多题目，看起来变量或维度很多，其实不然，因为社会科学的很多指标都是潜在抽象的，测量一个潜变量大概需要测量 3 ～ 6 个显变量，而题目就是显变量，所以整个问卷中使用的理论及维度，并不像题目表现的那样多。

既然问卷领域常借助理论提出问题、校验假设，那么如果收集的数据并不支持理论维度，需要对数据进行增减，又会带来哪些问题呢？如果删除变量，则会影响整个理论的效度；如果增加维度，则会对原有理论产生理论上的拓展。这两种方法，不管哪个都是对原来理论的修改。修改理论谈何容易，所以小数据的特点就是维度不能随意增减，也不能合并。那么模型因此不符合假定怎么办？对于这个问题可以通过修正技术来解决，如内生性、异常值、变换等，对模型进行修正，以满足假设条件。

2.3.2 探索性：x 的选择

探索性数据分析的思路是，在数据分析前没有严格的理论假设，希望通过探索数据得到一些有用的商业信息。这种思想对小数据而言几乎是场"噩梦"，但这对大数据分析师而言确是比较常见的场景。

数据分析师："老板，我的工作内容是什么？"

老板："先整理数据库看有什么结论。"

数据分析师："有没有具体需求？"

老板："你跟技术交流一下。"

数据分析师："技术说了些我听不懂的话。"

老板："你跟业务人员交流一下。"

数据分析师："交流后发现，我说的话业务人员好像听不懂。"

老板："那你自己看着办。"

大数据不是一开始就是探索性的，理论上说，所有的数据分析都应该是验证性的，但是对于新出现的事物，我们没有建立的规则，所以"探索性"阶段性的处于主流地位。

目前数据库技术可以完成生产或服务于数据的自动化，但数据质量仍然无法逃避"数据体量越大，数据质量越低"的魔咒，这主要受成本、生产需求、数据库性能等因素的制约，因此数据库数据也呈现出独有的特征——归因链。

生成或业务环节的数据信息会自然传递给下一个环节，这使得数据间具有一一对应的共变关系，并产生大量的数据流。如果要问订单量为什么下滑，商品部门的人说供应商的商品不受欢迎，促销人员说营销经费不足，客服部门的人说客户太难缠，物流部门的人说雨季影响物流系统，等等。由此可以看出生产流程中出现的任何问题，都会引起下游其他环节的问题。一个信息被传递到下一个环节，但下一个环节可能还受制于横向因素的影响，如营销经费不足又受其平行环节的影响，如部门第三方开支过巨。这样横向和纵向交织的问题，会产生庞大的归因链条[①]，出现众多影响因素，这就是数据库中的列特征。

布局数据库模型时，可不可以把成千上万的列纳入分析呢？答案显然是不行，主要原因如下：第一，模型的维度灾难问题；第二，运行速度问题；第三，最终模型的结构性解释及实际意义。这三个问题在多维情况下很难有实际应用，所以以数据库维度量巨大，能够选择的 x 很多，更鼓励数据分析师尽量增减、合并自变量，以优化模型。相较而言，小数据只有有限的维度，任意增减自变量会带来巨大的成本和理论解释问题，并不符合小数据方法论。

当然这也为控制 x 提出了艰巨的挑战，本书提供的应对方案是阅读运营报告，假设"发生即合理"，运营报告是业务专家总结的最有价值的业务信息，也是数据分析师的一柄"长剑"，应该被好好利用起来。

[①] 谁才是主要的影响因素呢？这个问题就像汽车连环追尾事故，最后的车辆不一定就是主要的肇事车辆。

第 3 章　数据预分析

每种模型都有严格的条件，如果模型过度学习，则造成过拟合现象；如果模型泛泛学习，则造成欠拟合现象，而对数据进行预分析和修正就是为了拟合出刚刚好的模型。

本书为便利起见，将模型前的预分析和模型后的修正放在一起讨论。

3.1　填补缺失

本节将分别从行、列、单元格角度来描述缺失数据。下文先从行的缺失特征看缺失的随机性；然后对缺失的随机性进行分类；最后描述小数据和大数据针对不同的随机性特征的填补方案分别是什么。

3.1.1　描述缺失数据：行、列、单元格

数据缺失几乎是不可避免的事情，不过在不同环境下缺失的严重性不同。在实验室环境中偶尔会存在缺失，自然对缺失数据也无须太过重视；问卷环境中的缺失则比较常见，这也是缺失值处理方法集大成的领域；整体而言，数据库的缺失现象非常严重，缺失现象不仅以缺失形式存在，还以不合理取值、异常值、错误编码等形式存在。

此外，统计方法和数据挖掘方法都是从频数到概率的分析，从概率角度来说，只要缺失的比例在可控范围内，对概率问题的影响就不会特别大。此外，有些模型使用的只是统计量和相关系数（如均值、中位数、标准差、协方差等），如果使用稳健统计量，那么缺失对结果的影响会更小。所以，总体来说缺失的影响不会很大。

这样来看，不同领域所使用的缺失值填补方案应该是不同的。打开 missing（缺失数据）数据集，总体来看，列的问题并不重要。因为每个领域对列维都有一套方法论的限制，所以行的缺失，尤其是缺失的比例是关注的重点问题。

表 3-1 显示的数据文件只有自行车滞流量和交通堵塞程度两个变量存在缺失，缺失比例分别是 22.5% 和 12.5%，最后两列显示存在缺失时的平均值和标准差，这是数据文件现有数据提供的完整信息。

表 3-1　变量摘要

	个 案 数	缺 失 比 例	个 案 数	平 均 值	标 准 差
自行车滞流量	9	22.5%	31	2.154 876	0.164 454 0
交通堵塞程度	5	12.5%	35	3.792 508	0.443 141 5

　　一般来说行的缺失比较重要，但有时缺失比例控制在 5% 以内，甚至 3% 以内，对整个概率或分布的影响很小，此时可以使用直接删除法，SPSS 软件提供了两种常见的删除方法，即成对删除（PAIRWISE）和成列删除（LISTWISE），这里选择的处理方案会决定后续统计方法能利用的有效样本量。成对删除法所利用的样本量不尽相同，成对删除的相关性如表 3-2 所示。但是成列删除处理使用的样本量都是相同的，成列删除的相关性如表 3-3 所示。

表 3-2　成对删除的相关性

		电动车滞流量	汽车滞流量	自行车滞流量	交通堵塞程度
电动车滞流量	皮尔逊相关性	1	0.231	0.783**	−0.123
	显著性（双尾）		0.152	0.000	0.482
	个案数	40	40	31	35
汽车滞流量	皮尔逊相关性	0.231	1	0.209	0.474**
	显著性（双尾）	0.152		0.259	0.004
	个案数	40	40	31	35
自行车滞流量	皮尔逊相关性	0.783**	0.209	1	−0.193
	显著性（双尾）	0.000	0.259		0.307
	个案数	31	31	31	30
交通堵塞程度	皮尔逊相关性	−0.123	0.474**	−0.193	1
	显著性（双尾）	0.482	0.004	0.307	
	个案数	35	35	30	35

** 表示在 0.01 级别（双尾），相关性显著。

表 3-3　成列删除的相关性

		电动车滞流量	汽车滞流量	自相车滞流量	交通堵塞程度
电动车滞流量	皮尔逊相关性	1	0.161	0.812**	−0.141
	显著性（双尾）		0.395	0.000	0.458
汽车滞流量	皮尔逊相关性	0.161	1	0.197	0.476**
	显著性（双尾）	0.395		0.297	0.008

续表

		电动车滞流量	汽车滞流量	自相车滞流量	交通堵塞程度
自行车滞流量	皮尔逊相关性	0.812**	0.197	1	−0.193
	显著性（双尾）	0.000	0.297		0.307
交通堵塞程度	皮尔逊相关性	−0.141	0.476**	−0.193	1
	显著性（双尾）	0.458	0.008	0.307	

** 表示在 0.01 级别（双尾），相关性显著。

注：成列删除的个案数为 30 行。

在表 3-2 中，变量电动车滞流量与汽车滞流量的个案数是 40 行，是这两个变量都不存在缺失，只有自行车滞流量和交通堵塞程度存在缺失。变量电动车滞流量与自行车滞流量能使用的有效个案数是 31 行，其原因是原始文件中自行车滞流量存在 9 个缺失，其中一个是自定义的缺失值999。再者，电动车滞流量与交通堵塞程度能使用的有效个案数是 35 行，其原因是交通堵塞程度存在 5 个缺失。自行车滞流量与交通堵塞程度能使用的个案数是 30 行，其原因是自行车滞流量缺失或者交通堵塞一共存在 10 行缺失。可见，成对删除法是分析涉及该变量缺失时则删除，否则不删除。每对变量所使用的个案数不同，那么根据模型最终选择的个案数会产生矩阵运算问题，这就是成对删除法的缺点。

对比表 3-2 和表 3-3 会发现，不管是相关系数、显著性还是个案数，成对删除和成列删除都不相同。这是因为成列删除法是只要行存在缺失，整行就被删除，所以个案数相同，不存在任何缺失的完整数据有 30 行。因此成对删除和成列删除方法的数据信息的利用程度是不同的，所以两种删除方法的统计量和相关系数存在差别。

总体来看，成对删除法可以最大限度地利用原始数据的有效信息。但该方法带来的问题也很明显，即低维模型和高维模型的结论可能不一致，同时也可能带来模型运算问题。成列删除法可以有效地避免以上问题，但该方法能利用的有效个案信息可能严重不足，所以具体使用哪种方法需视数据特征而定。在进行缺失模式分析时，主要关注单变量缺失比例（列）、缺失模式的比例（行）及缺失单调性。

缺失模式分析的重点是缺失单调性和缺失比例。

如图 3-1（a）所示，横坐标是变量，按照变量缺失程度从右向左由大到小排列；图中深色方块和白色方块分别表示缺失和非缺失；纵坐标是缺失模式。例如，模式 1 表示所有变量都不存在缺失；模式 2 表示交通堵塞程度存在缺失，但自行车滞流量不存在缺失；模式 3 与模式 2 相反；模式 4 表示交通堵塞程度和自行车滞流量同时存在缺失。

从模式 1 到模式 4 分别存在的缺失比例如图 3-1（b）所示。由图 3-1（b）可知模式 1 不存在缺失的比例为 75.00%；模式 2 不存在缺失的比例最少，说明交通堵塞程度存在缺失，并且自行车滞流量不存在缺失的情况的比例为 2.50%（1 除以 40）。

如果使用成列删除法只能利用 75.00% 的有效个案，也就是 30 行个案，但使用成对删除法可以使用更多个案信息。本案例提示，如果使用成列删除法，将删除 25.00% 的数据，数据删除的比例很大，即使后续使用统计方法填补，结果也不一定理想。所以本书建议使用成对删除法。

（a）

（b）

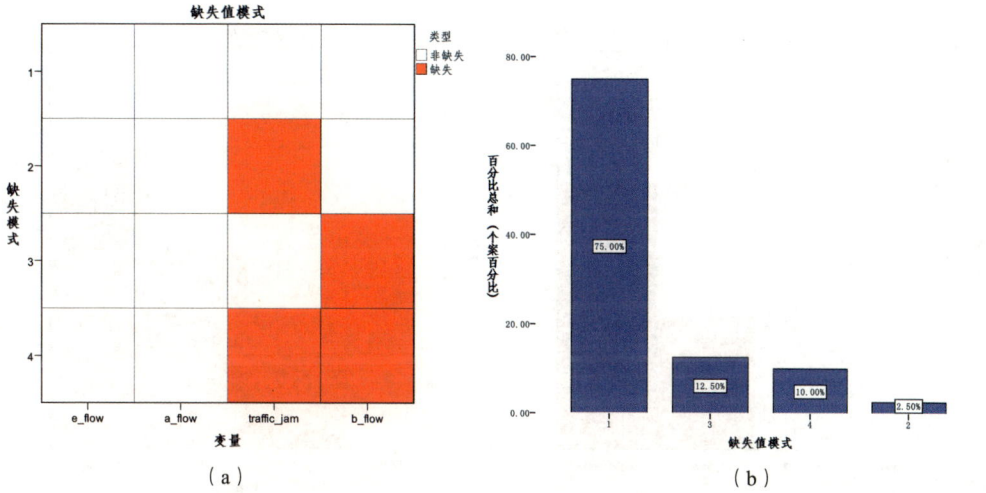

图 3-1　缺失模式及比例

不同删除法除带来不等个案数的影响外，缺失值的单调性也会影响统计方法的使用。缺失单调性的几种常见形式如图 3-2 所示（此处为模拟数据）。

图 3-2（d）是缺失单调性的标准形状，因为该缺失模式图的行列都进行了排序。如果经过多次排序后，图形仍然呈现特有形状（如直角三角形），我们就有充足的理由认为，左侧变量的缺失导致了右侧变量的缺失，并进而导致再右侧变量的缺失，直到最右侧变量缺失，这种传导致关系从右向左，从模式 5 到模式 1 不断单调递进的现象称为缺失的单调性。图 3-2 中除图 3-2（d）外其余所有图形样式都为非单调。

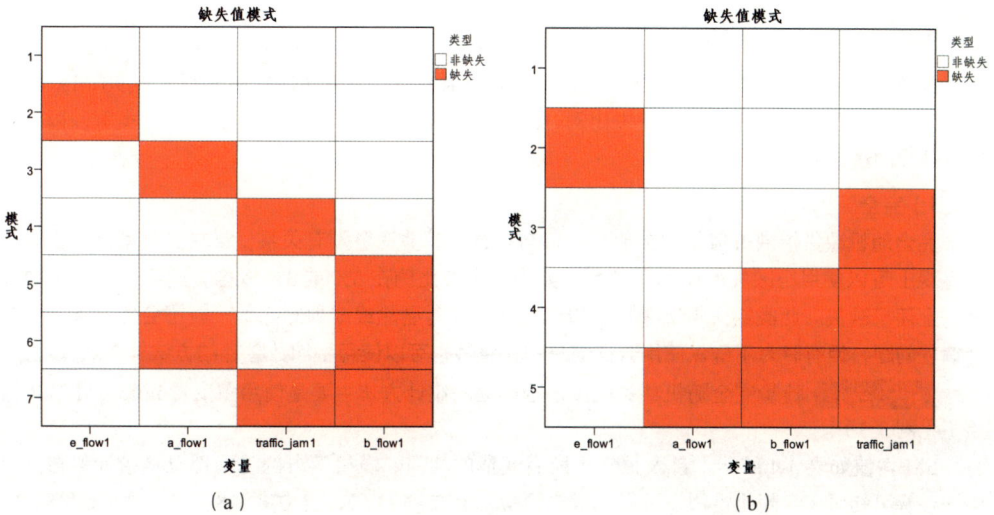

（a）

（b）

图 3-2　缺失模式及单调性

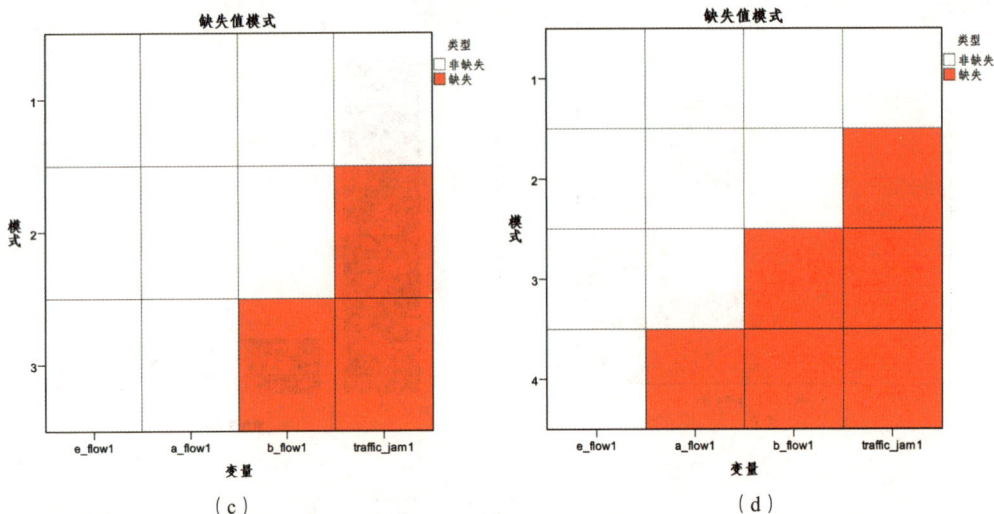

（c）   （d）

图 3-2　缺失模式及单调性（续）

此外，图 3-2（b）很像具有单调性，但是左上侧存在缺失，所以严格意义上不算单调，除非左上侧的缺失比例非常微小；所以图 3-2（b）为标准的非单调性。图 3-2（c）看起来也像具有单调性，但由于只有两个变量存在缺失，而两点间并不严格形成单调递进关系，所以一般不构成单调性。

综上所述，行缺失带来的问题远胜于列和单元格缺失带来的综合性问题，尽管缺失涉及行、列和单元格的具体缺失特征，如比例、相关性等，但我们重点还是从行缺失特征进行分析。

3.1.2　缺失类型：随机性

系统缺失值的三种类型包括完全随机缺失（MCAR）、随机缺失（MAR）和非随机缺失（MANR）。这三种缺失类型往往对应于行的缺失比例，因此我们可以进一步描述缺失值的三种类型，以探讨应对缺失的统计方法。

1）完全随机缺失

完全随机缺失指缺失值是完全随机的，与自身或其他变量没有关系，该缺失类型比较少见。在直观上可以使用行缺失的比例来判断：如果缺失值比例在 5% 或 3% 以内，则可以认为该缺失是完全随机缺失。此类缺失情况采用直接删除法（成对删除或成列删除）一般不会使结果产生估计偏差问题，但有时为了确保使用数据信息的完整性也可以使用平均数替补的方法补充缺失。

SPSS 操作▶检验完全随机缺失假设是否成立的统计方法主要是使用多变量 little's MCAR 检验（见图 3-3）。

EM 均值如表 3-4 所示，该表报告了所有变量的均值。表格下方的注释部分是检验的重点，由该注释可知对完全随机性假设进行的卡方检验中卡方 =12.069、自由度 = 8、显著性 = 0.148。原假设是完全随机缺失，结果并不显著，所以没有充足的理由拒绝数据是完全随机缺失。

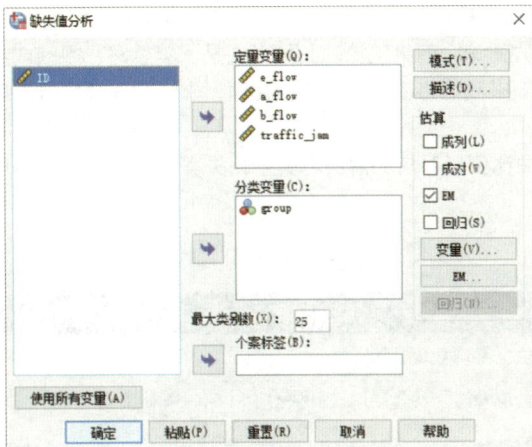

操作步骤：执行"分析"→"缺失值分析"命令，勾选"EM"复选框。

图 3-3　缺失值分析对话框

表 3-4　EM 均值

e_flow	a_flow	b_flow	traffic_jam
6.408 038	6.043 976	2.159 152	3.801 699

注：little's MCAR 检验：卡方 = 12.069，自由度 = 8，显著性 =0.148。

如果数据是完全随机缺失，那么我们选择合适的删除方法或使用平均数填补法都可以，但因为完全随机缺失检验的备择假设是随机缺失或非随机缺失，且随机缺失是最常见的一种缺失类型，所以我们更倾向于认为是随机缺失。

2）随机缺失

随机缺失类型是最常见的一种缺失类型，可以理解为变量的缺失值与其他完整值存在某种概率关系，由于变量与其他变量可能存在相关，所以可以使用非缺失数据信息与其他变量建立函数关系，对缺失进行预测填补，这可以理解为对得分集的预测。

直观上也可以使用行的缺失比例来判断：如果行的缺失比例在 5% ～ 50%[1]，则可以认为该缺失是随机缺失。

3）非随机缺失

数据的缺失不仅与其自身有关，还与其他变量有关，如问题情境中涉及个人隐私问题（你的收入是多少？是否有过酒驾经历？）、企业保密信息（有无失信记录、企业核心数据信息）等类型的缺失数据的缺失比例往往比较大（50% 以上），几乎无法使用成熟的统计方法处理，所以在收集数据时应尽量避免这种情况。

3.1.3　小数据填补方案：精确性探讨

填补缺失值的本质，其实是新样本的预测。

[1] 此处 50% 的缺失值比例，笔者并没有找到严格的文献支持，只是笔者给出的经验准则，仅供参考，下同。

小数据的所有方案几乎都指向精确性，若想体现精确性往往需要使用不同的统计模型。每个统计模型都有自己的方法论，而方法论的具体形式是一套思路、规则或流程，这恰恰有利于解决数据精确度。所以接下来我们将围绕精确性的话题，来对不同缺失值类型使用的统计方法进行描述。

表 3-5 描述了行缺失比例所对应的解决方案与缺失类型。下文将分别从这 5 个方面来阐述分析思路和操作过程。

表 3-5 缺失值及小数据方案

缺失比例	解决方案	缺失类型
5% 以内	删除法、平均数填补法	完全随机缺失
5%～20%	平均数填补法、线性回归填补法或 EM 回归填补法	完全随机缺失或随机缺失
20%～50%	多重插补法	随机缺失
50%～80%	缺失值分类法	非随机缺失
80% 以上	缺失值分类法或丢弃	非随机缺失

1）缺失比例为 5% 以内

如果数据有 100 行，其中有 3 行或 5 行缺失，那么缺失对变量信息的影响是极其微弱的，这种情况可以直观地认为是完全随机缺失，其处理方案是采用删除法或平均数填补法。与删除法有关的内容可参见 3.1.1 节的阐述。

下面来介绍平均数填补法。

平均数包括均值、中位数、众数等集中性指标。就连续型变量而言，具体使用哪个指标主要看变量分布状况。如果缺失变量呈现正态分布，则可以使用均值填补法；如果数据呈现偏态分布，则建议使用中位数填补法。分类变量常使用众数（无序）和中位数（有序）填补法。

SPSS 操作　"替换缺失值"对话框及功能如图 3-4 所示。

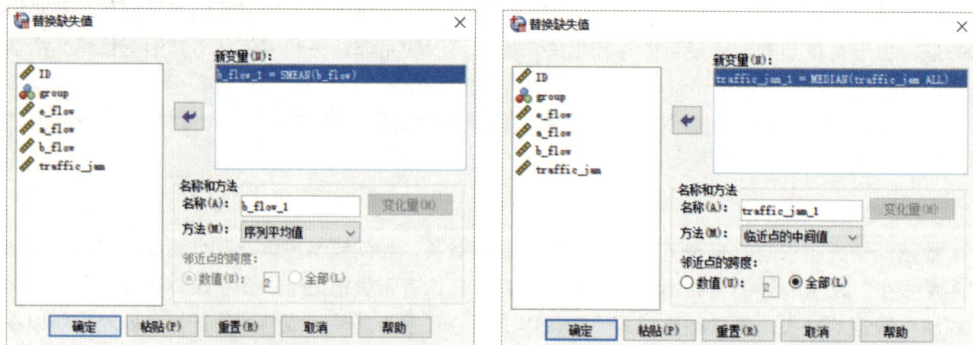

操作步骤：执行"转换"→"替换缺失值"命令，　操作步骤：执行"转换"→"替换缺失值"命令，
"方法"选择"序列平均值"选项。　　　　　　"方法"选择"临近点的中间值"选项。

图 3-4　"替换缺失值"对话框及功能

自行车滞流量采用均值填补法进行填补，交通堵塞程度采用中位数填补法进行填补。其中，中位数可以选择缺失数据前后的跨度，如果跨度为 8，则使用缺失值前后各 8 个数值计算中位数，该功能主要为大型数据而设，小型数据建议使用全部数据。

2）缺失比例为 5% ～ 20%

5% 以内的缺失比例对数据信息的影响甚微，而 5% ～ 20% 的缺失比例则会使数据信息出现一定程度的偏差，但是这种影响往往是可控的。如果不涉及极端情况，建议大家使用传统的统计方法进行处理，如统计模型常用线性回归填补法和 EM 回归填补法。线性回归填补法和 EM 回归填补法的区别在于缺失类型是否是完全随机缺失，如果完全随机缺失检验不显著（$p>0.05$），则表明数据是完全随机缺失，此时建议使用线性回归填补法；否则，建议使用 EM 回归填补法。根据表 3-4 检验结果可知 $p>0.05$，所以应使用线性回归填补法。

SPSS 操作 "缺失值分析"对话框及功能如图 3-5 所示。

操作步骤：依次选择"分析"→"缺失值分析"，　　操作步骤：依次选择"分析"→"缺失值分析"，
　　　　　勾选"回归"复选框。　　　　　　　　　　　　　勾选"EM"复选框。

图 3-5　"缺失值分析"对话框及功能

"缺失值分析"对话框右侧有四个选项，包括"成列""成对""回归""EM"，此处根据缺失比例，我们选用成对删除法。在"缺失值分析"对话框上，我们无须指定谁是 y 谁是 x，因为 SPSS 会根据变量有无缺失自动判断角色问题。如果发现变量存在缺失，则将视其为 y，其他变量视为 x。用户如果想自定义变量角色，可以单击二级对话框变量进行设置。

接下来在二级对话框回归界面下保存填补后的数据集，这样就完成了线性回归填补的操作。如果读者希望保存 EM 回归填补的结果，只需在二级对话框中选择 EM 保存数据即可。两种方法在操作上很相似。

3）缺失比例为 20% ～ 50%

5% ～ 20% 的缺失比例会对数据信息造成一定程度的估计偏差，而 20% ～ 50% 的缺失比例会对数据信息产生巨大影响，故不建议使用传统的统计方法，建议大家使用多重插补法，这是一种智能技术。当缺失比例偏大、变量众多时，使用这种方法可谓一种折中方案。

SPSS 操作 "插补缺失数据值"对话框如图 3-6 所示。

a. "变量"选项卡

缺失值填补使用的变量数通常根据变量间的理论维度来确定，建议将变量维度控制在 10 个

以内。分类变量和连续变量都可以参与分析，SPSS 默认对连续变量使用回归分析，对分类变量使用 Logistic 回归。使用多重插补法会涉及一个缺失值填补多个预测值的情况，一般情况下插补 5 ～ 10 次比较合适，此处使用 5 次插补。因为涉及多个预测值的填补，为保证原始数据的完整性，需另保存一个全新的数据集，此处将该数据集命名为"多重插补"。

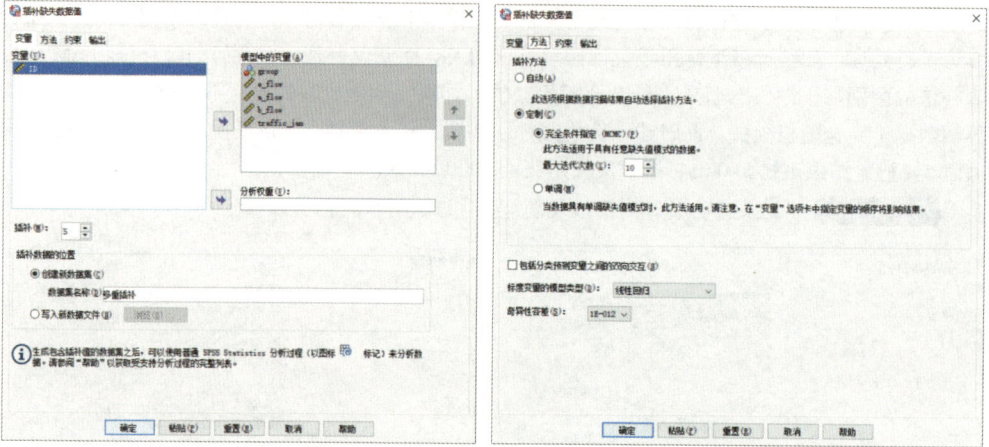

（a）选择"变量"选项卡

（b）选择"方法"选项卡

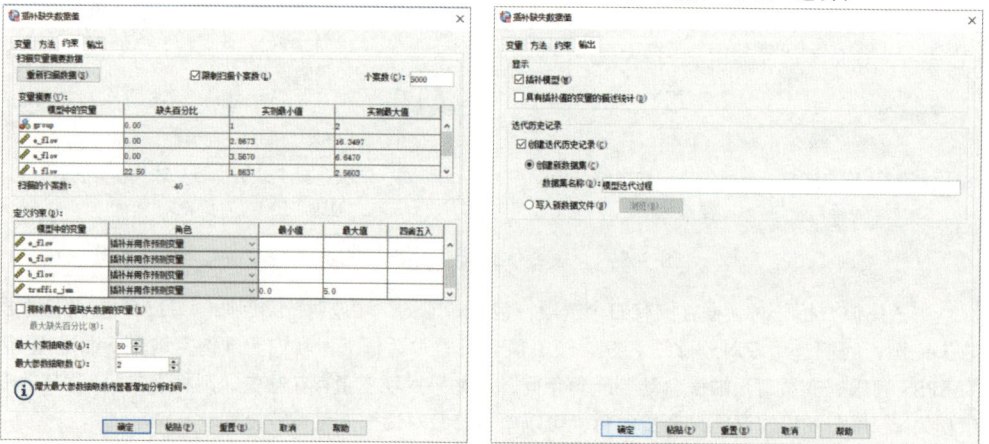

（c）选择"约束"选项卡

（d）选择"输出"选项卡

操作步骤：执行"分析"→"多重插补"→"插补缺失数据值"命令。

图 3-6　"插补缺失数据值"对话框

b.　"方法"选项卡

插补方法有三种，即自动、完全条件指定和单调。

自动是 SPSS 根据数据特征自主判断使用哪种方法，如果用户没有事先进行缺失模式分析确实缺失比例，并且数据维度较多难以分清复杂的相关关系，建议插补方法选择自动算法。定制方法包括单调和完全条件指定，如果通过缺失模式分析发现数据缺失模式并非单调，则建议使用完全条件指定法。此算法内容不在本书探讨范围之内，因此使用排除法完成筛选。

定制功能及下方的选项提供的分类型的预测变量可以引入交互效应。

"标度变量的模型类型"功能主要用来提供对预测值的调整。

c."约束"选项卡

单击"重新扫描数据"按钮，软件将基于有效样本计算变量的缺失比例、实测最小值和实测最大值。这些信息为定义约束提供了依据。例如，交通堵塞程度约束最小值为 0.0，是因为交通堵塞程度负数是没有实际意义的；交通堵塞程度最大值为 5.0，表示用 5.0 表示最拥挤的状况，如果超出这两个数值，在专业上无法理解。所以在设限时，需要注明上下限的业务或理论意义。

d."输出"选项卡

"输出"功能是将模型迭代过程的统计量保存下来，此处创建的数据集名称为"模型迭代过程"。该数据集主要用于判断模型优劣，是整体填补效果的信度指标。

上述过程保存了两份数据，即"多重插补"和"模型迭代过程"。多重插补法一共填补了 5 份数据，每份数据都有自己的评价标准，那么将 5 份数据放在一起的评价标准是什么？在软件输出中没有这样的评价指标，所以后面保存的"模型迭代过程"数据集主要用来评价整体情况。

接下来我们要做两件事：第一，通过"模型迭代过程"数据集判断整体模型优劣；第二，如果整体模型较好，判断 5 份填补的数据哪次填补的效果更好。

打开"模型迭代过程"数据集（见图 3-7），同时选中系统变量"Imputations""Iteration""SummaryStatistic"进行升序排列。填补了 5 次，故"Iteration"列有 5 个取值；一共迭代了 10 次，并记录了两个统计量均值和标准差，其后是填补后的两个变量。

	Imputations_	Iteration_	SummaryStatistic	b_flow	traffic_jam
1	1	0	平均值	2.0481	4.0131
2	1	0	标准差	.2391	.2593
3	1	1	平均值	2.1560	4.0000
4	1	1	标准差	.2283	.4505
5	1	2	平均值	2.1033	3.9014
6	1	2	标准差	.1202	.4604
7	1	3	平均值	2.1149	3.6728
8	1	3	标准差	.1793	.5129
9	1	4	平均值	2.1155	4.0476
10	1	4	标准差	.1734	.4085

图 3-7　"模型迭代过程"数据集

本数据集将模型迭代过程及其统计量保存下来，但如何评价整体模型的优劣呢？

通常情况下，如果 5 次填补得到的均值（或标准差）相对变化不大，则说明 5 次填补整体是稳定的，这种稳定性也叫一致性，也称为信度。所以不同填补统计量间的波动，就是整体模型信度的衡量指标。

如何判断一致性呢？可借助统计检验或图形检验两种方式。本书建议使用图形法。

研究因变量交通堵塞程度取值的波动情况的本质就是判断不同填补间的一致性，而判断波动应该选择折线图（见图 3-8）。

SPSS 操作　折线图有纵坐标和横坐标，纵坐标通常用来表示重要的变量，用于观察数据波动状况；横坐标通常用于表示不重要的变量，用于观察顺序，如时间、编号等。因此，我们将交通堵塞程度放在纵坐标，把没有实际意义的迭代次数放在横坐标。

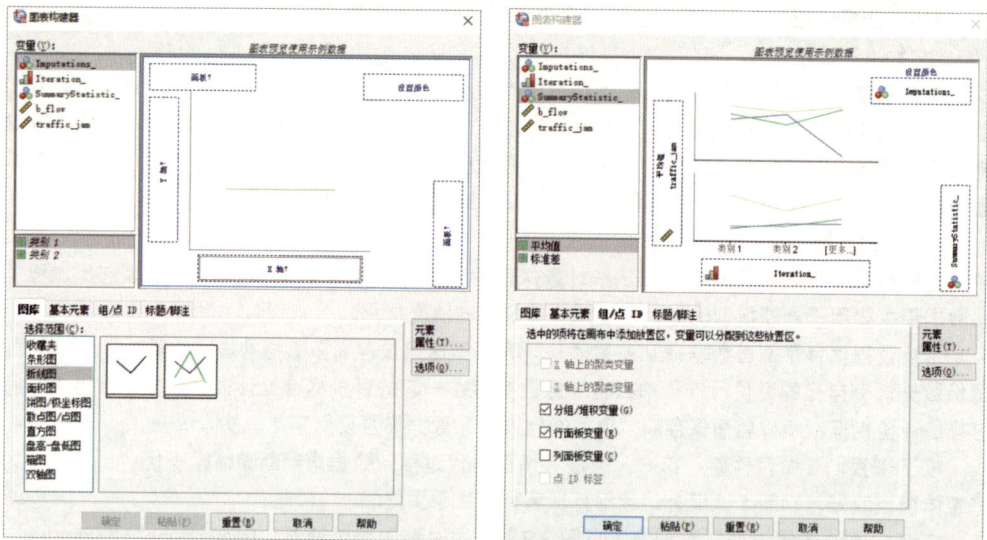

操作步骤：执行"图形"→"图表构建器"命令，在"图库"选项卡下选择"折线图"选项。

操作步骤：执行"图形→图表构建器"命令，在"图库"选项卡下选择"折线图"选项，在"组／点 ID"选项卡下选择"分组／堆积变量""行面板变量"。

图 3-8 "图表构建器"对话框

接下来还有三个选项，即行嵌板、列嵌板和分组功能。统计量涉及均值和标准差，由于统计量的取值量纲不同，所以不能共享同一个坐标轴。因此，我们将统计量放入行嵌板，即共享 x 轴不共享 y 轴；若将统计量放入列嵌板则统计量共享 y 轴，将造成量纲大的数据倾向于"淹没"取值较小的那组数据。此外，因为分组功能既要共享 y 轴也要共享 x 轴，5 次填补间没有量纲问题，因此可以将统计量放在分组功能中。

SPSS 输出图形如图 3-9（a）所示，纵坐标是平均值交通堵塞程度分别对应平均值和标准差的波幅，横坐标是迭代编号，图的右上角是该图图例。图的读法是如果五条折线之间紧密缠绕、相对波幅很小，则认为模型是稳定的。主要通过观察线条间空白区域的大小与主体波幅间的关系来判断相对波幅的大小，一般而言，空白区域间的大小与主体波幅大体相当，可以视为模型具有稳定性。可见，交通堵塞程度的平均值具有更大的相对波幅，而标准差相对平稳；自行车滞流量的填补数据也具有稳定性［见图 3-9（b）］。

由图 3-9 可判断整体模型效果尚好，那么 5 次填补的数据哪次更好？如何评价？

打开"多重插补"数据集，该数据文件保存了原始数据和 5 次填补的数据。如何评价每组数据的相对好坏？一般来说，具体评价方法的选择是根据研究目的而定的。本案例的研究目的是机动车和非机动车对交通堵塞程度的预测，交通堵塞程度是连续变量，所以适合使用线性回归方法。请注意，从理论上说可以用任何一种统计方法评价模型，只是因本案例的研究适合使用线性回归方法，所以选其作为评价标准。

由于数据文件已根据填补次数进行拆分，所以单击回归方程会输出六组回归方程，包括原始未填补的数据（数据集右下角的拆分标注）。在模型输出中有两张用于判断数据集相对优劣的表格——回归系数表和 R^2 表。

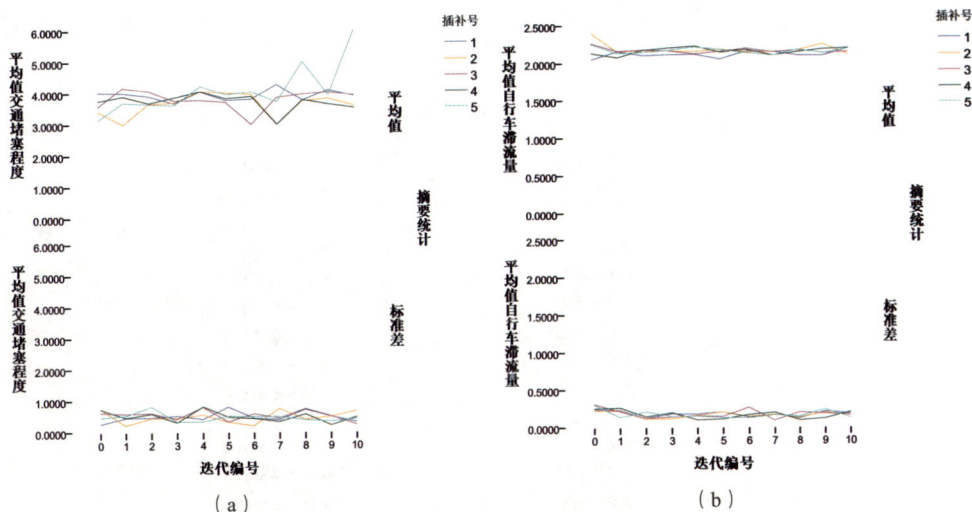

图 3-9　多重插补模型稳定性评价

用于判断模型优劣的准则如下：第一，根据业务或理论准则，看回归系数表，观察系数估计与业务的相符程度；第二，进一步观察 R^2 的相对大小。所以总体的规则是先进行理论驱动的判断（系数表），再进行数据驱动的判断（R^2）。具体解读将在后续章节进行讲解。

4）缺失比例为 50% ～ 80%

50% ～ 80% 的缺失比例对变量信息完整性的损害尤其严重，因此不建议使用任何统计方法来处理该问题，但是一些非统计方法，如缺失值分类法，是数据存在大比例缺失时常用的一种技术。缺失值分类法是一种取值编码技术，下面用两个例子用来说明该技术的要点。

如图 3-10（a）所示，电商行业在进行客户行为分析时经常关注客户是否使用代金券。一段时期内的代金券使用情况可以预测客户的流失，但图 3-10（a）的数据中代金券信息的缺失比较严重，无法还原变量原本信息，所以进而转化成使用代金券和不使用代金券的新的分类变量，以改善模型。

如图 3-10（b）所示，问卷分析经常涉及对用户收入信息的调查，但有时收入并不是我们关注的重点，用户是否是隐私敏感群体才是分析的重点。例如，如果受访者填了收入信息，则通常意味着该用户并不在乎隐私。所以，对用户收入信息的调查可以转化成用户是否为隐私敏感群体取值的分类变量。

从以上两个例子可以看出，当数据存在大比例缺失时可以将其转换成分类变量。分类变量本身并不重要，重要的是它传达的业务意义，这涉及给新变量命名。新变量的命名需要回答以下问题：新变量是否通俗易懂？业务人员愿意采纳吗？新变量在模型中的效果如何？ 如果以上问题的回答是肯定的，则表明该分类变量满足缺失值分类法的技术要义。

问卷问题很少出现大的缺失比例，除了上文涉及的收入与隐私这种特殊问题。在数据库中的大比例缺失是比较常见的，如在银行系统中，如果我们要分析所有用户的理财行为，但很多客户没有在银行进行理财，那么这类数据需不需要填补呢？一般情况下，这类缺失是正常的缺失，因此常使用缺失值分类法进行处理，而不是模型填补。在其他工业生产或服务中，如信息安全的数据脱敏、信息系统故障、客户未参与营销等都可能存在大比例缺失，一般情况下，不对这类数据进行填补处理，而是进行分类、细分等处理。

🎫 代金券	🔗 代金券cat
	不使用代金券
	不使用代金券
	不使用代金券
	不使用代金券
8.46	使用代金券
	不使用代金券
5.03	使用代金券
	不使用代金券
	不使用代金券
	不使用代金券
16.35	使用代金券
5.90	使用代金券
	不使用代金券
	不使用代金券
4.28	使用代金券

（a）

🎫 收入	🔗 隐私
	隐私敏感群体
4.34	隐私不敏感群体
	隐私敏感群体
4.21	隐私不敏感群体
4.20	隐私不敏感群体
	隐私敏感群体
	隐私敏感群体
4.10	隐私不敏感群体
	隐私敏感群体
	隐私敏感群体
	隐私敏感群体
3.99	隐私不敏感群体
3.98	隐私不敏感群体
	隐私敏感群体
3.91	隐私不敏感群体
	隐私敏感群体

（b）

图 3-10　缺失值分类编码

5）缺失比例为 80% 以上

缺失比例在 80% 以上对数据信息造成的影响很大。这种情况需要观察现有数据是否还有可利用的价值，如果没有，则丢弃数据，不参与任何分析。

3.1.4　大数据填补方案：速度问题探讨

在大数据填补方案中数据的精确性已不重要，一般探讨的是运行速度、整体优化方案等问题，其中运行速度问题万分重要。既然数据的精确性并不重要，那么依据缺失类型选择的统计方法也不像小数据那么重要，仅仅作为一种参考工具。

缺失值及大数据填补方案如表 3-6 所示。

表 3-6　缺失值及大数据填补方案

缺失比例	解决方案	缺失类型
20% 以内	平均数填补法、决策树模型算法、贝叶斯算法	完全随机或随机
20% ~ 50%	决策树模型算法、贝叶斯算法、缺失值分类法	随机
50% 以上	缺失值分类法或丢弃	非随机

1）缺失比例在 20% 以内

小数据根据分布状态判断使用哪种统计量进行数据填补，但大数据中的分布均以偏态为主，所以缺失比例在 20% 以内的大数据常使用中位数填补法。在"替换缺失值"对话框中，可以选择"临近点的中间值"及"邻近点的跨度"而不是选择"全部"，如上文所述将"临近点的跨度"设为"8"

（见图 3-11），表示缺失值上下各 8 个有效值，不足 8 个有效值，默认不填补，即用 16 个有效数值计算中位数以进行填补。这样可以极大地降低模型运行时间。

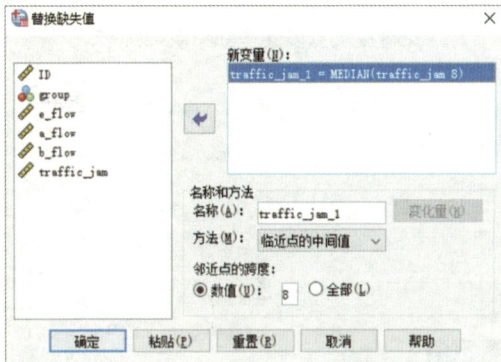

操作步骤：执行"转换"→"替换缺失值"命令，将"方法"设置为"临近点的中间值"，
并对"邻近点的跨度"进行设置。

图 3-11　　"替换缺失值"对话框

2）缺失比例在 20% ～ 50%

缺失比例在 20% ～ 50% 的数据挖掘模型经常使用决策树模型、贝叶斯算法进行填补。决策树模型算法的优势之一是擅长处理缺失值。如果存在众多缺失，使用决策树模型算法可以省去预分析的工作，同时不会对决策树模型造成实质性影响，因为算法提供了丰富的填补功能。此外，贝叶斯算法本身并不提供缺失值填补功能，但是对缺失值比较稳健，对结论不会产生较大影响。决策树模型算法和贝叶斯算法及操作具体内容本书并不涉及，请读者自行查阅其他相关资料。

3）缺失比例在 50% 以上

缺失比例在 50% 以上的大数据可采用缺失值分类法和丢弃变量两种方法进行处理，具体如何使用可见 3.1.3 节的内容。

3.2　处理异常值

本节主要由 3 个部分构成，其中，单变量和双变量存在的异常值构成了多变量异常值分析的基础。多变量分析包括有监督类和无监督类的方法，如监督类的回归模型，无监督类的聚类分析。

3.2.1　单变量与双变量异常

如图 3-12（a）所示，箱体图中间的粗线表示中位数，箱体主体的上下边缘线表示四分位数，即 25% 和 75% 的百分位数，四分位距可以反映整体样本中间一半的数据分布。此外，借助四分位距可以判断异常值，［超出箱体主体上下边缘线的 1.5 倍距离为异常值（编号为 57），超过箱体主体上下边缘线的 3 倍距离为极端值］。由于箱体图在计算分位数时不会受到数据偏态分布的影响，所以被广泛应用于小数据和大数据的异常诊断，数据分析描述功能。

如图 3-12（b）所示，散点图用于寻找数据的主体模式，其观测值 95% 的预测区间（因变量），

可以帮助用户找到可能的双变量异常。数据主体模式提供相关性和线性趋势关系，主体模式外的散点位于的不同方向（相对趋势而言）构成了不同类型的异常，如正上方的散点叫作垂直偏差（编号为 57、93），左侧或右侧的散点叫作杠杆值（编号为 51），同时具备垂直偏差和杠杆性质的散点叫作权势值（编号为 15），下文将提及更多这些知识点的细节。

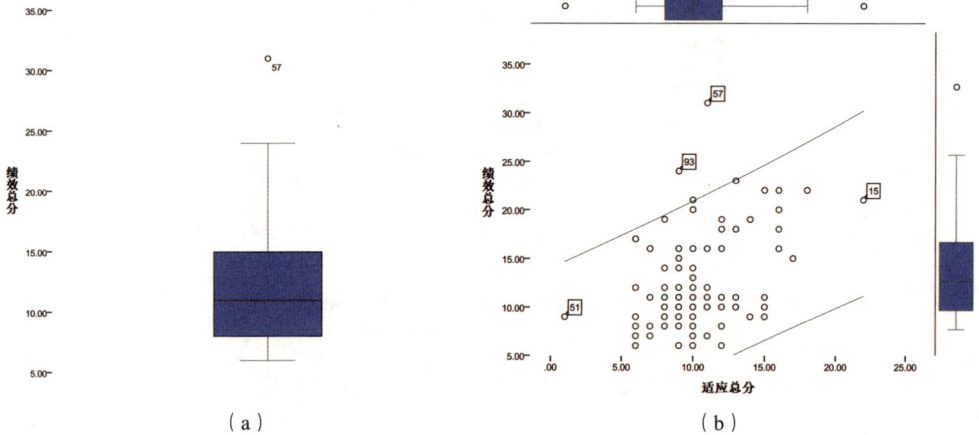

（a）　　　　　　　　　　　　　　（b）

图 3-12　单变量与双变量异常

正是单变量和双变量的异常提供了低维空间中对异常值的描述，才为多维空间探索异常提供可能。例如，箱体图对异常距离的引入，是无监督模型异常值诊断的可视化技术之一；散点图的趋势判断引入了异常值的方位问题，为监督类模型提供了异常值诊断的基础。

3.2.2　无监督异常：聚类分析

统计最大的家族要数回归家族，回归家族分析的重点是因变量，自变量自然被视为不重要的变量。作为回归家族最重要的功能补充，多变量分析家族主要分析众多自变量问题。该家族的统计方法并不区分 y 或 x 的角色，所有变量信息被认为同等重要，因为分析变量众多，所以习惯上称为分析 x 的模型。多变量分析包括主成分分析、因子分析、多维偏好分析、聚类分析、对应分析等方法。

目前，用于异常诊断的技术主要集中在回归类方法中，异常特征的判断也集中在具有重要信息的 y 身上。但多变量模型由于不区分 y 和 x，所以不能使用回归类方法检测异常问题。所以多变量分析常选择性能比较折中的聚类分析进行异常诊断，这也是小数据和大数据目前约定成俗的准则。

此处我们使用短期绩效数据集来演示聚类分析方法的异常值诊断功能。

在 SPSS 中存在多处异常值诊断功能，如数据菜单下的"标识异常个案"功能。又如，市场细分功能，该功能是重点模型，可用于前期的异常诊断，其特点是高效、便捷而且可以保存异常值评估指数，为后续的异常值分析提供综合性指标。而分析菜单下的聚类方法也可用于市场细分，由于其结论可以直接回答业务问题、改善现有环境，而不是用于预分析，所以这类模型通常称为细分类的大模型，相应的预分析模型被称为小模型。

SPSS 操作　"标识异常个案"对话框及功能如图 3-13 所示。

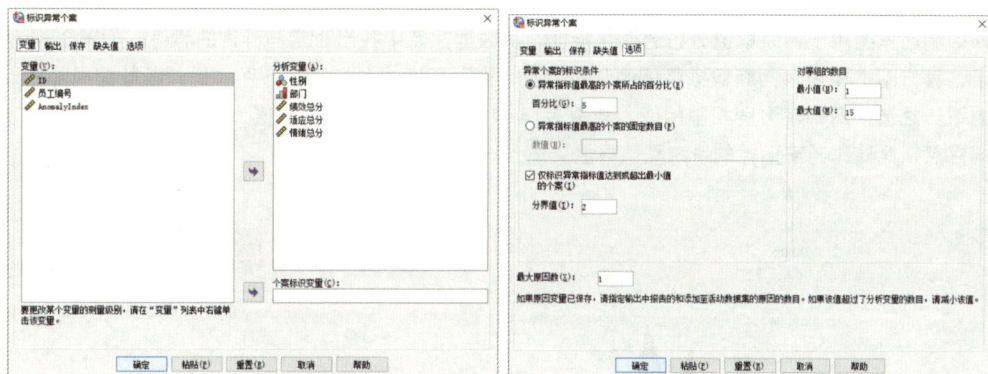

（a）选择"变量"选项卡　　　　　　　　　　　　（b）选择"选项"选项卡

操作步骤：执行"数据"→"标识异常个案"命令。

图 3-13　"标识异常个案"对话框及功能

　　"标识异常个案"的"变量"选项卡可以用于选择诊断异常的变量，此处选择的变量应该与大模型使用的变量相同。在"选项"选项卡中，可以自定义"异常指标值最高的个案所占的百分比"，或直接指定"异常指标值最高的个案的固定数目"，也可以定义异常指标的"分界值"，此处保留分界值默认值 2 的设定。此外，在"保存"选项卡下选择保存异常指标，名称默认为AnomalyIndex（异常指标），表示每个个案相对其对等组（聚类）的异常程度报告，该值是所有变量的综合异常影响。

　　SPSS 软件输出文档如下：表 3-7 显示异常只有一个，即编号为 61 的观测值。表 3-8 显示编号为 61 的观测值被分组到第 4 对等组（1 表示第 1 对等组），对等大小表示对等观测数量及百分比。表 3-9 显示导致编号为 61 的观测值异常的原因变量是取值为 19 的情绪总分；变量影响表示为个案的影响程度指标；变量范数可以理解为对等组的平均数。

表 3-7　异常个案索引

个案	异常指标
61	2.203

表 3-8　异常个案对等 ID 列表

个案	对等 ID	对等大小	对等大小百分比
61	4	30	30.0%

表 3-9　异常个案原因列表

个案	原因变量	变量影响	变量值	变量范数
61	情绪总分	0.592	19.00	10.1667

　　原始数据文件保存了一列异常指标变量，异常指标取值越大，观测值越异常。异常指标的用途如下。

1）判断异常群体

异常指标的系统默认界值设定为 2，但该界值往往会因不同的应用场景而不同，因此建议大家绘制面积图用于判断取值分布的变化特征，从数据拐点中找出正常与异常的界值。如图 3-14 所示，直方图主要用来判断数据整体的分布状况，而面积图也是一种直方图，是判断数据局部拐点的不二之选，两种直方图相辅相成。从图 3-14 很容易看出异常指标取值为 1.5 附近存在非常明显的拐点，此处比异常指标的系统默认界值更适合作为本数据的异常拐点。

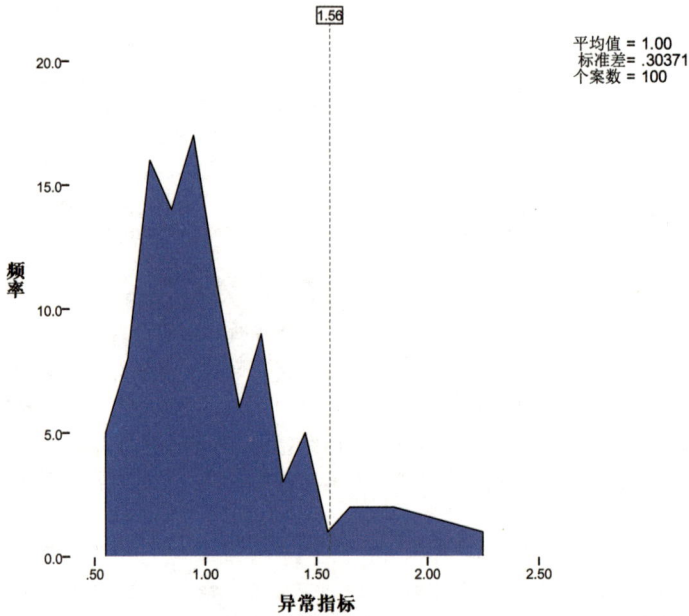

图 3-14　异常指标的拐点

2）充当自变量

根据行间相似性，用聚类分析整合新变量，异常指标可以看作人工字段或影响因素，主要被应用于回归类的统计方法。我们在表 3-10 中发现异常指标与其他变量并无相关性（相关系数非常小，显著性也不显著），这一方面排除了因共线性产生的排斥；另一方面异常指标是依据行间相关性计算出的，而回归又进一步拟合了其分布特征，信息既不重叠又可充分利用。

表 3-10　相关性

			性别	部门	绩效总分	适应总分	情绪总分
斯皮尔曼	异常指标	相关系数	−0.012	−0.011	0.037	−0.106	0.120
		显著性（双尾）	0.907	0.915	0.716	0.293	0.236
		个案数	100	100	100	100	100

3) 充当因变量

将异常指标视为因变量，然后构建异常指标与影响因素间的关系，这样可以回答观测值的分组问题及哪些取值更易于导致异常等问题。异常指标作为因变量的最近邻模型如图 3-15 所示，我们可以判断编号为 61 的异常值与编号为 21、63、54 的值最相近，编号为 21、63 的观测值与编号为 61 的异常值相近主要因为绩效贡献最大。同时我们还可以通过观察正常和异常分布区域的数据空间位置，获得影响因素间的关系。比如，我们发现管理部门的女性，如果绩效评分不高，则倾向于不会出现异常。

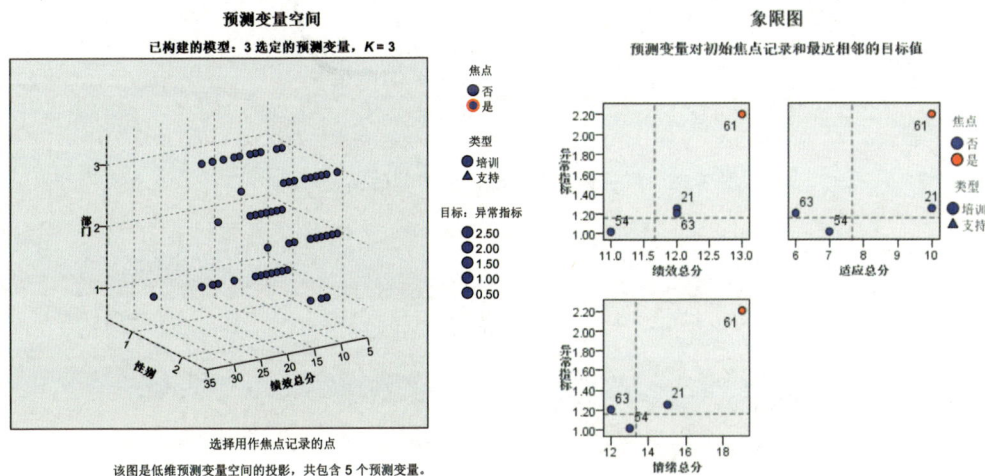

图 3-15　异常指标为因变量的最近邻模型

3.2.3　监督异常：回归残差分析

无监督的异常判断并不需要区分变量的重要性，但是回归模型必须区分不同重要程度的变量异常问题。如图 3-16（a）所示，线性回归使用的 y 的取值具有连续性，因此携带了丰富的统计信息，其产生的异常也比 x 更重要，如编号为 57 的异常值产生的垂直偏差问题。但是对于 Logistic 回归而言，如果 y 取值是二分类，其携带的统计信息反而不及 x，所以 x 的异常比 y 更重要，如图 3-16（b）中编号为 3327 的异常值带来的横向的杠杆效应（使用 bankloan_binning 数据集，图中横坐标 Z 的计算公式为 $Z=\ln[p/(1-p)]$，p 表示预测概率）。可见不同统计方法敏感的异常问题并不相同。

继续以线性回归为例对异常值进行描述，以下几种场景展示了异常值对回归模型的破坏程度，其破坏程度不同，后续检查和重视程度也不同。

图 3-17 对异常值的描述分成异常比例、异常形状和异常位置三种特征。图 3-17 中实线表示拟合所有数据，虚线表示拟合除异常值的数据。

图 3-17（a）中异常值之所以异常，是因为数据占比较小。图 3-17（a）中只有一个异常值，而且远远偏离数据的主体模式。从数据主体来看，x 和 y 之间其实没有太强的相关性，因此整个线性回归拟合指标很大，看起来很好，但这是强异常影响的典型特征，一般情况下这种异常值是极力要排除的。由于取值极少，所以不构成形状特征。异常值位于主体模式哪个方向，对于本数据而言不重要，因为不管异常值的方位是什么，回归线的信度都差不多。

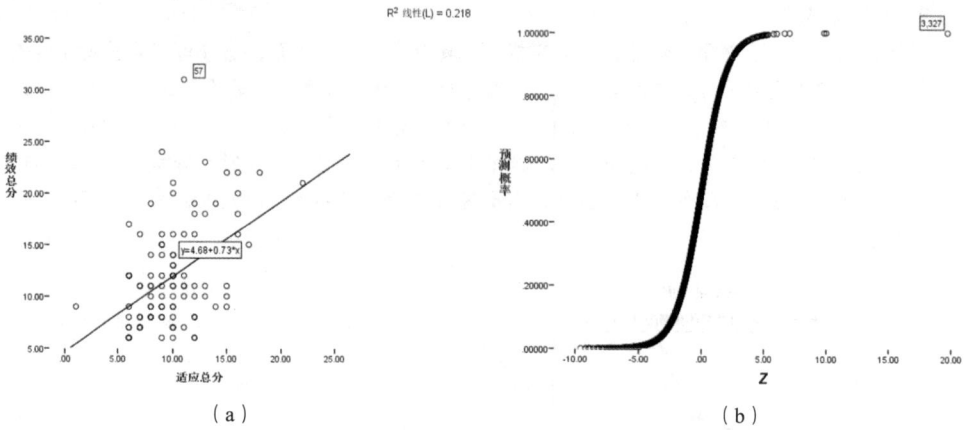

（a）　　　　　　　　　　　　　　（b）

图 3-16　线性回归和 Logistic 回归的函数形式 [1]

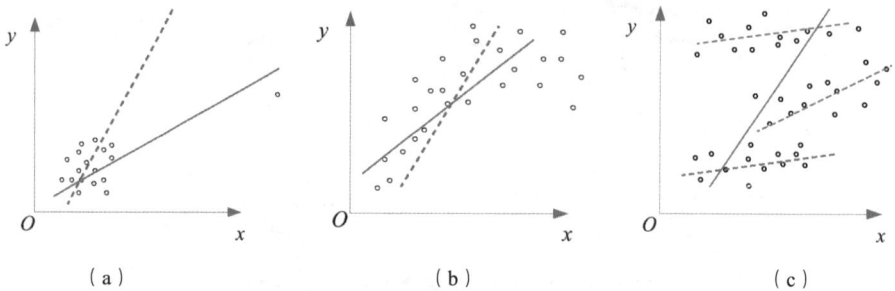

（a）　　　　　　　　（b）　　　　　　　　（c）

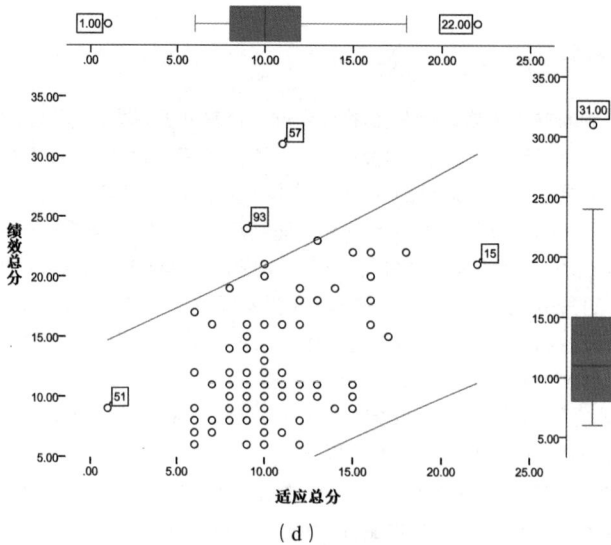

（d）

图 3-17　异常值的描述示意图

---

[1] 图 3-16（b）中的 z 由 COMPUTE Z=ln[预测概率 /（1− 预测概率)]. 公式计算而来，具体详情请见 Logistic 回归章节。

图 3-17（b）的异常值比例进步变大。就实线和虚线偏离的程度而言，回归方程的截距和斜率都不同。回归线右下角的异常值拉低了回归的正向趋势。如果不考虑这部分异常，散点呈线性趋势。但若考虑这部分散点，能明显地观察到散点呈倒"U"形。如果 x 具有序的特征，那么对于 y 的预测可能帮助很大。如果 y 和 x 的关系是线性关系，那么数据存在一定比例的异常值；如果 y 和 x 的关系是倒"U"形，那么数据不存在异常值，并且此部分数据使得模型对 y 的预测更准确。

对图 3-17（c）而言，如果拟合所有数据点，那么线性回归的信度指标一定很低，会出现众多异常值。当出现众多异常值时，并不是异常值问题，可能是没选对方法。我们从数据模式中，观察到数据存在三个模式，所以应该对这三个模式分别进行线性回归拟合，这样三个模型的信度指标将都很高，也不存在异常值。

对图 3-17（d）而言，因为异常点很少，所以形状也不明显，所以图 3-17（d）主要呈现的是异常位置问题。位于 y 均值参考线正上方和下方的点称为垂直偏差，常使用学生化残差（为简单起见可用标准化残差）来衡量异常程度，如编号为 57 和 93 的异常值；考虑简单线性回归的场景，帽子矩阵 H 的第 i 个对角元素 h_{ii} 可以表示为

$$h_{ii} = \frac{1}{n} + \frac{(x_i - \overline{x})^2}{\sum\limits_{j=1}^{n}(x_i - \overline{x})^2} \quad i = 1, 2, \cdots, n \tag{3-1}$$

式中，n 表示样本量。令 $j = i$，则学生化残差 e_i' 可以表示为

$$e_i' = \frac{e_i}{s_{e(-i)}\sqrt{1 - h_{ii}}} \tag{3-2}$$

式中，e_i 为残差；$s_{e(-i)}$ 表示将当前观测值从回归残差中删除。一般来说，接近 x 均值的案例将比远离 x 均值的案例有更大的残差，学生化残差若在 $[-2, 2]$ 区间内，则为正常值。

而偏离 x 均值参考线很远的点为杠杆值，使用杠杆值评估偏离自变量均值的异常程度，如编号为 51 的观测值。考虑公式（3-1）和公式（3-2），我们发现学生化残差可用于反映预测值和实际值间的偏离程度。如果考虑杠杆效应，则有杠杆值越大，残差越小。当杠杆值接近于 1 时，实际值与预测值间的偏离程度几乎为 0，所以称 h_{ii} 为第 i 个案例的杠杆[1]，并将 h_{ii} 的均值的 2 倍作为异常界值。

偏离质心点比较远的编号为 15 的观测值称为权势值，常使用 Cook 距离来衡量异常程度，Cook 距离适用于自变量较多的情况，其用于提供单个观测值对回归总体影响的信息[2]，如公式（3-3）所示：

$$D_i = \frac{e_i'^2}{k+1}\left(\frac{h_{ii}}{1 - h_{ii}}\right) \tag{3-3}$$

式中，$e_i'^2$ 表示学生化残差的二次方；k 表示自变量数；n 表示样本量。

通常在样本量合适的情况下，如果存在如下情况：

$$D_i > \frac{4}{n - k - 1}$$

则预示异常值存在。注意，样本量较大的情况需要放宽该条件。

---

[1] 参见 S.Weisberg 所著《应用线性回归》中的诊断 I：残差及影响。
[2] 参见保罗 D. 埃里森所著《高级回归分析》中的残差分析。

SPSS 操作 在线性回归主界面下保存学生化残差和预测值绘制散点图（操作步骤：执行"分析"→"回归"→"线性"命令，选择"保存"二级对话框），将学生化残差放在纵坐标，预测值放在横坐标，以 [−2, 2] 范围为界值，发现线性回归存在三个异常值［见图 3-18（a）］。

在 Logistic 回归主界面下，保存 Cook 值和杠杆值（操作步骤：执行"分析"→"回归"→"二元 Logistic"命令，选择"保存"二级对话框），并用 Cook 值除以杠杆值得到皮尔逊卡方，以 100 为界，然后将皮尔逊卡方放入纵坐标，预测概率放入横坐标，同样绘制散点图，根据 100 的标准判断编号为 1457 的观测值为异常［见图 3-18（b）］。

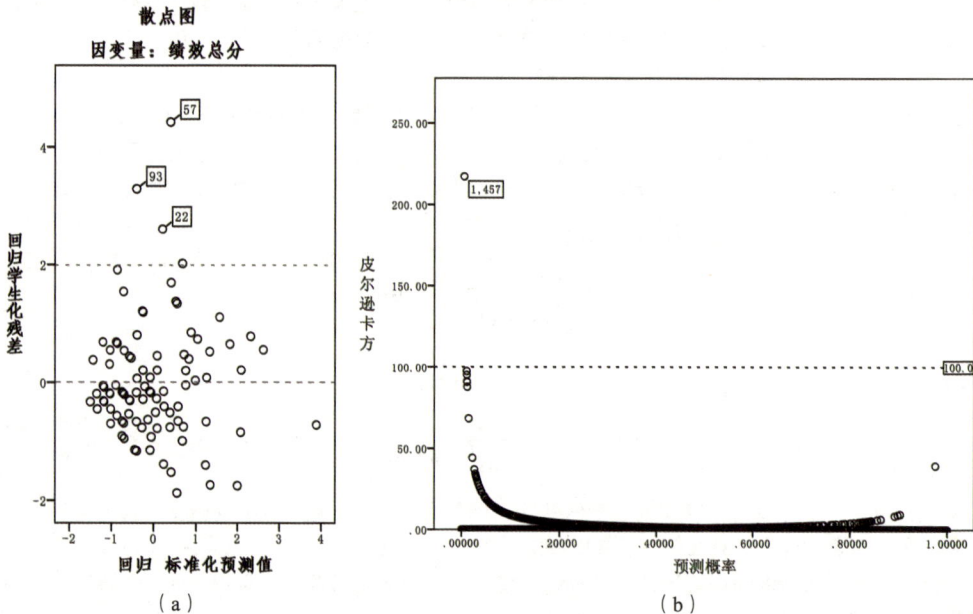

图 3-18　异常值判断

3.2.4　小数据与大数据如何看待异常值

由于小数据的行不仅仅代表本行信息，还代表目标总体，所以每个小数据的行都有自己的权重指数。当小数据出现异常时，将难以形成分布信息，因而很难对其背后的总体进行推论。所以在小数据出现异常时，通常建议直接删除。

大数据的分析思路与小数据的分析思路不同。大数据的行仅表示数据本身的信息，并不需要推论总体，一行即一个特有的用户行为。虽然大数据中 1% 的异常值看起来很少，但如果分析的数据是 1000 万的体量，那么 1% 的异常值则意味着 10 万行数据，这是一个庞大的细分市场，直接删除显然过于鲁莽。因此大数据判断出异常后，通常都视为重点，其也被称为市场细分。比如，电商行业中的 1% 的异常值往往意味着顶端 VIP 行为，这样的用户群体也许能贡献一家公司 50% 的利润，对异常值进行删除处理显然是不合适的。

1）小数据异常值处理建议

第一，直接删除。在 SPSS 软件里有两种不同的删除方法——成列删除和成对删除。虽然这种方法简单易行，但其缺点也很明显。首先，一般情况下，小数据的是观测值很少，采用删除法会造成样本量不足；其次，如果直接删除的观测值很多，可能会改变变量原有的分布，从而造成估计稳定问题。

第二，暂且保留，以观后效。有时我们观测到的异常值产生的异常性质对于整个模型而言并没有观察到的那么明显，因此建议对数据进行综合分析。对于回归分析可利用残差分布判断模型优劣，如残差有没有超出经验范围（3 倍标准差）、呈现什么分布等，如此，残差分析相当于综合了所有变量后查看异常。另外，对于整个模型而言，Mahalanobis、Cook's、协方差比率等指标可以提供某个观测的拟合信息，进而提示异常。如果异常对于整个模型而言并不是很明显的，则建议保留。

第三，使用统计量替换。这不失为一种折中的方法，大部分参数方法针对的是均值构建模型。用均值替换异常值，实际上克服了丢失样本的缺陷。这样做虽然丢失了样本"特色"，但这是一个不大不小的错误。

第四，缺失值填补。此方法的好处是可以利用现有变量的信息，对异常值（令其缺失）进行填补。但这要视异常值的特点而定，需要考虑完全随机缺失、随机缺失、非随机缺失等不同情况。

第五，稳健统计量与稳健回归。稳健统计量可以直接将分布两端的异常值直接删除或使用其他统计量替换，也可以使用更稳健的统计算法，如用 M 估计（操作步骤：执行"分析"→"描述性统计"→"探索"命令，选择"统计"二级对话框，勾选"M 估计"选项）的方法来获得稳定的指标。M 估计量如表 3-11 所示，M 估计量的 4 种方法主要用于估计稳健平均数，其稳健功能类似于中位数。一般来说，Huber M 估计量适用于数据渐进正态分布的情况，Tukey 双权、Hampel M 估算量、Andrews 适用于异常值较多的情况。稳健回归技术是专门为异常值而设的算法。

表 3-11　M 估计量

	Huber M 估计量 [a]	Tukey 双权 [b]	Hampel M 估计量 [c]	Andrews [d]
绩效总分	10.9035	10.5772	11.0336	10.5651

a. 加权常量为 1.339。

b. 加权常量为 4.685。

c. 加权常量为 1.700、3.400 和 8.500。

d. 加权常量为 1.340pi。

第六，自抽样或模拟技术。在各种抽样技术中，自抽样技术在 SPSS 软件中是最容易实现的，几乎每个统计主界面下都有通用的自抽样二级对话框。

自抽样样本（SPSS 默认值是 1000）所计算的标准误更合理，这可以有效应对异常值的影响，但前提是原始样本量不能太少（小于 10 行）或出现强异常，其原因是小样本的结果不够稳定，而强异常的标准误偏大。另外，模拟技术可以利用先验分布修正数据，以获得更稳健的后验概率。

2）大数据异常值处理建议

a. 异常边界处的"围栏"

数据库数据存储量大，考虑成本问题，数据质量参差不齐也是正常现象。可以通过"围栏"技术设置异常边界，"围栏"技术就是在异常值和正常值之间设置一道"围栏"，超过"围栏"的值为异常值。

使用"围栏"的常见场景有如下几种：第一，年龄，如果数值大于 100 和小于 10，显然属于异常值，所以以"围栏"设定大于 60 和小于 18 的值视为异常值。第二，使用统计指标设限，如将 1.5 倍的四分位距或 3 倍的四分位距作为设置"围栏"的参考界限。第三，使用稳健指标，如中位数、缩尾均值、截尾均值设限。类似这些稳健指标还包括上文提到的 M 估计的系列方法，不过该方法主要用于小数据。第四，数据分箱技术，该技术通常会把异常值分成一组，分组时需要考虑比例和数据拐点问题。第五，数据的排秩（rank）技术，这种技术仅适用于变量分布有长长的拖尾、出现很多异常值，而且异常值上下边界的全距很长的情况。

b. 极端用户群的市场细分

对银行贷款违约数据集进行市场细分，如果使用二阶聚类模型（操作步骤：执行"分析"→"分类"→"二阶聚类"命令）进行分组，默认将数据分成 9 组，其中最大组与最小组间的比例为 6.5%，总体来说，组别间并不平衡，而且最小组的占比只有 2.2%，所以可以将最小组视为异常组。

接下来的市场细分就是对异常组的特征进行更详细的描述。异常组描述如图 3-19 所示，异常组人群具有的特征标签：没有违约记录、年龄偏大（44 岁以上）、信用卡贷款和收入都非常高、学历低、居住时间久等（图 3-19 只截取了部分内容）。异常组通过标签可以很明显与数据主体区分开来。读者如果想对比异常组与其他组间的差别，可以同时选中这些组，然后对比其数据和标签间的差别。

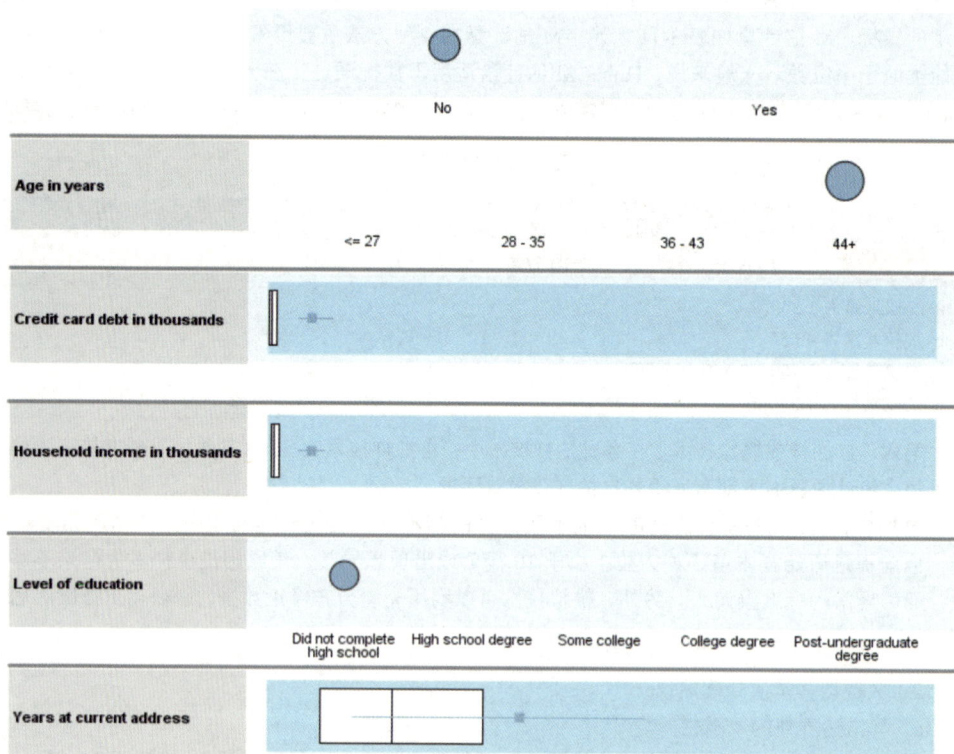

图 3-19　异常组描述

c. 天生好算法贝叶斯

贝叶斯定理（Bayes Theorem）是一种将先验信息与数据信息协同组合的方法，主要用于分类预测。贝叶斯分类常见的两种类型为朴素贝叶斯分类与贝叶斯网络分类。贝叶斯分类器的优点为：第一，对于异常值，在估计条件概率时，其取值被平均或被分箱化处理，因此较为稳健。此外，也可以用于处理缺失值问题。第二，针对无关变量 X_i，条件概率 $P(X_i|Y)$ 几乎为均匀分布，因此对后验概率只会产生微弱的影响，所以较为稳健。但如果变量间相关性太强，则会违反朴素贝叶斯假定，此时可以利贝叶斯网络分类。

SPSS 操作 调用 SPSS 软件下 Modeler 模块，使用贝叶斯技术，将是否违约作为因变量，将年龄、信用卡贷款、学历和工作时间作为自变量，拟合模型，SPSS 输出的贝叶斯网络及条件概率如图 3-20 所示。我们发现最重要的变量是工作时间（连续型），图 3-20（b）是工作时间的条件概率，由其可知模型对工作时间进行了最优化分组。年龄、违约和工作时间的交叉表如图 3-12 所示（此处人为地对工作时间进行了与贝叶斯相同的编码），可以发现表 3-12 中百分比数据与贝叶斯分组的百分比数据相同。所以贝叶斯技术中的条件概率的平滑性和分组功能比较擅长解决异常问题。

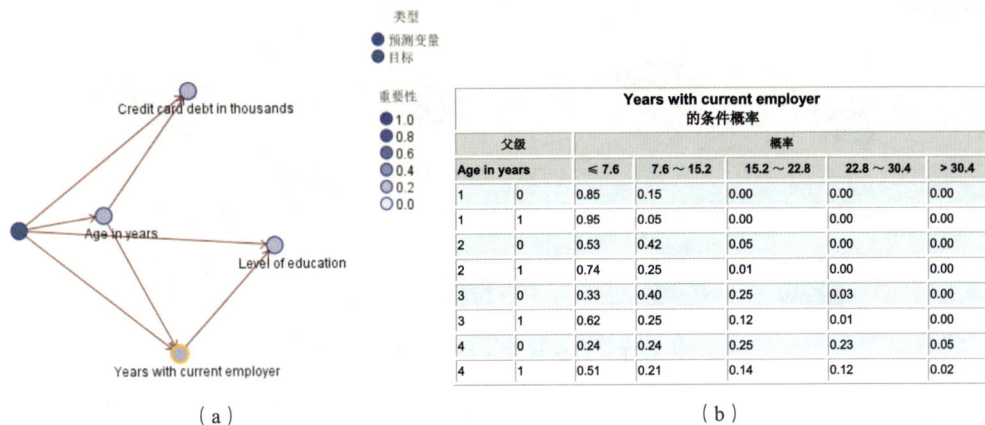

类型
- 预测变量
- 目标

重要性
- 1.0
- 0.8
- 0.6
- 0.4
- 0.2
- 0.0

Years with current employer 的条件概率					
父级		概率			
Age in years		≤ 7.6	7.6 ～ 15.2	15.2 ～ 22.8	22.8 ～ 30.4	> 30.4
1	0	0.85	0.15	0.00	0.00	0.00
1	1	0.95	0.05	0.00	0.00	0.00
2	0	0.53	0.42	0.05	0.00	0.00
2	1	0.74	0.25	0.01	0.00	0.00
3	0	0.33	0.40	0.25	0.03	0.00
3	1	0.62	0.25	0.12	0.01	0.00
4	0	0.24	0.24	0.25	0.23	0.05
4	1	0.51	0.21	0.14	0.12	0.02

（a）　　　　　　　　　　（b）

图 3-20　贝叶斯网络及条件概率

表 3-12　年龄、违约和工作时间的交叉表

			employcode				
			≤ 7.6	7.6 ～ 15.2	15.2 ～ 22.8	22.8 ～ 30.4	>30.4
Age in years	1	0	85.5%	14.5%	0.0%	0.0%	0.0%
		1	95.3%	4.7%	0.0%	0.0%	0.0%
	2	0	52.7%	42.0%	5.3%	0.0%	0.0%
		1	74.4%	25.0%	0.6%	0.0%	0.0%

续表

			employcode				
			≤ 7.6	7.6～15.2	15.2～22.8	22.8～30.4	>30.4
Age in years	3	0	32.3%	38.6%	26.0%	3.1%	0.0%
		1	61.2%	25.6%	11.7%	1.5%	0.0%
	4	0	23.6%	23.7%	24.6%	23.3%	4.8%
		1	51.0%	20.7%	13.8%	11.7%	2.8%

4）大数据取舍之道——舍弃 [①]

某公司客户价值分布示意图如图 3-21 所示。二八法则在很多场景下是比较管用的，20% 的客户贡献了 80% 的利润，那就意味着 80% 的客户基本上不产生价值，那么我们需要舍弃这部分客户吗？当然不。顶端 20% 的客户包括熟人（贡献 10% 左右的利润）、座上客（贡献 20% 左右的利润）、贵宾（贡献 50% 左右的利润），60% 的客户为包括大众型客户，大众型客户贡献的利润一般在盈亏平衡附近，但他们是转化为熟人群体的基础用户群，真正需要舍弃的是末端的 20% 陌生人群体 [②]。

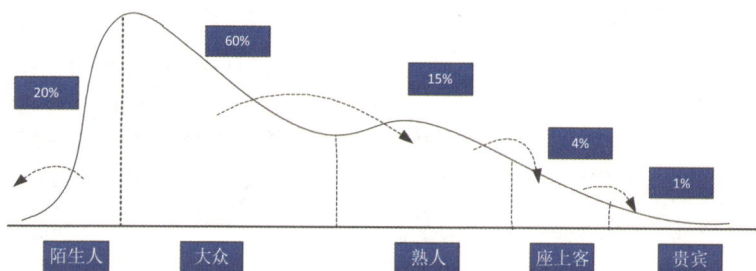

图 3-21　某公司客户价值分布示意图

末端的 20% 陌生人群体的特征为：这部分客户很可能是竞争对手的贵宾，只是偶尔经过该公司。消费者的消费惯性因为成本问题很难改变，有时无论我们花费多少财力、倾注多少注意力、投放多少丰厚的优惠券、进行多少次客户拜访，都不能改变他们的消费习惯。不是客户铁石心肠，而是在互联网模式下改变消费行为的成本已经高到客户无法承受。常言道："开发新客户是挽留老客户成本的 7 倍"，挽留陌生人这样的老客户的成本也许比开发新客户的成本还要高。总有一部分人永远无法转化成价值用户群，这部分人就是应该舍弃的对象。

3.3　消除共线性

多元回归涉及多个影响因素，这些影响因素间可能存在相关性，如果这种相关性达到了不容忽视的程度，那么对回归模型尤其是系数将产生影响。共线性的危害是什么？它是如何成为

[①] 参见维克托·迈尔 - 舍恩伯格所著《删除：大数据取舍之道》中的让"舍弃"回归常态。

[②] 上文有两类百分比，括号外的百分比是某类人群在总人群中的占比，括号内的百分比是某类人群对总利润的占比。

一个统计问题的？在阐明这些问题后，我们将从小数据和大数据两个角度来提供消除共线性的方案。

3.3.1　共线性及其危害

共线性，是指自变量间的相关性。相关性有双变量间的相关，也有多变量间的相关，因此共线性进一步可以分为共线性和多重共线性。下文先阐述共线性，再逐步过渡到多重共线性。

假设我们需要拟合包含两个影响因素的线性回归，并且假设 x_1 和 x_2 的相关系数为 r_{12}，则有

$$y = \beta_0 + \beta_1 x_1 + \beta_2 x_2 + \varepsilon \tag{3-4}$$

可以证明：

$$\mathrm{Var}(\hat{\beta}) = \frac{\sigma^2}{\sum_{j=1}^{k}\left(x_j - \bar{x}_j\right)^2}\left(\frac{1}{1-r_{12}^2}\right) \quad j = 1,2$$

$$\tag{3-5}$$

$$\mathrm{VIF} = \left(\frac{1}{1-r_{12}^2}\right)$$

式中，k 表示自变量数。由公式（3-5）可知，由 R^2 可延展出 VIF 指标（检查共线性的指标之一），但本书主要使用 R^2。

由此式（3-5）可知，$\hat{\beta}$ 由 3 部分统计量组成，即残差平方和、自变量方差和修正因子自变量间的相关性。残差平方和可以看作因变量的信息，方差可以看作自变量的信息，相关系数是来自自变量间的信息。

假设变量间的相关性为 0，则回归系数 $\hat{\beta}$ 的方差是最小的。虽然这在数学上看起来很完美，但并不符合实际应用。因为在回归分析中，所有影响因素可以看作共享同一个因变量，而能够共享同一个潜在的因变量，且影响因素间没有任何关系，是违反普通的理论或业务假定的。所以相关系数为 0 表示完全无共线性，在理论上行得通，但实际应用比较少。

如果相关系数取最大值 1，会导致整个回归系数不可估计，我们把这种现象称为完全共线性。完全共线性的场景在小数据中极为少见，但大数据中由于存在数据链，完全共线性几乎不可避免。不过出现完全共线性，并不会同时将涉及共线性的变量放入方程，因为这样会带来过拟合、速度、冗余等问题。总体来说无须倾注太多关注。

理论统计研究显示，变量间出现适度的相关性并不会带来严重的估计问题，但如果相关性很高，那么严重的估计问题一定出现。如图 3-22 所示，R^2 取值越大，对应的系数估计方差的倍数越大。当 R^2 等于 0.9 时，系数方差是 R^2 等于 0 时的 10 倍，当 R^2 等于 0.95 时，系数方差是 R^2 等于 0 时的 20 倍。理论研究显示[1]，系数方差超出 10 倍，将对系数估计稳定性造成一定程度的影响。因此，R^2 等于 0.9 是诊断共线性出现的标准之一，如果 R^2 超过 0.95 则存在严重的共线性。不过为了使标准更加符合应用统计，我们通常将相关系数（而不是 R^2）定为 0.9 的标准。

---

[1] *Regression Diagnostics: Identifying Influential Data and Sources of Collinearity* 和 *Tolerance and Condition in Regression Computations* 提供了条件指数和 VIF 的建议，如取值 10。

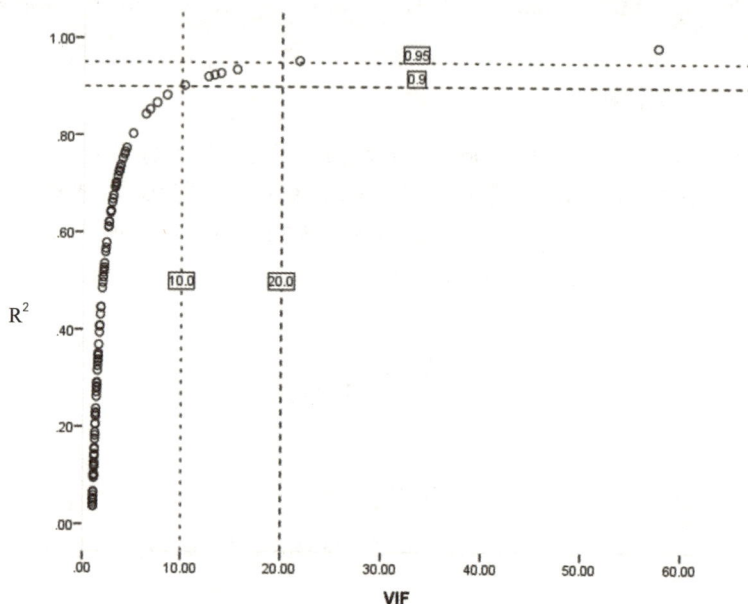

图 3-22　R^2 对应的估计系数方差倍数

3.3.2　小数据的方案：岭回归

　　上文提到小数据环境的变量依靠理论维度，小数据对变量的增减、整合等操作特别敏感。理论和线下数据出现不匹配，大多是线下数据的问题，而不是理论的问题。所以当小数据产生共线性时，不允许进行变量操作，OLS 回归的常用修正技术将失效，寻求除此之外的途径是必要的。

　　线性回归形式可以表达为

$$Y=1\boldsymbol{\beta}_0+X\boldsymbol{\beta}+\boldsymbol{\varepsilon}$$

式中，X 为 $n \times p$，$\boldsymbol{\beta}$ 为 $p \times 1$，不包括截距项，且 $\mathrm{var}(\varepsilon)=\sigma^2 I$，最小二乘（OLS）估计为 $\hat{\boldsymbol{\beta}} = \left(X'X\right)^{-1}X'Y$，$\mathrm{var}\left(\hat{\boldsymbol{\beta}}\right) = \sigma^2\left(X'X\right)^{-1}$。而岭回归估计 $\hat{\boldsymbol{\beta}}$ 可以表示为

$$\hat{\boldsymbol{\beta}} = (X'X + kI)^{-1}X'Y \tag{3-6}$$

式中，存在岭参数 $k \geqslant 0$，如果 $k=0$，$\hat{\boldsymbol{\beta}}$ 就是 OLS 估计。较大的岭参数 k 将使估计偏差增加，但会使方差减小，而 k 存在无穷多个可能，因此，我们需要选择某个 k 值，使估计偏差和方差达到最优平衡。

　　岭回归方法是一种有偏估计，主要是在损失少部分信息和精度的前提下，拟合更符合实际情况的回归方程。自变量存在严重共线性不一定会导致矩阵的行列式等于零，但会使其接近于零，若矩阵行列为零，方阵不可逆，则会出现奇异矩阵，如公式（3-6），此时若 $X'X$ 加上正常矩阵 kI，则矩阵奇异性就会得到有效改善，并在不改变维度的情况下平衡偏差和方差问题。

　　<u>SPSS 操作</u>　以 bankloan_binning 数据集为例，为了说明共线性问题，我们并没有把所有变量加入模型，只是将其中存在共线性问题的变量加入模型。SPSS 软件并不提供岭回归的菜单功

能，但如下程序可用来实现岭回归分析。

```
INCLUDE "[安装路径]/Samples/English/Ridge regression.sps"
RIDGEREG DEP=creddebt /ENTER=employ address income debtinc othdebt
        /START=0
        /STOP=1
        /INC=0.05
```

INCLUDE 用于调用 Ridge regression.sps 文件，若要完成文件调用，需要修改安装路径；DEP 表示因变量；ENTER 表示自变量；其他三个选项用于控制 k 值的调用区间及步长。岭回归输出中的岭迹图可用于判断岭参数 k 值。

岭迹图如图 3-23 所示，5 个自变量会产生 5 个岭迹点图 [图 3-23（a）]。如果变量之间存在共线性，那么点图会趋于一致。例如，收入和其他贷款额度的皮尔逊相关系数是 0.82，当 k 值处于 0.3 左右时点图趋于一致；而工作时间和居住时间的皮尔逊相关系数是 0.33，在 k 值取值为 0.1 左右时点图趋于一致，但此岭迹图的拐点并不明显，主要是因为其相关系数不高，没有达到相关系数为 0.9 的标准，否则拐点将非常明显。

由于图 3-23 涉及 5 个变量，存在两组共线性（若从相关系数为 0.9 的标准来说，不存在共线性），所以我们很难使用一个 k 值；又由于 k 值越大，其对模型偏差造成的影响越大，R^2 也会偏向于更小 [见图 3-23（b）]，所以我们更愿意选择小一点的 k 值。综上所述，我们发现 $k=0.2$ 处可以作为一个折中点，此时对应的模型 R^2 接近于 0.7。

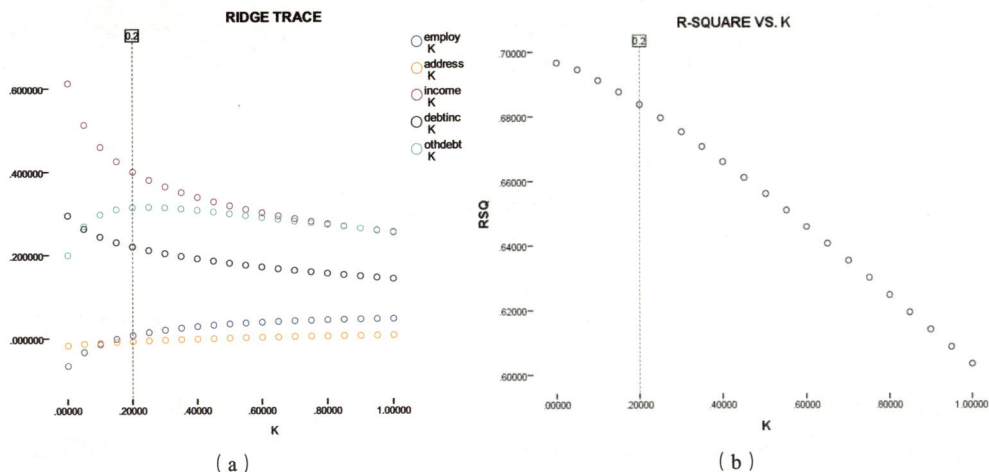

图 3-23 岭迹图

如果我们直接使 $k=0.3$，则表示收入和其他贷款额度的共线性是处理的重点，其他变量间的相关性是次要的。

判断出 k 值后就可以重新拟合模型，以估计岭回归的具体系数和拟合指标了。具体操作是在上面程序中加入选项 "/$k=0.2$"。运行此段程序，岭回归输出如下，模型拟合指标及系数的解读，请见后续回归章节的解析，此处从略。

```
****** Ridge Regression with k = 0.2 ******

                    Mult R      .826841388
                    RSquare     .683666681
                    Adj RSqu    .683349967
                    SE         1.718181558


                         ANOVA table
                 df           SS            MS
  Regress      5.000      31862.960      6372.592
  Residual     4994.000   14743.026         2.952


                  F value          Sig F
                 2158.629011       .000000


        --------------Variables in the Equation----------------
                  B            SE(B)          Beta          B/SE(B)
  employ      .00316000      .00298077     .00744583      1.06012836
  address    -.00326986      .00307202    -.00724014     -1.06439834
  income      .02356959      .00041452     .39980235     56.86041368
  debtinc     .10075018      .00307078     .21973413     32.80935923
  othdebt     .13842044      .00307424     .31482074     45.02597297
  constant   -.95717248      .05115401     .00000000    -18.71158212
```

3.3.3　大数据方案：项目合并与逐步回归

因为数据库中存在数据链，所以大数据产生共线性是常态；又因为变量选择具有可替代性，而且形式并不固定，所以在大数据场景下经常需要对变量进行筛选、替换、整合操作，这就是广义上的特征选择过程。大数据场景下有两种特征选择技术比较常见，一种是项目合并法；另一种是步进回归法。项目合并法涉及变量间的整合，而步进回归法是通过增减变量来完成特征选择过程的。

1）项目合并法

根据经典理论，项目合并有助于降低测量误差，而大数据项目合并带来的数据平滑作用在一定程度上控制了误差问题，同时还消除了变量间的共线性，尤其在共线性问题处理上，项目合并起到了不可替代的作用。

两个变量存在高度共线性，主要意味着信息高度重叠，此时如果将信息少的一方删除，将造成一定的信息损失或业务的不可解释性。所以建议将变量通过业务驱动或数据驱动整合起来，便于产生更有效的人工字段。产生人工字段需要回答两个核心问题：第一，人工字段的业务意义是否可解释？第二，人工字段是否改善了模型？

下面具体介绍项目合并法的技术要义。

本次使用的数据集是 performance。经过分析我们发现团体领导力和人际关系出现高度相关，皮尔逊相关系数达到 0.9，因此我们将两个字段整合产生人工字段，并命名为领导力。一般而言，人工字段的命名规则是具有业务可解释性和一级概念特征[①]。

SPSS 操作　"曲线估算"对话框及功能如图 3-24 所示。曲线估算功能是用于分析双变量间函数关系的功能，其提供了常见的几种函数关系，如线性关系、二次关系、指数关系等，用户可以在界面上选择多种函数关系，并通过图形、拟合指标等信息判断使用哪种模型。下面借助图 3-25 的输出，来讨论模型选择过程中的几条准则。

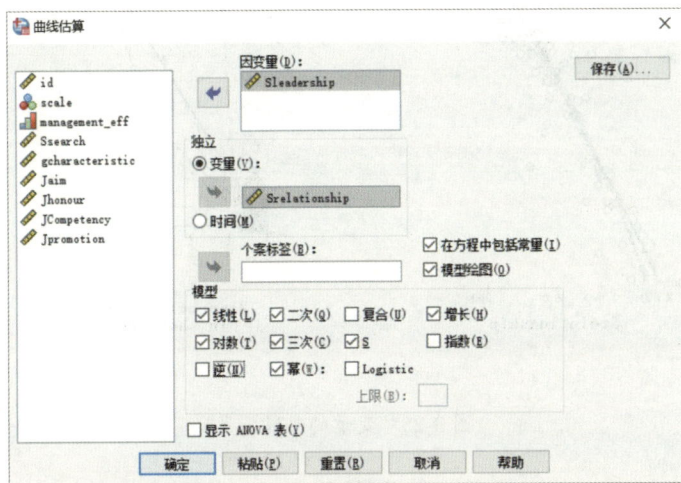

操作步骤：执行"分析"→"回归"→"曲线估算"命令

图 3-24　"曲线估算"对话框及功能

人际关系和团体领导力间的散点图如图 3-25（a）所示。我们用 bankloan_binning 数据集的散点图［见图 3-25（b）］，用来说明异常值会严重影响散点图的解读，图 3-25（b）的异常值删除之后，才可以使用接下文的一套规则，否则解读将会有误。

a. 散点图的形状

散点图的注意事项：把重要的变量置于纵坐标，不重要的变量置于横坐标，以免图示误导函数关系的解读；数据不能出现异常值，否则会违反绘图原则。例如，图 3-25（b）的数据主体模式因异常值的存在而被掩盖在图形局部，无法观测到真正的形状。

就图 3-25（a）而言，从散点图可以看出人际关系评分越高，团体领导力评分倾向越高，而且两变量间呈现非常明显的线性关系，所以可以肯定二者是线性关系，而无须拟合其他非线性模型。

b. R^2 的大小

如果散点图的趋势或形状并不像图 3-25 那么容易辨识，则可以结合 R^2 观察拟合指标的大小。如表 3-13 所示，仅从 R^2 大小来看，线性、二次、三次和幂模型（其实可以根据图形排除）的值较大，其他模型 R^2 值较小，看起来好像这 4 个模型胜出。其实不然，R^2 差异大小的建议值是 10% 左右，这些模型的 R^2 值几乎没有差别。下面我们暂时假设线性、二次、三次和幂模型胜出，那么这在 4 个模型中，我们应选择哪个呢？

---

① 原变量被称为二级概念，整合后的变量称为一级概念。

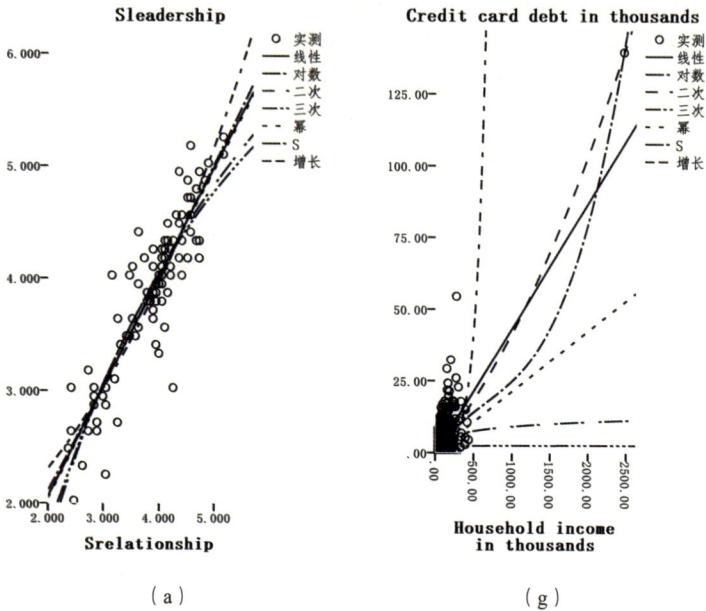

图 3-25　变量的函数关系

表 3-13　模型摘要和参数估算值

模型	模型摘要					参数估算值			
	R^2	F	自由度1	自由度2	显著性	常量	b_1	b_2	b_3
线性	0.818	808.198	1	180	0.000	0.111	0.976		
对数	0.806	747.565	1	180	0.000	−0.775	3.486		
二次	0.818	402.426	2	179	0.000	0.387	0.822	0.021	
三次	0.818	402.426	2	179	0.000	0.387	0.822	0.021	0.000
幂	0.813	783.099	1	180	0.000	1.044	0.970		
S	0.799	714.685	1	180	0.000	2.230	−3.332		
增长	0.809	764.261	1	180	0.000	0.299	0.269		

注：自变量为人际关系，因变量为团体领导力。

c. 参数估计的多少

参数估计越多，模型损失的自由越多，需要的样本量越大。在 R^2 既定的前提下，我们希望参数值越少越好，这也符合奥卡姆剃刀原则。因为线性和幂模型的参数估计更少，所以进一步排除二次和三次模型。根据图形、R^2 和参数的数量决定选择线性和幂模型，如何鉴别这两个模型的优劣呢？

d. 业务可解释性

新的人工字段来源于对变量的整合，整合则涉及加减乘除四则运算，变量关系越复杂，现实意义越不明显。人工字段是否具有业务可解释性是项目合并法的核心所在，所以下文重点阐述何时使用加减法整合、何时使用乘除法整合。

一般来说，使用加减法整合多个变量不会改变变量的性质或单位，但是使用乘除法会改变，从这个角度来看有助于更好地理解下列案例。

客户花费金额越多，使用代金券数额越多，这也是订单金额和代金券间存在高度共线性的原因，两者相减表示用户的实际支出金额。此时如果我们研究消费者的购买行为，相减可能更为合适，因为相减后的变量的单位和原变量单位一致。再者，金融业的客户信用行为涉及贷款指标和收入指标，如果我们研究的对象是客户的购买力，客户每月收入为 1 万元，但每个月需要偿还 9000 元贷款，决定此人的实际购买行为的不是 1 万元而是 1000 元；但如果我们研究的对象是用户未来的潜在信用行为，那么收入和贷款间的比率更合适。

总之，如果整合后自变量单位与因变量单位不统一，则建议使用乘除法整合；如果整合后自变量单位与因变量单位统一，则可以使用加减法整合。

2）步进回归法

如图 3-26 所示，SPSS 软件提供了常见的前进法、后退法和步进回归法等特征选择技术。

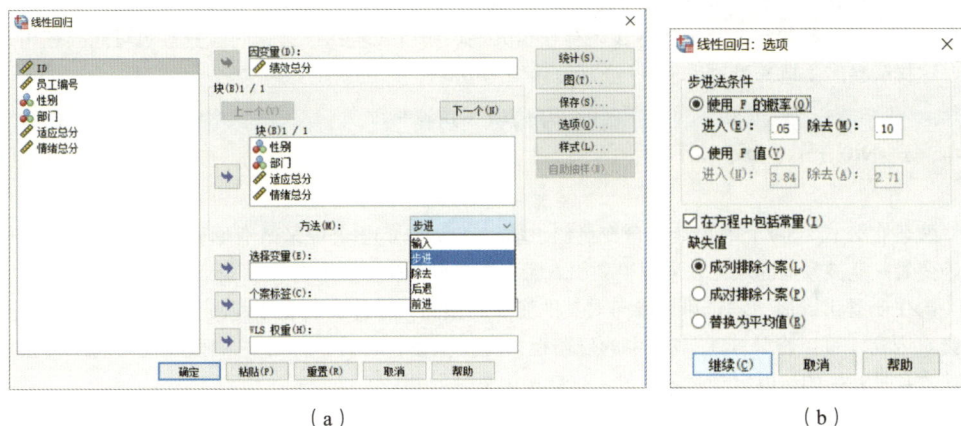

（a）　　　　　　　　　　　　　　　　　（b）

操作步骤：依次选择"分析"→"回归"菜单，选择"选项"二级对话框

图 3-26　"线性回归"对话框及"选项"对话框

前进法的特点是变量"由少变多，只进不出"，其初始模型中没有任何变量，主要涉及进入的标准，可以使用 F 值或 F 值对应的显著性判断变量能够进入模型的标准，并不涉及删除功能，如图 3-26（b）中的"进入"标准。

与此相反，后退法的特点是变量"由多变少，只出不进"，其初始模型中包含所有变量，主要涉及删除的标准，同样可以使用 F 值或 F 值对应的显著性，判断删除变量的标准，并不会涉及进入功能，如图 3-26（b）中的"除去"标准。

步进回归法的特点是变量"由少变多，但可进可出"。在初始模型中没有任何变量，同时涉及进入和删除的标准，仍可以使用 F 值或 F 值对应的显著性判断变量的重要性。可见步进回归法具备前进法和后退法两种算法的特点。

常见的使用建议为：第一，步进回归法等三种算法均应用于大数据的特征选择过程，在小数据中请谨慎使用，并且我们总是将其视为一种重要的数据预分析技术。第二，无论使用哪种方法，特征筛选的对象最好是不重要的变量，因为三种方法都无法确保筛选的正确性。第三，当变量维度超过 15 个时不建议使用后退法，因为多变量容易产生高维灾难问题，此时前进法是不错的建议。第四，步进回归法整合了前进法和后退法，该算法有助于消除变量间的共线性问题。如果变量间存在共线性，且项目合并法和岭回归法又不适用，那么步进回归法将是个不错的选择。

3.4 内生性问题

内生性问题也许是破坏模型的第一杀手，也是应用者最为棘手的问题。下文我们将回答内生性会造成哪些问题，如何逐一破解这些问题的问题。由于在大数据场景下特征选择的方法论并不成熟，所以下文也将试探性地提出一套应对方案，以应对多维特征选择的难题。

3.4.1 内生性及其危害

线性回归模型可以用公式（3-7）表示。自变量参与对因变量的预测，无法预测的地方全部放入残差中，理论上残差不应该携带任何统计信息，否则，则说明仍存在未知的自变量，由于未知的自变量和已选择的自变量或多或少地存在相关性，所以残差和已选择的自变量也可能存在相关性，这样就会产生自变量对残差进行预测的第二个方程，即公式（3-8）。

$$y = \beta_0 + \beta_1 x_1 + \beta_2 x_2 + \varepsilon \tag{3-7}$$

式中，$\varepsilon \sim N(0, \sigma^2)$，$cov(x_i, \varepsilon) = 0$。

$$\varepsilon = \lambda_0 + \lambda_1 x_1 + \mu \tag{3-8}$$

残差在公式（3-7）中，具有自变量的性质，在公式（3-8）中又具有因变量的性质，这违反了因变量只能被预测的定义，所以需要引入全新概念即内生变量和外生变量。

内生变量可以被预测也可以参与对其他变量的预测，而外生变量不能被预测，只能预测其他变量。因此，可以将公式（3-7）中的残差视为外生变量，公式（3-8）中的残差视为内生变量。残差本身是外生的，但出现了内生性，这就是内生性问题。

残差和自变量间的相关性会导致参数估计有偏，这种有偏性会直接影响回归系数的正确性，而不正确的回归系数又影响模型的结构性和预测性，这是整个模型应用的基础。一般而言，需要将有偏性问题控制在合理的范围内，但经验证明，内生性造成的有偏性问题往往超出合理的范围，尤其是与合理模型相去甚远时的差异，为了判断这种差异，残差图分析提供了具体的度量方式。

内生性残差的形式如图 3-27 所示。

图 3-27（a）表示异常值，异常可以理解为观测值与预测值间的偏离程度，通常将标准化残差的 3 倍作为衡量异常的标准。异常值是内生性的表现形式之一，即异常带来的残差不独立，但这并不是最典型的内生性问题。

图 3-27（b）表示异方差，可以理解为异常量变多。但异常之所以称为异常是因为量"少"，如果异常很多则不是异常。图 3-27（b）中的观测值和预测值间的偏离程度呈现出波动状，中间区域的数据波动较小，两侧数据的波动较大，这种波动间的差异大小用 3 倍为标准，波动即意味着缺少自变量识别。

（a）异常性　　　　　　　　　　　　　　（b）异方差

（c）残差和预测值间存在相关性　　　　　　（d）正"U"形图形

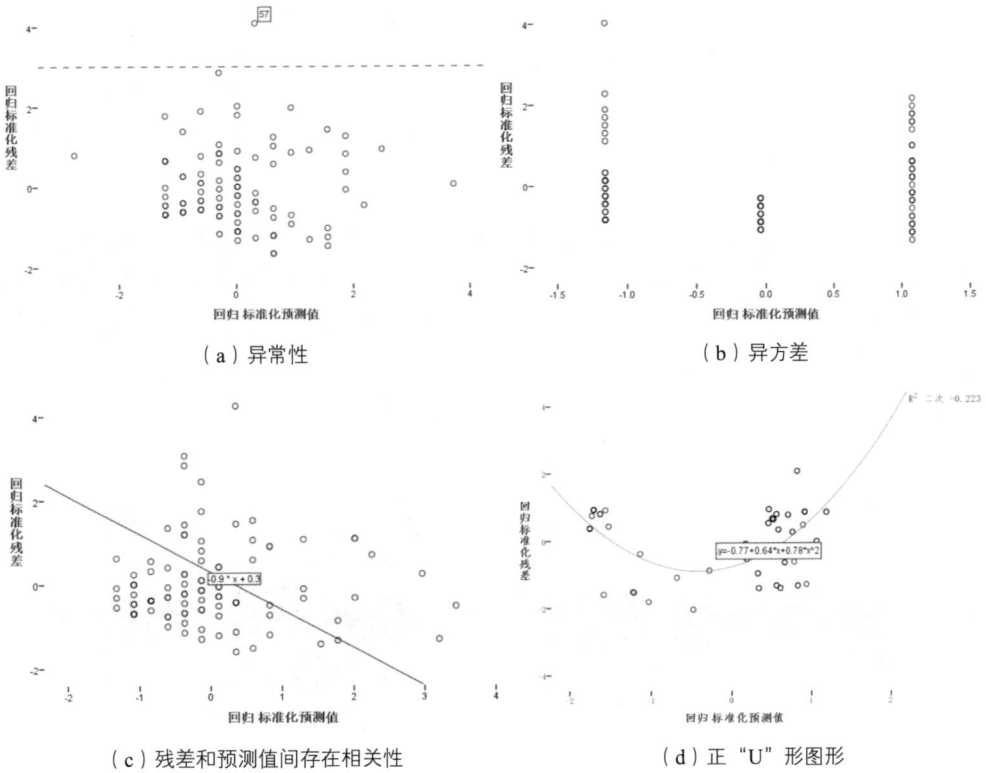

图 3-27　内生性残差的形式

图 3-27（c）显示残差和预测值间存在相关性，这是内生性最典型的表现，说明外生变量中需要加入与因变量呈线性关系的变量。

图 3-27（d）呈现正"U"形，说明需要加入某个自变量的二次方项。

归纳起来，内生性问题的核心是对自变量的选择（自变量的数量、意义等）和对自变量形式（主效应、交互效应、高阶特征、人工字段等）的判断。解决这些问题通常需要借助残差和理论两把利器，来避免不必要的错误。

3.4.2　问题核心：特征选择

使用数据库数据时，特征选择的备选方案比较多，特征选择常见的错误形式有：遗漏自变量、冗余自变量和错误自变量。

1）遗漏自变量[1]

如果我们假设影响因变量的因素只有 3 个自变量，那么遗漏自变量将是 3 种错误形式中最严重的一种。残差分析比较擅长解决自变量遗漏问题。

延续对图 3-27 内生性残差的解析。

---

[1] 异常值和异方差并不是严格意义上的内生性问题，但可以看作是特征选择衍生出的问题。

a. 异常值

从异常值的角度来看，异常值超出界值说明观测值与预测值间偏离很大，还说明模型中没有相应的自变量来解释这些点。解释或消除这些异常值，只需要引入相关的自变量即可。但是由于异常值取值很少，又是抽样数据，稀疏的离群特征无法反映特有的行为，所以异常值并不是数据分析师关注的重点，所以这一类问题在广义上属于错选自变量，但实际上小数据的做法是直接删除异常值，而不是加入自变量。

b. 异方差

相对来说，异方差问题其实是异常值问题的拓展，从字面意思理解，异表示异常，方差表示异常的波动，因此群体性异常呈现出的规律性就是异方差。异方差问题在小数据中特别重要，在不能任意增减自变量的情况下，借助对数变换或加权最小二乘（WLS）技术进行数据处理是常见的方案。大数据场景中很少谈异方差问题。

下面先介绍几种常见的异方差形式，然后再介绍 WLS 技术。

异方差形状示意图如图 3-28 所示。

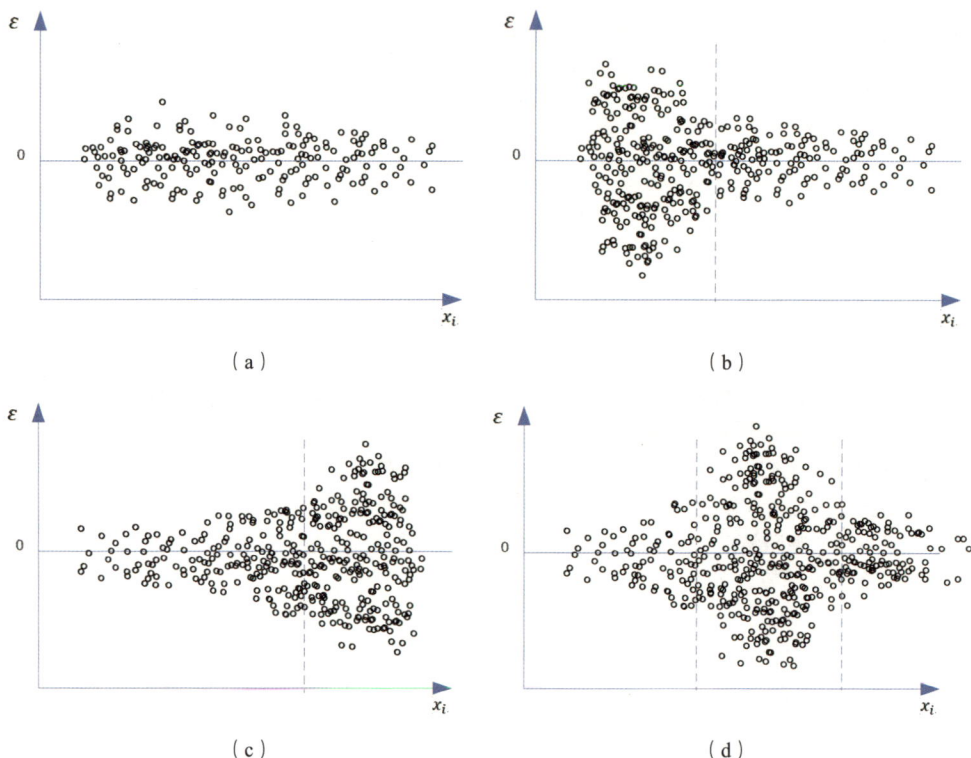

（a）　　　　　　　　　　　　　　（b）

（c）　　　　　　　　　　　　　　（d）

图 3-28　异方差形状示意图

图 3-28（a）是正常的残差分布图，不存在异方差。随着预测值或自变量取值的变化，残差波动（上下波幅）差异不大。图 3-28（b）出现了明显的波幅差异，自变量取值较小时，波幅较大，随着自变量取值增大，波幅相对减小。一般情况下会将残差图按横向分成 2～3 组，图 3-28（b）应该分成两组，第一组的波幅明显大于第二组。如果波幅最大的组超出波幅最小的组 2 倍，则说

明可能存在异方差，如果超出 3 倍则说明一定存在异方差，并且 3 倍已经到了需要修正的程度。
图 3-28（c）与图 3-28（b）类似。图 3-28（d）出现了 3 种模式，中间波幅相对较大，两侧波幅
较小。不管预测值的哪些区域出现波幅差异，包括残差图不在零上下随机摆动的内生性问题，都
可以按照相对波幅大小判断是否存在异方差。显然图 3-28（d）也存在异方差。

下面介绍 WLS 技术。

WLS 技术的思路是使用误差方差的倒数对回归模型进行加权，即较大的方差权重较小，较小
的方差权重较大。如果加权变量是 0，负值或缺失将不被纳入分析数据。此处使用商品材质数据集。

自变量与误差方差的关系如图 3-29 所示，其中，σ^2 表示模型误差方差。

$$y = \beta_0 + \beta_1 x_1 + \beta_2 x_2 + \varepsilon$$

x影响：	大	小
σ^2影响：	小	大
$\dfrac{1}{\sigma^2}$影响：	大	小

图 3-29　自变量与误差方差的关系

在线性回归中，我们引入两个自变量 x_1 和 x_2，若 x_1 对 y 的影响很大，那么残留的误差将比较小，
因为误差体现在误差方差上，所以误差方差就比较小，所以取误差方差的倒数就较大，则结果变大；
相反亦是，对 y 有较小影响的 x_2 的误差方差的倒数就小。所以使用加权变量 $w = 1/\sigma^2$，就可以改
善或消除异方差问题。

具体如何实施呢？

权重估计 $w = 1/\sigma^2$ 且 $\sigma^2 = kx^2$，观测值权重是观测值的误差方差的倒数，并且观测值的
误差方差随预测变量的变化而发生系统变化，因此权重与预测变量的更一般的形式可以表示为
$w = 1/x^m$，此处需估计 m 的最优取值[1]。

SPSS 操作　"权重估算"对话框及功能如图 3-30 所示。

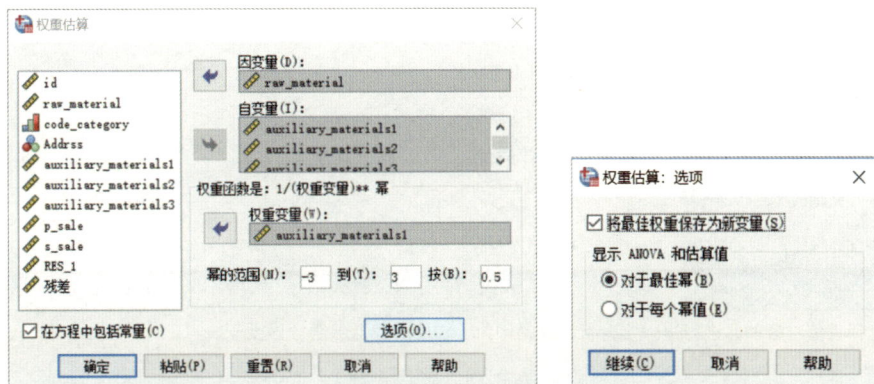

操作步骤：执行"分析"→"回归"→"权重估算"命令，选择"选项"选项。

图 3-30　"权重估算"对话框及功能

---

[1] 参见 S.Weisberg 所著《应用回归分析》中介绍的加权最小二乘技术。

第一步：误差变换。在线性回归主菜单上，将韧性原料作为因变量，将加固材料、保温材料和防湿材料作为自变量，并保存残差（操作步骤：依次选择"分析"→"回归"→"线性"菜单，选择"保存"二级对话框，勾选"未标准化残差"功能），计算残差 =abs(RES_1)（操作步骤：依次选择"转换"→"计算变量"菜单，在算术函数组中选择 abs 函数）。

第二步：相关分析。输出残差与所有自变量相关系数（有专家建议使用等级相关系数，但笔者认为读者可以根据变量的分布性质、缺失值、数据是否已排序等问题选择合适的相关系数），将最大的相关变量作为权重变量 x^m。此时根据数据特征选择斯皮尔曼（Spearman）等级相关，发现残差与加固材料（auxiliary_materials1）的相关系数为 0.497，与其他系数相比最大，说明误差主要由加固材料引起，因此可将加固材料视为权重变量 x^m，接下来估计 m 的最优值。

第三步：权重估计。选择 auxiliary_materials1 为权重变量，一般建议将幂的取值控制在 [−3，3]，并将产生的最佳权重值保存为新变量（在选项里保存），如 WGT_1，并将 WGT_1 作为 OLS 估计的加权变量。

模型输出的结果显示了权重变量的最优估计值，并且根据最优值计算了拟合指标、系数估计等。如表 3-14 ～表 3-15 所示，根据对数似然值确定幂的取值为 1.5，即使用权重变量加固材料的 1.5 次幂对回归模型进行加权，这是缓解异方差波动的最优值。在消除异方差的情况下，回归模型重新计算得到拟合指标 R^2 为 36.4%，输出最新回归方程及估计值。

表 3-14　对数似然值

幂		
	−3.000	−631.775
	−2.500	−624.878
	−2.000	−618.855
	−1.500	−613.769
	−1.000	−609.636
	−0.500	−606.427
	0.000	−604.083
	0.500	−602.526
	1.000	−601.667
	1.500	−601.423[a]
	2.000	−601.730
	2.500	−602.552
	3.000	−603.879

a. 选择该值对应的幂进行进一步分析，这是因为，它使对数似然函数最大化。

表 3-15　回归系数

	未标准化系数		标准化系数		t	显著性
	B	标准误差	β	标准误差		
常量	−183.976	111.373			−1.652	0.102

续表

	未标准化系数		标准化系数		t	显著性
	B	标准误差	β	标准误差		
auxiliary_materials1	178.706	33.235	0.468	0.087	5.377	0.000
auxiliary_materials2	1.503	0.683	0.193	0.088	2.199	0.030
auxiliary_materials3	55.769	34.378	0.142	0.088	1.622	0.108

注：R^2 为 36.4%。

权重估计 $w = 1/x^m$ 的程序代码为 WGT_1=1 / auxiliary_materials1 ** 1.5.。

第四步：获取残差图并进一步进行 WLS 分析。将权重变量放入线性回归主界面，将权重变量 WGT_1 放入 WLS 权重选项，保存预测值和残差值，然后分别对预测值和残差值进行标准化并绘制残差图，将该图与未加权的回归模型的残差图进行对比（SPSS 软件不提供直接绘制 WLS 残差图的功能）。

图 3-31（a）是 OLS 残差图，图 3-31（b）是 WLS 残差图。通过对比我们发现两幅图差别不大——OLS 残差图的残差主体介于 [−1.5，1.5]，经过修正后 WLS 残差图的残差主体介于 [−1.5，1]，此外，修正后的残差在纵向上主体波动变小，但对两端的异常值修正有限，所以总体而言此次 WLS 技术对异方差的修正收效甚微。

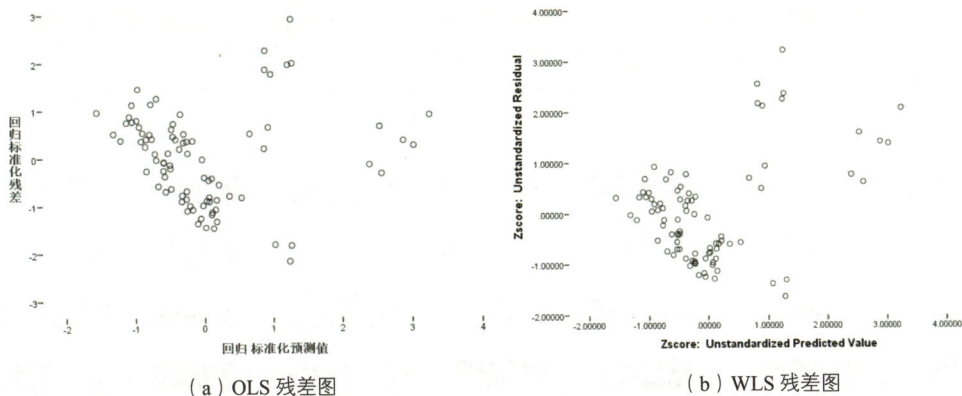

（a）OLS 残差图   （b）WLS 残差图

图 3-31　OLS 残差图与 WLS 残差图对比

造成这种结果的原因主要是内生性问题、异常值问题，以及残差与自变量相关太低等，所以应当优先处理内生性和异常值问题，如此异方差问题也许就不会出现。虽然 WLS 技术未起到显著的效果，但图 3-31 进一步丰富了我们对残差的解释。关于残差内容的详细讨论请见后续回归章节。

WLS 技术不适合用于残差与自变量相关太低、残差显示异方差不是主要原因的异方差修正，WLS 其常用于修正过于稀疏的散点带来的异方差、加权后 R^2 太低等问题。此外，处理异方差的方法还包括对数变换、稳健回归等技术。

2）冗余自变量

冗余自变量，是指不重要的自变量。如果自变量与因变量存在虚假相关关系，或者自变量与因变量不存在相关关系,那么残差图是无法检测的,但这种情况可以通过模型系数检验来完成监控。

最让人头疼的是自变量冗余问题,在冗余自变量众多时,冗余自变量与原有自变量产生复杂的交互作用,在这种复杂关系下,哪些自变量是冗余的、哪些自变量是重要的是难以辨识的。因此,常通过相关分析过滤掉不重要的变量,或通过路径分析研究复杂关系的整体方案。

3）错误自变量

如果错误自变量和因变量没有关系,则可以将其视为冗余自变量处理。如果错误自变量和因变量存在相关性,那么错误自变量与真实的自变量可能存在共线性,这种共线性的好坏是无法说清楚的。有时我们很难找到真正的自变量,暂时将此变量作为工具也是稳妥之选。例如,雨季蛋糕销售量会增加[①],尽管雨天并不一定是蛋糕销量增加的真正的因,但是销量的归因真的很重要吗？这里的雨天可能和真正的因有共线性,但若想找到真正的因需要花费太多成本,此时寻找真正的因显然是得不偿失的。

错误自变量是去是留应看需求和业务指向。

3.4.3　三驾马车之一：数据库的应对策略

对于统计应用者和理论工作者而言,大数据及回归模型的特征选择技术是比较棘手的问题。在实验室和问卷领域统计方法比较成熟,其存在比较公认的筛选和辨识自变量的技术。但数据库领域发展时间较短,并且列维巨大,并没有形成固定的分析思路,因此本书试探性地提出数据库的应对策略。

下文分别从业务导向、简单回归、相关分析、动态回归、主成分分析5个步骤及方法、驱动因素、维度、变量重要性、监督、共线性6个方面来阐述数据库的应对策略（见图3-32）。数据库特征选择过程将从两个方面入手：一方面是数据库特征选择流程的特点；另一方面是软件具体的实施步骤及注意事项。

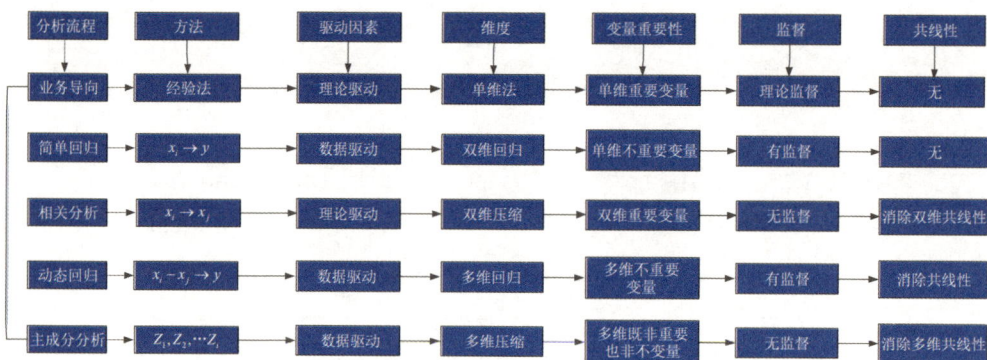

分析流程	方法	驱动因素	维度	变量重要性	监督	共线性
业务导向	经验法	理论驱动	单维法	单维重要变量	理论监督	无
简单回归	$x_i \to y$	数据驱动	双维回归	单维不重要变量	有监督	无
相关分析	$x_i \to x_j$	理论驱动	双维压缩	双维重要变量	无监督	消除双维共线性
动态回归	$x_i - x_j \to y$	数据驱动	多维回归	多维不重要变量	有监督	消除共线性
主成分分析	$Z_1, Z_2, \cdots Z_i$	数据驱动	多维压缩	多维既非重要也非不变量	无监督	消除多维共线性

图 3-32　数据库特征选择流程

1）数据库特征选择流程的特点

a. 方法

第一，通过经验法从业务上判断变量重要性，这样有助于模型与业务环境相契合，不至于模

---

① 参见 IBM 蛋糕销售量的大数据预测项目。

型与业务脱节，造成与同事、老板经验不一致。第二，简单回归使用的是相关分析，因为简单回归用于判断变量重要性的标准化系数（$z\beta$），即相关系数（r），所以此步的意义是在第一步筛选后的变量中快速地将相关性弱的变量删除，图 3-32 中 x_i 的下标 i 并不包括上一步中判断出的重要的变量，下文也如此，每一步用于筛选的变量都不包括上一步判断为重要的变量。第三，相关分析涉及剩下的所有自变量间的相关性，其目的是产生有效的人工字段和消除共线性。第四，动态回归使剩下的所有自变量同时参与回归分析，使用特征选择技术，如步进删除法或后退删除法，对变量进行批量删除。第五，使用主成分分析技术对剩下的所有变量进行压缩，以产生更少的维度。

　　b．驱动因素

　　理论驱动与数据驱动相间出现，并永远把理论放在第一位，数据分析或探索放在第二位。理论的目的是要找到重要变量；数据分析或探索的目的是节省时间，快速地将大型数据中的弱维变量删除。

　　经验法来自业务属于理论驱动，但为什么第三步的相关分析也是理论驱动呢？其实相关分析的目的是产生人工字段，而人工字段最核心的技术是如何定义业务意义，所以相关分析本质上属于理论驱动，只不过用数据提供了相关性线索而已。后面的动态回归和主成分分析都属于探索性数据分析，故均属于数据驱动。

　　c．维度

　　维度分析的整体规律是从低维到多维。描述性统计侧重于单维分析，并通过图形过渡到对双变量的处理，再将双维问题推广到多维问题，这是统计分析的一般性流程。

　　首先经验法是单维分析，因为业务专家和业务人员往往是根据已有经验判断变量重要性的，这种经验具有单维度性质。其次，简单回归和相关分析都是相关分析，有助于判断变量间的重要程度（回归）和相关性（相关）。最后，动态回归和主成分分析都是广义的回归类方法，其区别是动态回归区别因变量与自变量的重要性，但主成分分析视所有变量为自变量（也可以是因变量，但因为因变量数量众多，并且需要压缩的变量性质很接近自变量的性质，所以约定俗成将所有变量视为自变量），没有重要性的区分。

　　d．变量重要性

　　第一步的业务导向和第三步的相关分析都是通过业务准则来判断变量重要性的，此处筛选出的变量比较少，执行需要的时间很久。第二步的简单回归和第四步的动态回归是根据回归系数检验大幅删除变量的方式进行的，可以有效地节省时间。第五步的主成分分析是一种压缩变量的技术，变量在压缩过程中会损失信息，因此尽量不要对重要变量进行压缩，又因为压缩过程需要借助变量间的相关性，而不重要的变量间又很难产生相关性，所以通常不会得到理想的结果。

　　总之，主成分分析主要处理既非重要也非不重要的变量，所以变量重要性的判断是适中的。

　　e．监督

　　监督表示有共同的指向，在特征筛选中监督是常态，因为每个自变量共享潜在目标。业务导向、简单回归和动态回归都属于监督方法，它们分别从业务和数据两个角度执行监督。

　　相关分析和主成分分析是没有监督的，这与后面的共线性处理有关。

　　笔者建议将相关分析和主成分分析也纳入监督分析方法，对整合后的变量参与模型评估及特征进行改进。如果新变量能有效地改善模型，则将其视为有监督；如果新变量没有改善模型，则可以进一步调整变量。

　　f．共线性

　　特征选择本身就具有处理内生性问题的功能，选择合适的自变量可避免自变量和残差间的相关。因为数据库涉及多个自变量，所以共线性问题也是绕不开的话题。

第三步相关分析用以消除双变量间的共线性，当我们需要对两个变量进行整合时，通常可以根据相关系数的高低来判断是否需要整合变量。第四步引入的动态的步进回归技术可以消除或排除共线性变量，如高度相关的两个变量只能有一个进入模型。最后，主成分分析可用于多变量降维、整合多个变量。

2）软件具体的实施步骤及注意事项

下文将借助 SPSS 软件实现以上 5 个步骤，为克服大型数据中的列维问题，如复杂的字段名、冗余变量的处理等，给出 SPSS 软件常用的处理建议及注意事项。

此处使用官方案例数据集 pm_customer_train2。数据集中能够使用的变量只有 12 个，这 12 个变量可能并不需要严格按照图 3-32 中的 5 个步骤进行筛选。但为了介绍这 5 个步骤，我们假设数据集中的 12 个变量代表 100 个变量，所以下文将按照实例操作和假设的方式来演示整个过程，请读者务必注意该假设场景。

现将 purchase 视为因变量，其他变量为自变量，并将自变量数量控制在 15 个以内。

a. 业务导向

判断变量重要性，首先是业务理解，其途径有两种，一种是获得业务专家对筛选特征的建议，另一种是寻找运营报告常常提到的字段，此处假设性别为业务导向判断的结果。在真实的场景中，通过以上建议可判断出 5～6 个业务导向的变量。

同时鉴于变量的冗余性，我们使用 SPSS 软件的定义变量集功能来控制无关变量。如图 3-33（a）所示，此处可以将不需要分析的变量排除在外，如标注标签 ID、变量区域、手机号码、缺失比例超过 80% 的变量、字符型变量、日期型变量、存在共线关系的变量等，这样可以简化数据的列，使数据看起来更规整。需要重复这 5 个步骤以进行变量的增减，所以该功能还有利于便利地执行步骤切换。

`SPSS 操作` 打开图 3-33（b）的"使用变量集"对话框，勾选"第一步集合"复选框后单击"确定"按钮就可以把没有选择的冗余变量隐藏起来了。

（a）"定义变量集"对话框　　　　　　　　（b）"使用变量集"对话框

操作步骤：执行"实用程序"→"定义变量集"命令。　操作步骤：执行"实用程序"→"使用变量集"命令。

图 3-33　"定义变量集"和"使用变量集"对话框

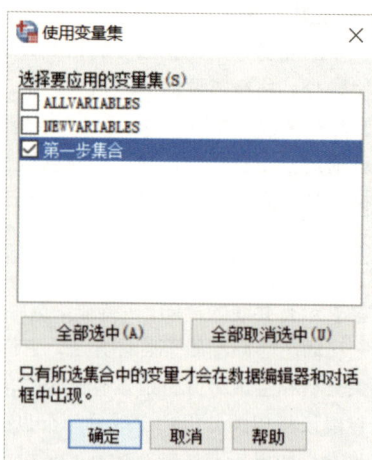

b. 简单回归

进行简单回归的目的是快速大幅度删减冗余变量，高效地执行删除过程。针对前面余下的变量可能需要运行几十次或上百次简单回归，显然这样做效率有限，因此根据简单回归和相关分析的性质，此处使用相关分析代替简单回归。

SPSS 操作 操作步骤：选择"分析"菜单中的"相关"选项，然后单击主界面下的"粘贴"选项，保存并运行程序。

```
NONPAR CORR
    /VARIABLES=youngest_child feedindex debt household_debt
             income members_household number_products
             number_transactions non_worker_percentage
             white_collar_percentage
             with purchase
    /PRINT=TWOTAIL NOSIG
    /MISSING=PAIRWISE.
```

上述程序使用的是非参相关系数，另外以"/VARIABLES= 自变量 with 因变量"的方式排列变量（注意该语句中加入了 with 语法）的好处是可以将因变量放在列，自变量放在行，便于大型表格的纵向视图。

然后，在输出表格中双击表格，在透视托盘中将统计隐藏在层中，这样表格只显示为相关系数，达到了简化表格的目的。透视表的作用是在完成分析之后用户可以随时调整变量三维（行、列、层）间的关系，如行列切换或任意两种组合的变化。此处我们使用透视表的目的是将不必要的统计量隐藏在层中，以简化软件的输出表格（见图 3-34）。

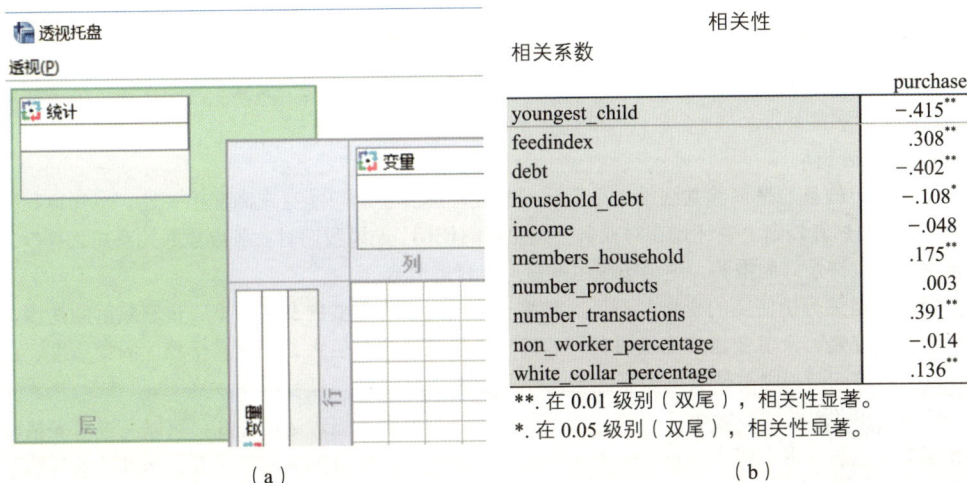

相关性

相关系数

	purchase
youngest_child	−.415**
feedindex	.308**
debt	−.402**
household_debt	−.108*
income	−.048
members_household	.175**
number_products	.003
number_transactions	.391**
non_worker_percentage	−.014
white_collar_percentage	.136**

**.在 0.01 级别（双尾），相关性显著。
*.在 0.05 级别（双尾），相关性显著。

（a）　　　　　　　　　　　　　　　　　（b）

图 3-34　透视表及输出

就图 3-34（b）的输出表而言，如果我们将这张表格放大 10 倍后要求找出最小值，可能需要花费几分钟；找出倒数第二小的值花费的时间可能成倍增加。为了提高效率接下来通过图形来判断变量的重要性，进而决定哪些变量应该被删除。

　　双击 SPSS 软件输出的表格，选中表格中的数值，右击选择创建图形功能即可完成图形创建。因为需要判断数字大小，所以可以绘制条形图，并对条形图进行排序（选中行标签，在属性窗口中可调整标签顺序），如图 3-35 所示。

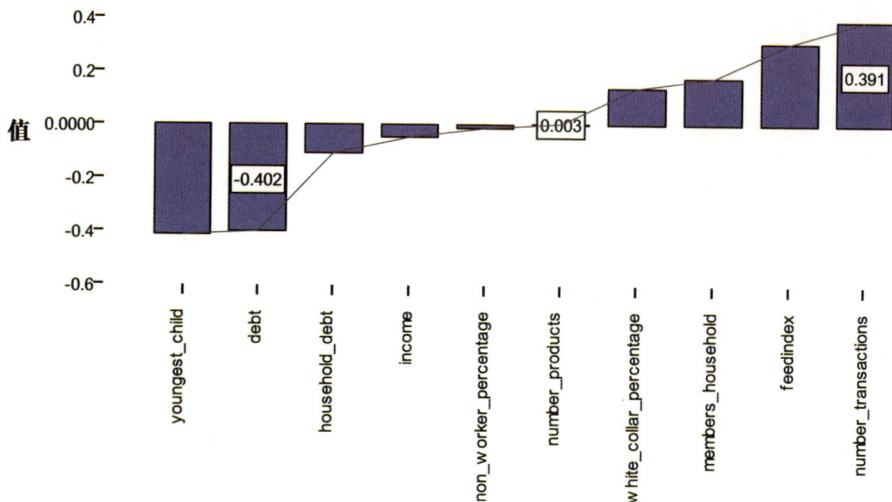

图 3-35　条形图

　　较大的相关系数分别位于图形两侧，中间短的条形表示相关系数低。由图 3-35 可知，number_products 和 non_worker_percentage 变量的相关系数非常低，只有 0.003，这样的相关系数一般建议删除（此处删除 number_products 作为示范），一般建议使用 0.1、0.05 和 0.02 的相关系数作为界值（具体依据参见 SPSS 和 SAS 的软件数据挖掘手册），并配合 30% 以内的删除标准。

　　补充说明：参见的相关系数标准是浮动的。如果界值定为 0.02，删除了太多变量，远远超过 30%，则可以调高标准。

　　c. 相关分析

　　相关分析的目的是消除共线性，尽管我们已经知道变量间可能存在高度相关性，也知道如何整合变量，但这套规则主要还是在对业务特别熟悉时使用。如果我们对业务或数据关系知之甚少，探索性技术也许是好的推荐，这种场景也就是无监督的整合。

　　第三步相关分析使用的变量并不包括在第一步被判断为重要的变量和第二步删除后的变量，也不包括因变量，余下变量产生相关分析的输出表格可能非常巨大，因此表格界面的繁杂度、占用空间内存等问题很容易使菜单界面出现运行障碍。

　　[SPSS 操作] 为简化输出，在相关分析主界面上，单击二级对话框样式，可以通过对表格颜色和格式（色彩和形）对表格进行设置，以区分数值大小，检查变量间的高度相关性"表样式"对话框如图 3-36 所示。样式功能输出如图 3-37 所示。

　　根据需要将家庭最小孩子的年龄和（家庭外）贷款两个变量（相关系数为 0.938）合并，得到人工字段教育支出。整合这两个变量理由是由图 3-38（a）的散点图可知，家庭最小孩子的年龄和贷款的线性关系特别明显。图 3-38（a）中存在两部分异常，一部分是没有孩子的家庭的数据，另一部分是年龄在 40 岁以上的数据。因此数据的主体是 0～30 岁的人群，此阶段人群的教育支出是主要的，孩子越大用于教育的贷款越多，由此判断贷款和教育支出有关。

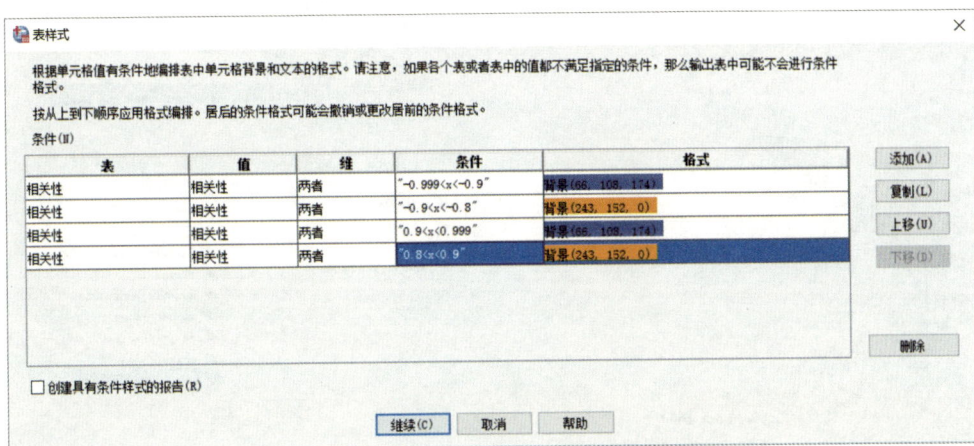

图 3-36　"表样式"对话框

相关性

相关系数

	youngest_child	feedindex	debt	household_debt	income	members_household	number_products	number_transactions	non_worker_percentage	white_collar_percentage
youngest_child	1.000	−0.020	0.938**	−0.082	0.035	−0.250**	0.009	−0.028	0.018	0.092
feedindex	−0.020	1.000	0.007	0.058	−0.037	0.051	0.080	0.647**	−0.018	−0.035
debt	0.938**	0.007	1.000	−0.054	0.034	−0.224**	−0.007	0.004	−0.017	0.066
household_debt	−0.082	0.058	−0.054	1.000	−0.173**	0.017	0.010	0.046	−0.333**	−0.834**
income	0.035	−0.037	0.034	−0.173**	1.000	0.041	0.025	−0.060	0.368**	0.028
members_household	−0.250**	0.051	−0.224**	0.017	0.041	1.000	0.040	0.105*	−0.230**	−0.052
number_products	0.009	0.080	−0.007	0.010	0.025	0.040	1.000	0.220**	0.082	−0.074
number_transactions	−0.028	0.647**	0.004	0.046	−0.060	0.105*	0.220**	1.000	−0.042	−0.019
non_worker_percentage	0.018	−0.018	−0.017	−0.333**	0.368**	−0.230**	0.082	−0.042	1.000	−0.061
white_collar_percentage	0.092	−0.035	0.066	−0.834**	0.028	−0.052	−0.074	−0.019	−0.061	1.000

**. 在 0.01 级别（双尾），相关性显著。

*. 在 0.05 级别（双尾），相关性显著。

图 3-37　样式功能输出

这样第三步集合就包括了教育支出变量，并消除了家庭最小孩子的年龄和（家庭外）贷款两个变量［见图 3-38（b）］。

此举在消除共线性之余，若能一并改善模型，则视为人工字段的监督法。所谓监督就是产生人工字段后，模型可以得到进一步改善，以推进整个项目。新产生的教育支出与因变量之间的相关系数达到了 0.402，所以人工字段具有监督的作用。

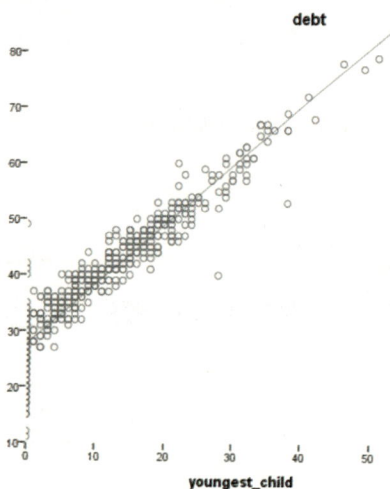

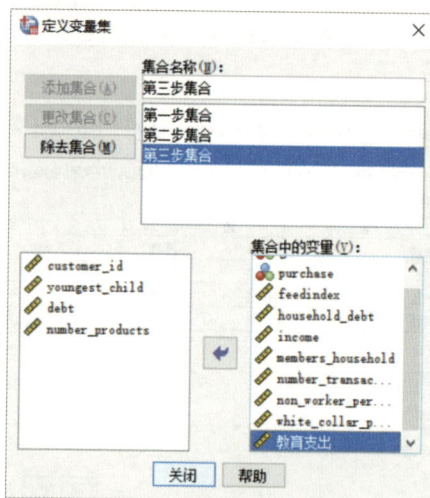

（a）散点图　　　　　　　　　　　（b）"定义变量集"对话框

图 3-38　新人工字段的生成

d.　动态回归

经过多轮筛选余下的变量已经不多，所以此处选入的变量并不包括性别和教育支出，并且筛选的算法建议使用步进回归法或向后法（SPSS 的 Logistic 模型中并未提供步进回归法，见图 3-39）。又因为余下的变量间并不区分重要性，而且在重要性程度上也偏低，所以后退法更合适。

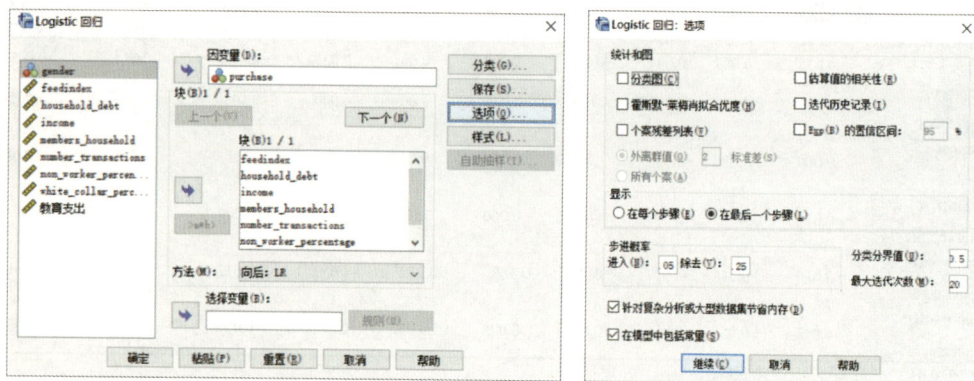

操作步骤：执行"分析"→"回归"→"二元 Logistic"命令，选择"选项"二级对话框。

图 3-39　Logistic 回归的特征筛选功能

此外，动态回归的目的是批量删除变量，效率是重要的因素。其中，有利于提高效率的功能是选项中的"在最后一个步骤"和"针对复杂分析或大型数据集节省内存"，这两个功能可以有效地提高运行速度。具体选择多少变量，可以通过统计量及显著性来调整，此处很难给出统一的标准，建议读者删除 30% 以上的数据，并通过灵活调整"除去"概率以实现特征筛选。

如果有充足的理由认为删除变量后变量仍然很多，则可以返回到前面的步骤进行调整。定义变量集功能可以随时调用不同步骤，并不受界面和流程的限制。

该示例通过动态回归删除了 household_debt 和 income 两个变量，并重新定义了变量集。

e．主成分分析

经过前 4 个步骤的特征选择，余下变量具有的特征是既非重要也非不重要的变量，非重要是因为在第一步和第三步已经提取了重要的业务变量；重要是因为在第二步和第四步分别删除了不重要的变量，所以剩下的字段在重要性程度上是居中的。如果直接删除这些变量有些可惜，因为它们对因变量来讲仍是有效的预测变量；如果直接留下这些变量，又会造成回归的冗余性，预测变量太多。

主成分分析的本质倾向于解决非精确问题，恰好可以用于对重要性程度居中的变量进行分析。通常而言主成分分析应用于大数据，因子分析应用于小数据，但二者区别的核心并不在于此，从应用角度来说，主成分的命名才是关键。

正如我们第三步相关分析对教育支出的命名。整合主成分其实也类似于构造人工字段，二者不同之处是我们并不对主成分进行命名，其主要的原因是这些变量不是重要变量，应用统计的默认规则是不重要的变量不需要命名。关于因子和主成分命名问题将在后续主成分章节进行讨论。

接下来我们使用主成分分析技术对余下 5 个变量（代表的变量数是 50 个）进行降维处理，当然在假设的场景中，我们余下的变量可能很多，由于这些变量并不区分变量间的重要性，所以不管变量有多少都可以使用主成分进行降维处理，这也是主成分分析的优势。

一般情况下，我们会尽量把所有变量压缩在第一和第二主成分中（见图 3-40），最终压缩成两个主成分。

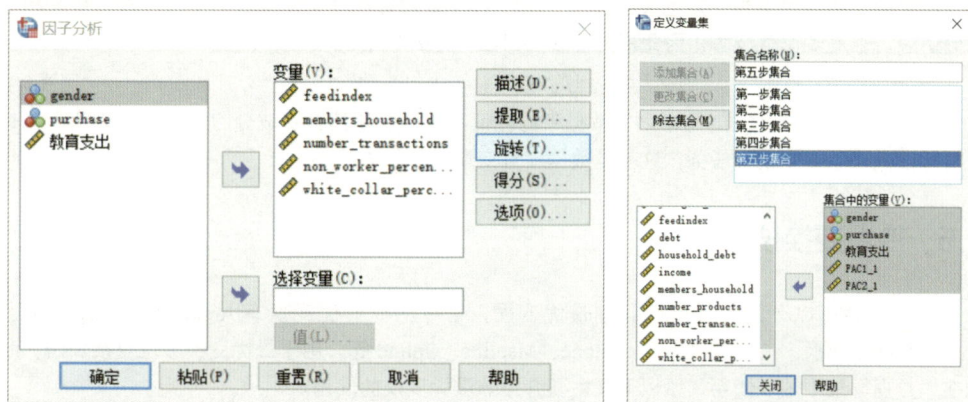

（a）　　　　　　　　　　　　　　　　　　（b）

操作步骤：依次单击"分析"→"降维"→"因子"命令，选择"旋转"选项。

图 3-40　主成分降维与变量定义

由表 3-16 所示的主成分分析输出可以看出，5 个变量被压缩成 2 个主成分，第一主成分解释了约 31% 的信息，第二主成分解释了约 22% 的信息，即 2 个主成分一共解释了原始 5 个变量约 53% 的信息，此结果如何？答案是很差。主成分分析的主体思路是把更多的信息压缩在更少的维度中，尽最大可能提取原始数据的信息，下文是一套主成分分析的判定标准供参阅。

表 3-16　总方差解释

成分	初始特征值			提取载荷平方和		
	总计	方差百分比	累积	总计	方差百分比	累积
1	1.550	31.004%	31.004%	1.550	31.004%	31.004%
2	1.116	22.314%	53.318%	1.116	22.314%	53.318%
3	0.999	19.983%	73.301%			
4	0.869	17.374%	90.675%			
5	0.466	9.325%	100.000%			

注：提取方法为主成分分析法。

主成分分析优劣的判定标准如下：第一，尽量将更多变量压缩在第一主成分和第二主成分内；第二，第一主成分解释的信息能够超过原始变量信息的 50%；第三，第一主成分和第二主成分解释的信息总和超过原始变量信息的 70%；第四，第一主成分除以第二主成分解释信息的比值大于 3；第五，用更少的主成分代表更多的变量。

其中，第二条、第三条和第四条标准是"或"的关系，即能够满足其中一条标准就可以，第一条标准和第五条标准是"并"的关系，即必须同时满足。那么第一和第五两条中到底多少为更少，多少为更多，很难一言概之。主成分章节将通过各种案例及场景对这种模糊性进行进一步诠释。

冗杂的自变量通过以上 5 个步骤得以精简，本案例精简后的变量只有 4 个，远远没有达到 15 个自变量的上限。接下来构建的回归模型，由于自变量的特殊性，包含自然字段、人工字段和主成分字段，也是多模型技术，因此称为主成分回归，见公式（3-9）：

$$y_{购买} = \beta_0 + \beta_1 x_{性别} + \beta_2 x_{教育支出} + \beta_3 x_{主成分1} + \beta_4 x_{主成分2} + \varepsilon \tag{3-9}$$

至此我们就完成了三驾马车之一数据库的特征筛选，它是建立主成分回归的必经之路，也是最终特征选择需要完成的任务，这就是数据库自变量选择的方法。

3.5　变量变换技术

变量变换可以分为最优变换和非最优变换，常见的非最优变换有 Arsin、Log、Box-cox、Logit、Power 变换；最优变换有 Monotone、Mspline、Spline 等。由于最优变换涉及复杂算法，所以在大数据场景中很少使用，所以以下文主要介绍非最优变换的使用。

变换技术的目的各异，有的为了正态分布，有的为了消除异常值、缓解异方差等，根据小数据和大数据的不同场景，本节重点分析对数变换、规范化变换、秩变换和标准化变换技术。

3.5.1　正态分布变换：对数变换

抽样数据分布以正态分布和偏态分布为主，尤其是右偏分布；非抽样数据主要以右偏和严重右偏为主。不同应用场景使用的模型对分布有不同要求，而抽样数据要求数据具有正态分布，所以我们可以使用参数模型算法拟合数据。

对数变换是一种非线性变换，有助于校正右偏的极值问题，因此可以用对数变换处理异方差、异常值、正态分布，甚至内生性问题。虽然对数变换是处理这类问题的综合方案之一，但它并不能消除这些问题，只能缓解问题的严重性，当然有时也会将问题"隐藏"起来。

以短期绩效和客户信息表数据集中的变量为例，图 3-41（a）是抽样数据，显右偏分布，但偏态并不严重，因此产生的异常比较少。数据通过对数变换后，偏态形状得到有效缓解，综合来看具有正态分布的特征，同时异常值、异方差问题得到缓解［见图 3-41（b）］。

图 3-41（c）是非抽样数据，其分布为严重右偏分布，而且存在很强的异常值。数据通过对数变换后，偏态形状得到了缓解，但正态分布的特征依然不明显，偏态依然严重［见图 3-41（d）］。这与非线性的对数性质有关，也与数据体量有关。如果变换的目的是得到正态分布数据，那么大数据的严重右偏问题并不适合使用对数变换。

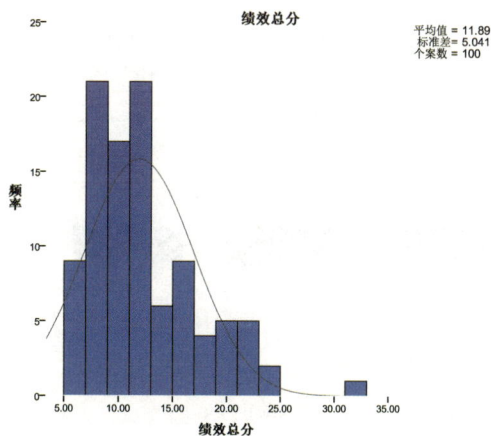

（a）短期绩效数据集抽象数据分布　　　　（b）对数变换后短期绩效数据集抽象数据分布

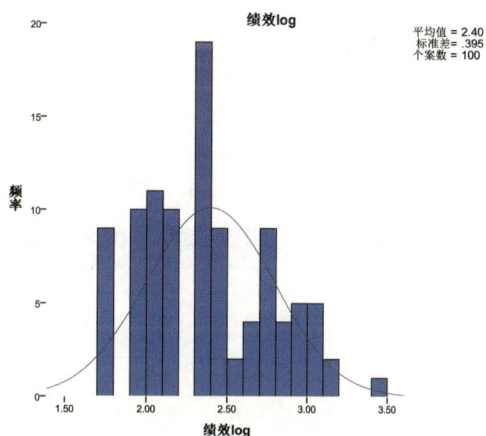

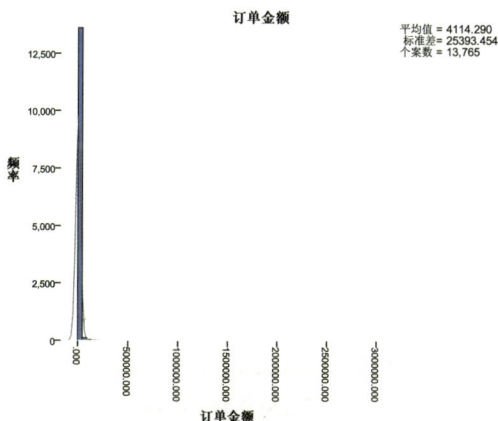

（c）客户信息数据集非抽样数据分布　　　　（d）对数变换后客户信息数据集非抽样数据分布

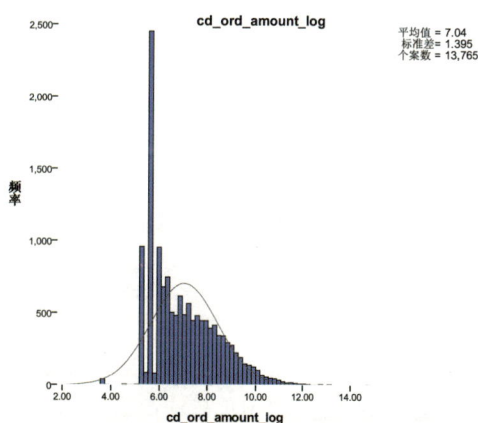

图 3-41　对数变换对照

总而言之，对数变换是通过对数值进行非线性浓缩将数据控制在更小范围内，此过程可以缓解异方差、异常值、内生性、正态分布变换等问题，但值得一提的是，这些问题通常都是小数据关注的重点，对大数据而言，即使其使用对数变换，也是基于速度和异常问题使用的。

此外，大数据对具体数值及业务含义的要求比较严格，而且其中出现 0 的场景比较多，但对数无法对 0 进行变换，并且大数据还涉及变换后数值相对含义的微妙变化是否被容许的问题。因此，数据进行平移和对数变换后的业务解释是摆在大数据分析师面前的一道难题。

3.5.2 从 0 到 1：老板最喜欢的符号 %

数值表达的前提是统一尺度。

统计分析中可资利用的数值尺度有很多，如从 0 到 1、从 0 到 100、从 0 到 1000、从 0 到无穷、从负无穷到正无穷等，这些尺度大多具有专业性，而从 0 到 1 可以跨越专业和非专业的界线。0 表示无，1 表示最大，中间的所有数值都对应一种状态程度。例如，大概率对应于"十之八九""很可能""经常会""正好""几乎"等词汇；概率在 50% 左右对应于"平均而言""可能""相当""或许"等词汇；小概率对应于"不大可能""罕见""稀奇""少有"等词汇。

也许唯有从 0 到 1 再配合"%"符号的形象更能深入人心，统计学家称其为效应，它也构成了数据分析师和老板、业务人员间交流的语言。

相关程度与效应值间的对应关系如图 3-42 所示。

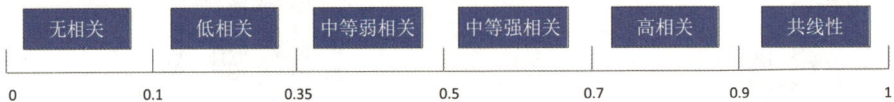

无相关	低相关	中等弱相关	中等强相关	高相关	共线性

0　　　0.1　　　0.35　　　0.5　　　0.7　　　0.9　　　1

图 3-42　相关程度与效应值间的对应关系

根据半计量效应将 0.5 作为界值，如果某变量可以解释因变量 50% 以上的信息，则将该变量视为第一影响因素。我们认为，第二及其后续所有因素的影响的总和不会超过第一影响因素的影响。

若将 0.7 看作相关系数，那么相关系数的二次方就是 R^2，R^2 同样可以用于预测，再则因为 0.7 的二次方非常接近 0.5，可以用于确定第一影响因素。如果将 R^2 视为 0.9，那么在共线性 VIF 值的贡献上将产生 10 倍的误差，而 10 倍误差所引起的统计学效应是不可忽视的。

关于 0.35 界值的讨论，学者们的意见好像并不统一，有的学者建议将 0.2 作为界值，也有的学者建议将 0.35 作为界值，在本书中界值选用 0.35。

一个未经考证的推测是大部分变量间的误差和随机性已经很接近 0.1，为了排除结论的随机性质设置了 0.1 的界值。

5 个界值产生 6 个区间，其分别为无相关、低相关、中等弱相关、中等强相关、高相关和共线性。

下面看一下软件中的变换功能。若希望实现直接规范化变换，操作起来有些麻烦。

SPSS 操作 在 ADP 中的选项 /RESCALE INPUT=MINMAX(MIN=0 MAX=100)。菜单操作为执行"转换"→"准备数据建模"→"自动"→"重新标度字段"命令，选择最小值 / 最大值编码。自动编码更擅长解决大型的列维问题，可用于变量批量处理的场景，如果是对小型数据或某一两个变量进行变换，那么手工变换更方便一些，见公式（3-10）～公式（3-12）。

$$[(x_i-min)/(max-min)]100\% \tag{3-10}$$

$$Z\beta=\beta\times s_x/s_y \tag{3-11}$$

$$or=\exp(\beta),\ Z\beta=gamma=(or-1)/(or+1) \tag{3-11}$$

式中，β 是回归系数；$Z\beta$ 是标准化系数；s_x 和 s_y 分别是自变量和因变量的标准差。

将变量取值规范到 0 ～ 1。普通变量可以使用公式（3-10）来完成变换；线性回归中对回归系数的变换可使用公式（3-11）来完成；Logistic 模型中对回归系数的变换使用的是公式（3-12）。多数统计模型都会提供标准化变换，如果没有提供，则可以执行手工变换。

3.5.3　强异常值：秩的应用

秩具有顺序性，是一种排名现象，其通过对原始数据进行排序，来获得每个数值的相对位置的信息。这样，数据的间距长短则被丢失，但相对大小或高低是这类问题关注的重点。

一般情况下，实验室数据由于体量微小，很难判断数据的分布状态，所以其常先进行秩分析，再使用非参数类的统计方法。而问卷领域由于数据体量变大，分布判断已不再是重点问题，其常使用参数类方法，强调数据的微观信息及精确度测量，因此问卷领域很少使用秩分析。但这种技术在数据库中被重新启用，理由是数据库数据偏态严重容易产生很强的极端值，针对强异常的处理，分箱化和秩分析是常见的处理方案。

秩变换功能如图 3-43 所示，原序列 1 对应的数值没有重复值，原序列 2 对应的数值存在重复值。

原序列1	1	3	2	9	1000
秩序列1从小到大	1	3	2	4	5
秩序列1从大到小（排名）	5	3	4	2	1
原序列2	1	1	1	9	1000
秩序列2（均值）	2	2	2	4	5
秩序列2（高）	3	3	3	4	5
秩序列2（低）	1	1	1	4	5
秩序列2（顺序）	1	1	1	2	3

图 3-43　秩变换功能

对原序列 1 进行秩分析，可分为从小到大排秩和从大到小排秩两种方法。若使用从小到大排秩法，将最小值 1 赋值给位置 1、将 2 赋值给位置 2……，一直到最大值 1000 赋值给 5，这样，4 取代了 9，5 取代了 1000。用位置信息替代了原数值强异常自然被消除，所以秩分析主要用于处理分布的长尾现象和强异常现象。反之，从大到小排秩法，则是一种排名现象。对原序列 2 进行秩分析，同样可分成两种方法，此处使用从小到大排秩法来说明常用的选项功能。

SPSS 操作　秩分析程序（操作步骤：执行"转换"→"个案排秩"命令，选择"绑定值"二级对话框）。

```
RANK VARIABLES=VAR00001 (A)
        /RANK
        /PRINT=YES
        /TIES=LOW.
```

上述代码中 /TIES 包括 MEAN、HIGH、LOW、CONDENSE 四种功能，均值法（MEAN）是将重复值对应的位置取平均，即 (1+2+3)/3=2，使用 2 代替重复值 1；取高法（HIGH）是将重复值对应的最大位置秩 3 取代重复值 1；同理取低法（LOW）使用位置秩 1 代替重复 1；顺序法（CONDENSE）是用取低法替换重复，然后后续数值连续排列。

一般就应用场景而言，取均法应用在小数据场景中，有助于"填补"数据的连续性，同时也能体现平均后的精确性。大数据场景建议使用取低法，一方面在出现大量重复值时可以提高运行速度；另一方面数据间的非连续性有助于检查数据拐点或数据分组判断。

3.5.4 量纲：标准化变换

数据分析的列维存在数值方差和量纲间的差别，统一尺度便于列维间与行间的比较。统一尺度包括对数据进行标准化和稳健标准化两种方法。一般来说，每组数据都有自己的集中性和离散性指标，统一尺度前需要消除这两类指标带来的差异。如公式（3-13）所示，数值减去均值（集中性指标），除以标准差（离散性指标）。变量消除了标准差的影响，数值单位变为标准差，即每个单位的改变都是一个标准差的改变，因此统一了变量间的单位。如果我们有充足的理由认为，集中性指标和离散性指标更好的替代指标是中位数和四分位距（Q_3-Q_1），也可以使用稳健变换公式（3-14）对数据进行标准化。

$$\frac{x_i - x_{\text{mean}}}{s_x} = T \Rightarrow x_i = T s_x + x_{\text{mean}} \tag{3-13}$$

$$\frac{x_i - x_{\text{median}}}{Q_3 - Q_1} \tag{3-14}$$

由于标准化变换并不会改变数据本身的性质，所以分布特征、异常值和异方差依然如初。但是基于线性变换的标准化变换，使我们在重新审视 x_i 和 T 间的线性关系后，能够得出线性变换优秀的数理性质——方差（协方差）推导定理。

定理一：两相同变量的协方差，即该变量的方差为

$$\text{cov}(X, X) = \text{var}(X)$$

定理二：线性整合后的变量协方差为

$$\text{cov}(aX + bY, cZ + dU) = ac\text{cov}(X,Z) + ad\text{cov}(X,U) + bc\text{cov}(Y,Z) + bd\text{cov}(Y,U)$$

定理三：线性整合后的变量方差为

$$\text{var}(aX + bY) = \text{cov}(aX + bY, aX + bY) = a^2\text{cov}(X, X) + b^2\text{cov}(Y, Y) + 2ab\text{cov}(X, Y)$$

定理四：两独立变量线性整合后的方差为

$$\text{var}(aX + bY) = a^2\text{cov}(X, X) + b^2\text{cov}(Y, Y)$$

定理五：基于平均数的变换为

$$M(aX + bY) = aM(X) + bM(Y)$$

线性变换公式主要体现在变换与不变换间的差别，用于优化运算和速度问题。例如，扫描原始数据并保存数据的原始信息，如均值、最大值、标准差等，并根据统计量完成统计计算，而且

可以在不重复运行原始数据的情况下重复执行多次计算，并将原始复杂的模型运算转化成简单的数值计算，因为数据性质未改变，所以结果的相对性也未发生改变，这种相对性正是统计关注的重点问题，其更利于解读业务问题。

3.6　编码技术

数据在分箱化过程中会丢失很多信息。那么为什么要数据分箱呢？一定是在丢失信息的同时收获了更重要的东西。分箱化与相反过程最优变换间的区别是什么？如何利用这两类编码技术？大数据分析案例强调数据拐点的重要性是什么？如何寻找拐点？拐点技术难度在哪里？这些问题正是本节尝试解决的问题。

3.6.1　为什么需要分箱化

连续变量提供的数据信息比分类变量提供的数据信息多，这是不争的事实，而分箱化就是将连续变量转化成分类变量。分箱化在丢失信息的同时获得了如下数据优势：通俗化、运行速度、避免过拟合、消除强异常、增强监督作用、保密。

1）通俗化

年龄是连续性变量，但电商领域在使用年龄信息时常按消费特征对其进行分组。探讨每个年龄的具体取值可能并没有实际意义，比如 26 岁的用户行为特征并不明显，而且也相对孤立。因此我们更愿意将 26 岁的用户放入大学生消费群体，大学生消费群体介于 20～28 岁，该年龄群体的消费特征主要为青春、探索、个性、性价比；而 55～70 岁的消费群体的消费特征主要以稳重、中庸、实用、轻便。

可见，如果我们将年龄按照用户消费群体进行分组比对每个年龄的用户进行研究，对于后续的商业决策更有价值。与此类似的分组还包括年龄与疾病的关系、订单金额的用户价值分组、订单频次的满意度分组等。

2）运行速度

在读入混杂数据、连续型数据和格式不统一的数据时，软件读入数据的速度会大幅降低，数值快于字符、数值快于测量级别日期、分类快于连续、整数快于连续、测量级别低的测量快于测量级别高的测量等。对大型百亿级的数据而言，不用说将数据读入并分析，就是扫描数据都可能需要很长时间。

正在运行指示如图 3-44（a）所示，SPSS 软件并没有提供用于计算运行时间的公式，但我们可以根据运行速度计算软件处理数据所需的时间，该值与真实值间虽然有些误差，但与严格的运行时间公式相比这种方法可能更实用。

图 3-44（b）的"停止处理程序"（操作步骤：执行"文件"→"停止处理程序"命令）用于希望停止运行程序，但并不建议直接删除或强行关闭主界面。

正在运行 REGRESSION...	个案：8,145,100		停止处理程序	Ctrl+句点

（a）正在运行指标　　　　　　　　　　　　（b）停止处理程序指标

图 3-44　软件运行指示

3）避免过拟合

连续型变量具有丰富的数据信息，但在丰富的数据信息底层可能隐藏更多的噪声，尤其是大数据的数据质量参差不齐。如果能够通过数据分组将噪声控制在微观层面，或者能够直接隐藏误差，就是好的数据分箱。使用统计模型对数据进行分析具有诸多便利性，具体体现在很少需要调整参数、预分析的难度降低等。使用智能模型对数据进行分析，则容易出现过度拟合数据的现象，对数据进行分箱化技术旨在控制微观误差，这在某种程度上可以避免模型过拟合。但错误的分组，尤其是在统计模型上，也可能出现欠拟合问题，这也是智能模型和统计模型的区别。

4）消除强异常

数据分布出现严重偏态，主要是因为强异常值的出现。异常是因为群体数量很少，而强说明行为极端。对这种群体而言，我们不能进行群体细分，因为人数很少，难以形成有效的商业价值；也不能进行结构化分析，因为群体行为的特异性无法总结规律。因此，常见的做法是将含有"长长拖尾状"的群体归入相近的更大的用户群体。这样做一方面可以带来更有商业价值的细分；另一方面可以消除极端值。分组后的群体数据更有利于大部分预测模型和细分模型的构建，很少产生其他统计问题。

5）增强监督作用

数值的每次变换都应该有合理的监督标准。如果没有监督标准，变换将失去方向。监督标准有时来自清晰的目标因变量，如是否增强对因变量的预测、是否利于优化模型结构。但有些场景的监督并不明显，如长期大目标的实现，一次促销带来的增益、改善了项目流程等。

下文以因变量监督为准，介绍分箱起到的增强监督作用。监督分组功能如图 3-45 所示。数据分组需要按照先业务驱动再数据驱动的顺序进行，为了便于讨论，下文主要从数据驱动的角度看待分组问题。使用的数据集包括 bankloan_binning、performance 和短期绩效。

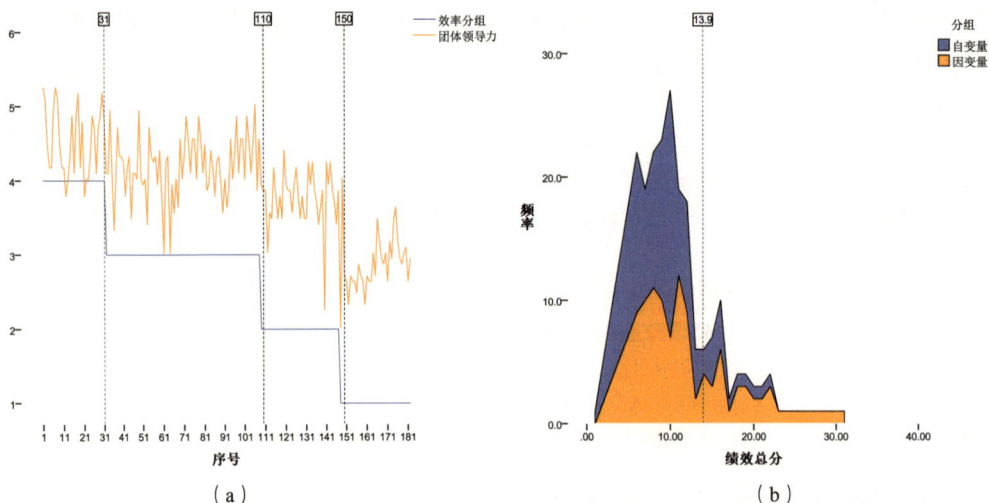

（a）

（b）

图 3-45　监督分组功能

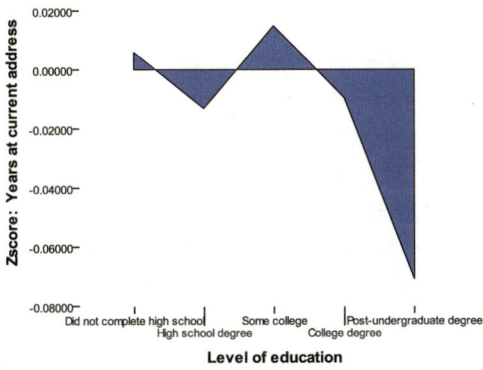

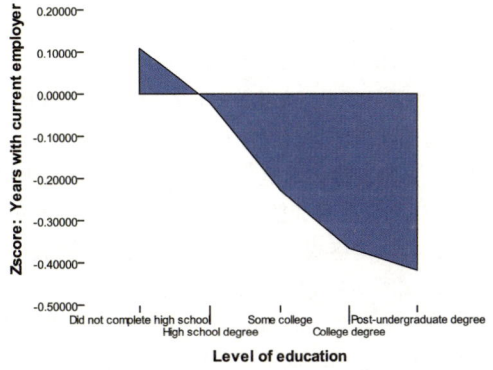

（c）　　　　　　　　　　　　　　　（d）

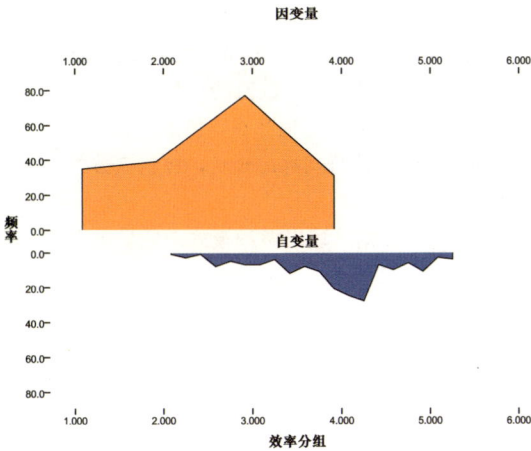

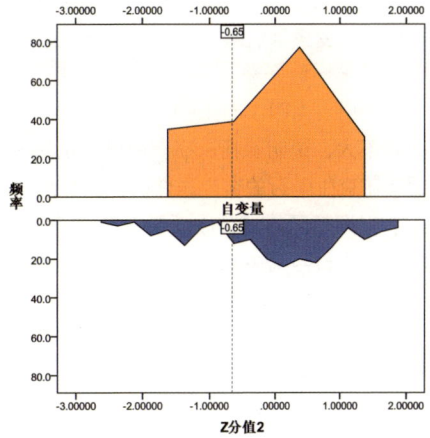

（e）　　　　　　　　　　　　　　　（f）

图 3-45　监督分组功能（续）

　　图 3-45（a）为序列图，也是一种分组线图或折线图（操作步骤：执行"分析"→"时间序列预测"→"序列图"命令）。该图用于研究变量数据的趋势和数值波动。我们以因变量效率为其监督（虚线部分），对团体领导力的取值进行分组。如果关注趋势特征，很明显团体领导力呈现出主体下降的趋势，但在整个下降过程中有数个拐点，这些拐点有些与因变量取值对应，有些无法对应。

　　如果我们根据因变量取值的大小来划分组别，团体领导力划分成 4 个区间比较合适，对应的 3 个界值分别是 31、110 和 150 处。分组后的因变量和自变量间的相关性较强，起到了分组的监督作用。分组的方法并不是唯一的，如果根据数值的波动和趋势进行综合判断，将图 3-45（a）分成 3 组更合适，也就是以 110 和 150 处为界值，分组后的因变量和自变量间的相关程度也会比较高，读者可以自行分组测试相关系数。当然如果有充足的理由说明将图 3-45（a）分成两组比较合适，也可以以 150 处为界值，此时的监督性质也是可以接受的。

此外，值得一提的是分组线图比较适用于小数据，如果数据体量巨大则会导致数值波动模糊，难以辨认趋势。当数据体量比较大时，可以参见面积图及面积图的拓展图形。

图 3-45（b）为面积图，也是直方图的一种拓展图形（操作步骤：执行"图形"→"图形构建器"命令，选择"图库"选项卡，单击"直方图"选项）。图 3-45（b）使用的因变量和自变量都是连续的。图形绘制使用的是分组面积图。绘制的规则有些复杂，因为需要改变原始数据的布局，具体做法如下：将自变量的数据纵向对接在因变量数据的正下方，然后产生衍生字段分组，1 对应因变量的取值，0 对应自变量的取值。完成数据格式变换后才可以绘制面积图。

进行数据格式变换的目的是将因变量和自变量的取值放在一起，有利于观察数值趋势对应的拐点，在图 3-45（b）中因变量在 13.9 处出现拐点，此处也是自变量的界值，因此可以以 13.9 为界值进行分组数据。当然，此处最终产生的新变量取值可能存在比例平衡问题。如果平衡问题会造成模型修正的其他问题，那么可以相应地调整界值，将界值向左移动到下一个拐点处，虽然此处的界值也许并不是最优的，但可以平衡各方面的问题，也被认为是可以接受的操作规则。

图 3-45（c）～图 3-45（f）都是面积图的衍生图。

图 3-45（c）和图 3-45（d）适用于因变量是分类型变量、自变量是连续型变量的场景，并且提供了因变量取值对应的自变量均值大小，强调数据主体或大众的行为特征。例如，图 3-45（c）因为纵坐标数据进行了标准化，所以每一组数值对应的均值都是 0，数值的正负分别表示大于和小于均值。由图 3-45（c）可知，除拥有研究生学历的客户外其他数值都在均值上下波动，但是波幅并不大，说明除拥有研究生学历的客户外，其他客户的居住时间都比较长，应该被分为一组，拥有研究生学历的客户居住时间比较短为另一组。

根据相同的划分原理看图 3-45（d），其实不难发现数据呈现出两种模式，低学历人群（高中毕业人群与高中未毕业人群）对应的工作时间比较长，其他人群对应的工作时间都比较短，因此建议将数据分成两组。

图 3-45（e）显示因变量和自变量都是连续型变量，但因为两者取值不同，数值全距、最小值和最大值的刻度也不同，因此在对比数据拐点上容易出现误判，这也是变量间量纲不同常见的问题。因此在判断拐点前，建议先将数据进行标准化处理，这样做可以使全距、最小值和最大值等刻度大体一致，然后可以根据因变量的取值、分布、比例等对自变量进行分组，如图 3-45（f）所示。

综上所述，增强监督作用的目的是为变量变换提供一套准则，不至于事后发现变换无效。从某种程度上说，监督分组可以极大地提高执行效率、改善和优化模型，因此建议将其使用在大数据场景中。而小数据场景推荐使用最优分箱法，最优分箱法和我们上文讨论的监督分组思路相同，只不过分箱过程使用的是相关算法，更能体现对数据精确度的分解。

6）保密

抽样数据的行信息代表的并不是数值本身，而是数值所代表的总体，因此抽样数据的行有权重系数。既然行并不表示观测值本身，那么保密问题自然不是重要的问题，但大数据的行与自身的具体行为有关，因此涉及数值的保密处理。

保密问题是大数据中最为棘手的问题。如何才能做到数据保密？在通常情况下，如果是小数据，我们需要修改列的含义，而大数据需要脱敏行中的数值。脱敏技术是一种加密技术，没有权限是无法看到加密数据的。加密数据必然存在泄密风险。

数据分箱技术也是广义的脱敏技术，但无须加密，因为分组后的数据本身就具有脱敏性质，其优点是便捷灵活，而且可以进行数据视图。所以，分箱化也是大数据保密常见的方案之一。

3.6.2 分箱技术要义：数据拐点

取值编码变换有两类：一类是由连续变量变换成分类变量，即信息损失的分箱化；另一类是由分类变量变换为连续性变量，由于变换过程需要借助信息增值的最优算法，所以有时也称为最优变换。如上文所述，分箱化和最优变换分别用于大数据和小数据。我们从三个方面来讨论分箱技术中的数据拐点问题：第一，数据拐点为什么重要；第二，判断数据拐点的图形；第三，数据拐点和分组的意义。

1）数据拐点为什么重要

客户价值与数据拐点示意图如图 3-46。从商品角度对客户群分组，有小部分客户的消费集中在低毛利商品上。低毛利商品很难产生价值客户，由于商品几乎没有科技或人工附加值，所以相应的客户群基本都是成本客户，其处置方式是直接放弃运维这部分客户。

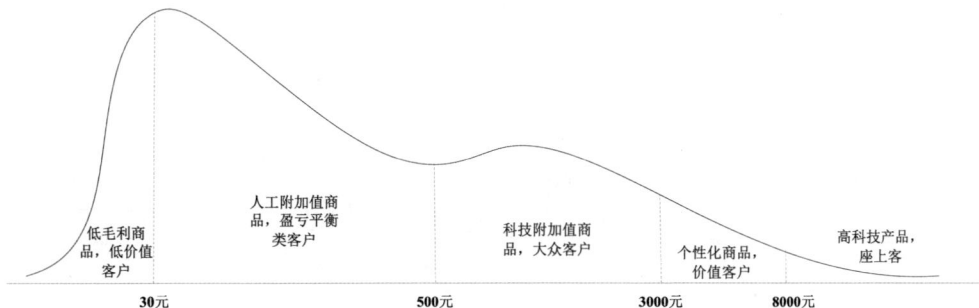

图 3-46 客户价值与数据拐点示意图

图中标注的数值只是示例作用，与实际场景并不严格对应

低毛利商品的作用并不是获得利润而是发挥广告效应。例如，某品牌矿泉水价格比较低，客户会误以为该品牌的其他商品价格也比较低。这样强调性价比的客户将集中于此，体现在数据拐点处的一侧。值得一提的是，在图 3-46 中该值并不是数据拐点，而是数据峰值，但本书的定义是峰值是一种广义拐点。

消费者竞价、比价的消费方式培养了消费者的综合商品意识。消费者商品意识的提高压缩了商品的利润空间，企业通过商品附加值与客户形成隐性角逐，这样则增加了更多低附加值商品，而"吃瓜群众"更愿意留在此处，所以会有庞大的消费群集中在人工附加值比较商品上。这类客户是盈亏平衡类客户，并不能产生利润，不是价值客户，但这类客户是所有价值客户的潜在来源。难点是，在细分市场中找出能够转化成价值客户的需求点或突破点，如果客户价值转化不成功，则客户价值分布图将显示长长的拖尾状；如果客户价值转化成功，则能将看到客户价值分布图呈现双峰状，因此在 500 元左右会产生两个峰值，即两种不同的用户群体及行为特征。

可见，数据拐点的价值在于区分不同消费行为的分界线，不同消费群体对应着不同细分市场，不同细分市场对应着不同的需求、服务、营销、资源分配、战略分组等业务准备。

2）判断数据拐点的图形

判断数据拐点的图形包括直方图、面积图和折线图三大类。

直方图和面积图的使用是类似的，直方图强调整体形状，面积图强调局部的分割，而折线图擅长对线条的趋势和波动进行判断。上文在阐述增加监督作用时阐述了面积图和折线图的具体使用方法，因此下文将使用直方图进一步说明拐点处和分组的意义。

3）数据拐点和分组的意义

下文使用的数据集为客户信息表，选择订单量和订单金额两个变量来说明数据分箱化的技术要义。拐点处和拐点两侧组的意义何在？是否增强监督作用？回答这些问题，分箱化是绕不开的话题（操作步骤：执行"转换"→"可视分箱"命令）。

由于订单量和订单金额数据变量出现强异常值，数据拖尾现象特别严重，很难通过直方图观察其形状进行拐点判断，所以两列数据统一进行了秩变换，如图 3-47 和图 3-48 所示。作为特征字段的必要说明，每个字段均有显变量和潜变量之分。潜变量是研究未来发生的事情，而显变量是研究此刻和过去发生的事情。

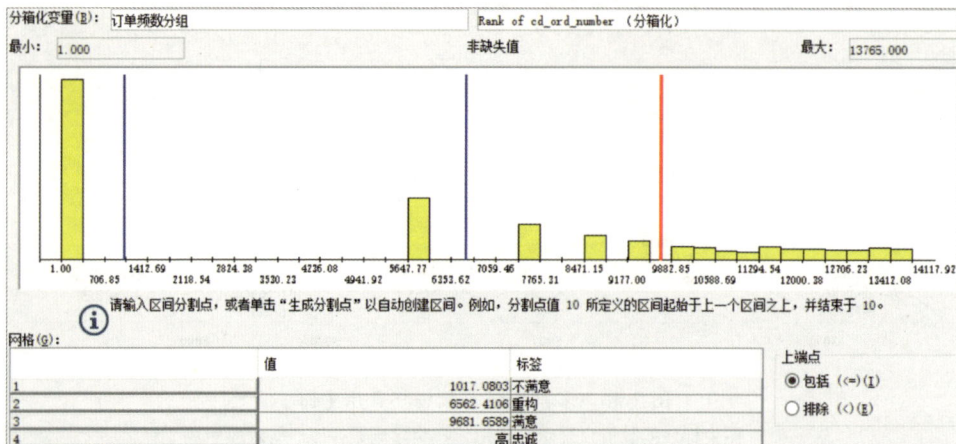

图 3-47　客户满意度指标分组

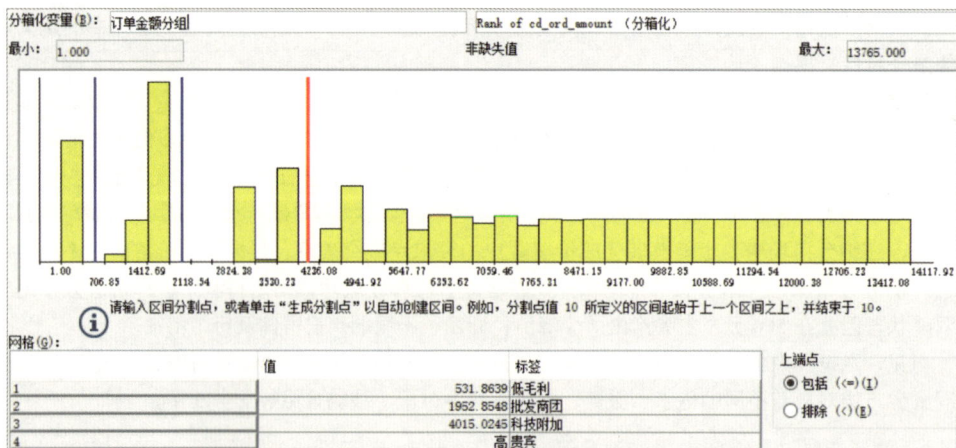

图 3-48　客户价值指标分组

　　就客户满意度而言，潜变量的满意度分析包括订单频数分析、单维度满意度评估、量化抱怨指数、满意度的结构方程模型等；我们此处讨论的是显变量的满意度，即订单频数分析。客户价值模型与此类似，一般情况下行业客户价值模型是潜变量分析，获取客户价值评分，并将其用于对客户进行价值区分，此处选择的订单金额也用于表示客户价值，但特指显变量的价值。

　　如果客户只买一件产品再也没有购买第二件产品，那么该客户一定是不满意的。一个订购行为链包括从开始构思、平台选择、注册用户、选购商品、下单、物流、查阅商品、体验商品、客服等环节，也许某一个环节出了问题，用户就会不满意。在没有客户黏性或客商感情之前每个环节都很重要。虽然在哪个环节出了问题我们并不知道，但客户是不满意的这是肯定的。

　　客户产生重购行为，是不是就满意了呢？由于电商平台的第二笔订单是一个特殊的行为特征，从图 3-47 可以看出，第二个群体对应的频率很高，其右侧的空白区间[①] 也很大（非顺延排秩算法的作用），因此为独有的特征群体。群体特征的描述性理由是，客户的第一笔订单行为具有试探性，第二笔订单才可能是真实的购买意图。如果客户能够产生第三笔、第四笔等前几笔订单，通常我们会认为该客户是满意的。如果客户频繁产生订单，则说明该客户是忠诚的。

　　如图 3-48 所示，订购金额作为能够体现客户价值的重要指标，被视为显变量价值。既然是价值，那么我们分组后的标签应该与价值相关。此处需要借助客户画像，因为我们并不知道每个拐点对应的人群及行为特征是什么。

　　通过对原始数据的客户画像表述，发现第一组客户购买的商品大多是低毛利商品，客户购买的这部分商品基本无法达到盈亏平衡；第二组客户的标签是批发商团，因为这部分客户购买同一商品的数量较大，应该不是个人使用，所以推测是零售商团；第三组客户的标签为科技附加；第四组客户的数量很少，但是他们购买的东西以大宗商品和奢侈品为主，即贵宾。

3.7　避免过拟合

　　构建模型的目的是拟合数据，但如果过度拟合数据，则会产生更多的误差，因为数据的主要模式并不包括误差。过拟合会使模型结构误差增加、预测变弱，这是我们不愿看到的，因此本节首先讨论导致过拟合的常见场景有哪些；然后讨论小数据为什么很少谈论过拟合；最后讨论如何避免过拟合。

3.7.1　导致过拟合：行列问题

　　观察数据集，可以从行、列两个角度来讨论。

1）角度：行

　　如果数据体量巨大，则极容易出现强异常值、缺失值、噪声等综合误差。

　　模型在读入数据时，尤其是智能模型，只要我们施以充足的时间，模型就会拟合所有数据信息，但是这些信息很可能包括了误差，这是过拟合现象之一。如果数据体量很少呢？因为智能模型需要用大量案例和场景来训练模型，所以案例很少将导致模型无法学到足够的信息，很难模型化并进行预测。

　　小数据模型具有线性和广义线性的特征，看起来不容易产生过拟合，但容易产生欠拟合，即综合误差等因素使模型只能捕捉到数据的部分信息，导致模型发生偏离主体的现象。如果数据体

---

① 空白区间意味着巨大的拐点，拐点两侧的群体行为明显不同。

量很少，但并不是抽样数据，同样也有过拟合的风险。

2）角度：列

从数据的列的角度来看，数据常见的是维度冗余、共线性、内生性对过拟合的影响。

大数据场景的列并不是严重的问题，因为数据库字段的自动化存储与业务流程几乎一一对应，所以这些字段不管是否同时出现在模型里，都有实际业务与其对应，而且可以用于指导运营决策。所以我们经常见到大数据模型的列会超出 15 个（经常用于小数据维度上限），有的甚至可以达到上百个，只要速度不是问题，甚至可以更多。

在小数据场景下，列维问题变得特别重要。小数据的维度不建议超出 15 列，否则模型很难具有外推效度。模型使用的因素越多，看起来可能越好，但它已经不具有实际意义了。经验证明若同时满足 15 个很普通的事件就是小概率事件了，所以用列维冗余的模型来指导行动几乎没有任何价值，没有外推效度。

3）角度：预测

模型预测能力如图 3-49 所示，就同一组散点构建 3 个模型，其中实线部分是线性回归（$R^2=0.8$），蓝线部分的曲线是复杂度适中的神经网络（$R^2=0.9$），黄线部分是足够复杂的神经网络（$R^2=0.98$）。可见线性回归模型的拟合稍微差一些，但该模型在预测上的误差可评估、可控制；但复杂度适中的神经网络模型在预测上存在极大的误差，随着自变量取值的增大，误差呈指数级增加，尤其是复杂度很高的神经网络，几乎无法评估其预测误差，所以足够复杂度的神经网络一定存在过拟合问题。

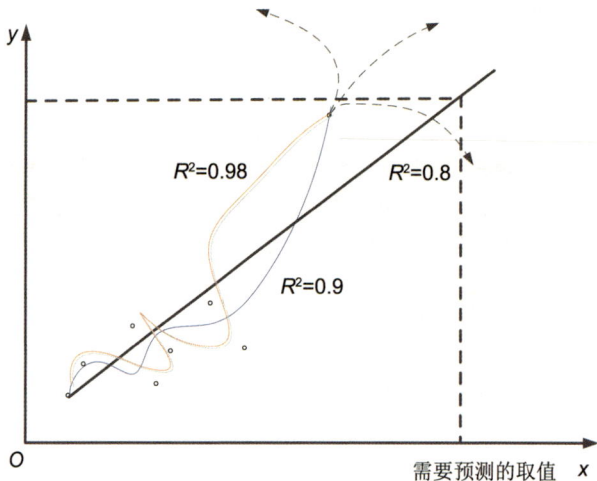

图 3-49　模型预测能力

综上所述，影响过拟合问题的因素包括异常值、缺失值、随机噪声、抽样数据、维度冗余、共线性、内生性等，当然评估过拟合也可以从以上角度入手，但是预测误差是最直观的。

3.7.2　小数据为什么不谈过拟合

多数情况下小数据都是抽样数据，抽样性质的平滑作用限制了强异常的出现，即使存在异常值也并不多见，再加上规范化的问卷设计和线下收集数据的特点，缺失数据和误差问题[①]得以缓解。其中，误差问题往往可以通过既定的样本量加以控制，所以小数据对样本量的要求有区间限制，甚至有常见界值，如 30 行、200 行、600 行，还可以使用抽样公式计算具体样本量。

此外，维度冗余、共线性和内生性都属于列维问题，而小数据的方法论依托于成熟的理论体系，对列维的限制极为严格。小数据不建议增减和整合变量，其原因是列用于表述理论维度。既然能够称为理论，其维度的权威性毋庸置疑，一般冗余和内生性问题是基本可以排除的，而共线性问题通常都是收集数据的质量带来的。

可见，过拟合一词很少在小数据中出现是有其现实依据的。读者试着从小数据的反面推理一下，就不难理解大数据为什么经常出现过拟合问题了。

3.7.3　避免过拟合：方法学

模型出现过拟合是一个广义问题，其实数据质量、列维、假设等都可能产生过拟合问题，本书只是总结了常见的几种情况。下面我们通过对比两个模型，来看异常值和随机噪声是如何影响传统模型（线性回归）和智能模型（神经网络）的。

SPSS 操作 使用模拟构建器模拟回归方程（操作步骤：执行"分析"→"模拟"命令，在"输入方程"选项中输入指定方程）。模拟方程及数量描述如图 3-50 所示。将产生的 1000 个模拟数据保存为"线性回归模拟 1000"（模拟文件中排除了编号为 57 的异常值）。此外，为说明随机噪声问题，产生标准正态分布随机数 y_1 变量。

因变量 y 的概率密度分布显示，右侧有轻微拖尾［见图 3-50（a）］，但并不严重，数据主体的正态分布性质良好，因此可以确保线性回归方程的拟合可以达到或接近 100%。调整数值可使自变量对因变量产生更大的影响［见图 3-50（b）］。

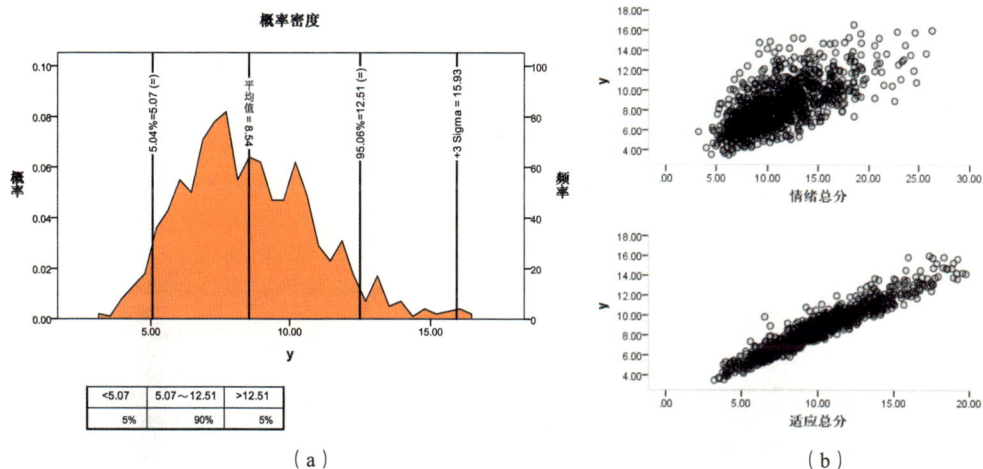

<5.07	5.07～12.51	>12.51
5%	90%	5%

（a）　　　　　　　　　　　　　　（b）

图 3-50　模拟方程及数量描述

$$y = 0.3 + 0.2x_{情绪} + 0.6x_{适应}$$

对线性回归的标准操作拟合数据，并保存其残差图［见图 3-51（a）］，不难看出残差呈现

[①] 随机误差的概念可以被理解为噪声。大数据习惯表述为噪声，小数据习惯表述为误差，行文中会相应切换表述。

出线性关系，说明模型存在内生性，但由于残差分布的区间较窄，在合理的范围内（±3倍标准差之内），所以有充足理由认为这种内生性就是随机误差，而且模型拟合指标接近100%，残差几乎降为零。

图3-51（b）显示，神经网络模型拟合的结果。提供足够的运行时间、调整网络使其足够复杂，拟合神经网络模型，并产生残差图，发现残差并不理想，有很多取值超出界值，并且其形状说明，在模型中应该引入高阶项，所以只要有轻微的数据异常就会随着网络复杂度的变化出现过拟合问题，如果异常严重，这类问题会更加严重。

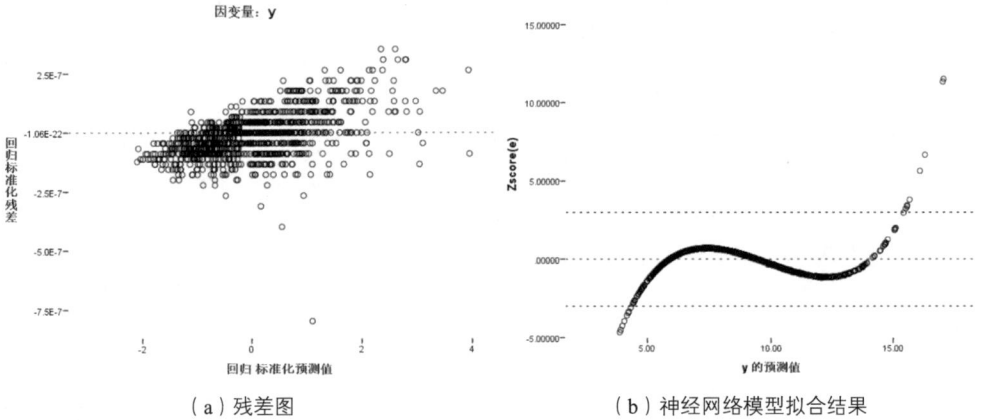

（a）残差图　　　　　　　　　　　　　　（b）神经网络模型拟合结果

图 3-51　回归与神经网络的残差对比（异常值）

如果是完全随机性的问题呢？图 3-52 中的 $y1$ 是完全随机序列，并用以分别拟合线性回归和神经网络，其中，神经网络结构的复杂度经过了调整，保证运行充足时间，产生了两幅残差图。图 3-52（a）是线性回归的图形，其区间、波动、形状都符合标准，甚至堪称标准残差图的典范。至于神经网络的残差图［图 3-52（b）］存在横向和纵向的异常，整体来看其形状也很难说明 $y1$ 是完全随机的。如果数据是完全随机的，只要神经网络足够复杂，仍然会拟合部分信息，但这部分信息是完全没有价值的。若使用根本无意义的信息预测，预测也不会准确。这也是过拟合的表现。

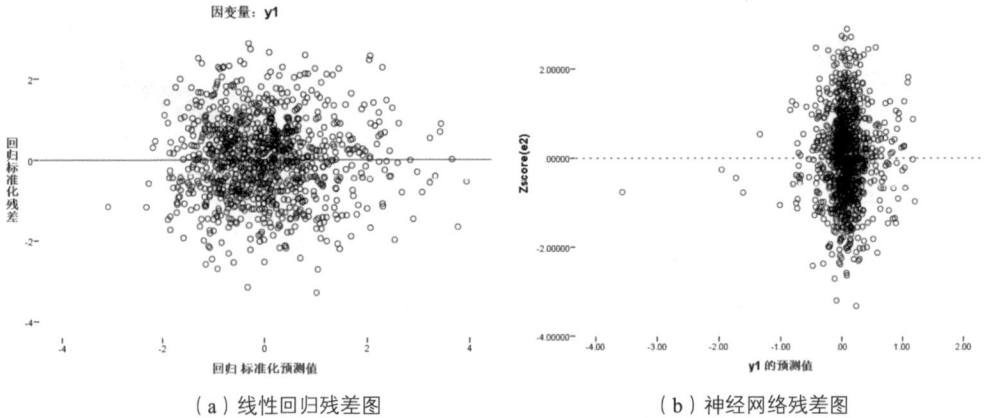

（a）线性回归残差图　　　　　　　　　　（b）神经网络残差图

图 3-52　回归与神经网络的残差对比（随机噪声）

　　综上所述，传统模型的过拟合主要来自列，智能模型（或数据库分析）的过拟合主要来自行。当我们知道不同模型对修正技术和数据质量问题的敏感程度不同时，不妨借助上文的预分析技术对数据质量加以监控，从而更好地构建模型。

　　除上文提到的避免过拟合的技术外，常用的避免过拟合的技术还包括业务假设、数据分区、分箱化、稳健算法等。

第 2 部分　构建模型与修正技术

理论者假设条件既定，应用者权衡利弊。

第4章　线性回归与统计家族

在统计的历史长河中，线性回归算法完成了从 1.0 版本到 4.0 版本的过渡，其最突出的变化是自变量类型的转变、预测的作用、从精确到速度的考量等，但因变量角色变化甚微，同样的意义、同样的测量方法、同样的作用，因此不同版本的回归算法也统称为一般线性模型（GLM）[1]。

1.0 版本的方差分析（一般线性模型），主要用来研究差异问题，并逐渐演变成 2.0 版本的协方差分析（如 REG），当然在真实的历史中，好像并不遵循这个顺序。但差不多同时期的协方差分析确实丰富了线性回归的综合运用。不过相对较晚的 3.0 版本的［如人工神经网络算法（Artificial Neural Networks，ANN）］DMREG（数据挖掘回归）的身影直到 21 世纪初才初见端倪（特指 SPSS 软件），而 4.0 版本的 DMREG 在大数据的催促下才登上统计舞台。

一般线性模型的家族成员如图 4-1 所示。由于因变量相同，所以几乎所有关于因变量和残差的假设是类似的，一般线性模型成员有不同名字的原因是自变量不同。

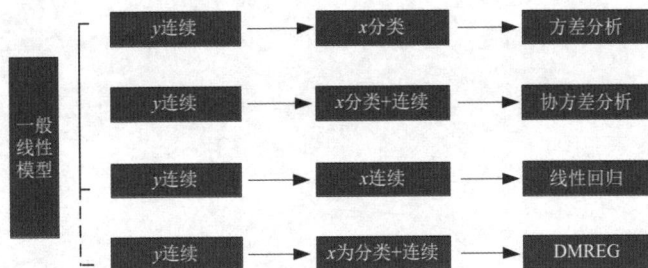

图 4-1　一般线性模型家族成员

方差分析主要用于处理分类型自变量，因此需要对差异问题进行研究。由于协方差分析包括了连续型变量，所以称为协方差，但其侧重点仍然是"方差"，而不是"协"。从知识结构角度来说，协方差分析作为方差与回归间的衔接，我们应该学习这种方法，但协方差的很多特点已经被方差和回归取代，所以从应用的角度来说，我们可以直接跳过这种方法直接学习线性回归。线性回归比较擅长处理连续的自变量，当然这种成熟的技术的优越性也体现在对各种自变量测量上，这种性质也许在 DMREG 中更为明显。

---

[1] 将数据挖掘回归（DMREG）也归入一般线性模型中有点宽泛。广义一般线性模型包含了 DMREG，但从应用上说，DMREG 应该属于数据挖掘（DM）家族。

4.1　差异性问题：方差分析

本节主要介绍方差分析算法和方差分析的常规性使用，先对差异来源的主效应进行解释，再对交互效应模型进行探讨，然后对高阶模型的注意事项和应用场景进行介绍，最后对应用频繁的交互效应图做详细说明，并提供制作交互图的方法。

4.1.1　差异的来源：主效应

本节使用的数据集为商品材质。将钢材的韧性和钢性原料 raw_material 作为因变量，研究材料成分随生产技术（B 类、D 类、X 类）的变化而变化的差异，同样差异是否也存在于不同的生产线间。

1）方差分析算法

方差分析是将定量数值按项规则分组后，研究各组数值间有无差异的方法，即变异分解过程。

方差分析主要用于解决以下问题：检验单因素在不同水平（水平数 ≥ 3）上，某因变量均值是否有显著变化的情况，进一步还可以对不同水平间的差异进行比较。例如，检验不同受教育水平（假如水平数 ≥ 3）的员工绩效是否有差异，以及每种受教育水平两两间的比较。

方差分析的适用条件：第一，因变量要服从正态分布；第二，影响因素的测量为分类型，尤其适用于取值水平为两个以上的分类变量；第三，方差齐性假定。

方差分析属于一般线性模型，线性是指可加性，因此方差分析算法依据的是变异分解的可加性原理，并可以处理多组差异问题，但多组问题间有多组比较，无法确保误差控制，因此可以将多组问题转化成两组问题，即组间和组内比较。

方差变异分解过程 1 如图 4-2 所示。随机选择了 12 名员工，他们的能力指标无差别。随机将这 12 名员工分成 3 组，分别命名为无干预组、业务培训组和专家培训组。在培训前，三组员工的绩效评分相同（$\bar{y}_{i1} = \bar{y}_{i2} = \bar{y}_{i3}$），因此一束光投影在 y 轴上，三组数据的点重叠在一起，不分彼此，组间和组内同样也无法区分。

方差变异分解过程 2 如图 4-3 所示。经过培训数据和理论假设数据相符，无干预组随着时间的增加，业务的熟练程度相应提高；而业务培训组在熟练的基础上增加了业务技能培训，因此将产生更好的绩效（$\bar{y}_{i1} < \bar{y}_{i2}$）；专家培训组在假设上具有业务熟练、业务技能培训和理论素养，被认为具有更高绩效（$\bar{y}_{i1} < \bar{y}_{i2} < \bar{y}_{i3}$）。因此一束光投影在 y 轴上，三组数据点泾渭分明，可见，组间和组内的清晰轮廓随培训效果的不同越发明显。

下文将方差变异分解进一步模型化。

通过方差变异分解将总信息分解成组间信息和组内信息，如公式（4-1）和公式（4-2）所示，并使用 SS_T、SS_B 和 SS_W 分别表示总信息、组间信息和组内信息。由于组间和组内使用的数据信息不同，所以需要取平均，以获得每个有效自由度（df）携带的方差成分。

$$\sum\sum\left(y_{ij} - \bar{y}_{ij}\right)^2 = \sum\sum\left(\bar{y}_j - \bar{y}_{ij}\right)^2 + \sum\sum\left(y_{ij} - \bar{y}_j\right)^2 \qquad （4-1）$$

$$SS_T = SS_B + SS_W, \ df_B = k-1, \ df_W = n-k \qquad （4-2）$$

自由度是来自数据行、列的信息。抽样数据需要推论，因此每个随机样本都需要具有自由性，但我们在计算统计量或估计参数时会损失数据自由性，因此需要计算有效自由度（消除固定的）。

此外，有必要说明的是列也存在自由约束问题。例如，$x+y+z=8$，如果 y 自由度取值为 5，z 自由取值为 1，那么 x 的自由必定被约束，否则结果就不既定了，所以列的自由来自约束。

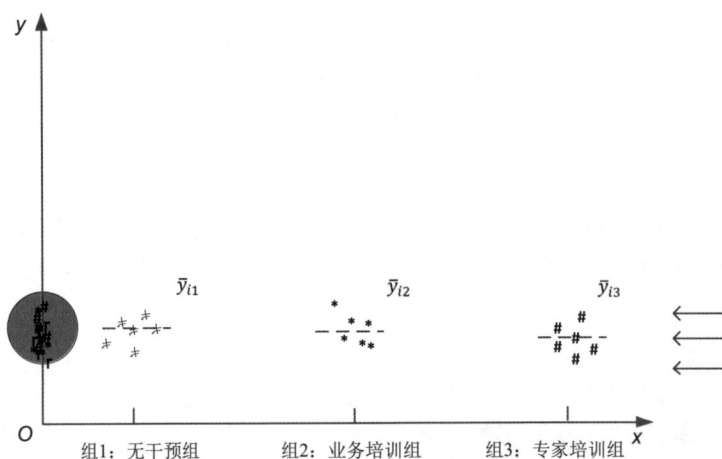

图 4-2　方差变异分解过程 1

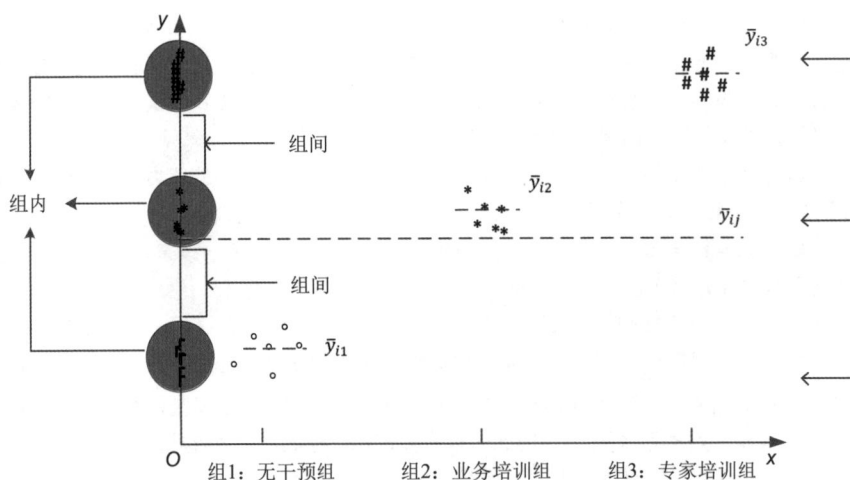

图 4-3　方差变异分解过程 2

方差分析的组间有多组，使用 k 表示，本例为 3 组，为研究组间信息与总体间信息的差异，需要计算总均值，因此 $k-1=2$ 组；为研究组间差异，需要计算每组均值（3 个组），因此 $n-k=9$ 组。

方差被平均后称为均方，如公式（4-3）和公式（4-4）所示，组间均方和组内均方相除获得的数值服从 F 分布，因此可以检验组间和组内的差异大小，若 F 值落入分布的小概率中（$p<0.05$），则推翻 $\bar{y}_{i1}=\bar{y}_{i2}=\bar{y}_{i3}$ 或 $MS_B=MS_W$ 的原假设，获得培训效果显著的结论；反之，则说明没有培训效果。

$$MS_B = SS_B/df_B, \ MS_W = SS_W/df_W \tag{4-3}$$

$$F = MS_B/MS_W \tag{4-4}$$

将方差分析模型化，如公式（4-5）所示，从形式上看方差分析用于差异检验，很少使用方差分析进行预测。当然如果我们用一般线性模型（简体格式）表示，如公式（4-6）所示，其估计值是 β_1，可以对因变量进行预测。

$$Y_{ij} = \mu + \alpha_i + \varepsilon_{ij} \tag{4-5}$$

式中，μ 是总体均值；α_i 是因素不同水平对因变量的附加效应，约束和为 0；并使得 $\varepsilon_{ij} \sim N(0, \sigma^2)$，即均值为 0，固定方差的正态分布假设。

$$y = \beta_0 + \beta_1 x_1 + \varepsilon \tag{4-6}$$

2）方差分析流程

方差分析流程是根据方差分析的假设条件和分析思路总结的，其目的在于简化分析的烦琐程度，方差分析流程图如图 4-4 所示。

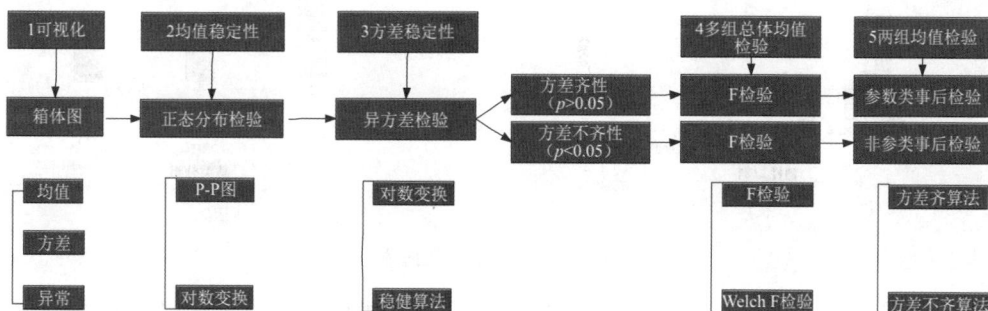

图 4-4　方差分析流程图

a. 可视化

数据分析师对数据可视化的要求与老板对数据可视化的要求不同，数据分析师一般要求数据能够呈现本身特征，与是否通俗无关。因此，方差分析的可视化多使用箱体图，此图解读起来有些难，但能够体现想要的数据特征。

方差分析使用了多组数据，多组数据对样本量有分流作用，而直方图需要一定的样本量，否则不足以判断其分布特征。数据的分布特征包括集中性指标、离散指标和异常，其中集中指标的稳定性、离散指标的相对性和是否存在异常是关注的重点，这也是箱体图可以传达的信息。

此处以商品材质数据集为例，数据量只有 100 行，如果将其分成三组，直方图将因为样本量不足，难以确定分布形状［见图 4-5（a）］，解读指标时难免存在偏差，而箱体图即使样本量不足其形状仍然是确定的［见图 4-5（b）］。

针对图 4-5（b），我们需要观察以下三方面的信息。

均值的稳定性判断：第一，均值用来代表数据主体（因为箱体图未提供均值，所以使用中位数代替对均值的解读），观察图 4-5（b）发现 B 类产品的数据主体在中位数上下方向的对称存在问题，数据主体倾向于出现在中位数之上，说明均值受其影响被拉高了。第二，D 类产品对称性没有问题，但均值依然被拉高了，这是因为 D 类上方出现了很多异常值。第三，X 类产品的方差比较小，但同时存在对称和异常两种情况，所以总体来看，是无法确保均值稳定性的。

方差的相对性判断：方差的相对性是通过观察箱体主体的相对大小判断的，但并不建议将异常值包含在内。一般认为，最大方差除以最小方差的值大于 2 则表示可能存在异方差问题，如果大于 3 倍则表示一定存在异方差问题。因此，尽管存在异常值，但箱体主体间的差异明显超出 3 倍，所以接受存在异方差的建议。

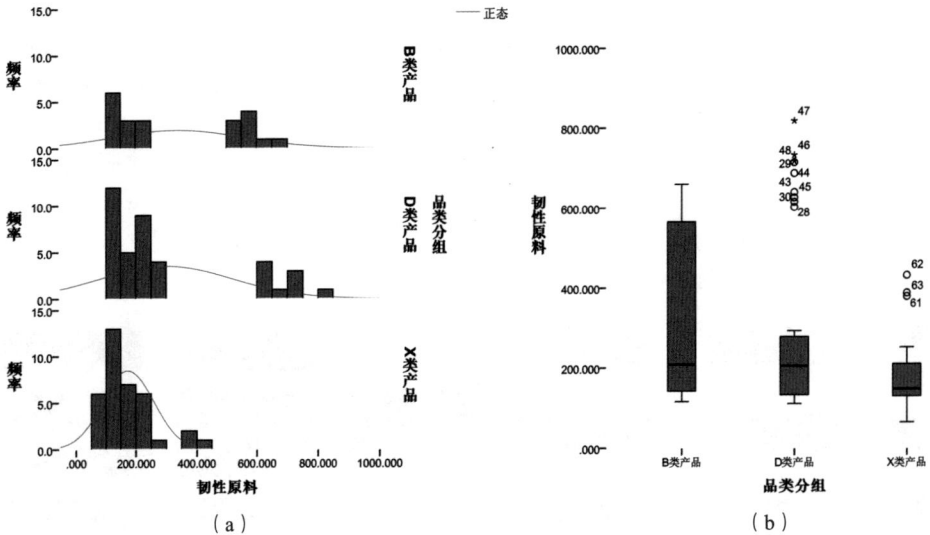

图 4-5　数值可视化描述

判断异常值：分别使用圆点和星号标识异常和强异常。圆点是通过 1.5 倍的四分位距计算的异常，星号是通过 3 倍的四分位距计算的强异常。不同异常值对模型的破坏不相同，而强异常需要重点分析，并适时做清除建议。D 类产品中出现了各种异常，统计量的稳定性显然受到破坏，需要重点检查强异常带来的问题。

总体来看，图形提示数据特征并不能满足方差分析假设，但值得一提的是，数据可视化只是用来提供经验标准的，假设是否得以确认还需借助统计指标来进行校验。

b. 均值稳定性

判断均值稳定性主要是判断变量是否服从正态分布，因为正态分布下的均值性质是稳定的，可以用于表示数据主体。如图 4-6 所示，图 4-6（a）、图 4-6（c）、图 4-6（e）是直方图，图 4-6（b）、图 4-6（d）、图 4-6（f）是 P-P 图。

图 4-6（a）和图 4-6（b）分别对应的是原始变量的分布和正态分布检验 P-P 图。图 4-6（a）所示直方图分布出现明显的右偏特征，因此均值明显会被拉高。再从图 4-6（b）P-P 图可知，很大一部分数据超出了 [−0.1，0.1] 的界限，所以数据显然不符合正态分布。

图 4-6（c）和图 4-6（d）是取对数后的变量分布，图 4-6（c）直方图的分布仍然右偏，而且右边出现了凸起的现象，均值会受到一定影响，但整体形状仍具有正态分布的特征。观察图 4-6（d）P-P 图可知，数据仍然超出 [−0.1，0.1] 的界限，所以数据不符合正态分布。

图 4-6（e）和图 4-6（f）是对变量取双对数变换的条形图和 P-P 图，从分布形状上看收效不是特别明显，其形状和取对数后的形状存在些许差别，但如图 4-6（f）所示的 P-P 图中只有很少一部分数据超出 [−0.1，0.1] 的界限，因此可以勉强接受数据正态分布的结论。

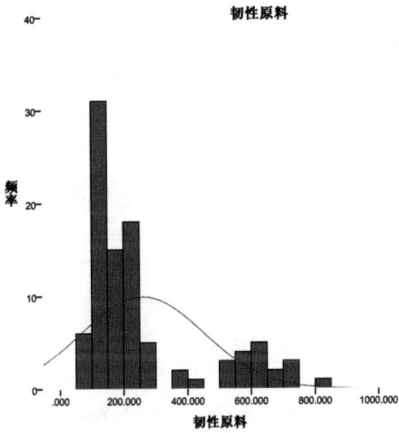

（a）

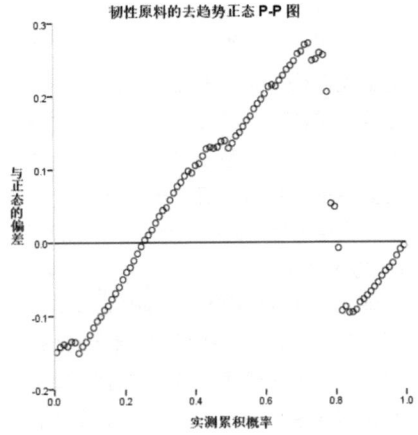

（b）

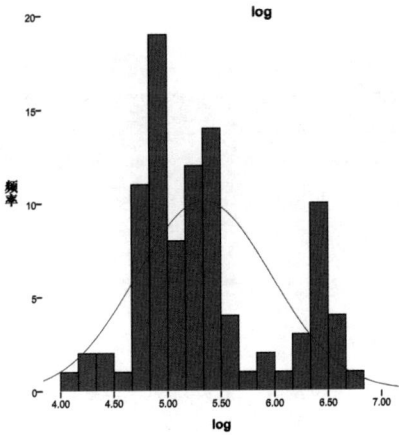

（c）

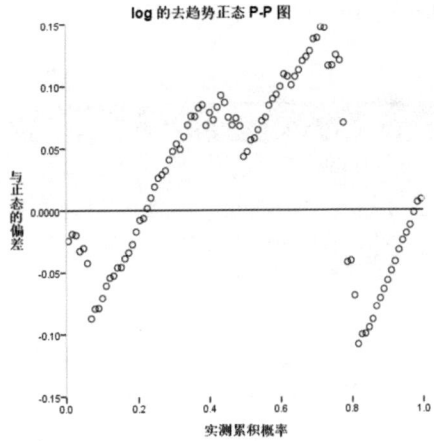

（d）

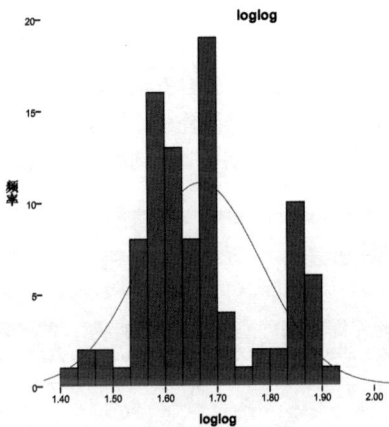

（e）

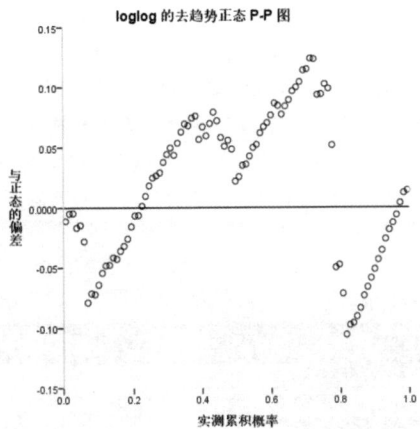

（f）

图 4-6　数值可视化描述

对于本例数据而言，如果研究的目的是消除正态分布干扰，处理的方法有多种，如稳健算法、变量变换、重复抽样等技术，此处选择对数变换（log）和双对数变换（log-log），具体选择哪种技术需要视数据应用场景而定。例如，研究的目的是判断不同生产技术对原材料及价格的影响，强调差异问题，取一次对数还是取两次对数对最终差异问题的影响很小，因此建议使用双对数变换。

如果研究的目的是差异问题之后的数值比较，对数变换对结果的影响则比较大，尽管反向变换后仍是原来的数值，但误差呈指数级放大，尤其是双对数产生的误差，很难进行技术修正。因此对于强调精确性的问题不建议使用双对数变换。

c．方差稳定性

方差稳定性体现在方差的相对大小上，方差相对差别很大称为异，所以叫异方差。

经过可视化处理的数据提示我们数据可能存在异方差现象，所以需要借助莱文（Levene）方差齐性检验（操作步骤：执行"分析"→"一般线性模型"→"单变量"命令，选择"选项"选项，选择"齐性检验"按钮）来确认数据是否存在异方差，表 4-1 得出的结论是方差相同被拒绝（$p<0.05$），也就是数据存在异方差现象。如果出现异方差，往往需要使用异方差修正技术，如 welch F 检验，非参算法的事后检验等来修正异方差。

表 4-1 方差齐性检验

F	自由度 1	自由度 2	显著性
4.167	2	93	0.018

注：1．检验"各个组中的因变量误差方差相等"这一原假设。
2．因变量为 loglog。
3．设计截距 + code_category。

d．多组总体均值检验

多组总体均值检验，相当于对组间和组内差异性进行检验。

SPSS 操作 如果存在异方差建议使用 welch F 检验［操作步骤：选择"分析"→"比较平均数"→"单因素 ANONA"菜单，选择"选项"选项，选择"韦尔奇（welch）"］，这是一种对异方差的修正检验。但如果使用一般线性模型中的方差分析，此对话框中就没有 welch F 检验的选项了，只能选择普通的 F 检验，但一般线性模型中的均值比较提供了丰富的检验功能，包括参数类和非参类的算法。

使用双对数变换的韧性材料作因变量，品类分组（code_category）作自变量，软件输出表格如表 4-2 所示。由表 4-2 可知 B 类生产技术、D 类国内生产技术与 X 类国外生产技术三者间显著性不同，三组均值相同被拒绝，所以至少有一对均值不相同，这也说明品类是韧性材料及价格的影响因素。接下来我们需要进行事后两两间的多重比较。

表 4-2 主体间效应检验

因变量：loglog

源	III 类平方和	自由度	均方	F	显著性
修正模型	0.174a	2	0.087	7.467	0.001
截距	249.882	1	249.882	21 469.108	0.000

续表

源	III 类平方和	自由度	均方	F	显著性
code_category	0.174	2	0.087	7.467	0.001
误差	1.082	93	0.012		
总计	268.668	96			
修正后总计	1.256	95			

a. $R^2 = 0.138$（调整后 $R^2 = 0.120$）

e.　两组均值检验

由于数据存在异方差，所以需要进行修正后的事后检验，如盖姆斯 - 霍威尔（Games-Howell）。软件输出的事后多重比较表如表 4-3 所示。由显著性一列可知，B 类产品与 X 类产品存在显著性、D 类产品与 X 类产品存在显著性、B 类产品和 D 类产品间无显著性。于是可得出 X 类国外生产技术可以有效降低成本，但 B 类（公司内的生产技术）和 D 类（国内生产技术）在节约成本方面无差别的结论。

表 4-3　事后多重比较表

（I）品类分组	（J）品类分组	平均值差值（I–J）	标准误差	显著性	95% 置信区间 下限	95% 置信区间 上限
B 类产品	D 类产品	0.023 2	0.032 47	0.756	−0.0559	0.1024
	X 类产品	0.101 1*	0.030 75	0.007	0.0256	0.1766
D 类产品	B 类产品	−0.023 2	0.032 47	0.756	−0.1024	0.0559
	X 类产品	0.077 9*	0.023 67	0.004	0.0212	0.1345
X 类产品	B 类产品	−0.101 1*	0.030 75	0.007	−0.1766	−0.0256
	D 类产品	−0.077 9*	0.023 67	0.004	−0.1345	−0.0212

注：1.　基于实测平均值。

　　2.　误差项是均方（误差）为 0.012。

　　*表示平均值差值的显著性水平为 0.05。

此外，因为本案例存在异方差，所以使用异常修正的事后检验算法，如图 4-7 所示的软件二级对话框，无论是假设方差是不是齐次的，软件提供的算法都很多，此处应该如何选择呢？

笔者建议，如果分析的数据属于实验室研究，这些算法间的区别是不可忽略的，因为小而精的数据需要采用精确算法来应对；如果分析的数据属于问卷领域的研究，用户只需选择常用的算法即可，无须太过强调这些算法间的区别，如方差齐时常用邦弗伦尼（Bonferroni）检验算法；方差不齐时看常用算法盖姆斯 - 霍威尔检验；如果分析的数据归属于数据库研究，用户一般无须学习此处的任何算法。

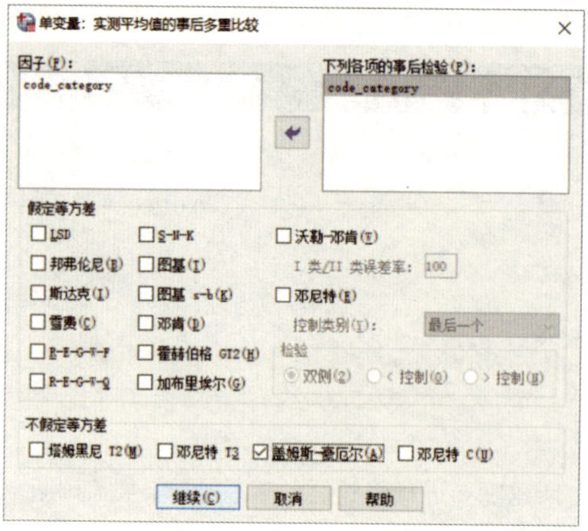

操作步骤：执行"分析"→"一般线性模型"→"单变量"命令，选择"事后比较"选项。

图 4-7 "单变量：实则平均的事后多重比较"对话框

4.1.2 差异的来源：交互效应

主效应是指单个自变量对因变量产生的影响。其中，自变量可以是不同测量级别的特征，但方差分析的自变量必须是分类型。交互效应可分为二阶交互（两个变量相乘）、三阶交互（三个变量相乘）……，但实验室领域建议使用三阶交互、问卷领域建议使用不超过二阶交互的分析，而数据库领域不推荐使用交互效应。不过需要注意的是，在数据库领域不推荐使用统计模型产生的交互效应，而数据挖掘算法，如决策树、贝叶斯等技术的交互效应是可以使用的。

由公式（4-7）可知，β_3 就是由交互项产生的参数估计。在解释 β_1 时，需要令 $x_2 = 0$，这样 x_2 和 $x_1 x_2$ 项同时为 0，则 β_1 的解释就可以表示为 x_1 组均值间的差异，或每增加 1 单位 x_1 因变量的变化幅度（x_1 具有有序的特征时）；同理可以解释 β_2。β_3 则需要对比交互组合后每组的均值，才能识别其含义（交互效应图）。

$$y = \beta_0 + \beta_1 x_1 + \beta_2 x_2 + \beta_3 x_1 x_2 + \varepsilon \tag{4-7}$$

值得一提的是，方差分析模型或广义上的统计模型如果存在高阶项，低阶项必须存在，不管是否显著都不能删除。那么什么是高阶项呢？举例说明，如果 x_1 的二次方项是 x_1 的高阶项，那么 x_1 的三次方项就是 x_1 二次方项和 x_1 的高阶项的乘积，而二阶交互项可以看作二次方项，如 x_1 的二次方项可以看作交互项 $x_1 \times x_1$。

根据高低阶项删除的规则，如果交互效应 β_3 显著，无论 β_1 和 β_2 是否显著都不能删除，必须保存在模型中。因此我们删除变量时，通常从高阶项开始向低阶项逐次删除；如果 β_3 不显著，则无论 β_1 和 β_2 是否显著，都任意去留。

交互效应等高线拟合图如图 4-8 所示，为了说明交互性删除规则，我们选用商品材质数据，将保温材料和加固材料作为自变量并产生交互项，通过验证可知交互项是显著的（$p < 0.05$）。正常数据的交互效应等高线拟合图如图 4-8（a）所示，错误删除主效应的数据的等高线拟合图如图 4-8（b）所示。

经过对比发现，图 4-8（a）显示了在保温材料取值较低时加固材料由小变大的过程，因变量取值从 200、400 到 800 等高线呈倒"U"形，很明显这是交互项的体现。同样，图 4-8（b）是因变量取值从 200、400 到 800 的过程，但等高线却没有呈倒 "U" 形或其他非线性特征，可见两者结果完全不同。在真实场景中，交互项是显著的，因变量取值应该呈现非线性特征，这也是二阶交互项的性质。

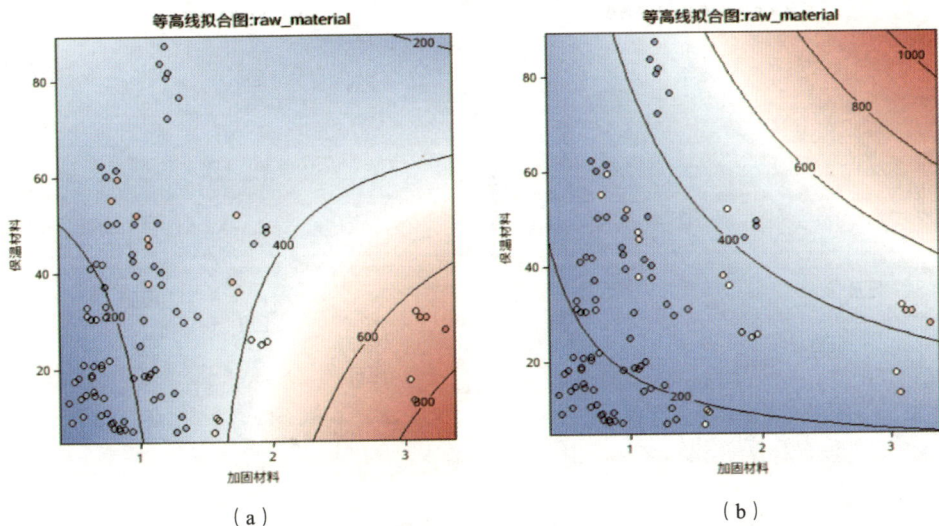

图 4-8　交互效应等高线拟合图

等高线拟合图的拓展内容提示：在解释交互项系数时，可以借助等高线观察因变量取值随交互项取值的变化而变化的规律，这就是 β_3 的解释。此处的保温材料和加固材料都是连续性变量，如果自变量是分类型变量呢？交互效应图是分类变量交互项的解释依据，也是解释 β_3 的最重要的途径。由此看来，等高线拟合图其实是一种广义上的交互效应图。

4.1.3　交互性解释：交互效应图制作

交互效应图的交互项既可以为连续型变量，又可以为分类型变量。如果交互项是连续型变量，那么等高线拟合图是交互项系数解释的不错选择。但等高线拟合图存在的问题是解读不通俗、不简便，甚至具有很强的专业性。其应对方法是对连续型变量进行分箱化处理，根据拐点信息对数据进行分组，这样做一方面有助于处理异常值、控制误差等；另一方面使用分类的交互项，使解读更加通俗、简捷。所以，分类变量的交互项经常被用来进行模型化和解释。

软件通常会根据分类变量间的组合来计算对应的因变量均值，并将均值以折线图的方式连接起来形成交互效应图。解读方式是随其中一个变量取值的不同，观察另一个变量的变化规律是否一致，如果不一致（数据起点、变化趋势和差异）则说明两变量存在交互效应，当然此处的显著性需要通过模型指标进行校验。

交互效应图如图 4-9 所示，其交互项都是由分类型变量组成的。图 4-9（a）由性别与部门产生交互项，并且变量都是名义型；图 4-9（b）的品类分组是有序变量，生产线是名义变量，对应于业务上不同的解释。

图 4-9（a）显示，名义变量不能谈趋势变化，但可以通过节点处的数值（均值）对比差异性，这些差异性就是交互项系数的含义。例如，管理部的性别因素的差异相较明显，市场部和技术部

的性别因素的差异看起来较弱。此外，就男性而言，在不同部门间的绩效表现的差异比女性更大，具有更大的方差，说明有些男性表现很出色，有些男性表现不太好。如果最后追加一个问题：这些解释是否可以推广？答案是不能，因为交互项不显著（$p>0.05$）。

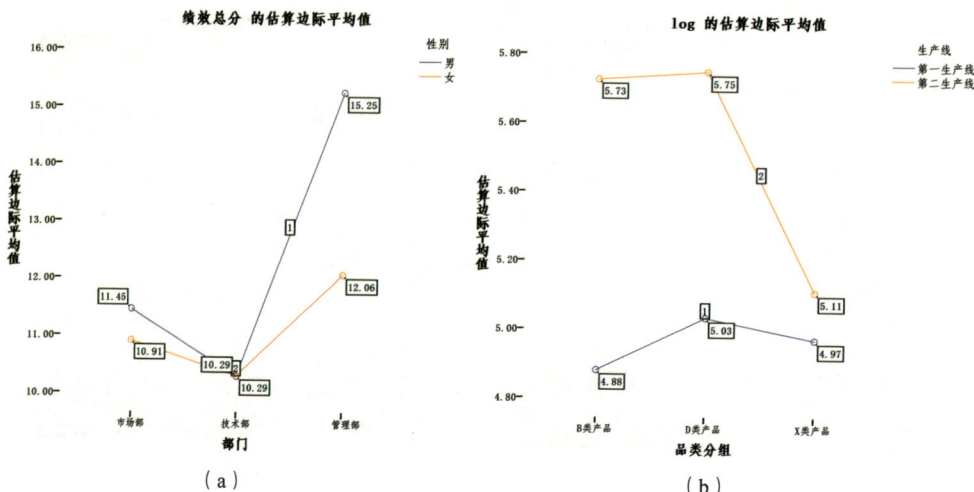

图 4-9　交互效应图

图 4-9（b）可以判断趋势变化。例如，横坐标品类分组为有序特征，即随着技术水平的提高，第一生产线韧性材料的成本由低变高后又下降，但是整体变化规律并不明显；但是第二生产线随着技术水平的提高成本骤然下降，整体上看，不同生产线的变化规律不同。同样追加一个问题：这些解释是否可以推而广之，答案是可以，因为交互项显著（$p<0.05$）。

SPSS 操作　交互效应图的绘制需要借助一般线性模型家族的方差分析来实现。交互效应图制作如图 4-10 所示。一般情况下，"水平轴"放入有序型变量，如此便于解释趋势变化；"单独的线条"（separate lines）是指绘制分组线图（绘制单图），而"单独的图"（Separate Plots）是将所有分组取值独立成图（绘制多图）。

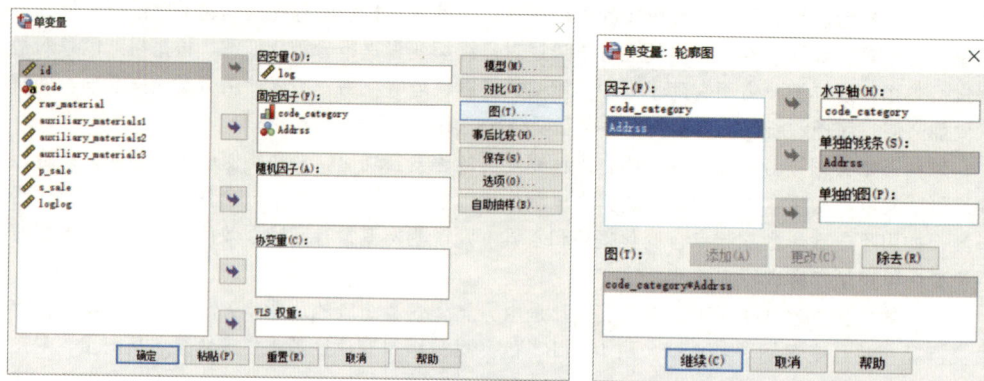

操作步骤：执行"分析"→"一般线性模型"→"单变量"命令，选择"图"选项。

图 4-10　交互效应图制作

绘制交互效应图的程序可以通过主界面的粘贴功能获得，其中"**/PLOT=PROFILE(变量 * 变量)**"是绘制交互效应的语句。

4.2　结构性问题：回归分析

本节介绍的回归分析为算法 2.0 版本，侧重于对小数据分析方法论的探讨。由于回归分析涉及的内容繁多，所以本节按照数据分析流的方式，侧重讲解模块化功能。先介绍可视化，再介绍构建模型的预分析方法和模型修正技术，最后介绍模型的综合应用。

4.2.1　回归分析流程

回归分析流程提供了建模过程的操作依据，每个模型的预分析、假设和修正技术不尽相同，建模思路就是能够整合这些技术细节的模块化思维，将每个节点视为中转站，所有数据流要经过此处，并完成数据信息的交换，最终成为优秀的模型。

回归分析流程图如图 4-11 所示，每个节点涉及的技术细节可以单独学习，也可以放在整个流程中学习。

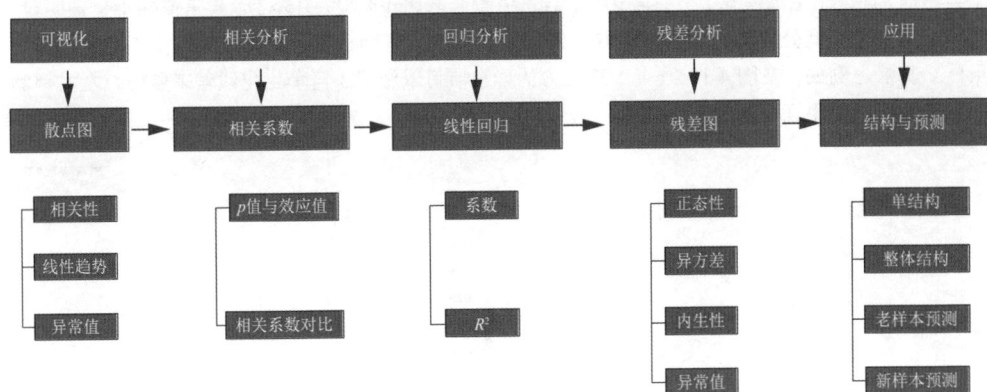

图 4-11　回归分析流程图

从微观看，每个模块的技术节点与解决的问题相对应，这些问题在某个案例中可能无法全部体现，但可以帮助我们拓展模型应用场景的视野。从宏观看，每个模块看起来是独立的，事实上是一脉相承的，有相互辅助和协调功能。

回归分析同样也涉及预分析和模型修正的技术，那么构筑模型前的预分析和模型修正应该如何处理，如何布置呢？如何借助可视化功能让数据达到通俗易懂、综合应用呢？这些问题构成了本节的主要内容。

本节通过短期绩效数据集和商品材质数据集说明流程细节。

1）可视化

回归分析流程的第一步是可视化。数据进行可视化最好的工具就是散点图，其原因是因变量是连续型变量，自变量既可以是分类型，也可以是连续型，但最好是连续型；当连续型变量与连续型变量间的相关关系是重点时，只有散点图可以描述这种关系。

　　散点图可以提供相关性的强弱、线性和非线性特征，以及异常值三大信息，其中相关性的强弱判断与相关分析联系紧密，线性和非线性特征为回归的趋势判断提供了依据，异常值的方位提供了模型修正的具体算法。

　　相关性的强弱可以通过散点的疏密程度来判断［见图 4-12（a）］。先绘制散点图的横、纵坐标的均值参考线，以判断散点的质心的位置，每个点偏离质心处的距离和方向是判断相关性的强度和方向性的依据。

　　图 4-12（a）中椭圆（手工绘制，因为 SPSS 软件并没有提供相应的绘制功能）的绘制依据是椭圆形状要包含 95% 的散点。此椭圆称为主体模式，是指数据主体呈现出的规律性，用于判断数据的相关性的强弱。椭圆有两个极端形状，即圆形和线形，圆形为无相关，赋值为 0；线形为完全相关，赋值为 1，该赋值就是相关系数。

　　如图 4-12（b）所示的回归线两侧的虚线也是主体模式图，即 95% 的数据的预测区间。该主体模式图不仅强调了数据的趋势变化，尤其是线性趋势，还提供了线性趋势的方向性。由图 4-12（b）可知随着情绪总分的增加，绩效总分呈现出正向的变化，所以二者是正相关。

　　此外，数据主体模式还可以用于判断异常值，一般认为数据偏离主体模式越远越异常。在图 4-12（a）中有 3 个异常值分别位于主体模式上方和左右两侧。图 4-12（b）的趋势线外存在 4 个异常值，都位于主体模式上方，其中一个异常值看起来比较明显，另外 3 个异常值并不是很明显。值得一提的是，此处需要记录异常值的方位和大小，这样有助于后续对模型进行修正时，判断使用什么算法。例如，在图 4-12（a）中正上方的异常值可以使用 3 倍学生化残差来监控，左右两侧的异常值可以使用杠杆效应来判断等。

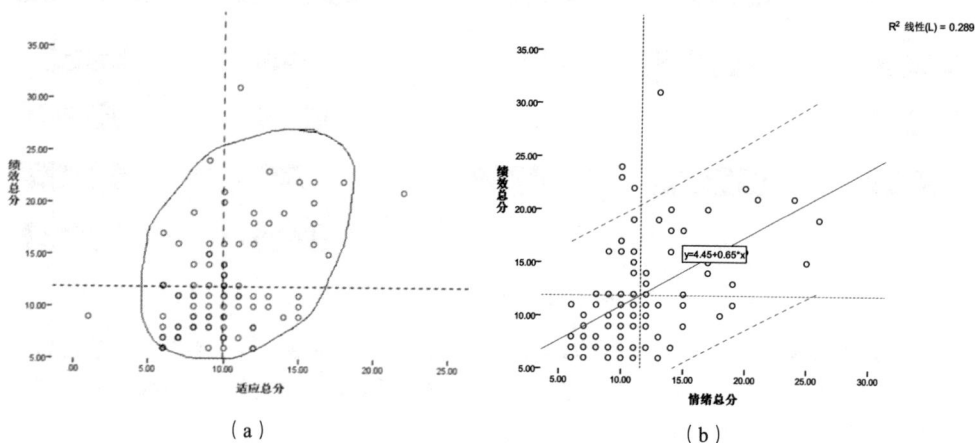

（a）　　　　　　　　　　　　　　　　（b）

图 4-12　散点图及解析

　　矩阵散点图如图 4-13 所示。矩阵散点图作为散点图综合性描述的补充，回归分析需要判断因变量的分布状况。例如，韧性原料的直方图显示为严重右偏分布，所以不符合正态分布，如果使用线性回归分析，需要修正分布问题使其满足正态分布的要求。此外，因变量和自变量的直方图构成了矩阵散点图的对角线，建议使用上三角图，因为因变量在纵坐标上。

　　从上三角图可以看出，加固材料和韧性原料之间的关系具有较强的正向相关性，基本不存在异常值，但存在数据稀疏问题，较大取值区域的数据密度稀疏，因此应注意回归线和预测的稳定性。

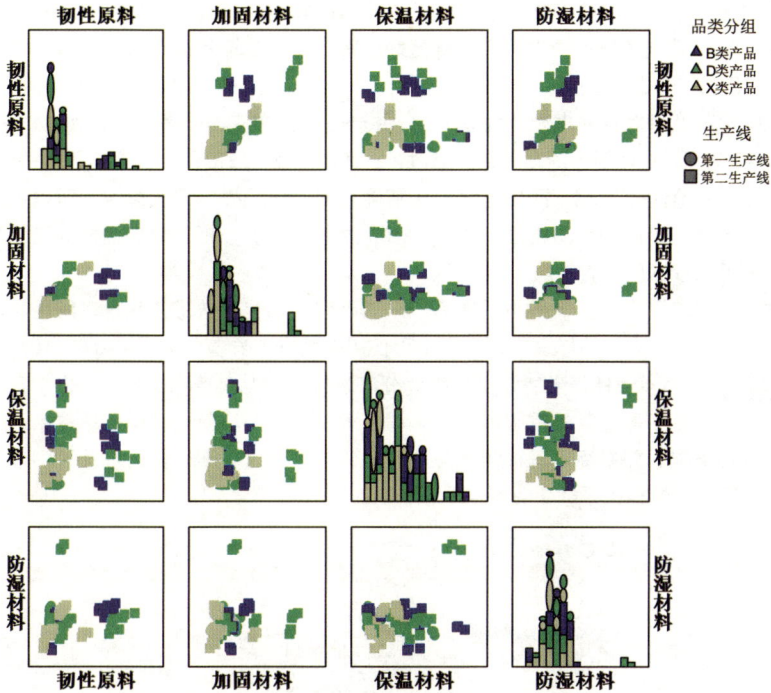

图 4-13　矩阵散点图

　　保温材料与韧性材料的相关性不明显，除非消除数据主体上方的异常值，但这样做删除的异常值众多，并不是明智的选择。总体上认为保温材料并不会对韧性材料产生影响，或者影响甚微。

　　防湿材料和韧性材料间的相关性非常强，而且是正向的相关，但出现了非常明显的异常值，该异常值位于主体模式右侧，产生的影响可以归结为杠杆效应的影响。

　　关于自变量间是否可以存在相关性的讨论见本书共线性 3.3 节，建议可以存在相关性，但不要出现极高的相关性，因此在检查上三角的自变量相关图时，只要图形不是明显的强线性关系都是允许的。如图 4-13 所示的相关性均在正常关系内。

　　综上所述，散点图应该解读如下信息：散点的密集程度，这可以反映相关性的大小；散点是否具有线性关系或其他函数形式，如果是其他函数形式，那么是否可以转换成线性形式；线性关系之外是否存在异常值及方位；数据是否存在稀疏问题。

　2）相关分析

　　回归模型犹如一列火车，列车的箱节数受速度、动力等因素限制，并不能无限增加，否则将存在安全隐患。回归分析也存在这类由维度（列车箱节）引起的安全问题，因此，在数据挖掘场景中自变量的维度最好不要超出 15 个。影响因变量的因素千千万万，如何把这些因素控制在 15 个变量之内呢？上文提到的特征选择过程就是在数据挖掘环境中使用的技术，比较适用于大数据；而小数据则通过理论限制维度，并通过小模型做细节调整。

　　一般小模型的研究结论并不作为模型最终结论，只是用于描述问题、预筛选自变量、探索最终结论等。每类大模型都伴有不同数量的小模型，而相关分析就是回归分析的小模型。因此，此处相关分析的作用是监控影响变量，提高变量进入回归模型的门槛。如果变量相关关系较弱，即使加入其他影响变量，其相关性也不会变得更好。所以，因变量和自变量间的单变量关系是分析的基础，也是回归分析的风向标。

变量规范化变换可以将数据限定为 0 ~ 1，并产生相关效应的参考界值，如 0.1、0.35、0.5、0.7、0.9。建议在小数据环境中同时使用显著性（p 值）和相关效应作为判断相关性的依据。不过，相关效应的区间界值比较模糊，而显著性比较精确，但容易受样本量的影响，所以读者需要将二者综合利用。显著性提供的是随机性判断（$p<0.05$ 为非随机），相关效应提供的是程度判断，两者均可以参考研究者建议的界值。

在大数据中显著性（以 $1-p$ 的形式或其他形式出现）和相关效应依然可以使用，但需要谨记的是界值，其并不像小数据那样重要，甚至不再使用小数据的界值（如 p 的 0.05、0.01 等值）。

SPSS 操作 SPSS 软件提供了常见的相关分析功能，"双变量相关性"提供了用于连续型变量的皮尔逊、用于有序型变量的肯德尔和几乎没有条件的斯皮尔曼三种相关系数，这些指标覆盖了所有测量级别类型。如果存在多种测量类型，那么考虑到大数据众多列维及时间效率的问题，可以统一使用斯皮尔曼相关系数（见图 4-14）。

操作步骤：执行"分析"→"相关"→"双变量"命令。

图 4-14 "双变量相关性"对话框

3）回归分析

理论上，回归分析的流程是先进行预分析，再建模，随后对模型进行修正。但实际操作是先建立回归模型，不管是预分析还是模型修正，其目的都是构建模型。模型在没有进行反复调整预分析和修正模型前通常都是不准确的，因此需要根据当前模型存在的问题或假设的重要程度，逐项检查，并进行处理。

回归分析过程中会记录一些常见指标，如区分标准化和非标准化的回归系数，其用来判断与业务经验的契合程度；可以表示整个模型的优劣程度的信度系数 R^2；或模型的结论在多大程度上可以采信。此时的回归系数和信度指标并不可信，因为回归模型的三要素（因变量、自变量和残差）并未同时出场，残差的缺席意味着模型解析并不全面。

4）残差分析

残差是通过自变量对因变量进行预测的无法解释的那一部分。在介绍残差之前，有必要区分一下误差和残差的概念。测量模型中无法被测量的部分叫误差，而结构模型中无法被解释的部分叫残差。区分二者的概念有助于我们更好地理解后文的潜变量和显变量的定义。

可信度是自变量解释因变量的部分，无论信度大小（非极端，即 0 或 1 的情况），残差都具有随机性，这种随机性一方面来自因变量的随机性，另一方面来自自变量的固定性，而且最为重要的是，根据这类随机性可以直接对数据的分布特征、异方差、异常值、内生性等问题进行直观的判断，从而深入了解模型的整体状况。

5）应用

结构问题回答的是自变量与因变量间的关系。

此处分两种情况：一种情况是单个自变量和因变量的关系，但在多元回归中，谈单个自变量与因变量的关系并不明智，因为在控制其他变量的情况下不可能只研究单个自变量对因变量的效应，即在其他变量处于控制的状态下，单个自变量取值变化对因变量的影响，其称为单结构问题，功能与主效应近似。另一种情况是整体结构问题，与此相对应的是所有自变量的取值组合对因变量产生的影响，因此这种情况强调的并不是某个自变量，而是所有自变量，功能与交互效应近似。

预测问题涉及因变量的估计问题。

估计值分两种情况：一种情况是，观测值已经存在取值，但由于取值需要更新，并且需要将更多业务，即自变量，整合到预测中，以表示未来的潜在行为或动机，所以需要对该取值进行重新预测，称其为老样本预测。另一种情况是，因变量由于没有取值需要执行预测，这种样本预测被称为新样本预测。老样本预测和新样本预测在功能上分别对应内衍和外推问题。

4.2.2　相关的风向标作用：文氏图

相关分析为什么称为风向标？风向标的作用其实有两个：一个是判断风的方向；另一个是判断风力的大小。相关分析的功能与此很相似，大部分相关分析系数可以用于判断变量间的关系和大小。

相关分析主要研究双变量间的关系，并不涉及多变量，主要用于大模型的自变量的预分析或筛选，其强弱直接预示着该变量能不能参与大模型。例如，回归分析涉及的影响因素从理论上说是无穷的，但回归模型无法承载这么多自变量，因此需要筛选或提高自变量进入回归模型的门槛。

如图 4-15（a）所示，在相关分析散点图中，每个点偏离质心（因变量和自变量均值线的交叉处）的距离反映了两个变量的相关强度，而且这个强度具有方向性，并可以分为四个象限，一、三象限是正相关，二、四象限是负相关，相关与回归间的联系也由此产生［见图 4-15（b）］。

统计信息的多少来自变量偏离期望值（$\bar{x}$）的距离，偏离距离越远，统计信息越多。通常使用方差来衡量这一指标，如公式（4-8）所示。根据方差协方差推导公式，两个相同变量的协方差，即该变量的方差［见公式（4-9）］，但方差本质上是单变量问题。

"方差"一词的原意是，数值偏离期望值的距离，其中"方"是指二次方，"差"是指相减，但方差的重点不是"方"，而是"差"，所以是否有二次方并不重要，没有二次方也可以是方差。方差与方差的乘积称为协方差，这就将变量本身的信息拓展到双变量问题了，如公式（4-10）所示。协方差公式的分子有两个减号，因此有可能产生正正（或负负）和正负（或负正）两类结果，即符号问题。符号反映了相关系数方向；变量偏离均值的远近则反映了相关系数大小，因此协方差是相关系数之一。

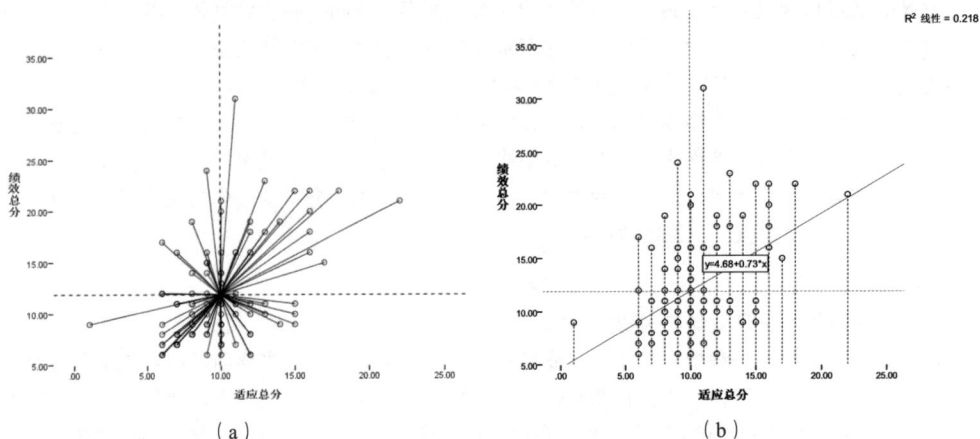

图 4-15   相关分析与回归

协方差系数的分母只有样本量，如果自变量和因变量存在量纲问题，则协方差系数将不再有效，因此消除误差的方式是方差除以自变量和因变量的标准差 [见公式（4-11）]，这就是皮尔逊相关系数，通过化简可得公式（4-12）。

$$\sum(x-\bar{x})^2/(n-1) \qquad (4\text{-}8)$$

$$\Rightarrow \sum(x-\bar{x})(x-\bar{x})/(n-1) \qquad (4\text{-}9)$$

$$\Rightarrow \sum(x-\bar{x})(y-\bar{y})/(n-1) \qquad (4\text{-}10)$$

$$\Rightarrow \sum(x-\bar{x})(y-\bar{y})/(n-1)s_x s_y \qquad (4\text{-}11)$$

$$\Rightarrow \sum(x-\bar{x})(y-\bar{y})/\sqrt{\sum(x-\bar{x})\sum(y-\bar{y})} \qquad (4\text{-}12)$$

SPSS 操作 通过软件提供的功能框足以洞见其功能分布及特征（见图 4-16）。双变量相关性功能提供了皮尔逊、肯德尔和斯皮尔曼相关，其实在交叉表中也存在这些功能，为什么两处功能高度重叠？这是因为双变量相关性是预分析技术，而交叉表主要分析分类变量，二者在不同领域中都被高频使用，所以主要原因在于其功能的便捷性。

此外，相关分析选项提供了均值、标准差和协方差等指标，通过协方差矩阵和标准差可以还原相关矩阵，通过描述性统计指标和样本量可以还原协方差矩阵，这些逐级还原功能构成了大数据和小数据分析数据的基础，尤其是大数据，软件运行大体量数据总会存在时间问题，这些指标的还原功能，在无须重复运行的情况下，有利于构建各种统计模型。

相关分析与文氏图如图 4-17 所示，文氏图被表示成圆形及相互重叠部分，通常用来衡量低维空间中的变量间的关系。图 4-17 中的单阴影部分（$a+b$），对应于因变量 y 与自变量 $x1$ 的协方差系数，但有时为了让表述通俗，我们将其视为相关系数；因变量 y 与自变量 $x2$ 的相关性为 $b+c$；a 可以理解为因变量 y 与自变量 $x1$ 的净相关或偏相关（除去 $x2$ 的影响后）；b 可以理解为 $x2$ 对因变量 y 与自变量 $x1$ 整体关系的影响。

相关关系用于描述双变量关系，偏相关用于描述控制变量后的双变量关系。值得一提的是，文氏图主要用于描述低维变量，特别是考虑第 3 个因素的影响。

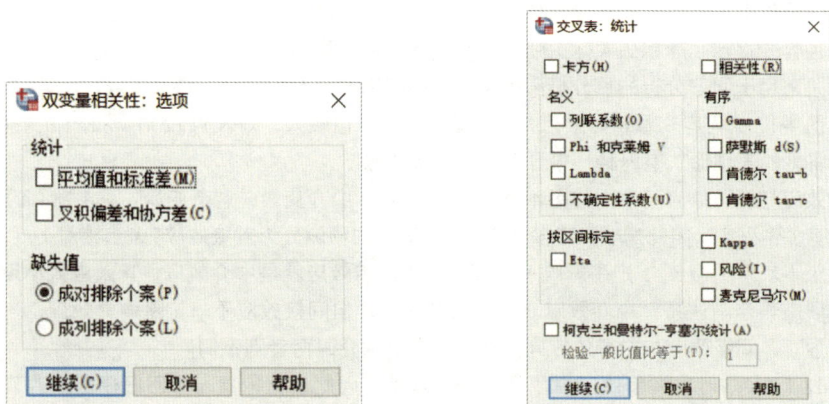

操作步骤：依次选择"分析"→"相关"→"双变量"
　　　　　菜单，选择"选项"二级对话框。

操作步骤：依次选择"分析"→"描述性统计"→
　　　　　"交叉表"菜单，选择"统计"二级对话框。

图 4-16　相关分析功能的布局

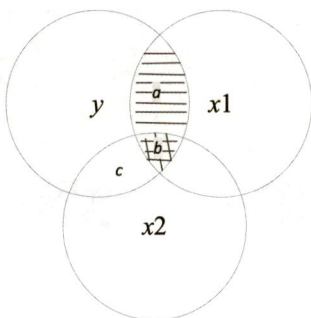

图 4-17　相关分析与文氏图

对相关系数 b 是 $x2$ 对因变量 y 与自变量 $x1$ 整体关系的影响，构成了相关分析向回归分析的过渡，同时也延伸出了 $x2$ 如何影响因变量与自变量的问题，该问题需要分为中介效应和调节效应两种情况分别讨论。

4.2.3　偏相关的归因：中介和调节

偏相关又称净相关，是排除其他变量的影响后，分析变量间的相关性的一种技术。

偏相关分析的变量不再局限于双变量，而是拓展到多维分析。相关分析只考虑了两个变量间的关系，偏相关分析可以同时考虑更多控制变量，即消除其他关联性变量的影响后，再分析两个变量间的关系。注意，控制变量通常被视为对整体的影响，而不是对某个变量的影响。

偏相关的公式为

$$r_{12(3)} = \frac{r_{12} - r_{13}r_{23}}{\sqrt{\left(1 - r_{13}^2\right)\left(1 - r_{23}^2\right)}}$$

（4-13）

式中，$r_{12(3)}$ 表示在控制变量 3 的情况下，研究变量 1 与变量 2 间的偏相关系数；r_{12} 表示变量 1 与变量 2 间的零阶相关系数，其他指标与此类似。

偏相关公式提示：净相关实际上就是控制变量不能解释的变量间的零阶相关。

偏相关常用于回归分析的预分析和相关分析的归因性研究（中介、调节）。

延续图 4-17 的内容来看，如果相关系数效应 b 的取值较大，则表明 x2 对 y 和 x1 的影响较大，这种效应常见的表现形式有两种：中介变量和调节变量。

中介效应与调节效应示意图如图 4-18 所示，M 表示中介变量或调节变量。图 4-18（a）显示，中介效应有多个残差，因此需要构建多个模型。X 对 Y 的预测分为直接效应（X 直接对 Y 产生影响）和间接效应（X 通过 M 对 Y 产生影响）两种，其中间接效应就是中介效应，其效应大小用路径系数的乘积项来表示。注意，中介效应一定是间接效应，但间接效应不一定是中介效应，当只有一个中介变量时，间接效应与中介效应等同，当有多重中介时两者则不同。

图 4-18（b）显示，调节效应模型只有一个残差，因此只需构建一个回归模型。调节变量 M 影响的是 X 和 Y 之间的关系，可以这样理解：M 的不同取值对 X 和 Y 之间关系的影响不同，当 M 取值较小时，X 对 Y 的预测较强；当 M 取值较大时，X 对 Y 的预测较弱。因此，我们说 M 在 X 对 Y 的预测上起到调节作用。

不管是中介效应还是调节效应，图 4-18 中的残差提示具体进行几次回归。但在不同软件功能上进行的回归数存在差别，因此需要进行多少次回归并不一定。

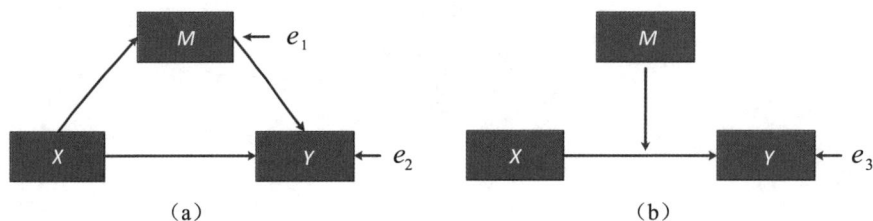

图 4-18 中介效应与调节效应示意图

1）中介效应模型执行步骤

中介效应检验步骤如图 4-19 所示。依次检验中介效应的步骤，第一步，检验 $Y = cX + e_1$ 的系数 c 是否显著，不显著则停止检验；第二步，检验 $M = aX + e_2$ 和 $Y = c'X + bM + e_1$ 是否显著，并判断如下几种情况：

如果 a、b、c' 均显著，则部分中介效应显著；

如果 a、b 显著，c' 不显著，则完全中介效应显著；

如果 a 或 b 不显著，则通过 Sobel 检验是否有中介效应。

其中，Sobel 检验公式为 $Z = \hat{a}\hat{b} / S_{ab}$，式中，$\hat{a}$ 和 $\hat{b}$ 分别表示 a、b 的估计值（建议使用标准化系数），S_{ab} 表示 $\hat{a}$ 和 $\hat{b}$ 的联合标准误，若 S_a 和 S_b 分别表示 $\hat{a}$ 和 $\hat{b}$ 的标准误，则有

$$S_{ab} = \sqrt{\hat{a}^2 S_b^2 + \hat{b}^2 S_a^2}$$

由 Mackinnon 的临界值表可知（$N \geqslant 200$），绝对值 $Z > 0.97$（$p < 0.05$）。

SPSS 操作 接下来就短期绩效数据将绩效总分视为 Y、适应总分视为 X、情绪总分视为 M，依次做 3 个回归，然后获得 c、a、b、c' 的标准化系数及标准误、显著性报告，进而检验中介效应，

如表 4-4 ～表 4-6 所示（加注下画线的数值）。

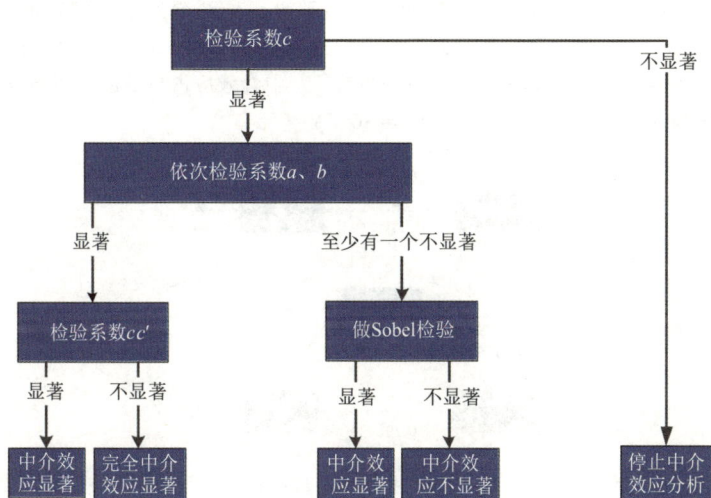

图 4-19　中介效应检验步骤

表 4-4　第一个回归

模型		未标准化系数		标准化系数	t	显著性
		B	标准误差	β		
1	（常量）	4.678	1.452		3.222	0.002
	适应总分	<u>0.726</u>	<u>0.139</u>	<u>0.467</u>	5.223	0.000

注：因变量是绩效总分。

表 4-5　第二个回归

模型		未标准化系数		标准化系数	t	显著性
		B	标准误差	β		
1	（常量）	6.245	1.247		5.009	0.000
	适应总分	<u>0.533</u>	<u>0.119</u>	<u>0.411</u>	4.465	0.000

注：因变量是情绪总分。

表 4-6　第三个回归

模型		未标准化系数		标准化系数	t	显著性
		B	标准误差	β		
1	常量	1.560	1.477		1.056	0.294
	适应总分	0.460	0.139	0.296	3.321	0.001
	情绪总分	<u>0.499</u>	<u>0.107</u>	<u>0.416</u>	4.675	0.000

注：因变量为情绪总分。

中介效应效验输出如图 4-20 所示。由图 4-20 可知如果 a、b、c' 均显著，则部分中介效应显著，员工的适应能力对绩效的影响分为两部分，一部分通过情绪控制能力影响绩效（$0.411 \times 0.416 = 0.171$），路径形式表示为"适应能力→情绪控制→绩效"；另一部分是直接影响绩效（0.296），路径形式表示为"适应能力→绩效"。中介效应占总效应（间接效应与直接效应的总和）的比例为 $0.171/(0.171+0.296) \times 100\% = 36.3\%$。

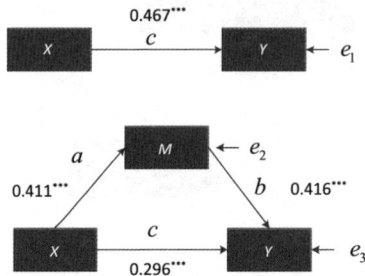

图 4-20　中介效应检验输出

* 表示 $p<0.05$、** 表示 $p<0.01$、*** 表示 $p<0.001$。

2）调节效应模型执行步骤

检验调节效应的第一步是构造假设检验，而假设检验需从原假设开始。

检验调节效应等价于检验调节变量是否显著，因此，是否加入调节变量构成了模型与嵌套模型间的关系。嵌套模型，是指模型是否具有包含和被包含的关系，即将公式（4-14）和公式（4-15）嵌套在公式（4-16）（模型）中，同样公式（4-15）嵌套在公式（4-14）对应的模型中。为了检验调节效应，将拥有更少变量的嵌套模型称为简化模型，拥有更多变量的嵌套模型称为全模型。

$$y = \beta_0 + \beta_1 x_1 + \beta_2 x_2 + \varepsilon \tag{4-14}$$

$$y = \beta_0 + \beta_1 x_1 + \varepsilon \tag{4-15}$$

$$y = \beta_0 + \beta_1 x_1 + \beta_2 x_2 + \beta_3 x_1 x_2 + \varepsilon \tag{4-16}$$

以公式（4-14）和公式（4-15）为例，将 x_2 视为调节变量。为了检验调节变量，我们当然希望 x_2 显著，这等价于检验 $\beta_2 = 0$，因此在嵌套模型中简化模型是充分的，这构成了原假设，备择假设则可以表述为全模型是充分的，那么如何构造统计量以便进行统计检验呢？

就当前的案例而言，最直接的构造统计量的方法就是检验 $\beta_2 = 0$，但是当我们遇到复杂的嵌套模型时，需要检验的调节变量不止一个，检验单个系数将不再有效，因此，我们希望构造一种更通用的方法，这就是 F 检验法，如公式（4-17）[①] 所示。

$$F = \left[\frac{SSE_{(简)} - SSE_{(全)}}{p-k} \right] \bigg/ \left[\frac{SSE_{(全)}}{n-p-1} \right] \tag{4-17}$$

式中，p 是全模型待估参数；k 是简化模型待估参数。

在短期绩效的例子中，假设情绪对绩效有正向的预测作用，但情绪容易受到性别因素的干扰，因此这样的假设支持我们将性别看作调节变量来检验其对绩效的影响。值得一提的是，有两种检验调节效应的方法，一种方法是检验交互效应，我们在方差分析章节中对此进行了详细阐述；另

---

① 公式来自官方，也可以使用如下公式：$F = [(SSE_{(简)} - SSE_{(全)})/(p+1-k)]/[SSE_{(全)}/(n-p-1)]$。

一种方法是多元回归技术，此处我们使用的就是多元回归中的分层回归。

SPSS 操作 在同一个回归模型里设置的变量间具有嵌套关系，并执行多个回归，这种嵌套 SPSS 软件称为分层，如语法"/METHOD=ENTER 情绪总分"和"/METHOD=ENTER 性别"，一个语句中可以使用多个 METHOD 语句。

```
REGRESSION
      /MISSING LISTWISE
      /STATISTICS COEFF OUTS R ANOVA CHANGE
      /CRITERIA=PIN(0.05) POUT(0.10)
      /NOORIGIN
      /DEPENDENT 绩效总分
      /METHOD=ENTER 情绪总分
      /METHOD=ENTER 性别
```

"线性回归"对话框中布局了分层回归功能，先将绩效总分设为因变量，然后再单击"下一个"按钮（分层），在此对话框中将"性别"设置为自变量［见图 4-21（a）］，由此构造了两个具有嵌套关系的回归方程：

$$y = \beta_0 + \beta_1 x_{情绪} + \varepsilon$$
$$y = \beta_0 + \beta_1 x_{情绪} + \beta_2 x_{性别} + \varepsilon$$

在"线性回归：统计"对话框中勾选"R 方变化量"复选框［见图 4-21（b）］，这是为了评价嵌套模型的统计量变化情况，尤其是 F 变化量。

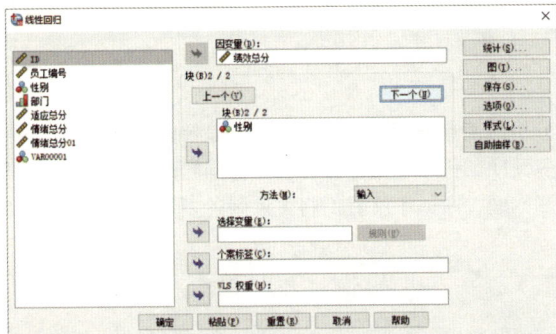

操作步骤：执行"分析"→"回归"→"线性"命令，
　　　　　选择"下一个"选项。
（a）

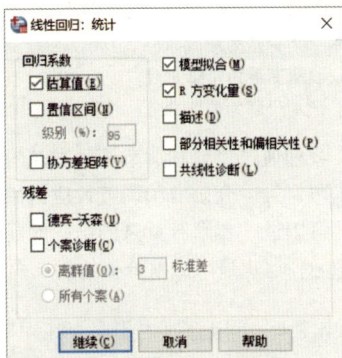

操作步骤：执行"分析"→"回归"→"线性"命令，选择"统计"选项。
（b）

图 4-21　交互效应检验

输出两个回归模型，并报告对应的统计量变化（见表 4-7）和方差分析（见表 4-8），其中统计量的变化包括 F 值和 R^2 的变化。我们通过将对应的残差平方和、自由度带入公式（4-17），可以计算 F 值与统计检验，并依据 F 值判断调节效应是否显著。由表 4-7 可知，最终 F 值的改变并不显著（$F=1.065$，$p=0.305$），因此我们得出的结论是性别并未对绩效总分起到调节作用。

表4-7 F变化量检验

模型	R	R^2	F	自由度1	自由度2	显著性（F检验）
1	0.538[a]	0.289	39.831	1	98	0.000
2	0.545[b]	0.297	1.065	1	97	0.305

a. 预测变量为情绪总分。
b. 预测变量为情绪总分和性别。

表4-8 方差分析（一）

模型		平方和	自由度	均方	F	显著性
1	回归	727.024	1	727.024	39.831	0.000[a]
	残差	1788.766	98	18.253		
	总计	2515.790	99			
2	回归	746.447	2	373.224	20.461	0.000[b]
	残差	1769.343	97	18.241		
	总计	2515.790	99			

注：因变量为绩效总分。
a. 预测变量为情绪总分。
b. 预测变量为情绪总分，性别。

我们通过中介和调节两种方法对相关分析的简单归因问题加以诠释，简单归因的探讨已经接近尾声，但中介效应和调节效应衍生出的多元回归仍不清楚。在回答业务问题的同时，多元回归技术可以进一步解释复杂的结构问题和预测问题，所以下文我们将重点阐述多元回归分析的结构性归因，这也是小数据分析的重点内容。

4.2.4 回归系数解释：偏回归图

现构建以绩效为因变量，情绪和适应为自变量的线性回归，软件操作路径是"分析"→"回归"→"线性"，软件输出表格如表4-9和表4-10所示。

表4-9 方差分析（二）

模型		平方和	自由度	均方	F	显著性
1	回归	909.635	2	454.817	27.468	0.000[a]
	残差	1606.155	97	16.558		
	总计	2515.790	99			

注：因变量为绩效总分
a. 预测变量为情绪总分和适应总分。

表 4-10 回归系数表

模型		未标准化系数		标准化系数	t	显著性
		B	标准误差	β		
1	常量	1.560	1.477		1.056	0.294
	适应总分	<u>0.460</u>	0.139	<u>0.296</u>	3.321	<u>0.001</u>
	情绪总分	<u>0.499</u>	0.107	<u>0.416</u>	4.675	<u>0.000</u>

注：因变量为绩效总分

表 4-9 包含了对所有回归系数的同时性检验。回归中 F 检验的原假设是 $MS_R/MS_\varepsilon=1$（R 和 ε 分别表示回归和残差），即回归解释的信息和误差一样多，这说明引入的两个自变量没有任何作用（$\beta_1 = \beta_2 = 0$）。

能够帮助判断原假设的信息是自由度。短期绩效数据集的数据量为 100 行和 3 列，自由度为 2，反映的随机信息是列，可以表述为对 3 列数据的约束，约束一个自由，所以原假设等价于 $\beta_1 = \beta_2 = 0$。

在具备统计基础的内容后，建设对原假设的描述，建议第一，沿着显著性一行向右检查，遇见统计量则假设其为 0 或与表示随机的统计量相等，遇见自由度则推测检验的对象是谁；第二，统计软件优先输出的显著性检验的对象往往是整体，越是后面出现的检验越可能是局部或细节检验。

由表 4-9 得出的结论是两个自变量系数 $\beta_1 = \beta_2 = 0$ 的结论被拒绝（$p<0.05$），因此可以说明至少有一个自变量会对绩效总分产生影响，因此进一步需要进行局部检验（事后比较）。

如表 4-10 所示，可见适应的偏回归系数 $\beta_1 = 0$ 不成立（$p<0.05$），情绪也有同样的结论（$p<0.05$），这样就可以暂时保留两个自变量，而此处为什么是暂时保留，而不是直接删除？其原因是显著性是否受其异常值、内生性等因素影响还不得而知，需要检查所有数据残差才能确定最终结论。不过我们还是决定先跳过残差分析，回答完系数问题后再做定夺。

模型输出两种回归系数，一种是非标准化系数，如公式（4-18）所示；另一种是标准化系数，如公式（4-19）所示。在表达变量间的数量关系时两种形式是相同的，而两种形式在应用上的区别是，标准化系数常用于抽象问题、相对问题，即数值具体大小并不是重点，而数值相对大小是重点。

$$\hat{y} = 1.56 + 0.46x_1 + 0.499x_2 \qquad (4\text{-}18)$$

$$\hat{y} = 0.296x_1 + 0.416x_2 \qquad (4\text{-}19)$$

接下来分别从统计学解释、业务解释和因果问题 3 个角度来解释回归系数的含义。

1）统计学解释

当 x_1 和 x_2 的取值同时为零时，因变量的基准值是 1.56，因此截距项的约束前提是自变量全部取值为零，但这容易使实际意义含混不清。例如，在对变量测量级别的描述中，如果变量具有抽象性，零通常没有意义；如果自变量也具有抽象性，将带入零是没有意义的。所以截距表达的是相对性，尤其在抽象概念的意义下很少解释，这进一步证明了在抽象和相对问题中应使用标准化系数，因为标准化系数是没有截距项的。

多元回归的回归系数也称偏回归系数，所谓偏是指取值不变，x_1（自变量适应）可以表述为"当其他条件处于控制状态时，适应每增加一个单位，因变量的数量变化是 0.46"，这是偏回归系数的经典表达。除此之外，统计学中用于表示偏的含义还有协、层、分组、控制等。

如果将两个自变量分别代入两对系数（1，8）、（2，8）和（1，66）、（2，66），则有

$$\hat{y}_1 = 1.56 + 0.46 \times 1 + 0.499 \times 8 = 6.012$$

$$\hat{y}_2 = 1.56 + 0.46 \times 2 + 0.499 \times 8 = 6.012$$

$$\hat{y}_3 = 1.56 + 0.46 \times 1 + 0.499 \times 66 = 34.954$$

$$\hat{y}_4 = 1.56 + 0.46 \times 2 + 0.499 \times 66 = 35.414$$

那么，产生的两对估计值的差异为 $\hat{y}_1 - \hat{y}_2 = 0.46$、$\hat{y}_4 - \hat{y}_3 = 0.46$。

如果对"一个单位"做重点表述，则有如下两个注意事项。

第一个是数值本身。首先需要明确一个单位表达的程度。例如，收入对幸福感的影响，我们很难真实地感受到收入每增加一元幸福感将如何变化，因此，需要将单位刻度改为 1000 元（变量除以 1000），此时一个单位表达的就是收入每增加 1000 元对幸福感的影响。

此外，1 个单位的前提是其他变量处于控制状态，所谓控制是指变量取值不变，而变量取值不变既可以表示取 8 不变，也可以表示取 66 不变，当然也可以是任何取值不变，可见，1 个单位的变化是指平均 1 个单位的变化效应，而不仅仅是变量取值从 1 到 2。

第二个是回归系数的倍数。如果自变量每增加 1 个单位无法感受实际意义，那么每增加 2 个单位、5 个单位或希望任意数量单位呢？这样我们就可以直接将偏回归系数乘以 2 或任意值，计算得出的值就是拟合回归模型得到的新回归系数。偏回归系数效应示意图如图 4-22 所示。这就是线性等量增加的含义。

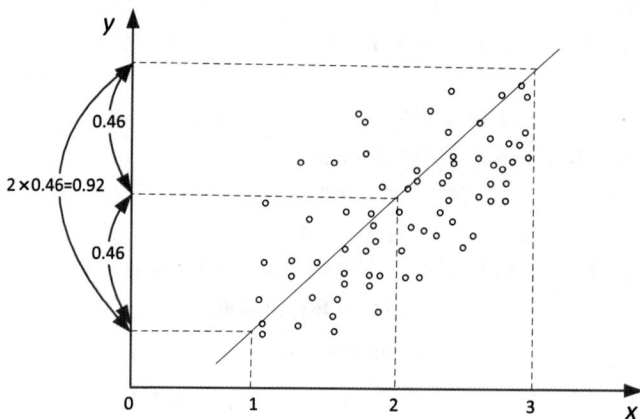

图 4-22　偏回归系数效应示意图

同样，如果对自变量适应进行规范化处理（转变为 0 ～ 1），并重新命名为规范化适应（见表 4-11），然后再建立回归模型，这时自变量的一个单位就变成了跨越最小值（取值 1）和最大值（取值 22）的全距（21 倍），估计的回归系数是 9.66，可理解为增加了 21 个单位（0.46×21=9.66）。因此自变量每增加的单位数直接乘以偏回归系数即可得到新的拟合值。

表 4-11　回归系数（一）

模型		未标准化系数		标准化系数	t	显著性
		B	标准误差	β		
1	常量	2.020	1.400		1.443	0.152
	规范化适应	9.660	2.909	0.296	3.321	0.001
	情绪总分	0.499	0.107	0.416	4.675	0.000

注：因变量为绩效总分。

　　通过对比表 4-11 和表 4-12 可知，规范化适应与适应变量在标准差和标准误上存在差别，但偏回归系数的解释、标准化系数的强度、显著性的检验均未发生变化。理由是规范化变换广义上属于线性变换；偏回归系数虽发生变化，但解释可以通过倍数调整不受影响；显著性来自对系数的检验，因此标准化系数为什么不变才重要的问题的答案仍然是线性。

表 4-12　回归系数（二）

模型		未标准化系数		标准化系数	t	显著性
		B	标准误差	β		
1	常量	1.560	1.477		1.056	0.294
	适应总分	0.460	0.139	0.296	3.321	0.001
	情绪总分	0.499	0.107	0.416	4.675	0.000

注：因变量为绩效总分。

　　标准化变化又是线性变换，如表 4-13 所示，对所有变量进行标准化（变量减去均值除以标准差）。然后利用标准化的变量构建回归模型。通过对比非标准化和标准化系数（对比表 4-12 和表 4-13），我们发现所有系数与表 4-12 中的标准化结果相同。那么非标准化和标准化系数的关系是什么？它们又是如何计算的？

表 4-13　回归系数（三）

模型		未标准化系数		标准化系数	t	显著性
		B	标准误差	β		
1	常量	5.365×10^{-16}	0.081		0.000	1.000
	适应总分	0.296	0.089	0.296	3.321	0.001
	情绪总分	0.416	0.089	0.416	4.675	0.000

注：因变量为绩效总分。

　　OLS 估计是线性回归中估计回归系数最常用的方法，基于其良好的估计性质，尤其是在小数据的环境下，更普遍适用于连续型变量的估计。为了便利，我们用一元回归来说明标准化和非标准化间的关系。

$$D = \sum_{i=1}^{n} e_i^2 = \sum_{i=1}^{n} (y_i - \hat{y}_i)^2 = \sum_{i=1}^{n} (y_i - b_0 - b_1 x_i)^2$$

$$\Rightarrow \frac{\partial D}{\partial b_0} = -2 \sum_{i=1}^{n} (y_i - b_0 - b_1 x_i) = 0$$

$$\frac{\partial D}{\partial b_1} = -2 \sum_{i=1}^{n} x_i (y_i - b_0 - b_1 x_i) = 0$$

$$\Rightarrow n b_0 + b_1 \sum_{i=1}^{n} x_i = \sum_{i=1}^{n} y_i$$

$$b_0 \sum_{i=1}^{n} x_i + b_1 \sum_{i=1}^{n} (x_i^2) = \sum_{i=1}^{n} (x_i y_i)$$

$$\Rightarrow b_0 = \frac{\sum_{i=1}^{n} y_i - b_1 \sum_{i=1}^{n} x_i}{n} = \bar{y} - b_1 \bar{x}$$

$$b_1 = \frac{\sum_{i=1}^{n} (x_i - \hat{x}_i)(y_i - y_i)}{\sum_{i=1}^{n} (x_i - \hat{x}_i)^2} = \frac{\text{cov}(x, y)}{\text{var}(x)} \quad (4\text{-}20)$$

式中，b_1 表示回归系数估计。公式（4-20）是普通 OLS 估计得到的回归系数估计。

由表 4-12 和表 4-13 可以发现，如果对所有变量进行标准化，然后再估计回归系数，得到标准化的回归系数 Zb_1，通过与公式（4-20）结合，可得公式（4-21）。

$$Zb_1 = \frac{\sum_{i=1}^{n} (x_i - \hat{x}_i)(y_i - y_i) / s_x s_y}{\sum_{i=1}^{n} (x_i - \hat{x}_i)^2 / s_x^2} = \frac{\sum_{i=1}^{n} (x_i - x_i)(y_i - y_i)}{\sum_{i=1}^{n} (x_i - x_i)^2} \frac{s_x}{s_y} = b_1 \frac{s_x}{s_y} \quad (4\text{-}21)$$

接下来就是两类系数的检验，一种是整体检验的 F 统计量，另一种是局部检验的 t 统计量。若对所有回归系数进行检验（$\beta_1 = \beta_2 = \ldots = \beta_i = 0$），则使用 F 统计量：

$$F = MS_R / MS_\varepsilon \quad (H_0 : MS_R / MS_\varepsilon = 1)$$

若对单个回归系数进行检验（$\beta_i = 0$），则使用 t 统计量：

$$t = \hat{\beta} \Big/ \left[\sigma \Big/ \sqrt{\sum (x_i - \bar{x})^2} \right] \quad (H_o : \hat{\beta} = 0)$$

式中，$\hat{\sigma} = \sqrt{[1/(n-2)] \text{SSE}}$，表示为误差方差的无偏估计。

2）业务解释

若以公式（4-21）为范例来说明在表 4-11 和表 4-12 中阐述的标准化系数的强度并未发生变化的观点，即自变量和因变量的方差没有变，因此标准化系数不会发生变化。这有利于进一步解释回归系数的倍数关系。若将未标准化系数和标准化系数放在一起，希望回答的业务问题又是什么？

SPSS 操作 偏回归图如图 4-23 所示。图 4-23（a）构建的是以绩效为因变量，适应和情绪为自变量的回归效应图（操作步骤：执行"分析"→"回归"→"线性"命令，选择"图"选项，单击"生成所有局部图[①]"按钮），该图用于表示在控制情绪的情况下，适应能力对绩效产生的影响。而图 4-23（b）是适应和绩效间的普通散点图。如果不加以说明，我们很难区分两幅图间的区别。普通散点图用于描述双变量间相关关系，但偏回归图分析的是控制了其他变量之后双变量间的净相关性，两者存在很大区别。

图 4-23（d）进一步描述了偏回归图。图 4-23（d）分别通过了两个回归——以绩效为因变量、情绪为自变量的回归，并保存为残差 1；以适应为因变量、情绪为自变量的回归，并保存为残差 2。然后绘制残差 1 和残差 2 的散点图，即偏回归图［对比图 4-23（c）和图 4-23（d）的两幅图］。由于每个回归的自变量都未包含适应变量，消除了情绪对适应和绩效的影响，所以残差其实是控制了其他变量，所以将此图被命名为偏回归图。

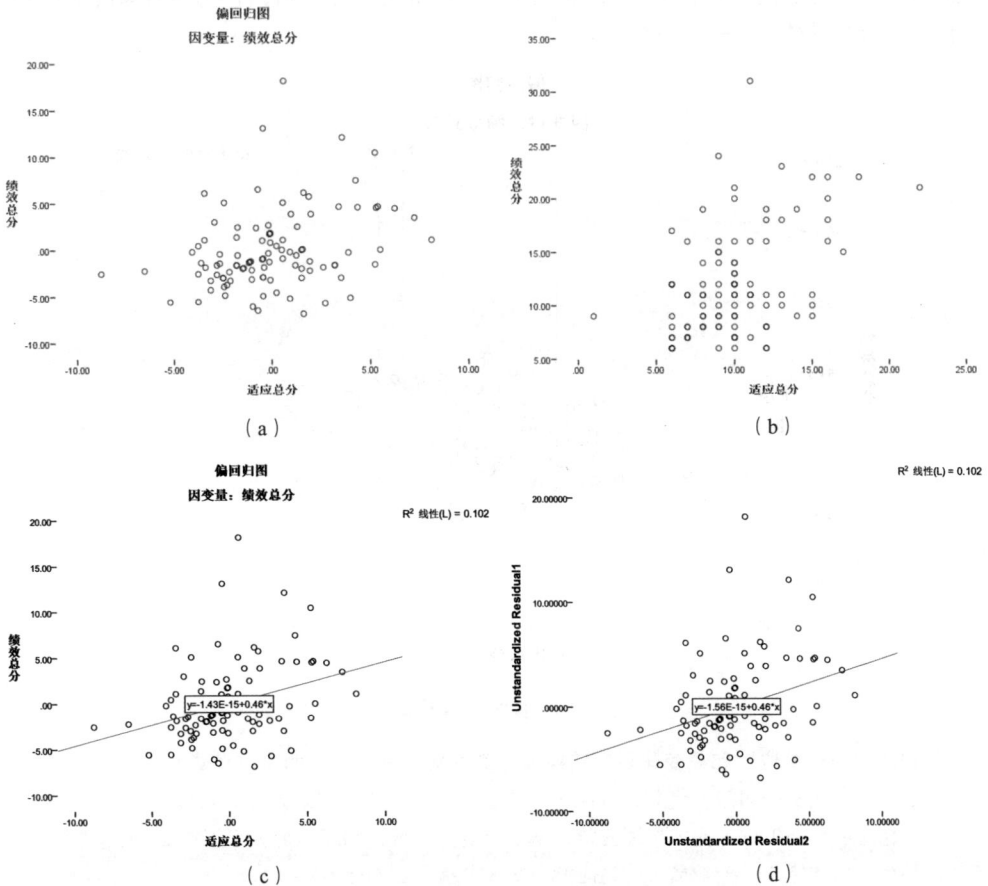

图 4-23　偏回归图

回归系数的偏回归图，在视觉上已经通俗化了，但如何解释呢？

如果老板问："在影响绩效的所有因素中，哪些因素是至关重要的？"我们只需将影响因素按照标准化系数进行降序排列，然后将前端的 20% 的变量汇报给老板即可，剩余 80% 的变量都

① 局部图译为偏回归图。

是次要因素。

如果老板追问："主要影响因素的强弱如何？"，则可以通过标准化系数的效应值大小反映出来。例如，标准化系数取值为 0.2，则表明尽管产生了影响但依然是低相关；若标准化系数取值为 0.68，则说明是中等强相关等。

如果老板进一步追问："主要影响因素的业务意义是什么？"，那此时我们是不是可以这样说"在其他变量处于控制的状态下，自变量每增加一个单位带来因变量的变化量"，笔者建议不要将这句话直接告诉老板，因为"控制""一个单位""变化量"等词隐含着专业的统计学意义，非专业人士很难听得懂，所以我们可以将其转化成如下形式。

如图 4-24 所示，横坐标上的两条虚线的取值为 5 和 6，用于表示自变量一个单位的变化量，而纵坐标上两个虚线的间距幅度，即 0.46（2.76-2.3=0.46），表示在控制其他变量的情况下自变量增加一个单位因变量产生的变化。

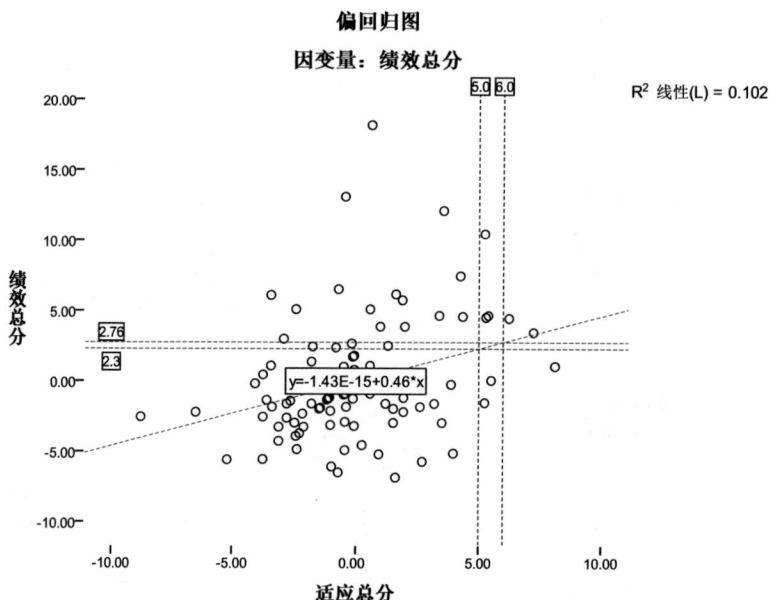

图 4-24 偏回归系数解释

如何将"一个单位"和"变化量"转换成业务意义？一个可行的建议是查阅价格细目表 [1]。将每个数值与价格一一对应。例如，如果一个人适应能力为 5 分，表示此人可以在进入公司的 30 天内展开相应的业务工作，而如果适应能力从 5 分增至 6 分，则表示此人可以在 20 天内进行业务工作，那么如何才能让一个新员工的适应能力从 5 分提升到 6 分呢？

对员工进行工作能力培训有助于提升员工的绩效，所以可以通过增加业务培训，如工作流程、人际关系、规则制度等，提升员工业务熟练度。假设培训需要花费 2000 元，但这样做新员工将更快地进入工作状态，相比无培训节省了 10 天，且这 10 天可以带来 3000 元的绩效。那么增加业务

---

[1] 一般而言，公司利润或收益是所有行为的指导准则。商品存储存在存储价格、物流存在运输成本、客户投诉就会产生销量损失、营销存在营销费用、项目存在项目分摊成本，类似地，每个工作细节对应的损失与收益就是价格细目表。

培训是否可行呢？因为收益大于成本所以答案是肯定的。

3）因果问题

小数据谈因果研究，大数据谈相关、谈假设性因果、谈工具性归因。

统计模型谈论因果问题的相关知识点包括理论依据、实验数据、回归模型、结构方程、格兰杰非引导性检验、样本选择模型。但从理论上说，只有理论才能研究因果，但实际上为什么有这么多统计方法或方法论可以研究因果问题呢？探其究竟，其实这些方法论的本质都是理论问题，而本书并不准备详细解析这些因果问题，只是想说明回归中的因果从何而来、如何使用。

如图 4-25 所示，回归能够解释的部分用回归平方和 R 表示，在由 R 表示的线长、回归线和因变量的均值线组成的三角中，R 表示的长度对应于夹角 α，而角度 α 的大小决定于自变量变化一个单位对应的因变量的变化幅度。如果 R 接近于 0，则回归线近似水平，此时不管自变量如何改变，因变量几乎不发生变化，即自变量与因变量不相关；若 α 接近于 90 度，则回归线近似垂直，此时自变量一个微小的改变，绩效将产生很大变化，即自变量与因变量可能高度相关；但在多数情况下 α 的大小是介于两者之间的。

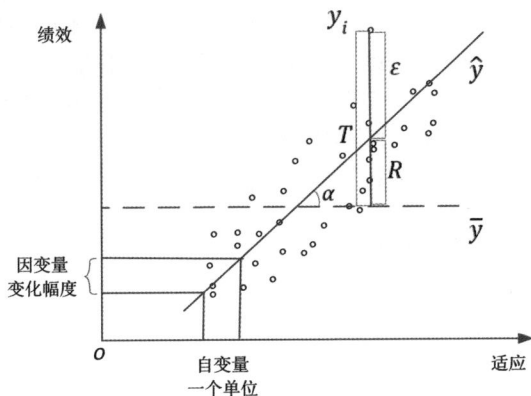

图 4-25　偏回归系数与因果解释

可见，自变量的一个单位表示"一动"，因变量的变化幅度表示"亦动"，在广义上二者已经具有了先后性、相关性和预测性。

如果我们换一种方式描述回归：将偏回归系数中的偏，即控制，看作实验室控制；将所有随机噪声控制在合理的范围内；将一个单位看作试验刺激；将因变量的变化幅度看作反应强度；将问卷数据看作实验数据，并假以理论假设，这俨然就是实验室分析中的因果推论，这也许就是回归思想的精妙之处，尤其在验证性的回归分析中，更完美地再现了这一因果模式。

综上所述，回归系数集结构性和预测性于一身，因此系数的解释至关重要。这往往会涉及业务环境中的应用环节，至于探讨因果关系往往是一个理论问题，借助统计方法只是可以更便捷地实现而已。至此我们完成了对系数的统计解释、业务解释和因果解释。

如果最后老板追加一句："请问，结果可信吗？"

4.2.5　如何相信 R^2

在信效度的测量学概念中，信度表示测验结果的一致性程度或可靠性程度；效度表示测验结果反映了真实情况的程度。真分数理论是信效度分析的基础。

真分数理论表述为总误差变异来源于系统误差和随机误差，如公式（4-22）所示。

$$X = T + E \qquad (4\text{-}22)$$

式中，X 表示实际得分；T 表示真分数；E 表示随机误差，并且满足线性方程误差的假设。

信效度可以使用公式（4-23）和公式（4-24）来计算

$$\text{信度：} \quad r_{XX} = S_T^2 / S_X^2 \quad （\text{注：} X = T + E） \qquad (4\text{-}23)$$

$$\text{效度：} \quad r_{XY} = S_V^2 / S_X^2 \quad （\text{注：} X = V + I + E，V \text{ 表示有效分数；} I \text{ 表示系统误差}） \qquad (4\text{-}24)$$

测量模型是结构模型的基础，两者有很多共通之处。作为近似事实的推演，真分数理论认为真分数占实际得分的比例是信度（$r_{XX} = S_T^2 / S_X^2$），而回归中的判定指标 R^2 表示为回归平方和占总平方和的比例（$R^2 = SS_R/SS_T$）。将公式 $X = T + E$ 和 $y = \hat{y} + \varepsilon$ 放在一起，用测量学概念表述，y 是实际得分或观测得分；$\hat{y}$ 是真分；R^2 是信度指标。因此读者可以将信度分析看作相关分析，效度分析看作回归分析。这样信度的一致性程度就可以看作相关系数的大小，这自然也对应了 r 和 R^2 的信度之意。

相关分析侧重于反映散点的疏密程度，而回归分析侧重于反映散点的趋势。如图 4-26(a) 和 (b) 所示，散点的疏密程度相差不大，且假设相同，也就是相关系数 r（或 R^2）相同，可信程度很高（散点似线形），但两组散点拟合的回归线完全不同（截距和斜率不同）；图 4-26（c）和（d）散点的疏密程度完全不同，图 4-26(c) 散点成线形更可信，图 4-26(d) 散点成圆形几乎没有信度可言，但可以拟合完全相同的回归线（截距和斜率相同）。

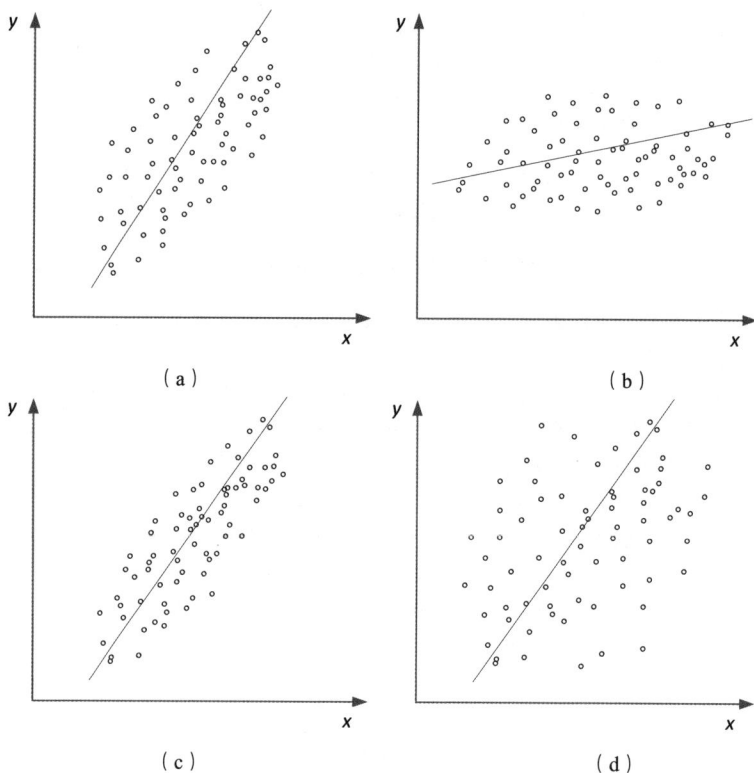

（a）　　　　　　　　　　　　（b）

（c）　　　　　　　　　　　　（d）

图 4-26　相关与回归区别示意图

由此可以看出，信度指标反映散点的疏密程度，也就是散点的一致性。这种一致性是统计模型的基础，即没有好的信度回归模型或效度分析是没有意义的。那什么样的相关指标才是可信的呢？相关分析章节重点描述了相关效应的界值（如 0.1、0.35、0.5、0.7、0.9），读者可以将相关效应的异值作为判断信度的标准，但更一般性的判断信度的标准建议是业务准则。

来看一种场景：有人想种一亩西瓜，但不知明年的西瓜市场如何，于是咨询了两位数据分析师，一位是 67 岁的老者，拥有 26 年的西瓜种植经验；另一位是 6 岁的孩童，只会吃瓜，他们同时告诉这个人，明年西瓜一定大卖，但遗憾的是来年西瓜市场惨淡。请问老者和孩童欺骗了这个人了吗？

答案是没有，这就是可信度。模型不会欺骗我们——信度、经验、据此行动的后果共同组成了对判定系数 R^2 的理解。由于线性回归中的 R^2 具有尺度信息，所以常使用 R^2 图辅助理解判定系数，那么除信度和经验问题的影响外，业务后果也是不容忽视的指标。

实际观测值 y 和预测值 $\hat{y}$ 间的散点图称为 R^2 图，R^2 图解析如图 4-27 所示。

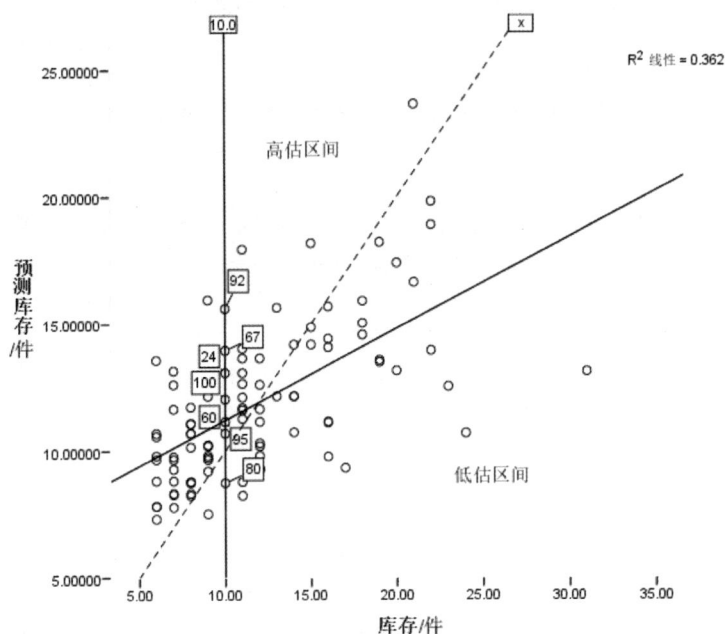

图 4-27　R^2 图解析

图 4-27 中的实线（未加标签）是 y 和 $\hat{y}$ 的回归线，R^2 为 36.2%，虚线是对称线（$y = x$），用于表示预测值与观测值的偏差程度。虚线左上方为高估区间，右下方为低估区间。如果实际库存为 10 件，观测点 24、观测点 60、观测点 67、观测点 80、观测点 92、观测点 95、观测点 100 是预测值与实际值的偏差，有 16.5 件是高估的，1.26 件是低估的（分别将自变量取值 10 代入回归方程和参考方程中计算获得）。

通过查阅价格细目表，不难找到高估区间内存储商品的物流运费、每天的库存价格、存货周期等额外成本总和，以及低估区间内商品断货、客户满意度、供应商压力等问题造成的损失总和。

如果假设一件商品高估后的成本是 20 元，低估后的成本是 50 元，那么 16.5×20+1.26×50=393（元）[1]。这样我们就可以将其他散点对应的数值计算出来，得到汇总值 T，对比 T 与业务经验判断的损失，如果 T 小于业务判断的损失，则说明模型的 R^2 具有可信度，否则不管 R^2 多高模型都不可信。当然此处的标准可以拓展为约定俗成的经验、老板的脸色、业务专家的判断等。

因此，老者与孩童的经验信息就是信度的基础，模型是否可信需要数据信息的支持。

判断 R^2 可信度的另一个必要条件是残差分析，到目前为止，本书介绍了相关性、回归系数和 R^2，但就回归模型而言，这涉及的是 y 和 x、y 和 $\hat{y}$ 的问题，而残差问题是以上所有问题的基础，如果没有残差解析，以上问题的讨论是不充分的。

4.2.6 以残差看假设

残差被描述成预测值 $\hat{y}$ 偏离观测值 y 的程度（$y-\hat{y}$），而此偏离会延伸出残差的大小、分布、异常、相对波幅等问题。下文将沿残差的性质逐一展开对回归模型假设问题的探讨。

我们希望的残差序列应该是什么样子呢？常见的残差序列有如下四种形式。

第一种情况，所有残差都为正，即低估，形式为"+++……+++"，平均后还为正。

第二种情况，所有残差都为负，即高估，形式为"−−−……−−−"，平均后仍为负。

第三种情况，所有残差都为 0，即既不高估也不低估，形式为"000……000"，平均后为 0。

第四种情况，残差正负相间呈现，即高估和低估错落有致，形式为"-+-……+-+"，平均后仍为 0。

除第三种情况外，剩余几种情况都是我们希望的，理由是第一种和第二种情况是比较典型的时间序列数据，数据间往往存在自相关，如果对自相关解释不充分，那么残留的残差会呈现序列特征，如果仅仅对残差序列拟合模型，那么移动平均（MA）回归是解决这类问题的不错选择。

第三种情况没有误差，所以模型将以没有误差的形式出现，从严格意义上说，这已经不是统计模型了，而是方程式，这与统计所追求的不确定性精神相背离——检验将失效、随机分布不再使用、拟合失去校验标准、完全共变、独立性模型，这对小数据的方法论而言是致命的。

第四种情况是横截面数据残差的典型形式，但平均后仍为 0 的残差假定是否就是我们希望的样子呢？如果回答是，那么如图 4-28 所示残差的 3 种分布形式都能保证残差均值为 0，到底是哪种？其中，分布 1 是最理想的形式；分布 2 中大部分数值都是负，但只要确保右侧拖尾足够长，就可以将均值拉高至 0 的位置。因此均值为 0 的假定，无法确定数据的残差分布是分布 1 还是分布 2，并且分布 2 明显意味着残差不随机，仍隐含未被解释的统计信息。

因此，需增加对残差的约束，即正态分布。然而正态分布有多种形式，如图 4-28 中的分布 1 和分布 3（图示效果有些夸张，笔者意指正态分布），显然分布 1 的方差更小且更有效，所以需要限制固定方差。这些残差的假定可表述为

$$\varepsilon \sim N(0, \sigma^2) \tag{4-25}$$

式中，N 表示正态分布；σ^2 表示固定的误差方差。

是不是只要确保残差符合公式（4-25）的假定就可以了呢？如图 4-29 所示的残差示意图满足公式（4-25）的所有假定——参考线（纵轴取为 0）上下的残差点投射在纵坐标的散点是对称的，可以确保均值为 0。虚线部分用于表示散点的波动，从线段长度来看，误差上下波幅大体相当，

---

[1] 计算过程其实是对高估区和低估区的数据进行业务加权，读者也可以将高估区或低估区进一步细分，再进行分段加权。

不存在异方差问题。此外，散点的主体模式似椭圆状，说明数据不仅具有正态分布的特征，还具有相关性，从最后一条来看，这不是好残差，这是典型的内生性问题——残差与预测值显示为正相关，因此我们需要对残差再加以约束，即 $\mathrm{cov}(\varepsilon, \hat{y}) = 0$。

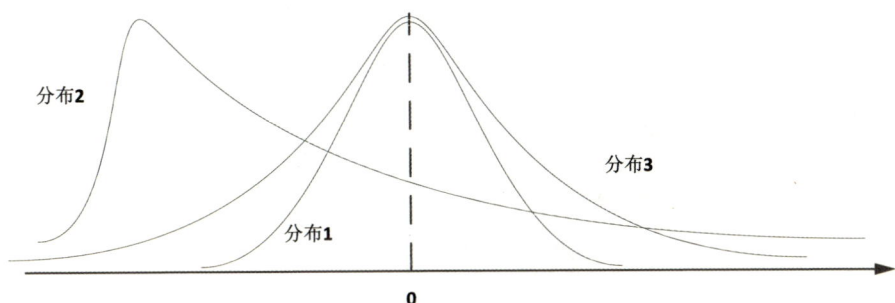

图 4-28　残差的三种分布形式示意图

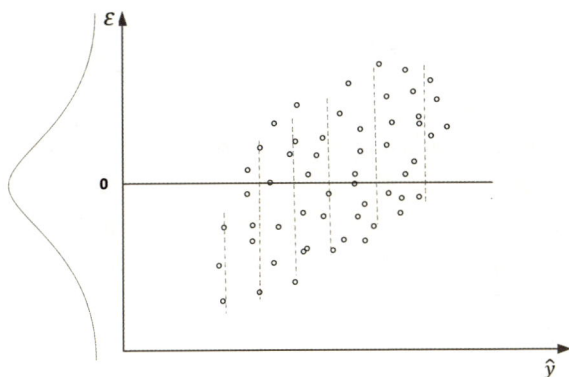

图 4-29　残差示意图

SPSS 操作　对线性回归残差的假设包括 $\varepsilon \sim \mathrm{N}(0, \sigma^2)$ 和 $\mathrm{cov}(\varepsilon, \hat{y}) = 0$ 两大类，分别使用回归的残差分布图和残差图进行监控。SPSS 线性回归主界面的"图"功能可以一次完成这两幅图的绘制（见图 4-30）。

1）线性回归假设

a. 线性假设

线性假设指的是估计系数 β 的符号，以加减法的形式出现。这一条我们在回归分析流程中，在对散点图的线性趋势进行描述时已阐述过。其概要是检查自变量与因变量散点图主体模式的形状，其主体模式似椭圆形最好，因为椭圆形既说明数据，又隐含了线性关系，还隐含了正态分布的部分特征。如果大部分自变量与因变量满足线性关系，构建线性回归才有意义，否则需要对数据加以变换，或使用其他非线性模型。理论上自变量与自变量间没有严格的线性要求，但若能保证二者成线性最好。

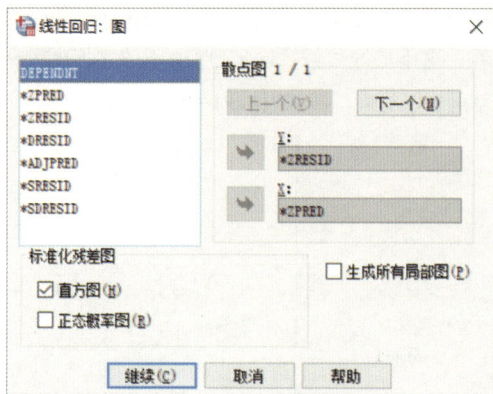

操作步骤：执行"分析"→"回归"→"线性"命令，选择"图"选项，设置"散点图"和"直方图"。

图 4-30　线性回归的"图"功能

b. 正交假定

正交假定是指 $\hat{y}$ 与 ε 不相关或自变量与残差不相关。为什么残差图使用 $\hat{y}$ 作为横坐标，而不是自变量，因为 $\hat{y}$ 强调整体内生性，而自变量强调局部内生性，由整体到局部是检查内生性的过程。其实我们的目的是验证正交假定是否成立，如果存在某个自变量与残差相关，则正交假定不成立。假设存在 12 个自变量，若使用自变量作横坐标至少需要绘制 12 个残差图，过程太烦琐，为了便利会使用 $\hat{y}$ 代替所有自变量。

为什么 $\hat{y}$ 可以表示所有自变量呢？我们认为因变量是随机变量，自变量是固定的，使用自变量预测因变量，其实就是从随机性中解释其中固定的部分（或确定性），剩下的残差仍然具有随机性。$\hat{y}$ 是因变量与自变量整合的结果，近似的理解是因变量和自变量固定部分的综合，包括了部分因变量的确定性和所有自变量的确定性。

这样若某个自变量与残差相关，则估计值与残差的相关也会体现出来；若所有自变量与残差不相关，则估计值与残差也不存在相关。除了自变量的确定性，为什么因变量的确定性没有对这种关系产生干扰呢？理由是残差即被解释因变量的剩余信息，如果解释充分，残差将仅是随机的，不可能存在干扰；若解释不充分，残差中的确定性等同于因变量的确定性，也不会存在干扰。

c. 独立同分布

"独立同分布"一词可拆分成"独立"和"同分布"来理解。

所谓独立，残差四种形式的前两种，即所有残差都为正，形式为"＋＋＋……＋＋＋"的情况，以及所有残差都为负，形式为"－－－……－－－"的情况，往往意味着残差间不独立，主要是受时序数据或追踪数据自相关的影响，但通常横截面数据行与行间要保证独立性，这是抽样技术的随机性前提。因此残差形式可以借助图示法来判断，也可以借助 DW 检验、趋势检验等技术确定是否存在相关。

狭义上的同分布是指同时满足 1 阶距、2 阶距、3 阶距和 4 阶距的所有要求，才能具有同分布特征，但在实际数据中这种要求过于严格，因此通常使用广义的同分布，这样我们只需保证第 1和第 2 阶距（如均值和方差）满足假设就可以。均值是起点或位置问题，并不是统计模型关心的重点，因此在同分布问题中，我们主要把注意力放在方差上，所以同分布问题就变成固定方差问题。一般而言，我们更愿意取方差更小的残差，因为残差偏离均值为 0 的点的距离越短，越有效。

d.　正态分布

有一种现象很奇怪，明明说的是残差需要服从正态分布，但是数据分析师经常检查因变量是否服从正态分布。这种做法是没有问题的，理论上说应该是残差服从正态分布，但实际操作可以通过因变量的分布来近似判断残差的分布。

这是因为抽样分布在因变量和残差上的随机性是相同的，同时又因为残差只有在拟合模型后才能产生，而我们每次调整模型时，自变量增减，合并、删除异常值等操作都会产生不同的残差，如果每次都去校验分布特征太过麻烦，既然因变量和残差的随机性相同，那么在建立模型之初，就可以完成分布检验，且不会受到模型调整或修正的影响。

综上所述，线性假设是关于 y 和 x 的假设，正交假定是对 $\hat{y}$ 或 x 与 ε 关系的限定，独立同分布是关于 ε 的约束，正态分布也是对 ε 的分布限制。可见在回归中，角色因变量、自变量和残差及其关系有严格限定，这种限定的最终目的是估计稳定的回归系数 β。

2）回归系数的稳定性

小数据需要通过抽样数据的分布特征推论总体特征，而 β 就是这种推论过程中的集大成者，其集结了所有结构性应用和预测性应用的指标，确保 β 稳定是应用的前提，那如何评价 β 的稳定性呢？答案是无偏性、有效性、一致性[1]。

推理统计是对参数建立假设，使用假设检验校验，即点估计（平均数或系数）和点估计的准确性（标准误），并使用点估计和标准误构建统计量（ t、F 等），从而对总体进行判断。抽样分析与无偏、有效、一致性如图 4-31 所示，分布 1、分布 3 的均值和总体均值 μ 重叠，分布 2 的均值在总体均值 μ 的左侧。

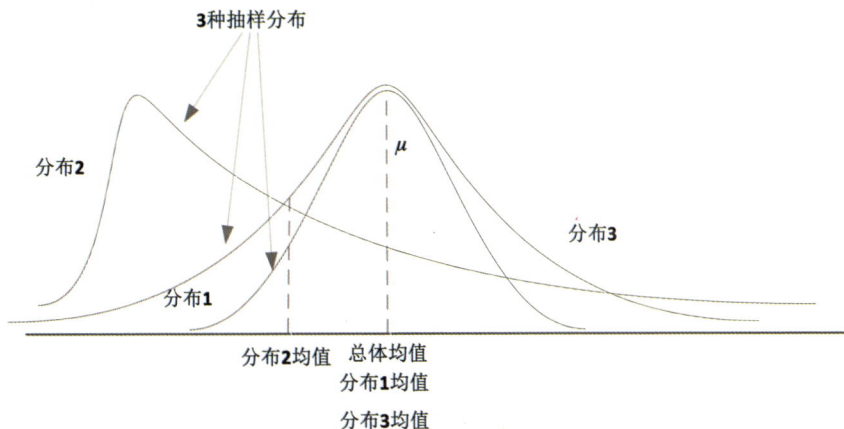

图 4-31　抽样分析与无偏、有效、一致性

无偏性——估计量 $\hat{\theta}$ 的期望等于总体参数 θ 估计量。样本均值 $\bar{x}$ 是总体均值 μ 的无偏估计量，而样本调整方差

$$S^2 = \sum_{i=0}^{n}\left(x_i - \bar{x}\right)^2 \Big/ \left(n-1\right)$$

---

① 参见谢宇所著《回归分析》中的点估计与回归假设部分的内容。

才是整体方差的无偏估计量。分布 1 和分布 3 的均值具有无偏性，而分布 2 的均值是有偏的。当不满足正交假定 $\mathbf{cov}(\varepsilon, \hat{y}) = 0$ 时将导致参数估计有偏。

有效性——当总体参数存在多个无偏估计量时，如分布 1 和分布 3，在抽样分布具有尽可能小的方差。因此，当满足最小的固定方差假设时（分布 1 相比分布 3 更有效），才能保证分析的有效性。

一致性——有些总体的未知参数不一定存在无偏估计量（如分布 2），而有些未知参数存在不止一个无偏估计量（分布 1 和分布 3），但当样本容量 n 不断增大甚至无穷增加时，估计量越来越接近总体参数的真实值的性质。因此在大样本情况下，分布 1、分布 2 和分布 3 的样本均值若能渐进于总体值，则满足一致性。

一致性的前提是增加样本容量 n，若不断增加样本容量，即在大样本情况下，残差是可以假设为正态分布的，因此一致性问题和正态分布假设相对应。

3）残差分析

残差分析如图 4-32 所示，建议从以下角度分析残差：第一，沿对称线（纵轴取值为 0），散点分布是否对称、均匀；第二，设置异常值参考界限（±3 倍标准差），检查是否有散点超出界值；第三，随着预测值的变化，散点的上下波幅是否大体相当。可以将散点按纵向分成 2 组或 3 组，用最大波幅除以最小波幅是否超过 2（可能存在异方差）或 3（一定存在异方差）；第四，残差是否存在明显的形状。

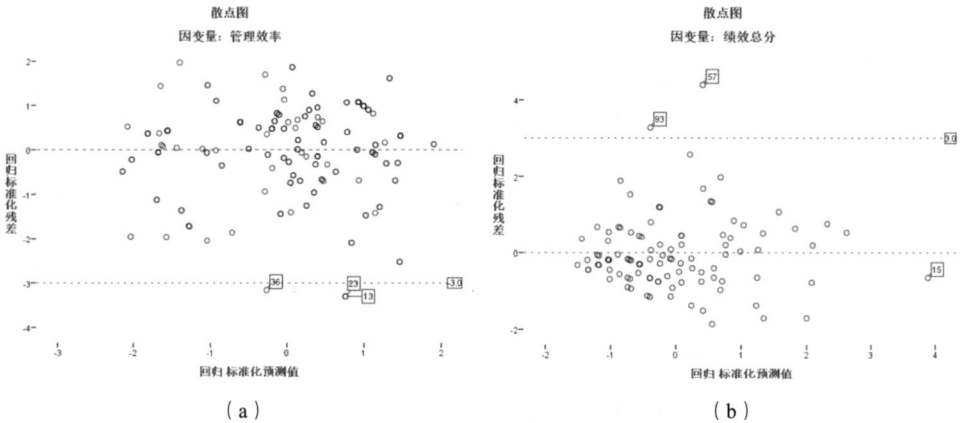

图 4-32　残差分析

我们可以将图 4-32（a）视为比较标准的残差图，虽然存在 3 个异常值，但因为异常程度较轻（参考线附件），所以沿对称线均匀分布、没有异方差、没有任何形状，这样的线下数据已经很好了。

图 4-32（b）存在 3 个异常值（编号为 57、93、15 的观测值），但我们构建的线性回归对垂直异常（编号为 93、57 的观测值）更加敏感，所以对编号为 15 的观测值的态度是，删除与否还需看业务是否能梳理清楚、模型的各项指标是否得以改善。就主体残差图而言，不存在异方差，但散点的均匀和形状问题好像并不能严格满足要求，不过这种形状通过检验（ε 和 $\hat{y}$ 的相关）并未得到统计指标的支持，最终我们还是决定接受这种残差图。

图 4-33（a）中存在散点分布不均匀、异常值、异方差等问题，但因为导致异方差的散点太少，所以即使存在异方差，也是异常值所致。此外，还存在内生性问题。解决方法是什么？

第一，残差与预测值存在一种线性负相关，说明缺少更有效的自变量，但小数据环境受限于商业安全、项目费用、时效性等因素，数据分析师不能确保一定能找到这样自变量。第二，如果涉及安全问题，可以使用工具变量替代真正的自变量。例如，公鸡打鸣并不是天亮的因，但可以暂时先将公鸡打鸣作为预测天亮的工具。第三，如果工具变量也找不到，那就使用统计技术，如对数变换、2 阶段 OLS 估计等方法。

在本书中我们对因变量进行对数变换，然后产生如图 4-33（b）所示的残差分布特征。观察残差主体，可知存在异常值，并且该异常值造成了异方差，因此需要删除异常值。散点的均匀状况良好，形状问题得到极大缓解，并能够通过统计和经验的检验。

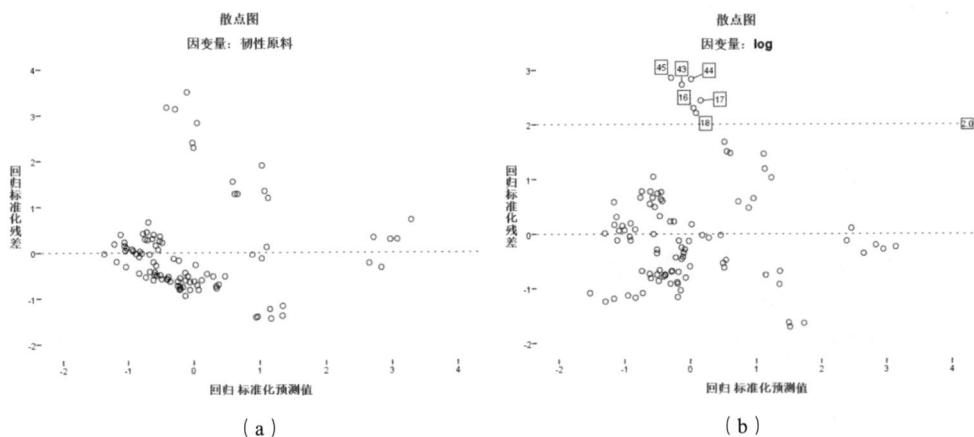

图 4-33　残差的修正建议

综上所述，残差可以帮助我们判断异常值、异方差、正态分布、内生性等问题，但我们经常遇到这些问题同时出现的情况，如图 4-33（a）所示的残差同时出现了异常值、异方差、正态分布、内生性问题。笔者采用对数变换的处理方案的部分原因是受项目的实际需求限制，但以下需要考虑的事项才是笔者希望向读者传达的信息。

（1）研究目的。

如果研究是为了探索变量间的结构性关系，那么因变量与自变量间的稳定性是重点关注的对象，因此异常值、共线性、内生性是关注的重点内容；研究目的若是用于模型推论，即小数据对总体的推论，则正态分布和异方差是关注的重点内容；研究目的若侧重预测，则异常值和内生性是需要重点关注的内容。

（2）业务准则。

两害相权取其轻——如果正态为"轻"，则内生性为"重"，如在结构性问题中，需要探索影响因素的主次问题，而正态分布与内生性相比几乎不会产生什么影响，此时可以优先处理内生性。如果数据安全为"重"，则所有分析都为"轻"，甚至需要停止分析。

（3）探索存在的关系。

有时残差明显存在异方差，但是其导致的波幅不同的散点非常稀疏，如果删除异常值，那么异方差自然消除，这类情况属于异常值问题，理应优先处理异常值。

同样，如果残差的主体模式呈现明显的内生性问题，而且内生性导致了很多异常，那么处理完内生性异常值将随之消失，则异常值不是重要问题，所以可以优先处理内生性。读者可以去测试相反的处理，并加以校对判断。如果结果得以证实，则说明内生性是重要问题，否则说明可能存在其他问题。

（4）择优算法。

如果多种问题同时存在，探索问题间的引导关系容易陷入困境，不过可以选择比较折中的方法。例如，对数变换有助于消除异常值、异方差甚至内生性问题；WLS对异常值、异方差更有效；稳健回归模型对外推效度和异常值更稳定等。

可见，处理方案的选择需要综合考虑业务需求、经费、数据安全、算法、假设等因素，考虑的因素越多，越难以确定最终的方案。我们不知道当前的方案是不是最好的，但一定要清楚这些方案中哪个方案是相对较好的。

4.2.7 残差信息的有和无

线性回归的残差分析是判断回归假设的重要的分析技术，可以帮助我们更好地修正模型，不过残差并不是万能的，理论上说残差主要是对模型整体进行评估，是一种降维后的残余，根据随机性特征进行模型假设判断，但对模型的局部检验问题，残差分析则存在自身的局限。例如，在以下场景中，残差分析也很难判断真伪。

假如影响因变量的因素只有三个自变量，即 x_1、x_2 和 x_3，如公式（4-26）所示，此时存在一个 x_4 与 x_2 高度相关，但与因变量和其他自变量不存在任何关系，构成了公式（4-27）。经过残差分析，我们会发现公式（4-26）和公式（4-27）产生的残差（ε 和 $\hat{y}$）几乎是相同的，如果进一步将 x_2 与 ε 及 x_4 与 ε 两组（残差分析）进行对比，结果也几乎相同，此时若想判断 x_4 是伪变量，只能依靠理论或业务准则。

$$y = \beta_0 + \beta_1 x_1 + \beta_2 x_2 + \beta_3 x_3 + \varepsilon \qquad (4\text{-}26)$$

$$y = \beta_0 + \beta_1 x_1 + \beta_2 x_4 + \beta_3 x_3 + \varepsilon \qquad (4\text{-}27)$$

如果存在一个自变量 x_5 与因变量和其他自变量没有任何关系，然后加入模型构成公式（4-28），此时的残差与公式（4-26）的残差几乎没有差别。可以通过对 β_4 的局部检验或理论准则来判断 x_5 的真伪，此时残差分析是无能为力的。

$$y = \beta_0 + \beta_1 x_1 + \beta_2 x_2 + \beta_3 x_3 + \beta_4 x_5 + \varepsilon \qquad (4\text{-}28)$$

以上两种情况都是局部检验问题，而残差分析侧重于整体判断，是整体拟合后的残余分析。残差可以提供缺少自变量及自变量形式（低阶或高阶）的信息，但很难告诉我们缺少多少个自变量，因此残差分析不可或缺的组成部分是理论假设和局部检验，否则残差分析是片面的。

4.2.8 小数据需求归纳：重结构轻预测

结构性问题是因变量与自变量间的关系，集中体现于 β，而预测性问题涉及因变量的估计值 $\hat{y}$，用于评估未来的潜在行为。为什么小数据比较侧重于结构性问题，并很少进行预测？因为在大多数情况下小数据是抽样数据，每行数据表示的并不是某个个体，而是一个群体，实际上我们很难将预测值与每个群体的潜在行为一一对应，因此我们不得不从行的预测转向列的分析，而列分析总结的一系列结论可以推论到群体性行为。

预测问题分为两种：一种是内衍的老样本预测；另一种是外推的新样本预测（具体表述和使用见模型应用章节）。小数据的老样本预测仅仅为了计算评价模型的信度指标，应用过于单一，而少数时候也会存在对某个个体感兴趣的场景，可以使用新样本预测功能。不过整体而言，预测对小数据来说是小众问题，我们更关心小数据的结构性问题。

4.3 算法进化 REG：小数据专家的努力

计算机技术的每次变革都深刻地改变了统计学。20 世纪 20—30 年代是早期统计学阶段，这一阶段统计计算依靠的是人力，很多数据只能限制在实验室的小体量数据范畴内，数据量往往是十几行，甚至几行，因此这一时期对算法的开发，如方差分析等一般线性模型技术，需要大量"计算员"参与。模型具有的特征以因变量为连续型、自变量为分类型的技术为主，此为算法 1.0（见图 4-34）。

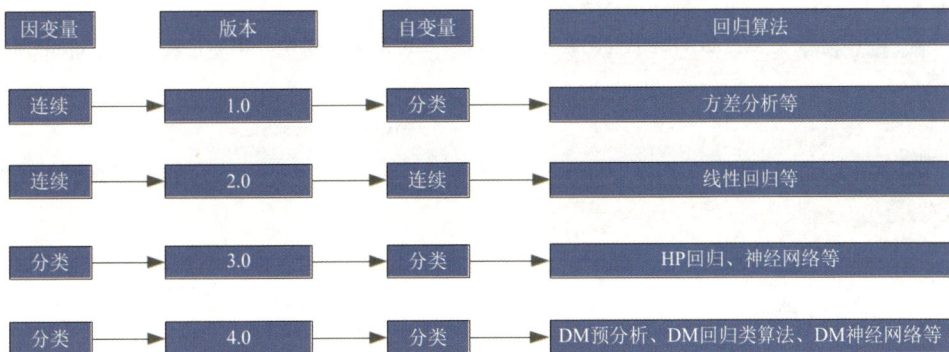

因变量	版本	自变量	回归算法
连续	1.0	分类	方差分析等
连续	2.0	连续	线性回归等
分类	3.0	分类	HP回归、神经网络等
分类	4.0	分类	DM预分析、DM回归类算法、DM神经网络等

图 4-34 角色与算法

随着朴素计算机的发展，大约在 20 世纪 60 年代，实验室里的统计学家开始走向市场，产生了问卷领域的几十行至上百行数据，此时计算机可以承担一部分计算工作，很多复杂算法也有了相应的发展，如判别分析、贝叶斯技术等，模型具有的因变量特征与算法 1.0 特征相同，而自变量不仅有分类型自变量还有连续型自变量，但以连续型自变量为主，此为算法 2.0。

随后计算机科学的发展十分迅猛——数据库的产生使数据存储成本大幅下降，大型数据也随之出现，因此需要高功率的计算机来应对计算问题，为了应对全新的数据特征，数据科学家（这里指统计学家和计算机科学家），一方面在计算机运算上下功夫，如多线程和分布式计算；另一方面在统计算法上下功夫，如神经网络、决策树和传统算法的 HP 回归类技术（HP 为高性能，传统方法升级后的版本）等模型。模型具有的特征为因变量为分类型、自变量为多元测量，并以分类型为主，称其为算法 3.0。

21 世纪初巨型体量的数据（如 T、P 级别的数据）产生了，数据科学家也倾向于推出更高速度的算法 4.0 版本，如 DM 预分析、DM 回归类算法、DM 神经网络算法等，模型延续了算法 3.0 的部分特征：因变量和自变量均为分类型。

在大数据时代来临之前，数据科学家开发出了一系列神经网络的智能技术，这些技术被归入算法 3.0。小数据专家也不甘示弱，但因为存在运算速度问题，统计模型很难处理大数据，所以需要升级传统统计方法，如 HP 回归技术、DM 回归技术等，小数据算法并未闲置，目前已经开发到算法 4.0，接下来我们将从回归的 4 个版本入手，逐一介绍它们的特征——算法 1.0 的一般线性模型、算法 2.0 的 REG、算法 3.0 的人工神经网络算法、4.0 的 DMREG。针对不同版本的模型，就因变量的精确性、特征选择、残差分布、预测与结构问题、参数、速度等问题进行对比。

4.3.1 算法 1.0：精确度 + 结构

算法 1.0 的典型算法是方差分析（操作步骤：执行"分析"→"一般线性模型"→"单变量"命令），是实验室分析技术的核心，其特征是——因变量的测量考量精确性，尤其是测量级别问题；且自变量的个数需要维持在 2～3 个，并以分类型变量为主，由此衍生出结构问题的使用，而产生的残差分布要求为正态分布；模型应用主要是结构问题，并很少用于预测，数据体量很小，因此不谈速度问题，即使产生复杂的实验设计也不存在时间问题。此外方差分析最主要的特征是参数数量密集，这仍然是在为精确性这一主题服务。

SPSS 操作 方差分析的结构性问题主要体现在二级对话框模型和事后检验功能中，如图 4-35 所示。

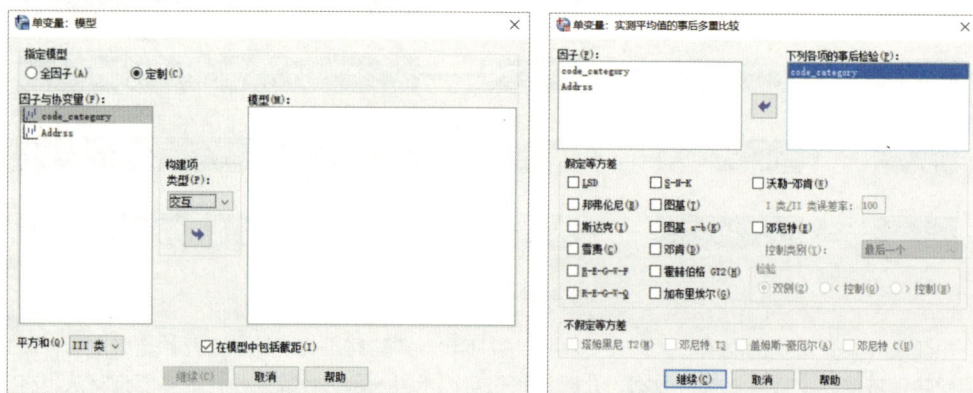

（a）"单变量：模型"对话框　　　　（b）"单变量：实测平均值的事后多重比较"对话框

操作步骤：执行"分析"→"一般线性模型"→"单变量"命令。

图 4-35　多因素方差分析主界面

方差分析对差异和交互问题的探讨提供了比线性回归更丰富的功能，如名义型自变量的处理。线性回归使用哑变量技术，但哑变量存在自由度、参数估计、自变量冗余等问题。相比而言，线性回归对样本量的要求比较大，而大样本量在实验室场景下是很难达到的。如果换作方差分析，名义型自变量不但不是劣势，反而是优势，因为它具有特别便利和丰富的参数调校功能——差异和交互问题，这体现在模型、事后多重比较和选项对话框中（操作单击：执行"分析"→"一般线性模型"→"单变量"命令，选择"选项"选项）。

多重比较输出表如表 4-14 所示。

表 4-14　多重比较输出表

(I) 品类分组	(J) 品类分组	均值差值 (I–J)	标准误差	显著性
B 类产品	D 类产品	40.847 03	44.480 512	1.000
	X 类产品	165.605 44*	45.124 524	0.001
D 类产品	B 类产品	−40.847 03	44.480 512	1.000
	X 类产品	124.758 41*	37.982 468	0.004
X 类产品	B 类产品	−165.605 44*	45.124 524	0.001
	D 类产品	−124.758 41*	37.982 468	0.004

注：1. 基于实测平均值，误差项是均方（误差）= 27 006.743。

2. 因变量为韧性原料。

* 表示平均值差值的显著性水平为 0.05。

由表 4-14 可知，就品类的三个取值而言，B 类产品、D 类产品分别与 X 类产品存在显著差别（$p<0.05$），但 B 类产品与 D 类产品并未观察到差异（$p>0.05$）。此外，结构或差异问题还体现在更复杂的交互效应上。

品类与生产线间的交互图如图 4-36 所示，随着品类（工艺生产技术）的提高，第一生产线的原料成本下降趋势并不明显，反而有些上升；第二生产线刚开始有微微上升（从 B 类产品到 D 类产品），但借助更好的生产技术后（X 类产品），成本大幅下降（从 383.892 元下降到 192.581 元），并且观察到的整体差异同样得到统计检验的支持（交互效应检验 $p=0.05$）。

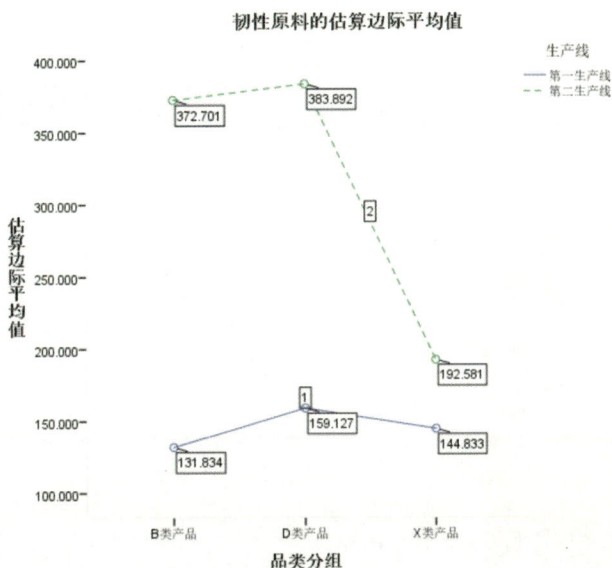

图 4-36　品类与生产线间的交互图

如果对交互效应的局部检验感兴趣，可以借助表功能输出因变量的 6 个均值，并提供假设检验。由于自变量间取值有 6 种组合，所以有 6 个因变量均值，表 4-15 提供因变量取值和标准误，可以通过因变量均值相减，并除以两个标准误的平均，得到 t 的近似值，以判断均值间是否有差异（$t > 1.96$）。如果我们希望检验第二生产线对应的 B 类产品和 X 类产品有无差异，(372.701–192.581)/(38.735+35.861)/2=1.21<1.96，则不存在显著差别。

表 4-15　交互效应检验

品类分组	生产线	均值	标准误差	95% 置信区间	
				下限	上限
B 类产品	第一生产线	131.834	94.880	−56.662	320.330
	第二生产线	<u>372.701</u>	<u>38.735</u>	295.747	449.654
D 类产品	第一生产线	159.127	42.432	74.829	243.425
	第二生产线	383.892	33.545	317.248	450.535
X 类产品	第一生产线	144.833	42.432	60.535	229.131
	第二生产线	<u>192.581</u>	<u>35.861</u>	121.336	263.825

注：因变量为韧性原料。

　　尽管方差分析提供了回归系数、哑变量系数等系数的估计及检验，如表 4-16 所示，在回归分析中进行哑变量变换极为困难，但 SPSS 软件 24 版的新功能——创建虚变量功能，缓解了这一问题，但这并不是重点，该功能的辅助性更明显。如果小数据环境拥有太多分类变量，回归分析的做法是产生大量哑变量，这将不可避免地带来自由度、参数估计、样本量等问题，因此更便利的回归分析应该使用一般线性模型分析。

表 4-16　参数估算值

参数	B	标准误差	t	显著性
截距	192.581	35.861	5.370	0.000
[code_category=1]	180.120	52.786	3.412	0.001
[code_category=2]	191.311	49.105	3.896	0.000
[code_category=3]	0[a]	.	.	.
[Addrss=1]	−47.748	55.556	−0.859	0.392
[Addrss=2]	0[a]	.	.	.
[code_category=1] * [Addrss=1]	−193.119	116.572	−1.657	0.101
[code_category=1] * [Addrss=2]	0[a]	.	.	.
[code_category=2] * [Addrss=1]	−177.017	77.538	−2.283	0.025
[code_category=2] * [Addrss=2]	0[a]	.	.	.
[code_category=3] * [Addrss=1]	0[a]	.	.	.
[code_category=3] * [Addrss=2]	0[a]	.	.	.

注：因变量为韧性原料。

a. 此参数冗余，因此设置为零。

SPSS 操作 在 1.0 算法中，可以使用选项功能对分类变量进行处理，并且哑变量转换功能中同样也提供对哑变量的处理，包括主效应和交互效应的哑变量变换（见图 4-37）。

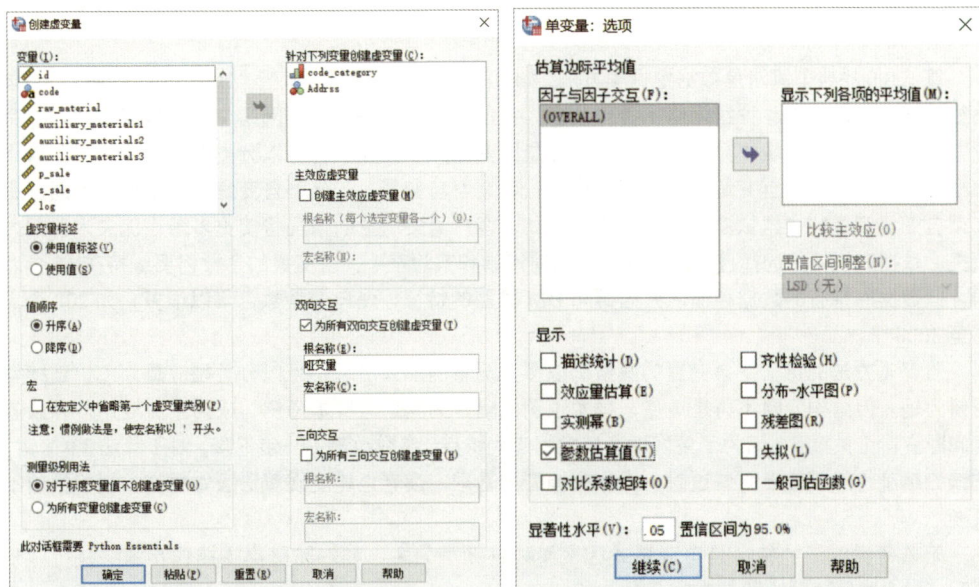

操作步骤：执行"转换"→"创建虚变量" 命令。　　　　操作步骤：执行"分析"→"一般线性模型"→"单变量"命令，选择"选项"选项。

图 4-37　交互效应与哑变量变换

总而言之，算法 1.0 版本对应的因变量是连续型，拥有更高的测量级别，体现了测量的精确性，需要在实验室方法论的指导下对精确性加以考量，而分类型的自变量并不强调精确性，其均值间的差异构成了结构性问题，因此软件提供了丰富的结构性分析功能，如事后多重比较、交互效应设置、回归系数的哑变量变换等技术，这就是 1.0 算法的特征。

4.3.2　算法 2.0：精确度 + 结构与预测

算法 2.0 的典型算法是线性回归（操作步骤：执行"分析"→"回归"→"线性"命令），是问卷领域数据分析的核心，其特征是因变量的测量需要考虑精确度，且多数因变量需要借助潜变量测量，以反映和控制抽象研究的误差，而在严格理论的限定下，其自变量的个数维持在 6～9 个，并以多元测量的形式出现——连续型变量为主，辅以分类变量。

值得一提的是结构问题仍是这一时期的重点，样本预测问题尤其是新样本预测也慢慢有了一部分应用，但依然不谈速度。而且线性回归为了更好地适应问卷数据的特点，参数数量在下降，但精确性仍是分析的方向。

由于上文对回归模型进行了详细讨论，所以此处将重点强调 REG 和一般线性模型的区别。从线性回归界面的参数功能来看，其并没有提供分类变量的处理，因此线性回归比较擅长解决连续性变量的问题，尽管线性回归的结构性和预测性问题就功能优越性而言不分彼此，但小数据的环境仍然以结构性问题的应用为主。此外，除偏回归图更深入的系数检验外，回归的其他参数几乎都可以在一般线性模型的主界面上找到，这说明以参数数量换应用的模式已成为升级的版本显著特征。

4.3.3 算法 3.0：速度 + 预测

算法 3.0 的典型算法是数据挖掘类方法，如 HPREG（操作步骤：执行"分析"→"回归"→"自动线性建模"命令）、神经网络（操作步骤：执行"分析"→"神经网络"→"多层感知器"命令），这是数据库领域的分析核心，其特征是因变量为多元测量，并以分类型自变量为主。与比率型自变量、间距型自变量、有序型自变量、名义型自变量、二分型自变量的测量形式不同，定义型自变量测量的依据依然是业务需求。例如，客户流失严重的情况将使更多潜在流失人群归为流失。数据库的特征选择技术并不成熟（相对问卷和实验室），自变量的个数需要维持在 15 个以内，但数据库特有的数据存储、归因链和 DM 模型的特征，使自变量数目可以很多，如 200 个，甚至 3000 个。

监督类方法的特征是自变量的测量仍以多元测量的形式出现，且以分类型变量为主，连续型变量为辅。但结构问题不再是重点，样本预测问题，尤其是老样本预测，成为主流应用，并且速度问题变得至关重要，而为了更好地适应数据库的特点，参数数量进一步下降。对于算法 3.0 来讲，若谈论精确性问题似乎有些过时，但作为模型的基础，读者也能发现算法版本越高，精确性越不重要。

无监督类方法的特征是自变量或因变量以连续型为主，如二阶聚类（操作步骤：执行"分析"→"分类"→"二阶聚类"命令）。

由于简单形式的神经网络技术和 Logistic 回归有很多相通相似之处 [1]，所以我们在 Logistic 回归一章中单独开辟一节来讨论神经网络分析。此处重点介绍 HPREG 技术（SPSS 语法为 Linear）。

SPSS 操作 数据挖掘关于因变量和自变量角色的设置可以在主界面上完成，也可以借助变量视图功能完成。"自动线性建模"对话框下提供了整体模型目标、基本设置和模型选择等功能（见图 4-38）。

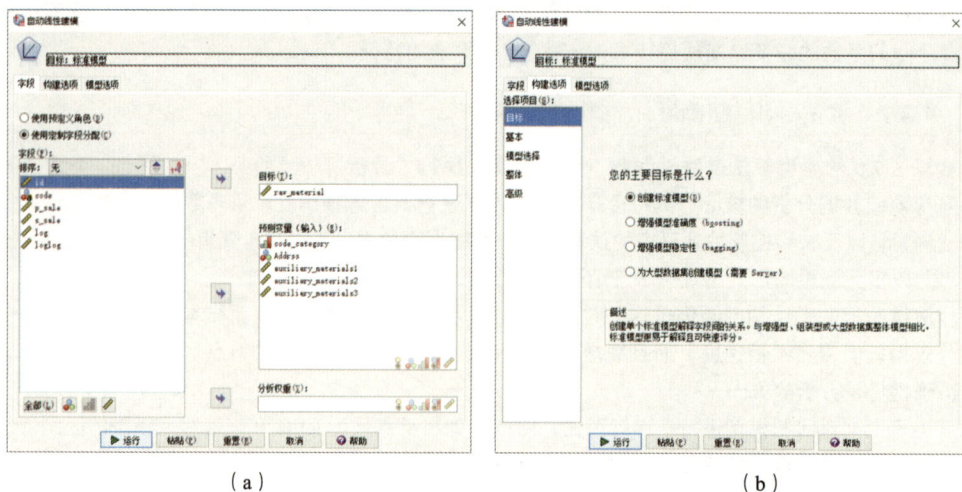

(a)   (b)

图 4-38 自动线性建模主界面

---

[1] 张文彤等《IBM SPSS 数据分析与挖掘实战案例精粹》。

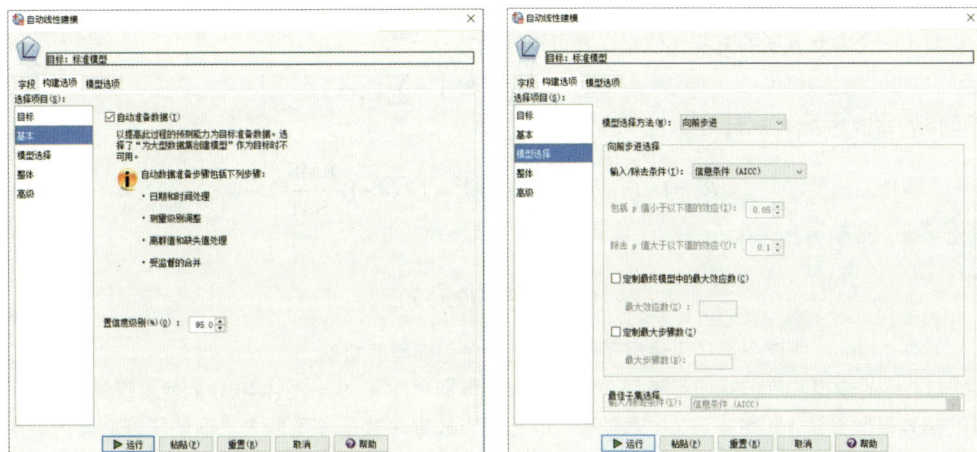

（c）　　　　　　　　　　　　　　　（d）

操作步骤：执行"分析"→"回归"→"自动线性建模"命令。

图 4-38　自动线性建模主界面（续）

1）目标

模型强调精确性和稳定性。精确性，是指模型拟合数据程度高，其有利于检查变量间的结构性关系，但不利于推广，所以稳定性可以保证新数据使用模型的稳健，可以长时间使用模型而不用更新，因此需要决定使用什么模型特征。此外，大型数据集创建模型需要使用 SPSS Server（需另行购买），本机版的 SPSS Statistic 不包括该功能。

2）基本

如果自变量涉及时间、测量级别、异常值、缺失值和分类编码将执行以下操作。

日期和时间处理。将日期和时间转换成连续型变量，并计算与参考时间的间距。其中参考日期是"1970-01-01"，参考时间是"00:00:00"。

测量级别调整。具有少于 5 个取值的连续型变量重新转换为有序型变量，具有多于 10 个取值的有序型变量转换为连续型变量。

离群值处理。如果连续型变量的值位于分界值（均值的 3 个标准差）之外，那么将其设为分界值，即拖尾。

缺失值处理。名义型变量的缺失值被替换为训练集的众数，有序型变量的缺失值被替换为训练集的中位数，连续型变量的缺失值被替换为训练集的均值。

受监督的合并。分类型变量取值合并将减少与目标关联的复杂度，使模型简约。无显著差异（$p>0.1$）的类别将被合并。如果所有类别合并为一个类别，那么将删除该变量及其衍生变量[①]。

3）模型选择

相对来说，自变量的选择最为困难。删除正确变量子集模型的估计方差相比全模型（真模型）的估计方差将更小；而选择不恰当的自变量将产生有偏性、共线性、内生性等问题。这些问题违反了回归分析的基本假设。

---

① 参见 SPSS 24.0 官方手册。

评价自变量的几种方法，拟合模型的充分性，Linear 中提供了几种常见的准则。

对于一个含有 p 项的方程，残差均方可以表示为

$$\text{RMS}_p = \text{SSE}_e/(n-p), \quad \text{SST} = \sum(y_i - \overline{y})^2$$

式中，R^2 与调整 R^2 表示为

$$R^2 = 1 - (n-p)\frac{\text{RMS}_p}{\text{SST}}, \quad R_a^2 = 1 - (n-1)\frac{\text{RMS}_p}{\text{SST}}$$

最优子集 C 准则为

$$C_p = \frac{\text{SSE}_e}{\hat{\sigma}^2} + (2p - n)$$

此外，Linear 在模型选项中提供了预测功能和保存模型的功能。

Linear 的输出几乎包括回归模型的所有输出，但通过图 4-39～图 4-40 我们能发现算法 3.0 的可视化效果比算法 1.0 和算法 2.0 更美观，这是因为数据库数据体量巨大，即使压缩后其内容全面表示出来也不太好，并且其模型，如神经网络，很难像传统线性回归那样通俗地表述出来，因此经过几层复杂模式后，数据、数据挖掘距离大众越来越远，而可视化是缩短距离感最有效的方式。

异常值评价如图 4-39 所示，Linear 使用了学生化残差和 Cook 值。我们知道学生化残差和 Cook 值是同时考虑因变量（如标准化残差）和自变量异常（如杠杆）的指标，因此可以看出，模型修正使用的算法具有折中性，并没有区分每种算法的具体应用场景，而是选择了一个不太容易出错的算法，以确保模型稳健和运行效率。

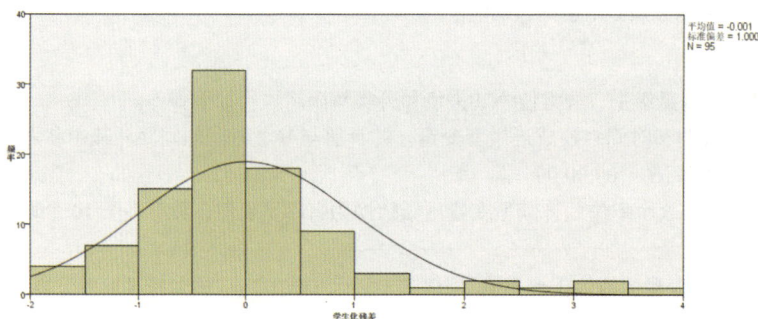

记录标识	韧性原料	Cook值
37	208.816	0.065
44	714.211	0.065
39	203.444	0.063
45	626.258	0.062
38	231.859	0.061
43	639.842	0.059
17	645.040	0.045

含有较大 Cook 值的记录在模型计算中的影响极大。此记录可能会歪曲模型准确度。

图 4-39　异常值评价

图 4-40 的 Linear 回归显示了三种特征：第一，因变量的可视化分布，但并未对因变量进行变换，说明分布假定的严格性在下降；第二，对自变量进行变换，如连续型变量的标准化和分类变量的编码；第三，回归系数的相对性。这三种特征具体体现在最重要和最不重要的测量尺度上，另外，软件提供了显著性 p 值的特征判断，但需要注意的是，p 值是特征选择的重要指标，但读者尽量不要使用小数据的 0.05 界值，因为大数据往往不谈界值，使用其相对重要性即可。

综上所述，算法 3.0 的特征是可视化，且后续版本越发重视可视化的开发；速度或运行效率被提上日程，运行效率变成首要问题，并首次超越精确性，成为数据挖掘的目标；因变量分布假设逐渐暗淡，并建议以分类形式出现；模型算法具有折中性，因为精确性已不是重点；模型的拟

合指标和回归系数的判断具有相对性，取代了小数据绝对参考的准则。

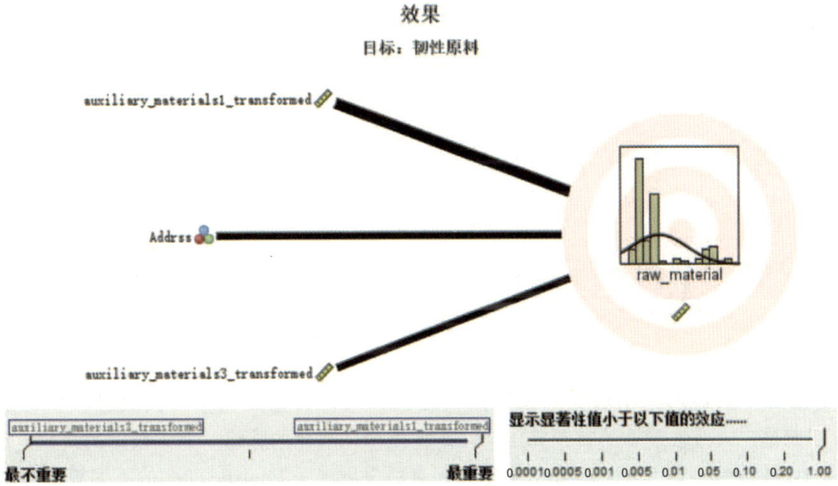

图 4-40　回归模型系数评价

4.3.4　算法 4.0：加速度

算法 4.0 的典型算法是 DM 类算法，如 DMLogistic（操作步骤：执行"直销"→"选择技术"→"选择最有可能采购的联系人"命令）、DMCLUSTER（操作步骤：执行"直销"→"选择技术"→"将我的联系人分为多个集群"命令）、DMTREE（操作步骤：执行"直销"→"选择技术"→"生产对产品做出了回应的联系人的概要"命令）等，这些算法构成了超大数据分析的基础。我们将这类数据放在云端视为云特征，但专门为此设计的 DM 类模型好像还未做好准备，因为数据爆炸式的增长远远超过算法进步的速度，就目前而言，DM 类算法还无法单独应对这类大型体量的数据。

监督类方法所具有的特征是因变量测量为分类型，并以二分型为优势，而自变量也尽量为分类型的形式，自变量维度仍需要维持在 15 个以内，至于是否需要减少或增加自变量，需视运行速度而定。

无监督类方法所具有的特征是其对自变量或因变量不做要求，如 DMCLUSTER。

很遗憾，SPSS 并没有针对线性回归开发 4.0 算法，其原因可能是连续型因变量在大数据场景中很少出现，所以分类型的回归 4.0 算法将在下文进行阐述。

第 5 章　Logistic 回归与统计家族

因变量的测量级别是小数据控制数据精度的体现，其拓展出了广义线性模型家族，其中 Logistic 回归是广义线性模型的首要算法，这是模型横向演化的脉络。而大数据的兴起，使得算法又从纵向上得以进化，在考虑了参数、测量等因素后发展出了 Logistic 回归的不同算法版本，如 1.0 算法（GENLIN）、2.0 算法（Logistic 回归）、3.0 算法（SPSS 没有开发 HPLogistic）和 4.0 算法（DMLogistic）算法，整个系统都为运行效率提供支持。

本章将从最常用的 Logistic 回归 2.0 算法入手，探讨模型的分析流程与特征；再通过介绍 Logistic 回归和神经网络间的关系，描述神经网络的特点和数据分析功能。

5.1　预测性问题：Logistic 回归

Logistic 回归分析流程分为五个步骤（见图 5-1），每个步骤的作用与线性回归大致相同，本章重点阐述与线性回归不同的模型修正技术。为什么第四步与线性回归不同？线性回归对残差进行修正，而残差的随机性来自因变量，实际上修正的是因变量。其原因是线性回归因变量的测量是连续型的，能够体现数据的精确性，而 Logistic 回归的因变量没有测量尺度，所携带的信息过于单薄，所以模型修正主要集中在自变量。

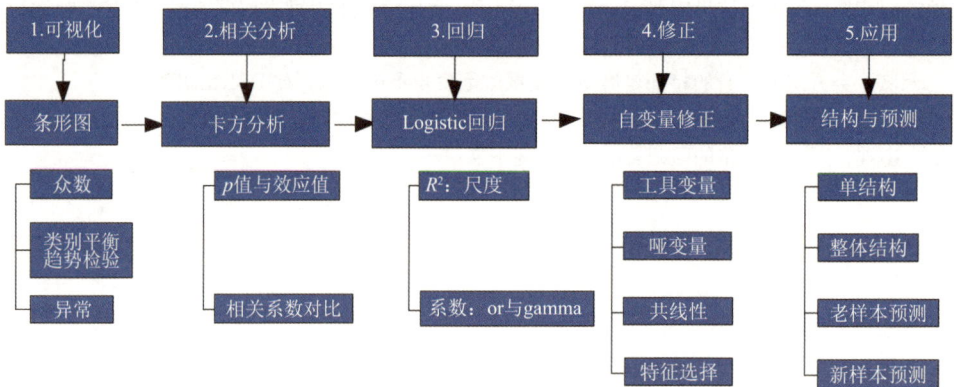

图 5-1　Logistic 回归分析流程

5.1.1　卡方的风向标作用

卡方分析的作用在于预分析，是判断分类变量间相关性强弱的最重要的指标，此处卡方的目的仍然是减轻 Logistic 回归承载自变量的负担，因此小数据环境的风向标作用仍未改变，就像皮尔逊相关系数和线性回归的关系。

1）卡方分析原理

卡方可以表示为观测值与理论期望间的偏离程度。例如，对于商品材质数据集来讲，如果我们感兴趣的是不同工艺技术（B 类、D 类、X 类）的生产布局是否考虑了生产线的因素，这等同于考虑品类与生产线是否存在相关性，这就构成了卡方分析的前提，即分类变量间的关系。

如表 5-1 所示，我们重点谈论 B 类产品和第一生产线对应的单元格的数量关系，取值 3 表示 B 类产品在第一生产线上的布局有 3 个实际频数，而 7.2 表示期望频数，何为期望频数？我们发现 7.2=21×33/96，因此通过逆向变换得到

$$f_{11} = f_{10} \times f_{01}/w \tag{5-1}$$

式中，f_{10} 表示 B 类产品的总频数，即 21；f_{01} 表示第一生产线的总频数，即 33；f_{11} 表示 B 类产品和第一生产线的交汇处的期望频数，即 7.2；w 表示总样本数，即 96。

表 5-1　品类分组 × 生产线交叉表

			生产线		总计
			第一生产线	第二生产线	
品类分组	B 类产品	频数	3	18	21
		期望计数	7.2	13.8	21.0
		残差	−4.2	4.2	
	D 类产品	频数	15	24	39
		期望频数	13.4	25.6	39.0
		残差	1.6	−1.6	
	X 类产品	频数	15	21	36
		期望频数	12.4	23.6	36.0
		残差	2.6	−2.6	
总计		频数	33	63	96
		期望频数	33.0	63.0	96.0

由公式（5-1）进一步可得公式（5-2），并将其以公式（5-3）的形式表述出来：

$$f_{11}/w = f_{10}/w \times f_{01}/w \tag{5-2}$$

$$P(\text{B 类产品} \cap \text{第一生产线}) = P(\text{B 类产品}) \times P(\text{第一生产线}) \tag{5-3}$$

可见，期望值 f_{11} 用于表示 B 类产品和第一生产线在不存在相关的情况下的取值，即观察频数与期望频数没有差别。期望用于表示不相关，有了不相关或随机关系，就可以构造统计指标分子上的差异（$f-f_{11}$）了；而分母需要构造随机误差，即统计单位；期望值 f_{11} 就是误差源，如公式（5-4）所示，这就是相关性指标皮尔逊卡方：

$$\chi^2 = \sum (f - f_{11})^2 / f_{11} \qquad (5\text{-}4)$$

式中，f 表示实际频数。

由公式（5-4）可以看出，卡方是由频数组成的统计量，分子和分母都不可能为负数，只有分子的最小值为零。如果卡方为零，则表示实际频数与理论频数相同，即变量不相关；卡方越大，变量间相关性越强，因此可以借助卡方分布及显著性检验来判断变量间的相关性。

卡方检验如表 5-2 所示。本例中卡方的检验结果不显著（$p > 0.05$），说明不同工艺技术（B 类、D 类、X 类）的生产布局并未考虑生产线因素，两者间不相关。

表 5-2　卡方检验

	值	自由度	渐进显著性（双尾）
皮尔逊卡方	4.894[a]	2	0.087
似然比（L）	5.454	2	0.065
线性关联	3.759	1	0.053
有效个案数	96		

a. 有 0 个单元格（0.0%）的期望计数小于 5；最小期望计数为 7.22。

表 5-2 的注释提示，在进行小样本卡方检验的同时需要注意样本量的需求，如单元格最小期望频数需大于 1，单元格期望频数小于 5 的不能超过 20%[①]，如果不满足，则可以接受近似概率法的结果；在大样本情况下，一般是通过比较 χ^2/df 值的相对性判断大小。

2）相关性指标

其他与卡方有关的相关性指标还包括 Kappa 和风险。

Kappa：内部一致性系数，取值为 [0，1]，一般认为 Kappa 取值大于 0.75 表示一致性较好；Kappa 取值为 [0.4，0.75] 表示一致性一般；Kappa 取值小于 0.4 则较差。

风险：or（比数比）和 rr（相对危险度），用于度量行列间的关联强调。or =（反映阳性组实验因素阳性人数 / 阴性人数）/（反映阴性组实验因素阳性人数 / 阴性人数）；rr =（实验组反映阳性人数 / 实验组总人数）/（对照组反映阳性人数 / 对照组总人数），取值大于 1 表示风险度在增加。

5.1.2　不一样的 R^2：预测分类表

R^2 是拟合度指标、判定系数和信度系数。拟合是指模型捕捉数据信息的程度，该值越大，模型捕捉数据信息的程度越高；判定系数是判断回归是否可以应用的指标，强调业务层次的数值理解；信度系数是指观测值与估计值间的一致性，用来衡量模型是否可信。可见三者从不同角度表达了对回归的理解，因此若希望认识和理解 R^2 的含义需要从这三个角度出发。

从测量角度，根据数据是否存在测量尺度 R^2 有两种计算形式：一种是尺度测量；另一种是非尺度测量。根据变量取值（尤其是因变量取值）是否具有间距来区分尺度问题。例如，用取值为 1 和 0 的因变量构建模型，然后再用取值为 6 或 98 的因变量构建同样的模型，输出的结果完全相同。因此，二元 Logistic 回归不存在测量尺度，这导致预测分类表的解释有所不同。

以 bankloan_binning 数据集为例，希望研究用户信用行为的影响因素，并将只有 2 个取值（1

---

① 张文彤《SPSS 统计分析基础教程》。

和 0）的 default 客户是否有违约记录视为因变量。产生的输出包括两个预测分类表，这两个表分别是截距模型（未包含自变量）和普通模型（包含自变量）的情况。

如表 5-3 所示，在未考虑自变量的情况下，模型的准确度是 74.9%，但要注意该系数的解释，我们通常认为 74.9% 是一个很高的值，是因为我们误以为该值是 R^2，但 R^2 是在严格尺度测量的前提下得到的，而此处的 74.9% 不具备这种测量。此外，因变量取值为 0（标签为 No）的占比是 74.9%，这与预测精度的 74.9% 恰好相同，这不是偶然，其实 74.9% 是截距模型的起始点。

表 5-3 分类表

实测		预测		
		No	Yes	正确百分比 /%
步骤 0	No	3744	0	100.0
	Yes	1256	0	0.0
	总体百分比 /%			74.9

注：1. 仅有常量的模型。
2. 分界值为 0.500。

为了进一步说明上述问题，假设因变量有两个取值，并保证取值的先验概率各占一半。此时，随机猜测的概率是 50%（无须任何模型）；如果因变量仍为两个取值，并保证取值 1 的先验概率是 99%，那么通过信号测试的准确度是 99%。

起始精度是为了与最终模型的精确度进行对比，如表 5-4 所示，训练自变量与因变量间的关系，包含自变量的模型比未考虑自变量的模型的精确度高 6.1%（81-74.9=6.1），而 6.1% 是不是就是 R^2 呢？答案是不是。这是因为 R^2 的起始值是 0，而不是 74.9%。如果我们将数值转化为从 0 到 1 呢？计算 (81-74.9) / (100-74.9)×100%=24.3%，这个是 R^2 吗？答案是近似为 R^2。统计学家发明了更好的修正指标——考克斯 - 斯奈尔 R^2（Cox & Snell R Square），即伪 R^2，来作为 R^2 的近似替代，取值为 27.3%，说明该模型拟合效果并不好。

表 5-4 预测分类表

实测		预测		
		No	Yes	正确百分比 /%
步骤 1	No	3485	259	93.1
	Yes	692	564	44.9
	总体百分比 /%			81.0

注：分界值为 0.5，包含自变量的模型。

5.1.3 回归系数解释：or 值与 rr 值

线性回归使用 OLS 估计确保 $\hat{\beta}$ 系数的估计是线性最佳无偏估计量，其他类回归都希望能效仿线性回归，基于 OLS 估计良好的性质得到更合理的估计系数。但当我们把问题扩展为更多测量形式时，其困难程度可想而知，所以需要拓展估计方法，如最大似然估计、矩估计（method of moments）、最小绝对偏差（LAD）等。

1）线性回归系数的计算

将生产线作为自变量对韧性材料进行回归，得到回归系数是 166.775，我们发现这恰好就是生产线对应的韧性材料的均值差，如表 5-5～表 5-6 所示。这不是偶然。既然线性回归基于此形式，那么 Logistic 回归可不可以也使用这种方式呢？答案是不可以。Logistic 回归的因变量是分类型，求均值没有意义，但可以概率。

表 5-5　回归系数

模型		未标准化系数		标准化系数	t	显著性
		B	标准误差	β		
I	（常量）	−16.627	65.274		−0.255	0.799
	生产线	<u>166.775</u>	37.884	0.413	4.402	0.000

注：因变量为韧性原料。

表 5-6　均值差

	生产线		
	第一生产线	第二生产线	均值差
	平均值	平均值	平均值
韧性原料	150.149	316.924	166.775

Logit 变换如图 5-2 所示，如果自变量为分类型，那么就可以计算自变量每个取值对应的因变量响应概率。然后将发生概率与不发生概率相除并取对数，就可以将分类型变量转化成连续型变量。为什么不直接使用概率？因为因变量取值受限，很容易导致预测值不在 0～1 的范围内。并且实证发现，概率与自变量往往不是线性关系。

因变量经变换后为 $\log[p/(1-p)]$，该变换称为 Logit 变换[1]。有证明显示，变换后的因变量和自变量间的系数估计采用最大似然估计方法更为合适。

2）最大似然估计

在满足独立同分布且随机变量分布参数已知的情况下，最大似然估计是最佳无偏估计，是所有无偏估计中最有效的估计量[2]。

第一，确定模型随机误差项的分布，一般为 Logistic 分布，尤其是在因变量只有两个取值的情况下，通常可以满足假设或无须做特殊检验。

第二，构建似然函数，观测数据出现的概率可以表述成未知模型参数的函数。因为假定独立同分布，所以样本为 n 的联合分布可以表示为边际分布的连乘，以 Logit 模型为例，其似然函数为

---

[1] Logit 可以分成 log 和 it。统计学界褒奖统计学家的两种方式：一种是将其算法放入 SAS 软件；另一种是将其算法标为 it。

[2] 参见谢宇所著《线性回归》中介绍的模型估计部分的内容。

$$L = \prod p_i^{y_i} \left(1 - p_i\right)^{(1-y_i)}$$
$$= \prod \left[\left(e^{\sum_{k=0}^{J} \beta_k x_{ik}} \right) \Big/ \left(1 + e^{\sum_{k=0}^{J} \beta_k x_{ik}} \right) \right]^{y_i} \left[1 \Big/ \left(1 + e^{\sum_{k=0}^{J} \beta_k x_{ik}} \right) \right]^{(1-y_i)}$$

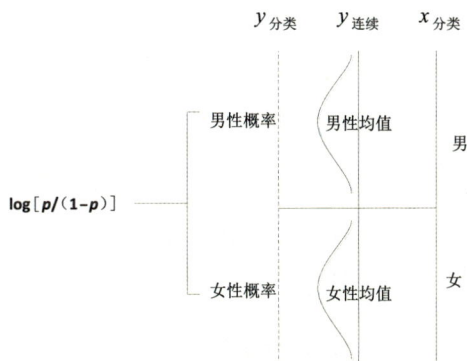

图 5-2　logit 变换

第三，取对数，即对数似然函数。因为 L 的计算量复杂，所以 $\ln L$ 可以将指数转化成加法形式，这大大减少了计算量；又因为 $\ln L$ 与 L 为单调递增函数，所以 $\ln L$ 取最大值时，L 取最大值。

第四，求偏导。令其为 0，并解方程组，求得回归估计参数 β_k 的最优解。

3）Logistic 回归系数解析

Logistic 回归的因变量进行了三次变换，尤其是对数变换，这导致回归系数很难解释，因此需要进行反向变换。正如在线性回归中阐述的，回归系数用来解释与业务间的关系，标准化系数用来解释相对重要性及相关性强弱。

为了精简模型输出删除了不重要的自变量，Logistic 回归输出如表 5-7 所示。

表 5-7　Logistic 回归输出

		B	标准误差	瓦尔德	自由度	显著性	Exp(B)
步骤 1[a]	employ	−0.187	0.009	406.728	1	0.000	0.829
	address	−0.092	0.008	147.864	1	0.000	0.912
	debtinc	0.099	0.007	216.169	1	0.000	1.104
	creddebt	0.435	0.028	243.789	1	0.000	1.545
	常量	−0.990	0.092	116.077	1	0.000	0.371

a. 步骤 1 输入的变量有 employ、address、debtinc、creddebt。

以下我们通过解释信用卡贷款（creddebt），来说明系数的实际意义。假设公式（5-5）只包含一个自变量：

$$\ln[\, p_i/(1-p_i)] = \beta_0 + \beta_1 x \qquad （5\text{-}5）$$
$$\ln[\, p_i'/(1-p_i')] = \beta_0 + \beta_1(x+1)$$

将公式（5-5）等式两侧同时取对数有

$$p_i/(1-p_i) = e^{\beta_0} e^{\beta_1 x},$$
$$p_i'/(1-p_i') = e^{\beta_0} e^{\beta_1 x} e^{\beta_1},$$

两等式相除可得

$$or = [\,p_i'/(1-p_i')\,]/[\,p_i/(1-p_i)\,] = (e^{\beta_0} e^{\beta_1 x} e^{\beta_1})/(e^{\beta_0} e^{\beta_1 x}) = e^{\beta_1},$$

式中，e^{β_1} 表示自变量每增加一个单位风险增加的倍数。例如，β_1 为 0.44，则 e^{β_1} 为 1.55，解释为当其他变量处于控制状态时，x 每增加一个单位（1000 美元），风险增加 1.55 倍；另一种解释为，在其他变量处于控制状态时，x 每增加一个单位风险 55%[(1.55-1) /1×100%=55%]。此外，如果解释客户的工作时间（employ），可以表述为其他变量处于控制状态下，x 每增加一个单位（1 年），风险减少 17.1%[(0.829-1)/1×100%=-17.1%]。

同样，如果变量 creddebt 不是增加一个单位，而是 6 个单位，则 $e^{6\beta_1}$=14.01，可以解释为当其他变量处于控制状态时，x 每增加 6 个单位，风险增加 14.01 倍。

那么，何时使用倍表述，何时使用百分比表述？建议如果和老板交流，尽量使用百分比表述；如果最终计算的数值超过 100%，使用倍来表述。

关于"风险"的含义涉及 or 值和 rr 值间的关系，比数比取值偏大，结果的差异变大。例如，将 0.2 和 0.18 分别代入对应表达式，则有

$$rr = p_i'/p_i = 0.2/0.18 = 1.11$$
$$or = [\,p_i'/(1-p_i')\,]/[\,p_i/(1-p_i)\,] = 1.14$$

若将 0.1 和 0.08 分别代入对应表达式，则有

$$rr = p_i'/p_i = 0.1/0.08 = 1.25$$
$$or = [\,p_i'/(1-p_i')\,]/[\,p_i/(1-p_i)\,] = 1.28$$

若将 0.01 和 0.03 分别代入对应表达式，则有

$$rr = p_i'/p_i = 0.01/0.03 = 0.33$$
$$or = [\,p_i'/(1-p_i')\,]/[\,p_i/(1-p_i)\,] = 0.33$$

由此可以看出，虽然 or 值和 rr 值都表示风险，但解释的意义更接近于 rr 值的含义，实际上我们计算的值是 or 值。为了系数解释的通俗性，通常混淆 or 和 rr 的意义，这种混淆尤其当取值概率比较小时，如当值小于 0.2 时，or 值和 rr 值几乎相等，可将两者间的差别进行近似解释；若取值概率不在 0 ～ 0.2 范围内则意义模糊不清，不可以等视之。

5.1.4　修正技术：是 x 而不是 y

如果 Logistic 回归的因变量是二分类变量，那么残差分布、异方差（过离散问题）、异常值等问题的要求并不严格，所以我们将重点转到自变量的修正上。

由于自变量的选择和共线性的内容在前文做了重点阐述，所以此处介绍另外两项自变量的修正技术——哑变量和工具变量。Logistic 回归擅长处理分类型变量，而在分类型变量中，尤其是名义型变量需要进行哑变量变换。工具变量法主要被应用于大数据分析，可以提高模型修正的效率。

1）哑变量

名义变量的测度区别于有序型变量和间距型变量。例如，手机的颜色：红色手机、黑色手机、蓝色手机并没有实质性的区别。而对回归系数进行解释时，每增加一个单位就意味着 2 是 1 的两倍、取值 6 是 3 的两倍。有序型变量和名义型变量是不存在这种意义的，尤其是名义型变量，它们并不区分高低、大小、间距长短，此类变量的不恰当使用会造成数值解释和数值信息利用方面的错误。

采用哑变量变换只会改变具体回归系数的解释，并不会影响回归分析的实质性结论。

以短期绩效数据为例来说明上述结论，其中变量部门有 3 个取值，如果对其进行哑变量变换，可转化成两种形式，如图 5-3 所示。

部门
1
3
1
2
3
1
3
1
3
2

var_1	var_2	var_3
1.00	0.00	0.00
0.00	0.00	1.00
1.00	0.00	0.00
0.00	1.00	0.00
0.00	0.00	1.00
1.00	0.00	0.00
0.00	0.00	1.00
1.00	0.00	0.00
0.00	0.00	1.00
0.00	1.00	0.00

var_1	var_2
1.00	0.00
0.00	0.00
1.00	0.00
0.00	1.00
0.00	0.00
1.00	0.00
0.00	0.00
1.00	0.00
0.00	0.00
0.00	1.00

原序列　　　　　　　一般线性模型变换　　　　　　　虚拟变换

图 5-3　哑变量变换

在一般线性模型变换中，因为有 var_1+ var_2+var_3=1 的约束，所以如果直接将 3 个变量放入回归方程会导致完全共线性，解决方案是不拟合截距模型。一般线性模型变换用于大数据环境，虚拟变换用于小数据环境。虚拟变换用于解释模型中的结构性问题，在涉及多组模型比较时，也会借助该类技术实现。回归模型的哑变量处理常见于变量包括一个哑变量或多个哑变量，以及包含其他协变量的情况。其中，模型只有一个名义型变量，并需要进行哑变量变换的场景比较容易理解。

如果将绩效作为因变量、将性别作为自变量（性别本身就是哑变量）来拟合模型，那么我们将发现截距项、回归系数、性别不同取值的均值有对应关系，如公式（5-6）的带入式、表 5-8 的性别的描述性统计、表 5-9 的性别回归系数，即 12.518−11.09=1.428。

$$\begin{cases} 性别 = 0, \ \hat{y} = 12.518 - 1.427 \times 0 = 12.518 \\ 性别 = 1, \ \hat{y} = 12.518 - 1.427 \times 1 = 11.09 \end{cases} \quad （5\text{-}6）$$

表 5-8　性别的描述性统计

		绩效总分
		平均值
性别	0 男	12.52
	1 女	11.09

表 5-9　性别回归系数

模型		未标准化系数		标准化系数	t	显著性
		B	标准误差	β		
1	常量	12.518	0.670		18.676	0.000
	性别	−1.427	1.010	−0.141	−1.412	0.161

注：因变量为绩效总分。

如果将自变量换作多个取值的部门结果也类似，如公式（5-7）、表 5-10 和表 5-11 所示。

$$\begin{cases} 技术部 = 0、市场部 = 1，\hat{y} = 13.83 - 2.561 \times 1 - 3.543 \times 0 = 11.27 \\ 技术部 = 1、市场部 = 0，\hat{y} = 13.83 - 2.561 \times 0 - 3.543 \times 1 = 10.29 \\ 技术部 = 0、市场部 = 0，\hat{y} = 13.83 - 2.561 \times 0 - 3.543 \times 0 = 13.83 \end{cases} \quad （5-7）$$

表 5-10　部门的描述性统计

		绩效总分
		平均值
部门	1 市场部	11.27
	2 技术部	10.29
	3 管理部	13.83

表 5-11　部门的回归系数

模型		未标准化系数		标准化系数	t	显著性
		B	标准误差	β		
1	常量	13.833	0.809		17.090	0.000
	var_1 部门 = 市场部	−2.561	1.170	−0.240	−2.188	0.031
	var_2 部门 = 技术部	−3.543	1.190	−0.327	−2.977	0.004

注：因变量为绩效总分。

所以，从更一般的角度来讲，参照项对应的 y 均值就是截距，每个虚拟变量的系数都是参照项与该类别对应的 y 均值之差，通常解读为"相对而言如何"，如管理部相对于市场部高出 2.561（13.83−11.27=2.561）的绩效总分。

2）工具变量

工具变量就是为实现统计目的而临时产生的变量。工具变量在小数据和大数据中都有应用，但应用的方式不同。例如，小数据更关注工具变量的替代性及优化模型的程度，而大数据更关注工具变量带来的运行效率。关于小数据的应用场景读者可以学习两阶段最小二乘回归（2SLS）的方法。下面借助大数据的应用场景，来说明工具的性质所在。

以 bankloan_binning 数据集为例，用 employ、address、debtinc、creddebt 四个自变量构建回归模型。模型存在欠拟合现象，其中，模型的总体准确度（81%）和敏感度（44.3%）取值都比较差，尤其是敏感度问题，即将违约预测为不违约的错误人数是 700 个，特异性在金融环境中将产生较严重的后果，如表 5-12 所示。

表 5-12　部门分类表

实测			预测		
			default		正确百分比 /%
			0	1	
步骤 1	default	0	3493	251	93.3
		1	700	556	44.3
	总体百分比 /%				81.0

注：分界值为 0.5。

因此接下来的任务是将预测错误的数量降到最少，那么如何才能将敏感度降得更低呢？本质上敏感度问题是模型中缺少予以识别的自变量，所以如果能快速地找到该自变量最好，但问题是这很困难。第一，数据库拥有众多备选自变量，需要我们一一侦查其有效性；第二，数据库的数据体量是巨大的，因此很难将有可能的自变量放回模型一一测试。

工具变量法是以上两点问题的解决方案。工具变量法的思路及基本操作如下文所述。

首先，将模型中存在的问题，如敏感性问题，用变量标识出来，如语法 IF(default = 1 & 预测值 = 0) 标识 =1.，其中标识变量是我们创建的工具。如果将工具放回模型中，显然可以改善模型，但要注意这样做就有点事后诸葛亮了（用 A 证明 A）。如果真可以这么做，我们就可以多次运行模型，并产生很多标识变量，然后将这些标识变量都放回模型，模型一定很好。但是这样做是不对的，因为标识不是真正的自变量，只是一个工具，无法用于模型预测等应用，所以当务之急是寻找与标识很相似的变量，用于取代工具的虚假性。

其次，数据库中备选的自变量很多，因此需要将标识变量与其他数据对接，建立相关，如果相关系数很高，如大于 0.9，我们就说该变量（如 x_{108}）和工具变量间有共同的数据信息。因为工具变量可以改善模型，且变量 x_{108} 和工具变量间又高度相关，所以 x_{108} 也可以改善模型。因为 x_{108} 是真正的自变量，所以可以用于模型的各种应用。

最后，删除标识变量，使用自变量 x_{108}，并不断重复以上过程。

必要的警示：工具变量法是一种探索性数据分析，这仅仅是辅助特征选择的一项技术，建议增加验证性成分，如自变量 x_{108} 的业务意义是什么。在回答这个问题之后 x_{108} 才能成为真正的自变量。

至此，工具变量和哑变量已经叙述完毕，读者可以结合共线性处理和特征选择技术完善 Logistic 回归的模型调校功能。

5.1.5　大数据需求归纳：轻结构重预测

预测性问题涉及因变量的估计值 $\hat{y}$，用于评估未来的潜在行为，潜在行为即还未发生的行为，那如何才能表示预测呢？因变量 y 的取值表示已经发生的事情，是孤立的，很难表示未来，但 y 发生的原因构成了 x 与 y 间的关系。这种关系是既定的规律，体现在估计值 $\hat{y}$ 身上，意味着此刻发生未来仍然会发生，所以 $\hat{y}$ 可以评估未来的潜在行为。

大数据的非抽样性和商业数据对未来的关注共同决定了预测性问题的重要性。正如前文所述，预测问题分为老样本预测和新样本预测。大数据更关注老样本预测，因为现有用户的优化和细分是分析的重点，所以数据分析师非常想知道细分用户的未来行为，并且已知的商业决策，如市场营销、产品布局、客户关系管理等，大多与此相关，与归因问题息息相关的结构性问题反而变成了次要关注点。

5.2 算法进化 Logistic: 大数据与智能

Logistic 回归通常与线性回归进行对比，从横向的角度看，线性回归更强调精确性，而 Logistic 回归更强调稳定性；从纵向的角度看，我们发现算法从 1.0 到 4.0，体现的特征相似——因变量的精确性、特征选择、残差分布、预测与结构、参数、速度等问题，这些技术的特点大家可以参考线性回归部分的内容。

除此之外，随着进化 Logistic 回归越来越智能，尽管该模型本身并不是智能算法，但从模型的特征来看，如放宽的假设、简捷的参数，尤其是神经网络的简单形式，其更像 Logistic 回归函数。种种迹象表明，SPSS 软件开发的算法 3.0 版本是神经网络，并没有开发真正的 HP 算法，而是直接用神经网络替代这一类算法，包括 HP 线性回归和 HPLogistic 回归。本节重点对软件操作和界面功能进行详细解析。

5.2.1 算法 1.0: 稳定性 + 结构

算法 1.0 使用的是广义线性模型（GENLIN）。广义线性模型（操作步骤：执行"分析"→"广义线性模型"→"广义线性模型"命令）强调的是因变量、连接函数和残差分布，其对因变量的关注已经超过其他模型，具体表现为允许因变量存在不同测量类型（连续、二分类、有序分类、无序分类、计数、正取值的连续型等）。如果需要将不同测量类型的因变量和自变量连接起来，则需要不同的连接函数，进而产生不同的残差分布。

广义线性模型界面如图 5-4 所示。如图 5-4（a）所示，模型类型有定制功能，该功能提供了丰富的连接函数和分布特征的自定义。软件用户可以先选择具体的模型，如二元 Logistic，然后可以使用默认的连接函数和分布特征，也可以自定义这些信息，根据模型及分布特征、连接函数可以有多种形式的组合。图 5-4（b）显示了因变量测量的多种形式，如分类型、计数型等形式。

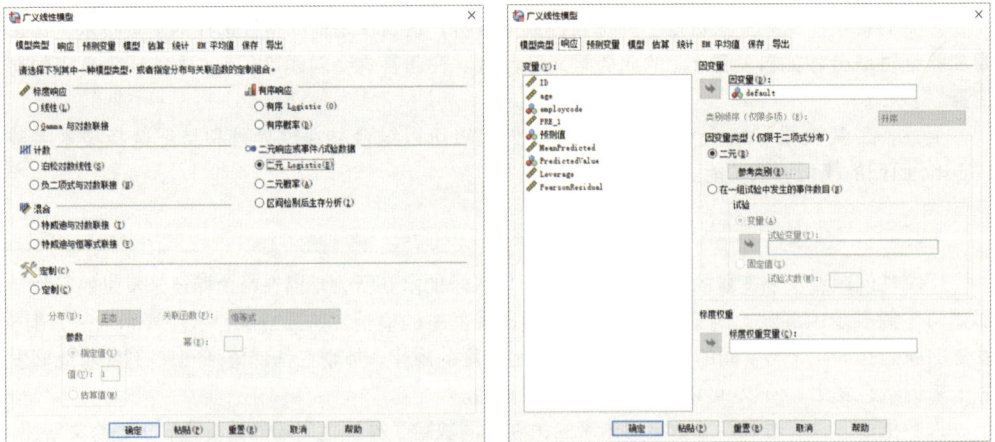

（a）　　　　　　　　　　　　　　　　（b）

图 5-4　广义线性模型界面

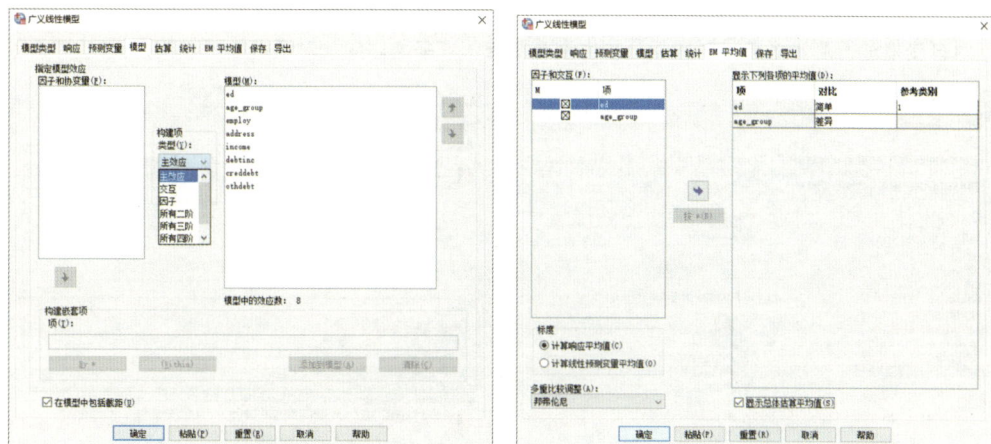

（c）　　　　　　　　　　　　　　　　　　（d）

操作步骤：执行"分析"→"广义线性模型"命令，单击"模型类型""响应""预测变量"
"EM 平均值"等二级对话框。

图 5-4　广义线性模型界面（续）

图 5-4（c）显示，自变量的形式也可以多种多样，但仅区分因子（分类型）和协变量（连续型）
两种情况，广义线性模型关于自变量的处理，不仅可以设置主效应和交互效应模型，还提供了高
阶效应的处理。图 5-4（d）的 EM 平均值是对分类型变量的多重检验，由此可以看出这些功能构
成了结构性问题的基础。

5.2.2　算法 2.0：稳定性 + 结构与预测

算法 2.0 使用的是 Logistic 回归（Logistic REGRESSION）。Logistic 回归（操作步骤：执行"分
析"→"回归"→"二元 Logistic"命令或其他形式的 Logistic 回归）强调的是因变量和连接函数，
对残差分布的要求并不严格，此处的不严格是指无须进行检验，而因变量最好是两个取值的二元
型，连接函数是对数连接，其他形式的特征已经超出了一般应用场景的范畴，因此不作为重点
内容。

关于软件操作、菜单功能及应用等问题，见上文的阐述。

5.2.3　算法 3.0：速度 + 预测

此处算法 3.0 使用的是神经网络回归（MLP）。我们并不建议大家从广义线性模型（因变量、
连接函数和残差分布）的角度学习或理解。智能和非线性是神经网络模型最重要的特征（操作步骤：
选择"分析"→"神经网络"→"多层感知器"菜单），很难一言概之，我们将在下一节讨论智
能模型。

5.2.4　算法 4.0：加速度

算法 4.0 使用的是 DMLogistic 回归。DMLogistic 回归（操作步骤：执行"直销[①]"→"选择

---

① 笔者认为将直销（Direct Marketing）意译为营销更合适。

技术"→"选择最有可能进行采购的联系人"命令）强调的是因变量，且只允许二元形式的因变量，不对自变量进行测量区分，对残差分布也没有要求，"采购倾向"对话框如图 5-5 所示。

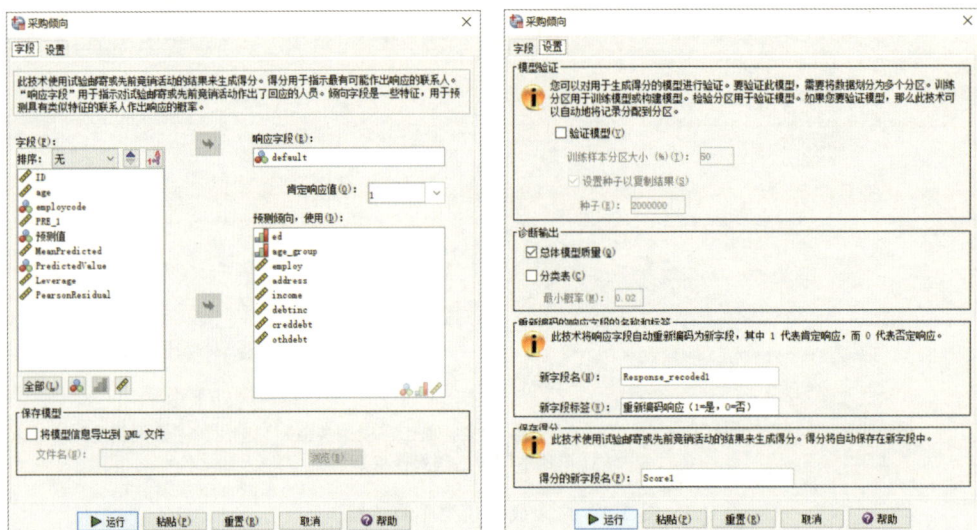

操作步骤：执行"直销"→"选择技术"命令，选择"最有可能进行采购的联系人"选项。

图 5-5 "采购倾向"对话框

由图 5-5 可知简捷的界面功能并不包括连接函数、分布特征等技术，因为 DM 模型主要用于解决模型的速度问题，包括模型的系列输出（如图形、表格等）大多以 DM 算法开头（如 DMROC）因此为了考虑速度，其他因素（如精确度）都是次要的，此外，模型集合了更多图形、表格和模型的整合技术［如输出管理系统（OMS）］以加快速度，进而称为加速度。

5.3 算法 3.0 的榜样：神经网络

神经网络是一种智能算法，需要通过大量案例进行学习和训练，与传统的统计方法或多或少有些区别，如智能性、过拟合、预分析的依赖程度不同。从生物学角度来看，智能模型的学习过程犹如婴儿的学习过程，而统计模型的学习过程犹如老者回忆自己的经验。

本节将从神经网络算法着手，探讨这种算法的特点，并与其他数据挖掘方法，如决策树和贝叶斯模型，进行简单对比，从而总结常见的使用方式和预分析处理过程，然后基于 SPSS 软件介绍神经网络的使用。

5.3.1 神经网络算法

人工神经网络是由大量简单基本元件组成的，每个元件的结构和功能都比较简单，但众多神经元组合所产生的系统非常复杂。在统计上它是一种智能判别过程，对变量类型没有太多要求，可以有效地识别事物的不同特征及其模式，如不完全的信息、复杂的非线性特征。神经网络模型与多种预测模型近似，如线性特征的线性回归模型、广义线性的 Logistic 模型，并且其预测功能可以逼近各种复杂的非线性结构。该模型的缺点是目标与预测变量间的关系不易确定。

1）感知器模型

感知器神经网络如图 5-6 所示。感知器模型左侧是自变量及其对应的输入节点；w_i 表示通过训练数据集估计的权重值；$f(WX + \delta)$ 由两部分组成，即加法器（combination function）和激活函数（transfer function）。

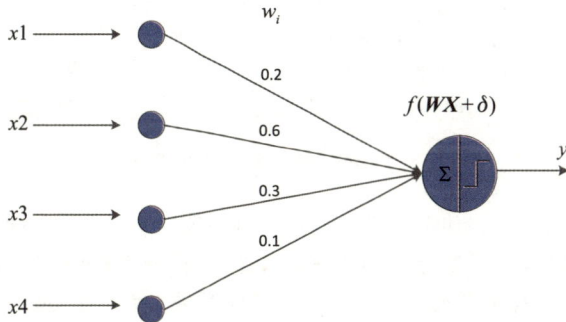

图 5-6　感知器神经网络

加法器是感知器对输入权值加权求和（在径向基函数等特殊情况下，加法器的作用与此不同），另外，还有偏移项（bias），可以理解为回归中的常数项。激活函数的常见函数包括符号函数、线性函数、"S"形函数（Logistic）、双曲正切函数。

表 5-13 提供了一组示例数据。将数据带入感知器神经网络，以偏移项为 −1.1 为例，对输入数据加权求和，并使用符号函数。

表 5-13　示例数据集

$x1$	$x2$	$x3$	$x4$	y
1	1	1	1	1
1	0	1	1	−1
0	1	0	1	−1

第一条观测值加法器为 $1 \times 0.2 + 1 \times 0.6 + 1 \times 0.3 + 1 \times 0.1 - 1.1 = 0.1$，激活函数 $\text{sign}(0.1) > 0$，即估计值 $\hat{y}$ 为 1。第三条观测值加法器为 $0 \times 0.2 + 1 \times 0.6 + 0 \times 0.3 + 1 \times 0.1 - 1.1 = -0.4$，激活函数 $\text{sign}(-0.4) < 0$，即估计值 $\hat{y}$ 为 −1。

a. 感知器学习过程

神经网络算法伪代码如图 5-7 所示，感知器学习的核心是第七步，更新权值 $w_j^{k+1} = w_j^k + \lambda \left(y_i - \hat{y}_i^{(k)} \right) x_{ij}$，式中，$w_j^k$ 和 w_j^{k+1} 分别表示 k 期和 $k+1$ 期的权重值；λ 是学习率（leaning rate）；$y_i - \hat{y}_i^{(k)}$ 表示预测误差；xij 是训练样本第 j 个属性值。显然，当期权重值是由上一期权重值加上误差和相关因素得来的。

1:　　令$D=\{(x_i, y_i)\,|\,i=1,2,3,\cdots,n\}$是训练集

2:　　随机初始化权值向量$\boldsymbol{w}^{(0)}$

3:　　repeat

4:　　　　for 每个训练样本$(x_i, y_i) \in D$ do

5:　　　　　　计算预测输出$\hat{y}_i^{(k)}$

6:　　　　　　for 每个权值w_j do

7:　　　　　　　　更新权值$w_j^{(k+1)} = w_j^{(k)} + \lambda(y_i - \hat{y}_i^{(k)})x_{ij}$

8:　　　　　　end for

9:　　　　end for

10:　until 满足终止条件

图 5-7　神经网络算法伪代码[①]

从模型的预测误差来看，如果y_i和$\hat{y}_i$相同，即$y_i - \hat{y}_i^{(k)} = 0$，则$w_j^{k+1} = w_j^k$，即不更新；如果$y_i = 1$、$\hat{y}_i = -1$，预测误差$y_i - \hat{y}_i = 2$，则需提高正输入链（或降低负输入链）的权值；如果$y_i = -1$、$\hat{y}_i = 1$，预测误差$y_i - \hat{y}_i = -2$，则需降低正输入链（或提高负输入链）的权值。

学习率的取值范围是[0, 1]，控制每次迭代过程调整的幅度，接近 1 表示当前新权值的作用更大；相反，接近 0 表示当前权值的作用偏小。属性表示误差项影响最大的链相应需要调整的幅度也偏大。

b. 异或运算（XOR）：线性不可分

训练集对应的单层感知器线性不可分的情况，主要因为感知器只能构造一个超平面，故无最优解。如果使用两层（或更多层）感知器就可以解决此类问题。如图 5-8 所示，左侧是示例数据集，右侧是线性不可分的示意图。

X1	X2	y
0	0	−1
1	0	1
0	1	1
1	1	−1

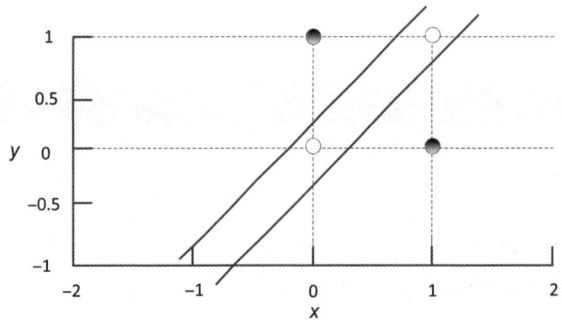

图 5-8　线性不可分情况

2）多层感知器（Multilayer perception）

多层感知器模型网络包括输入层、隐含层和输出层，如图 5-9 所示。

输入层可以理解为自变量或预测变量，可以有多个输入，与隐含层以w_{ij}权值连接。一般情况下，用户需要对数据进行预分析。例如，对变量进行标准化转换以提高模型训练速度、处理异常值、整理共线性等。此外，对样本量也有要求，需尽可能地使用大样本。在非抽样技术的指导下，排除异常值等问题的干扰，建议数据量大于或等于 3 万行时再使用神经网络技术。

① 参见 Pang-Ning Tan 等人所著《数据挖掘导论》。

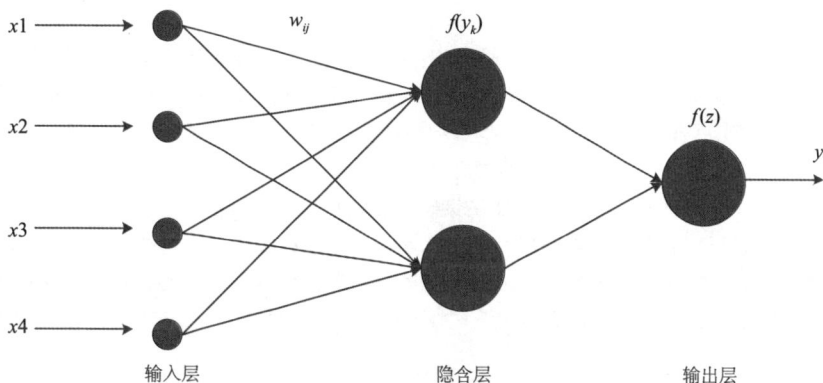

图 5-9 多层感知器网络

隐含层可以理解为模型分析过程，把每个隐节点看作一个感知器，可以产生多个用于预测或分类的超平面，其具体处理过程可视为不可见的"黑箱"，这极大地限制了对变量间结构关系的描述。结构间的模糊性使得神经网络主要被用于预测问题。

输出层可以理解为目标变量的预测结果。神经网络的因变量可以是多种测量类型，不限于某种具体形式，如果因变量是连续型变量，那么神经网络模型的评价和输出评估就可以仿效线性回归的思路；如果因变量是分类型变量，那么神经网络模型的评价和输出就可以仿效 Logistic 回归的分析思路。

MLP 的学习过程：MLP 估计权重分为线性和非线性两种情况，其中线性情况是，如果 $\hat{y}_i$ 是 W 的线性函数，则对 $E(W) = 1/2 \sum (y_i - WX)^2$ 求最优解；非线性情况是，因为激活函数（"s" 形或双曲正切函数）往往使人工神经网络的输出是参数的非线性形式，权值的更新为 $w_j \leftarrow w_j - \lambda \partial E(W) / \partial w_j$，式中，$\partial E(W) / \partial w_j$ 表示权值沿着总误差减小的方向变化，可使用反向传播技术（back-propagation）求最优解（也称 B-P 反向传播模型）。

3）径向基函数模型（Radial Basis Function）

径向基函数模型可以只对少数权重进行调整，是一种局部逼近网络，其分类能力，尤其是学习速度，优于全局逼近神经网络。

相比传统 MLP 而言[1]，MLP 层数及其单位数可以任意复杂，并且权值均需要调整，而径向基函数模型只有一个隐含层（三层网络），且输入层与隐含层间的权值均为 1，不需要调整；此外 MLP 隐含层与输出层具有相同的加法器和激活函数；径向基函数模型隐含层使用径向基函数，输出层使用距离函数（欧几里得距离）和激活函数（高斯核函数），输出节点使用线性加法器（一般为加权求和）和 sigmoid 激活函数（一般为线性或 Logistic 函数）。

5.3.2 DM 算法预分析

介绍数据挖掘算法的目的是进一步说明神经网络的特点和使用技巧，由于神经网络经常与决策树、贝叶斯等方法一起使用，所以我们从以下几个角度概括它们的特征——角色的测量、应用、预分析。

---

[1] 参见 Pang-Ning Tan 等人所著《数据挖掘导论》和 Daniel T.Larose 等人所著《数据挖掘与预测分析》。

1）算法特征对比

尽管三者都可以处理连续型变量与分类型变量，但大数据的要求是处理分类型变量，因此角色的测量几乎都要求自变量是分类型的。就应用问题来看，区别在于神经网络主要解决预测性问题，其对结构问题几乎无能为力，而贝叶斯、决策树恰恰相反，它们解决结构性问题更具有优势。此外在预分析处理上的不同也是它们的重要区别。

DM 算法预分析如表 5-14 所示。对比决策树与 DM 算法发现，由于决策树提供了非常丰富的缺失值处理算法，所以缺失值问题很容易解决，而异常值对决策树造成的影响很小，异常组或分类组的数量甚少，即市场细分。由于决策树比较擅长解决整体结构，变量变换对其造成的影响很大，通常不建议变换变量，因为变换后会掩盖结构性问题中的业务意义。

表 5-14　DM 算法预分析

	缺失值	异常值	共线性	特征选择	过拟合	变量变换	分箱化
神经网络	√	√	√	√	√	√	√
决策树	X	X	√	√	√	X	√
贝叶斯	X	X	X	√	√	√	√

注：√表示构建模型前需要考虑该项技术；X表示构建模型前无须考虑该项技术。

贝叶斯由于其算法的稳健性，不会给予缺失值、异常值和共线性问题重要的权重，因此缓解或消除了缺失值、异常值和共线性问题对模型的影响。

2）神经网络与预分析

神经网络模型对表 5-14 中的 7 种预分析技术都比较敏感，因此在构建神经网络之前需要对这些预分析一一进行考量，并加以处理。但请注意，不同方法对同一问题考量的侧重点不同，尤其是跨领域（问卷和数据库）的方法，如线性回归和神经网络。

a. 缺失值

神经网络惧怕缺失值，主要原因是缺失值对神经网络的干扰比较大。无论是自变量存有缺失，还是因变量存有缺失，都会对整个网络产生影响，所以在数据丢失严重时，需要在构建模型之前填补缺失数据。

b. 异常值

神经网络学习数据信息的能力随网络的复杂度而定，网络复杂度越高，学习数据局部信息的能力就会越强，而数据局部信息和异常信息往往是对应的，异常值、随机误差都会被神经网络当作有用的信息来学习，这些信息将导致模型的预测功能很差。所以，尤其是在数据库质量较差的情况下，几乎每次神经网络建模都要判断模型的过拟合。异常值被认为是神经网络过拟合的最常见的原因。

c. 共线性

共线性在传统模型上的表现使模型系数估计的误差成倍增加，而神经网络不存在系数估计问题，自然也不存在这种误差。但是共线性不仅会使网络结构变得极其复杂，还会放大共线性变量间的作用。最重要的是，复杂的网络结构会使模型计算量呈指数级增加；根据经验，共线性也会导致模型过拟合。

d. 特征选择

神经网络每增加一个自变量，计算时间将呈指数级增加，并且自变量间的结构将变得更为复杂，这种关系很容易导致维度灾难问题。上述问题是特征冗余引起的，因此如何控制自变量变得很重要。通常使用的特征选择包括回归类的筛选技术、主成分压缩和相关分析等。

e. 过拟合

判断过拟合问题可以从数据的列、行和模型三个角度进行。数据列维的复杂度和共线性会导致过拟合；数据行不足和包含了异常信息的冗余行也会导致过拟合；算法本身的复杂度，如网络结构的复杂度调整，也会导致过拟合。

综合来看，确保足够高质量的案例学习、有效设计和制定特征选择技术、调校模型参数是应对过拟合的常见方法。神经网络经常借助数据分区技术缓解这一问题。

f. 变量变换

变量变换是指非最优变换技术，其包括对数变换、标准化变换等内容。在小数据中，我们有阐述变换的目的，如对数变换往往是为了消除异方差、使数据满足正态分布等问题，而大数据也使用对数变换，但其目的不是消除异方差、使数据满足正态分布，而是提高运行速度。

g. 分箱化

小数据算法很少使用分箱化，而大数据算法几乎离不开这一预分析技术。神经网络过拟合的主要原因是异常值和局部随机误差，尤其是强异常，一般可行的处理方案是约束其异常权值或直接进行分箱。有效分箱不但可以消除异常，还可以控制误差、提高模型的运行速度，可谓一举两得。

综上所述，可以看出神经网络的智能技术可以处理各种测量问题，同时我们也可以发现其约束条件或假设条件也非常严格，至少需要考虑上文提及的预分析，并对数据加以处理。下文我们继续从软件的界面功能上一窥究竟。

5.3.3　基于神经网络的常规应用

以 bankloan_binning 数据集为例，将客户是否有违约记录作为因变量，剩余自变量分成分类型的因子和连续型的协变量。SPSS 软件提供了两种神经网络算法，分别为多层感知器和径向基函数，本例的算法为多层感知器。

 SPSS 操作 "多层感知器"对话框及选项卡如图 5-10 所示。

1）界面选项

神经网络提供了比较丰富的界面选择功能，包括角色定义、样本分区、模型结构化调整、预测等，但这些功能对应用者而言，尤其是算法调整部分，帮助并不是很大，因此建议读者保持神经网络的默认选项。

a. "变量"选项卡

多层感知器的主界面（变量选项卡）提供的功能比较简捷，有因变量和自变量的定义，其中因变量可以有多种测量，如二分类、多分类、连续型。如果因变量是连续型，则建议读者效仿线性回归的做法进行处理。由于神经网络的假设条件和线性回归有所不同，如正态分布、异方差等因素，对线性回归很重要，但对神经网络不重要，所以在修正技术方面需要注意哪些条件应放宽、哪些条件应严格要求。同理，如果因变量是分类型的，则可以按照 Logistic 回归的思路进行分析。

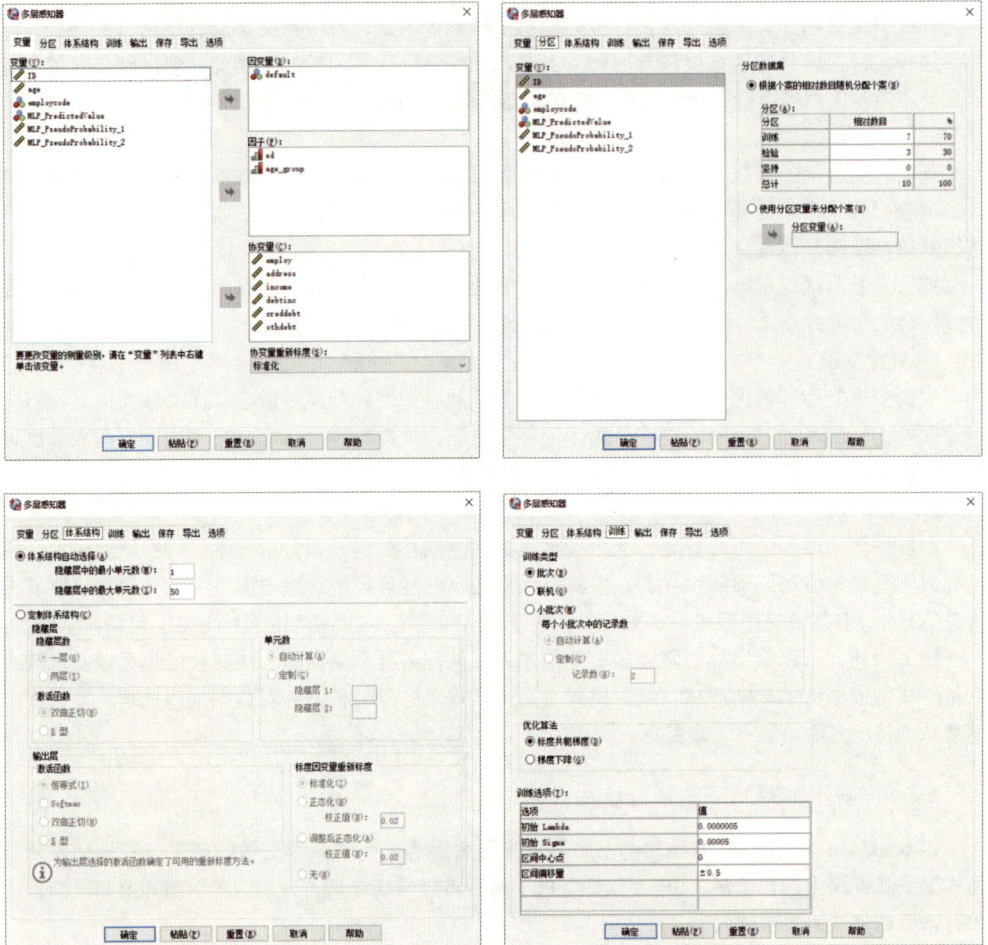

操作步骤：执行"分析"→"神经网络"→"多层感知器"命令，单击"变量""分区"等选项卡。

图 5-10　"多层感知器"对话框及选项卡

自变量一定要区分分类型的因子和连续型的协变量，对因子进行哑变量处理，如一般线性模型变换；对连续型变量软件默认对其进行标准化变换，以提高模型速度。

b."分区"选项卡

"分区"选项卡将数据分为四种数据集合——训练集（train）、测试集（test）、验证集（valid）、得分集（score）①，但分区集合的目的各异。

训练集包括因变量和自变量，用于寻找网络结构、确定参数（权值）。一般要求训练集合的样本大一些，因为训练模型需要保持原始数据信息的完整性，所以可以将 50% 或更多数据集用于训练模型。

测试集也包括因变量和自变量，用于判断网络结构效果或预测性能。用于分析的样本集合一

——————————

① SPSS 的界面是训练、检验、坚持。其中，坚持为误译，需要更正为验证集。

般较小，样本数据在 50% 以内，尤其是 20% 或 30% 的设置最为常见。

验证集也包括因变量和自变量，但并不是必需的分区设置，是否需要分区根据模型有无过拟合而定。具体判断过程可以理解为优化网络结构（是网络结构，而不是权值）。

训练集和验证集在运行中都需要计算样本精确性指标，两种结合使用，以免模型过拟合。如果验证集能达到精确性标准，则模型停止训练；否则继续训练模型以优化网络结构。验证集通过控制异常范围、折中决策稳定性和精确性等算法可以帮助模型缓解过拟合问题。如有必要，可以设置 10% 或 20% 的样本比例。

得分集并不包括因变量，一旦模型通过拟合测试，则可以使用模型预测新样本。一般横截面数据假设所有新样本的潜在行为是类似的，样本间没有时间先后之分，也没有数据量的要求，而且新样本并不包含在原始数据中，因此也不存在分区比例的问题，所以得分集是一种广义的数据分区。

常见的建议比例是：训练（70%）、测试（20%）、验证（10%），或者训练（80%）、测试（20%）。

c. "体系结构"选项卡

一般来说，神经网络结构越复杂，模型越容易过拟合。这是因为在数据挖掘环境下，数据信息中隐含着异常和随机误差的风险。如何判断这些风险与模型间的关系是另一项艰巨的任务，尤其对初级分析人员来说更是如此，所以不建议大家设置或调校这些默认功能。

神经网络的体系结构非常复杂，而且软件提供了隐含层和输出层的激活函数，以及隐含层单元数的设置，但没有提供网络路径权值的定义。若想调整或调试其算法，建议根据样本数据多次测试，以寻求合适函数、最优单元数量，即通过试误的方法获取最终结果。

d. "训练"选项卡

批次：处理所有观测后，更新权重，一般适用于小型数据集（如几十万行）。

在线：处理每条观测后，更新权重，一般适用于大型数据集（如几亿行）。

小批次：将数据分成几组，每组经处理后，更新权重，一般适用于中等大小的数据集（如百万行、千万行）。

2）输出解析

神经网络的输出可以效仿线性回归和 Logistic 回归对应的输出，包括模型评价、结构化的网络等基本特征，但神经网络的功能主要在于预测，而不在于内部结构的描述。

多层感知器网络如图 5-11 所示。对分类型自变量进行哑变量变换，对连续型变量进行标准化处理，形成中间六个神经单元，这样就组成了多层感知器的输入层、隐含层和输出层。

读者不必在神经网络结构图上花费太多精力，因为它对如何使用模型几乎没有帮助，而且其很复杂，因此建议把该图交给理论统计学家处理。

分类预测表如表 5-15 所示。我们将数据分成训练集和检验集两个分区，模型分别输出预测分类的准确性——整体精确度、敏感度、特异性三个指标。就训练集而言，样本总数是 $5000 \times 0.7 = 3500$，整体精确度是 $(2425+430)/3500 \times 100\% = 81\%$，敏感度是 $430/(430+473) \times 100\% = 47.6\%$，特异性是 $2425/(2425+195) \times 100\% = 92.6\%$。检验集（test）的精确性分别是 92.5%、45.6%、81.3%。

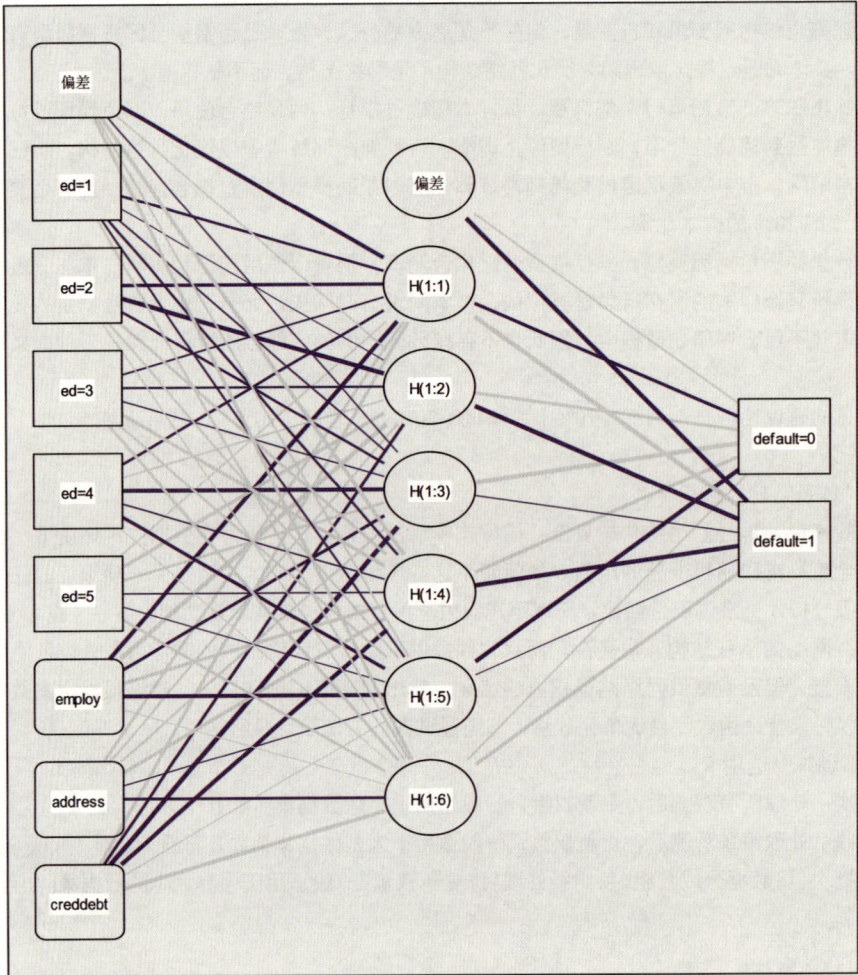

此图只选择一个分类变量 ed 和三个连续变量 employ、address、creddebt，这一点可能与下文模型评价使用的自变量不同。

图 5-11 多层感知器网络

表 5-15 分类预测表

样本	实测	预测		
		0	1	正确百分比
训练集	0	2425	195	92.6%
	1	473	430	47.6%
	总体百分比	82.3%	17.7%	81.0%

续表

样本	实测	预测		
		0	1	正确百分比
检验集	0	1040	84	92.5%
	1	192	161	45.6%
	总体百分比	83.4%	16.6%	81.3%

注：因变量为 default。

可见，检验集的准确度与训练集相比有些许下降，但这种下降甚微。经验表明，准确度降低 5% ～ 10% 预示可能出现过拟合问题，准确度降低 10% 以上则认为很可能出现过拟合问题。因此我们的模型显然没有过拟合问题。

如图 5-12（a）所示，横轴上的 0 和 1 是 y 的实际值，纵轴上的 0 和 1 是预测值。当横轴取值为 0 时，我们希望预测值为 0 的概率越大，预测值为 1 的概率越小，这样特异性的准确度才会高，当横轴取值为 1 时的预测与此类似，因此解读图形时箱体间的差异（上下距离）越大越好。

图 5-12（a）显示 0 组存在异常值，表明数据并不好，由表 5-15 可知，当除去异常值时特异性为 92% 来看，这表明模型很好但数据中存有异常，需要进一步细分 0 组存在的问题。对 1 组的预测显示两个箱体间的重复太高，说明模型的敏感度很差，几乎无准确度可言，因此需要引入工具变量以寻找遗漏的重要自变量，否则该模型无法使用，尤其在更关注敏感度的场景。

如图 5-12（b）所示，报告自变量的相对和绝对重要性，最重要的变量工作时间（employ）的绝对重要性（标准化系数）是 0.226，从效应大小来看，并不是很大，因此模型缺少自变量。但从整体来看，大数据环境并不强调变量的绝对重要性，更关注相对性。尽管模型准确度比较差，但我们要回答的问题是模型是否可以产生商业价值，如果能，那么即使模型准确度或自变量重要性差一点也可以使用。问题是如何预知商业价值的存在，也许模型增益图可以回答这个问题。

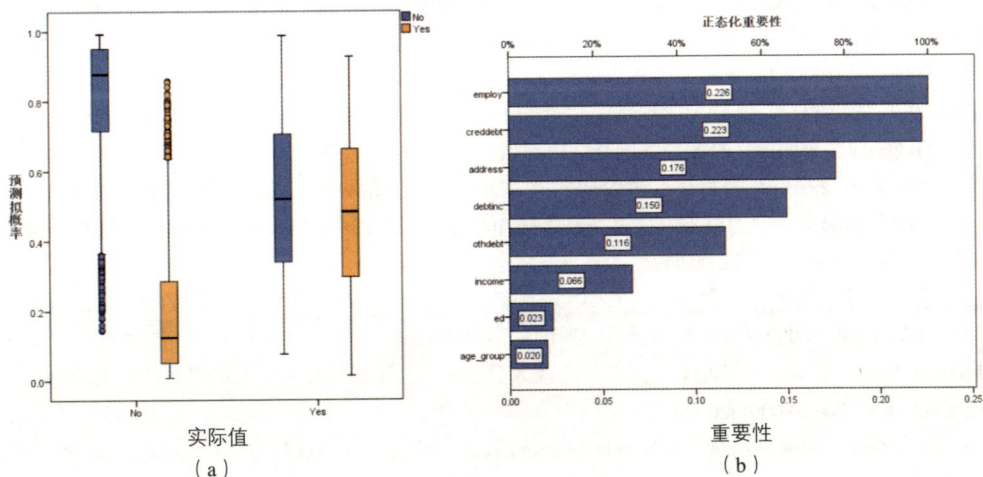

图 5-12　自变量与预测值

如图 5-13 所示，模型增益图的横坐标和纵坐标都是 0% ～ 100% 的百分比。横坐标对应的是实际样本百分比，而纵坐标对应的是响应百分比。例如，用户数为 10 万，希望对用户进行响应预测，根据以往的经验可知响应百分比是 1%，那么横坐标的 100% 对应的人数是 10 万个用户，而纵坐标的 100% 对应的是 1000 个用户（100 000×0.01 = 1000）。

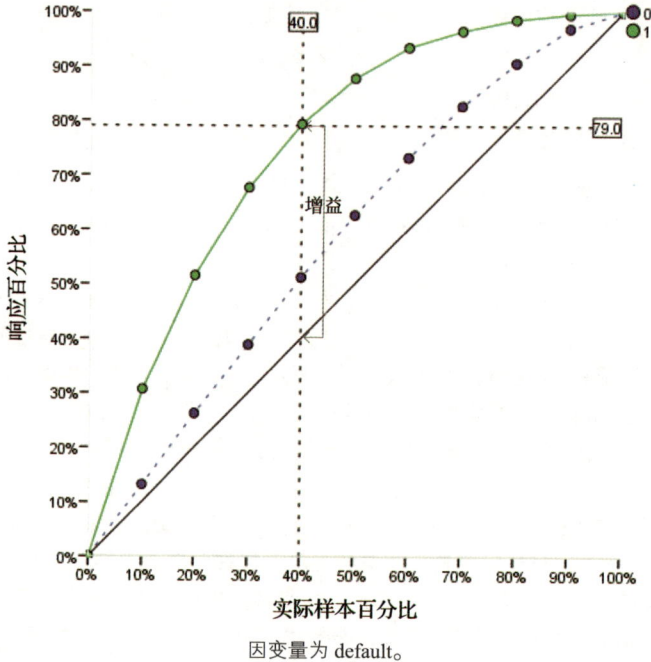

因变量为 default。

图 5-13　模型增益图

我们暂时将取值为 1 的违约改成响应，通过神经网络模型可获得预测概率，并做降序排列，图 5-13 中的实线部分（绿色线）就是使用降序后概率绘制的曲线，从形状上看，曲线开始比较陡峭，在越过横坐标取值为 40% 的拐点处后逐渐变得平缓，最终与横坐标取值为 100% 和纵坐标取值为 100% 的点相交。这种规律性是降序后的累计概率所致的。预测为 1 的响应概率越大，曲线开始的陡峭程度越明显，越容易找到最优拐点值。

为什么要找拐点？因为拐点对应成本收益的最优值。对图 5-13 而言，40% 对应 80%（79% 约为 80%）的响应率，如果不使用模型，那么 40% 只对应 40% 的响应率，纵坐标的 80% 与 40% 间的差异所带来的收益就是增益。

给老板算一笔账：如果对 10 万人中最有可能的 40% 的人进行营销，模型响应率是 80%，即 100000×0.8=80000 人响应，如果不使用模型则 100000×0.4=40000 人响应，除去成本，如果 40000（80000−40000= 40000）个用户的净收入是 500 元 / 人，那么使用模型带来的增益为 200 万元（40000×500=20 000 000）。

综上所述，神经网络具有集成性网络的特点，因此不建议随意修改或调整网络结构，所以在应用上神经网络并不能很好地解决结构性问题，但在预测能力上，神经网络比其他模型表现更优，而"更优"一词是建立在严格的预分析基础上的，可见神经网络是优点和缺点并存的。

第6章 降维技术

降维技术区别于回归技术，回归模型假设角色具有不同重要性，回归分解的是因变量的信息，因此因变量被视为重要变量，自变量相对而言不重要；多变量技术（Multivariate）并没有这种假设，其视所有变量都是"平等"的。多变量技术执行的是降维。在变量冗余时需要进行降维，冗余意味着众多，所以把该变量称为自变量。多变量技术主要研究变量间的共同关系，这种共同关系衍生出多变量技术家族的其他成员。

从应用统计学角度来看，主成分分析是该家族中的第一位成员，其他成员的算法和应用也由此展开，如因子分析、对应分析等。

主成分分析（命令为FACTOR，子命令为/EXTRACTION PC，操作步骤：执行"分析"→"降维"→"因子"命令）和因子分析（命令为FACTOR，子命令为/EXTRACTION PC和/ROTATION VARIMAX，操作步骤：执行"分析"→"降维"→"因子"命令，选择"旋转"二级对话框，单击"最大方差法"）的算法区别可以忽略不计，都用于处理连续变量，但在应用上两者完全不同，主要表现在是否对主成分命名方面，无须命名者为主成分，需命名者为因子分析。

主成分分析和分类主成分分析（命令为CATPCA，操作步骤：执行"分析"→"降维"→"最优标度"命令，选择"某些变量并非多重名义"和"一个集合"选项）的区别是，主成分分析用于处理连续变量，分类主成分分析用于处理分类变量，因为分类取值间的关系，所以分类主成分分析又称多维偏好模型。

主成分分析和对应分析（命令MULTIPLE CORRES，执行：依次执行"分析"→"降维"→"最优标度"命令，选择"所有变量均为多重名义"和"一个集合"选项）的区别是，主成分分析用于处理连续型变量，对应分析用于处理分类变量。从整体来看，对应分析与分类主成分分析存在功能重叠，但细分来看，对应分析处理的是分类变量中的名义型变量，更强调取值组合分析，而分类主成分分析可以处理名义型变量也可以处理有序型变量，更强调变量相关分析。

此外，广义上多变量家族还包括典型相关分析，这种方法既可以处理分类型变量（非线性模型，命令为OVERALS，操作步骤：执行"分析"→"降维"→"最优标度"命令，选择"多个集合"），也可以处理连续型变量（线性模型，命令为STATS CANCORR，操作步骤：执行"分析"→"相关"→"典型相关"命令）。

本章主要介绍能够涵盖多变量家族技术的两大方法：主成分分析和对应分析。主成分分析主要介绍算法和应用场景，对于对应分析我们将通过一个市场分析案例来一窥其算法和应用特征。

6.1 主成分回归与压缩技术

6.1.1 四驾马车：实验室、问卷、数据库、云

数据量的增加及计算机革命引起了统计变化，统计内容的变革涉及运行速度、参数调整、精确度转移，以及特征选择技术。

降维或数据压缩技术是多维向低维的转化，但经历几次革命后，降维分析的目的有了微妙变化，在算法 1.0 和算法 2.0 阶段，监督性的降维是重点（如线性回归），更关注因变量的问题，而随着问卷技术的产生，无监督性的降维技术开始有了应用，直到数据库产生了大型维度数据，压缩技术才变得更加重要，这种重要性在大数据不归因、应用工具、速度至上的方法论指导下显得尤为重要。

四驾马车关注的是数据量、数据质量、因变量的测量和自变量的数量。本节主要介绍每个领域常用的降维方法及降维特征（监督和无监督）。

1）实验室与问卷

实验室的降维主要借助理论维度和实验设计两项技术，而问卷的降维主要借助理论维度。不管是理论维度，还是实验设计，都是先把混杂因素控制起来，然后研究因变量与影响因素间的相关性。控制就是广义的降维，因为其满足使用更少维度表达多维度的思想。根据这一思想可以把统计技术的方差分析和回归类技术也称为降维。

方差分析和回归模型有助于将因变量和自变量整合起来，在整合的过程中衍生出了结构问题和预测问题，结构问题的 β 和预测问题的 $\hat{y}$ 就是降维的结果，我们暂时把这种降维称为有监督的降维。

有监督的降维是实验室和问卷领域典型特征，在问卷领域中逐渐延展出的特有的降维就是无监督的降维。无监督的降维主要是针对自变量的处理，其代表算法是主成分分析。在降维过程中需要对潜在因子命名，该名称就构成了结构效度中效度问题的解释。降维技术不仅涉及列的分析，行与行的特征也是降维的分析对象，这又构成了多变量家族的其他成员的应用。

2）数据库与云

数据库和云的应用场景涉及大型列维问题，此时研究的重点不再是因变量，为了体现研究重点的转移，通常使用分类型的因变量来区分精确和非精确问题。数据链的产生使大量自变量之间具有共变性，所以使用的重要自变量并不一定是真正的"归因"，但是其工具性质可以使模型变得更优秀。数据链和自变量的工具性质督促我们在数据海洋中寻找可用的工具来进行伪归因，而这些变量"既非重要，又非不重要"，因此算法 3.0 和算法 4.0 的主成分技术不求潜在命名、不求结构效度，只求在降维中可资利用的更有效的、更"务实"的工具变量。

6.1.2 主成分算法：降维

在线性回归分析一章中，我们发现 OLS 估计实际上是使点的垂直距离 [误差平方和（SS_e）] 最小，也就是使图 6-1（a）中散点距离回归线的垂直距离最小。如果是向因变量均值做垂直线，那么分解的是每个点在因变量上的方差，因此这种做法其实是假设因变量比较重要。同理，如果向水平均值，即自变量均值，做垂直线，那么就是假设自变量比较重要，如图 6-1（b）所示。那么，

主成分分析能否假设变量重要性？回答是无监督降维当然不行。因为多变量技术不区分因变量和自变量的重要性，它将所有变量视为同等重要的自变量。

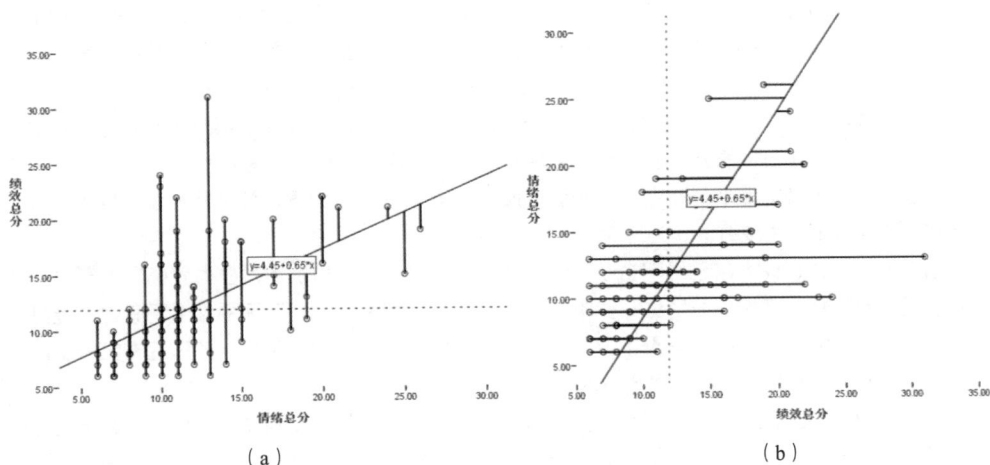

（a）　　　　　　　　　　　（b）

图 6-1　回归类算法的变量假设

　　这点启示可以帮助我们理解主成分算法的特征，那就是若想分解误差，我们既不能水平做误差线也不能纵向垂直做误差线，而是需要向中间的某个方向做误差线（见图 6-2）。暂时将图 6-2 中的长实线视为第一主成分，短实线视为第二主成分。某个散点 X_{ij} 向第一主成分做垂线，该垂线既不水平也不纵向垂直，这确保了行和列的重要性假设相同[①]。

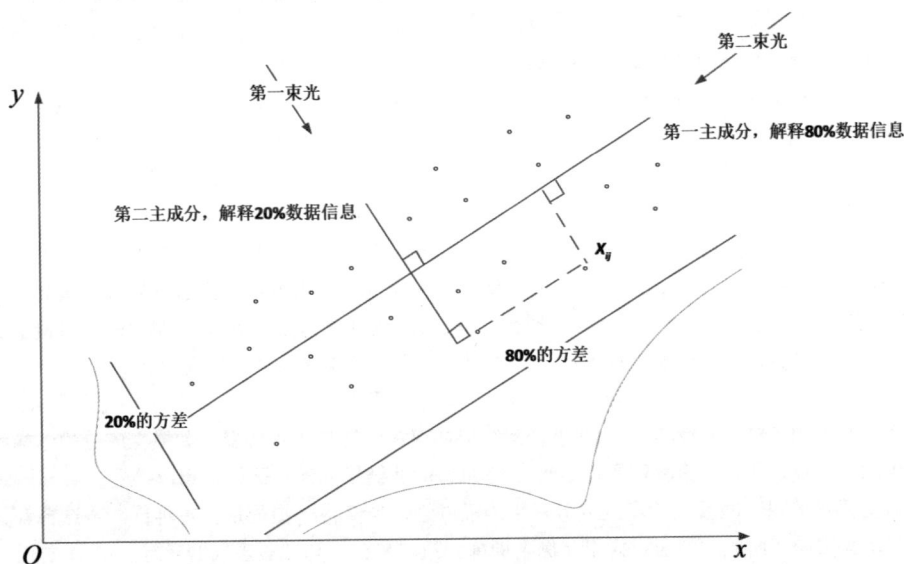

图 6-2　主成分算法示意图

① 《实用多元统计分析》的样本主成分的近似几何意义。

如果我们假设所有散点，同时向第一主成分做垂线，并约束其误差平方和最小，此时我们估计的回归方程就是第一主成分模型。由于第一主成分信息对应于第一束光投影后的方差，所以投影的方差拥有 80% 数据信息，即第一主成分携带的数据信息，同理可得第二主成分携带了剩余的 20% 的数据信息（n 个变量对应 n 个主成分）。如果我们有理由认为这 20% 的信息并不重要，那么我们只使用第一主成分就完成了降维——通过损失信息获得更少维度的过程。

主成分其实也是广义上的回归，既然是回归那么就有自己能够解释的部分，所以可以将主成分解释的方差看作回归中的判定系数或信度系数 R^2，于是我们就可以根据 $R^2/(1-R^2)$ 近似构造主成分的特征值。由于特征值取值是严格递减的，所以如果 R^2 以 0.5 为界，那么特征值就以 1 为界，进而判断选择多少个主成分。

到目前为止，也许大家已经明白了我们在"三驾马车之一：数据库的应对策略"一节中构造的对主成分的解释。当然，为了进一步丰富主成分的五个判断标准，下面的几个场景也许能进一步说明判断标准中的第一条和第五条准则（注：第一条准则，尽量将更多变量压缩在第一主成分和第二主成分内；第五条准则，用更少的主成分代表更多的变量）。

场景 1：假设经过 5 个步骤的特征选择后，模型上限依然是 15 个自变量，此时已经选出 6 个自变量，并需要对 30 个自变量进行主成分分析。如果经过压缩后得到 3 个主成分（如 z_1、z_2、z_3），并且解释了 70% 的信息，问此结果如何？回答是可以接受。如果解释了 50% 的信息呢？回答依然是可以接受。如果解释了 40% 的信息呢？回答是不可接受。这是因为主成分很少接受累积解释比例低于 50% 的场景。但 50% 远远没有达到 70% 的要求，并且 3 个主成分也超出第一条准则，为什么可以接受呢？主要原因首先是，30 个变量并不重要，否则也可能直接删除；其次是，用 3 个变量代表 30 个变量可谓以少示多，满足使用更少维度表达多维度的思想。

场景 2：如果原始变量只有 5 个，进行压缩后产生 3 个主成分，并且保证其解释的总信息高达 85%。若问结果如何，回答是不可接受，因为这不满足以更少维度表达多维度的思想，除非降维成一个主成分，解释的信息高达 70% 以上，才能勉强满足该思想。

场景 3：如果研究目的是分析 20 个变量间的行为偏好特征，如观察组间异方差、正态分布、数据稀疏等问题，此时需要将数据尽量压缩在第一维和第二维之内，因为超过二维的数据很难直观判断数据特征，所以若压缩成 3 个主成分，并且累积解释了 70% 的信息，通常也是不可接受的；若将其压缩成 2 个主成分，并且累积解释了 60% 的信息，则视其为可以接受。

场景 4：如果研究目的是获得综合评分，此时将数据压缩成几个主成分并不重要，因为可以对多个主成分进行加权求和，重要的是最终累积解释比例，累积解释比例越高越好。例如，如果对 20 个变量进行压缩，最终产生 2 个主成分，信息累计解释比例为 70%，此结果是不可接受的；若产生 6 个主成分，并且信息累计解释比例为 90%，那么此结果是可以接受的。

场景 5：如果研究目的是判断数据是否存在 4 个维度的结构效度，而此时主成分的结果是 3 个维度，并累积解释了 90% 以上的信息，问结果如何？回答是不可接受。如果主成分的结构和数据原始结构一致，并且只累积解释了 60% 的信息，问此结果如何？回答是可以接受。

以上情景可以帮助我们诠释主成分应用的模糊性，但值得一提的是，每种判断或选择都具有既定的场景限制，所以需要通过大量案例来训练判断"更少"和"更多"的直觉。

6.1.3 主成分与因子：谁应该有名字？

测量学认为，如果变量不存在测量误差，如收入，通常将其视为显变量；如果变量存在测量误差,很难用一个指标直接测量,如幸福感,则将其视为潜变量。因子即潜变量,意为不可直接测量、不可见但实际存在的变量。主成分或因子就是实现潜在评分的算法。由于主成分对本身的关注程度并不高,故无须命名;但潜变量需要命名,这也是结构意义所在。

1)主成分:无名

从主成分的应用标准来看,如果模型累积解释了 70% 的信息就已经很好了,但剩下的 30% 的信息去哪了?主成分分析是通过直接丢弃的方式来获得数据维度的精简的。在变量不重要的情况下,这种方式是可行的。如果变量很重要,丢失如此多的信息显然是不可取的。因此,主成分分析的变量既非重要,又非不重要。

如果变量不重要,那么它对业务的解释也不重要,那么我们为什么要费时、费力解释该变量的业务意义呢?主成分的存在只是为了"榨取"数据的剩余信息,尽可能多地提取信息,至于变量与业务产生了什么关系并不是重点,所以主成分具有工具变量的性质。

在大数据应用场景中,主成分主要用于主成分回归模式。如果从主成分回归的应用角度来看,主成分主要是用于解决老样本预测问题的,更关注预测值及市场细分能力。获得市场细分评估对是否解释主成分没有任何影响,所以没有必要解释。此外,单结构问题可以通过重要的自变量与因变量间的 β 来解释,那么解释 β 与我们控制的主成分的实际意义也没有关系。

综上所述,主成分也是一种潜变量,只是这种潜变量在使用过程中并没有用到名称及业务意义,所以无须命名。

2)因子分析:有名

潜变量与指标间有反映型测量和形成型测量两种关系,图 6-3(a)为反映型测量,其形式为"面→点",即使用多个指标反映潜变量,反映型测量比较符合社会科学对概念的定义;图 6-3(b)为形成型测量,其形式为"点→面",对于社会科学概念的定义来讲形成型测量多少有点"以偏概全"的意味,因此建议使用反映型测量。

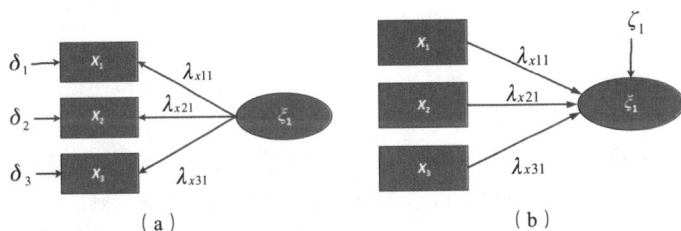

图 6-3　潜变量测量

反映型测量的模型为

$$\xi_1 = \lambda_{x11}x_1 + \delta_1$$
$$\xi_1 = \lambda_{x21}x_2 + \delta_2$$
$$\xi_1 = \lambda_{x31}x_3 + \delta_3$$

形成型测量的模型为

$$\xi_1 = \lambda_{x11}x_1 + \lambda_{x21}x_2 + \lambda_{x31}x_3 + \zeta_1$$

由此可知,形成型测量类似于传统统计模型中的回归,那我们为什么不使用回归来测量潜变量呢?回归中的预测值也是潜变量,只使用一个误差,误差来自偏残差。回归使用潜变量(预测得分）来判断影响因素与因变量间的关系，表示对未来行为的潜在评估。反映型测量更侧重对概念范畴的定义，其假设每个显变量携带不同的误差源（每个显变量与潜变量的相关之余）。因此如果强调对未来行为的预测或潜在行为的倾向性，则可以使用形成型测量；如果强调概念本身的测量，则可以使用反映型测量。

不管是抽象的潜在概念还是对未来行为的评估，都需要给潜变量命名。我们将这种潜变量应用到结构问题中就是结构方程模型。结构关系的探讨进一步丰富了测量学，因此在结构方程中，既可以体现出测量的精确性，又可以探讨问题间的因果结构和"面"的优化问题。潜变量与结构关系如图 6-4 所示。

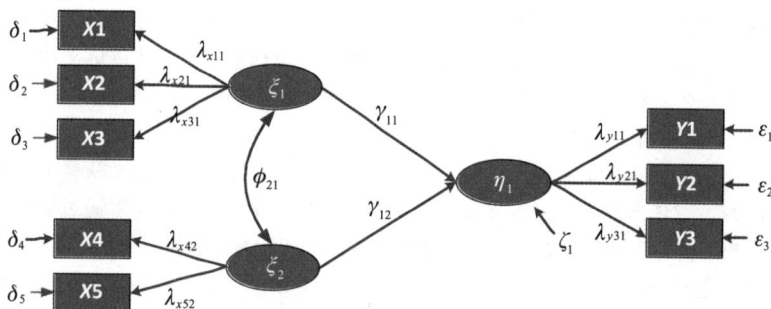

图 6-4 潜变量与结构关系

此外，不管是因子分析还是结构方程模型，都是用于小数据环境的分析，其典型的场景是问卷的结构效度、满意度模型和忠诚度模型。这些模型是对变量间相关性的抽象，它们视变量是同等重要的，而抽象出来的潜变量被视为更高层次的重要变量。无论是统计视角还是应用视角都说明因子命名是首要的任务。

6.1.4 主成分回归："回归 + 回归"模式

主成分回归出现的背景是，统计学逐渐从点和线的问题转移到面的优化问题，面的优化问题在本质上属于多模型联合。在多模型联合项目的开发过程中，精确控制误差问题出现了不同的研究方向，如联立方程组和结构方程。但路径分析和主成分回归等技术则没能合理控制误差，这使合理控制误差的模型适应了小数据环境，如精确性、归因、结构性等问题；不能合理控制误差的模型也恰好适应了大数据的环境，如计算力优化、速度研究、工具性质、整合性等问题。

主成分回归和路径分析在本质上是没有区别的。就路径分析而言，模型本身也是多个回归的组合。路径分析示意图如图 6-5 所示，其可以进一步表示为

$$y_1 = \gamma_{11}x_1 + \gamma_{12}x_2 + \zeta_1 \tag{6-1}$$

$$y_2 = \gamma_{21}x_1 + \gamma_{22}x_2 + \beta_{21}y_1 + \zeta_2 \tag{6-2}$$

对于公式（6-1）而言，y_1 是因变量，但在公式（6-2）中，y_1 是自变量，这违反因变量和自变量的概念，所以通常把 y_1 称为内生变量。

进一步来看，如果我们对公式（6-2）的意义进行拓展，x_1 和 x_2 都是自然字段，但 y_1 是根据公式（6-1）的回归计算而来，而主成分也是回归。如果将 y_1 视为主成分 z_1，那么公式（6-2）就是主成分回归吗？当然此处的解读有牵强附会之嫌，但回归和主成分都是广义回归是不争的事实，

只不过一个借助无监督降维，另一个借助监督降维而已。不管是监督降维，还是无监督降维，都更适合大数据的环境，因此"回归＋回归"的模式被大数据采纳，并视为至宝。

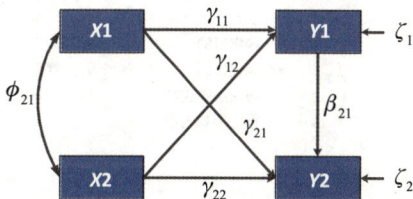

图 6-5 路径分析示意图

主成分回归的具体应用构成了下文对回归类模型应用的探讨，在回答这个问题之前，我们有必要对另一种形式的降维——对应分析，进行详细解读。

6.2 对应分析：一个市场调查案例

本案例向读者展示了在市场调查研究中常用的分析模型——对应分析。我们先根据项目的背景提出问题；再讨论收集数据及其构建字段的思路；然后统一整理模型前的预分析工作，如字段描述、分箱化、异常值处理、变量压缩等；最后根据讨论及设计的处理方案构建模型、评估模型、释意业务。

6.2.1 案例背景介绍

我国中部地区某珠宝品牌，希望进行一次品牌营销，但为了更好地细分客户群体、了解现有客户和目标客户的潜在需求、识别可能存在的潜在市场，进行了序列追踪调查，需求归纳如下：

- 主体消费人群的行为倾向特征如何。
- 主体消费人群的习惯是否为理性消费。
- 潜在的 VIP 客户具有哪些特征，如何将普通用户转化为 VIP 用户。

企业在进行市场细分和问题的"原因"探究上往往需结合市场调查获取可能存在的信息。下文我们进行了消费者行为习惯方面的分析和定位，这一方面有助于解客户行为特征，精准营销；另一方面有助于识别高价值客户，完成对客户细分的调查。这样我们需要构造两个阶段的分析——定性分析和定量分析。定性分析提供了用户信息的广度，描述客户的特征及潜在特征，而定量分析提供了用户信息的深度，解释了这些特征间存在的相关关系。本书只呈现定量分析的内容。

SPSS 操作 ▶ 我们使用的数据集是购物信息，打开文件后将文件切换至"变量视图"模式。变量视图及设置如图 6-6 所示。需要按变量在业务与数据方面具有的性质加以定义，在图 6-6 中的设置中"类型"和"测量"（测量级别）的设置比较重要，因为这两项涉及软件输入格式。在某些情况下，错误的设置会导致错误的输出，如软件对数值与字符的识别问题、交互式功能的应用等。

名称	类型	宽度	小数	标签	值	缺失	测量
NO	数值	8	0	NO	无	无	度量
educ	数值	8	0	受教育程度	{1, <高中}...	无	有序(O)
salary	数值	8	0	收入	{1, <1000}...	无	有序(O)
purpose	数值	8	0	购物目的	{1, 家人}...	无	名义(N)
compan	数值	8	0	购物原因	{1, 享受}...	无	名义(N)
freq	数值	8	0	每月购物次数	{1, 1次}...	无	有序(O)
average	数值	8	0	每次平均消费	{1, <50}...	无	有序(O)

图 6-6　变量视图及设置

（1）educ（受教育程度）和 salary（收入）：这两个变量属于人口特征变量，主要用于反映消费者的基本状况。由于收入涉及消费者隐私，所以在问卷的原始题目是分类性质的问题，如"大概收入状况是"等问题，并且保证不会被第三者观察到。尽管如此，仍然存在系统缺失值，因此我们的示例数据是填补后的数据。这两个变量均属于有序型变量。

（2）purpose（购物目的）和 compan（购物原因）：这两个变量属于"因果"性质的问题，主要用于反映消费者产生购买动机的真实状况和原因，对项目解释有很重要的释意作用。从标签来看这两个变量都具有"因"的作用，但购物目的强调行为受何种购买动机的驱使，购物原因强调因果判断。这两个变量均属于名义型变量。

（3）freq（每月购物次数）和 average（每次平均消费）：这两个变量属于消费者购买行为特征，主要用于反映消费者的行为偏好。这两个变量均属于有序型变量。

综上所述，我们的分析没有区分角色的因变量与自变量。因为根据项目需求，本案例使用的方法为多变量分析法，强调消费者属性及其选择偏好问题，这类问题一般假设所有变量对偏好的贡献是均等的，所以没有哪个变量的重要性高于其他变量。如果有理由认为某些特征具有主导性，也可以自定义特征权重。

本案例对收集的原始数据进行了变换——平移和分箱化处理，如 average 的原始数据是连续型变量。进行数据变换主要是基于如下考虑：根据定性访谈真实的平均消费金额是介于最高金额和平均金额之间的，所以将原始数据向下（大体）平移了 1/3。另外，基于模糊性问题的作答情况，决定对数据进行分箱化处理。消费金额分箱图如图 6-7 所示，原始数据有严重的右偏拖尾现象，数据有两个峰值，分别对应 70 和 110 左右，故四个分箱比较合适，但考虑消费者在这个区间的细分特征，又将 110 附近的数据分成 [100, 149] 和 [150, 199] 两个区间（操作步骤：执行"图形"→"图形构建器"命令，选择"元素属性"中的"条图样式"）。将最终数据保存在"购物信息（编码）.sav"文件中，读者可以将其与原数据"购物信息 .sav"进行对比，检查对哪些变量进行了预处理。

此外，本书分析的重点在于广义坐标的构建，而对应分析关注的重点为坐标上的评分，即横轴和纵轴的评分，所以本案例围绕评分展开。图 6-8 提供了两种评分后的细分或行为偏好图形，图 6-8（a）仅仅分成四组，如果横轴为满意度评分，纵轴为忠诚度，则每组表示一种特征，如第一象限为高满意度和高忠诚度的用户，这为细分；其中，关注高满意度和高忠诚度的用户及其对应的购物习惯则为偏好。图 6-8（b）产生了更多细分特征，如高活跃用户、偏高活跃用户、中等活跃用户、偏低活跃用户、低活跃用户等。

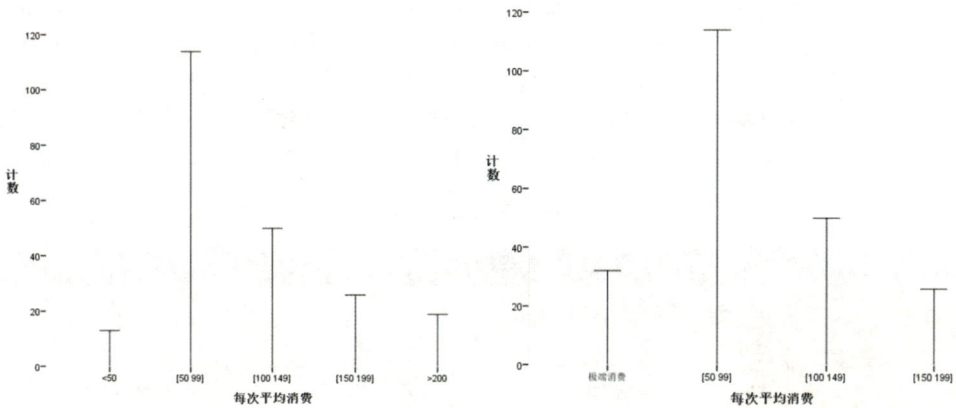

图 6-7 消费金额分箱图

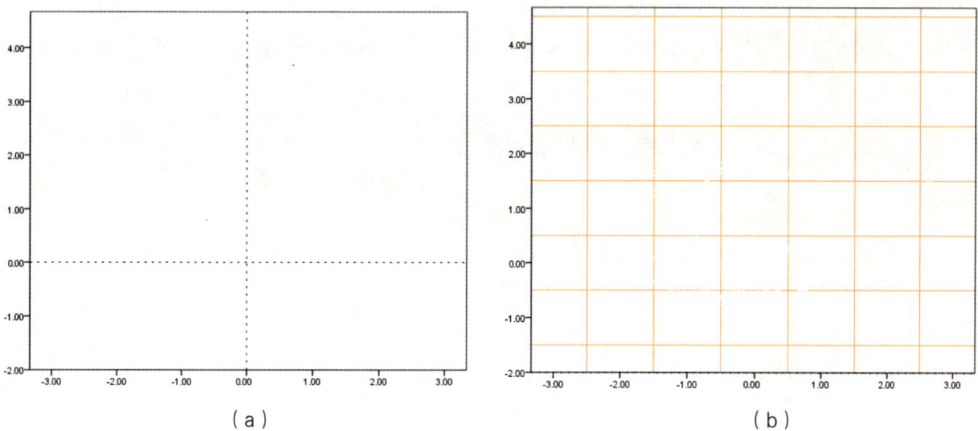

（a）　　　　　　　　　　　　　　（b）

图 6-8 四象限模型及拓展

6.2.2 模型预分析

模型预分析是建构建模型前必须做的工作，其着眼于统计方法和项目需求。模型预分析涉及，判断模型是否满足前提条件、如何修改模型，以及如何构建模型和结论效果的评估。在本案例中我们从以下几个方面来讨论为什么进行模型预分析和怎样进行模型预分析：单变量描述及其可视化、双变量分析及其可视化。

1）单变量描述及其可视化

对于分类型变量来讲，数据的众数、变量取值的百分比是关注的重点，如果分类取值比例不平衡或某比例太小，则需要修正。主要的统计量有如下几个：①频次，即每个水平出现的次数，强调数量的绝对取值；②百分比，即每个水平出现的频数除以总数，强调数量的相对取值；③累积频次与累积百分比，仅对于有序型变量有意义，强调主要因素和次要因素的对比（操作步骤：执行"分析"→"表"→"定制表"命令，选择"汇总统计"）。

单变量频数表如表 6-1 所示，受教育程度变量中的本科类为众数，且其占比太大，而高中及以下和大专类占比太小，需要合并为"大专及其以下"类，以缓解比例失调问题。其他变量都有类似的问题，合并方案与此类似，即将小类尽可能地合并到附近的类中。对于名义型变量而言，合并方案欠佳，但可以兼并为一个有意义的类。例如，调查发现在购物目的中，"无聊"一般与"客户"有些相近，所以可以将"无聊"与"客户"合并，归并为"无聊的公事"或类似的形容。

表 6-1　单变量频数表

		计数	列 N %
受教育程度	高中及以下	5	2.25%
	大专	15	6.76%
	本科	164	73.87%
	硕士及以上	38	17.12%
收入	<1000	26	11.71%
	[1000，3000]	34	15.32%
	[3001，5000]	67	30.18%
	[5001，7000]	47	21.17%
	[7001，9000]	25	11.26%
	>9000	23	10.36%
购物目的	家人	43	19.37%
	情人	30	13.51%
	朋友	100	45.04%
	同学	32	14.41%
	客户	10	4.50%
	无聊	7	3.15%

注：表格只呈现部分变量，下同。

图形可以表达更加丰富的统计语言：图 6-9（a）～（d）都传达了分类型变量取值的比例及其平衡问题，但各自又有自己的侧重点。图 6-9（a）强调最大类别的累积比例，图 6-9（b）和图 6-9（c）分别强调分类型变量序次的波动和趋势，图 6-9（d）强调众数和分类取值间的关系（图形详解见变量角色描述与可视化章节）。

SPSS 操作　图 6-9（a）和图 6-9（b）图形绘制——执行"图形"→"图形构建器"命令，选择"图库"选项卡中的"条形图"，然后在输出结果中双击条形图，并在图形编辑器中选择添加"内插线"。

图 6-9（c）图形绘制——执行"图形"→"图形构建器"命令，在选项"基本元素"的"双 Y 轴"功能中，选择折线图建立组合图形。

图 6-9（d）图形绘制——执行"图形"→"图形构建器"命令，在"图库"选项卡中选择"饼图"，并在元素属性中选择"角 -Axis"和"显示轴"，然后在输出结果中双击饼图，在图形编辑器中选择"分区"功能，并在属性中选择"深度与角度"选项卡，单击"三维"功能。

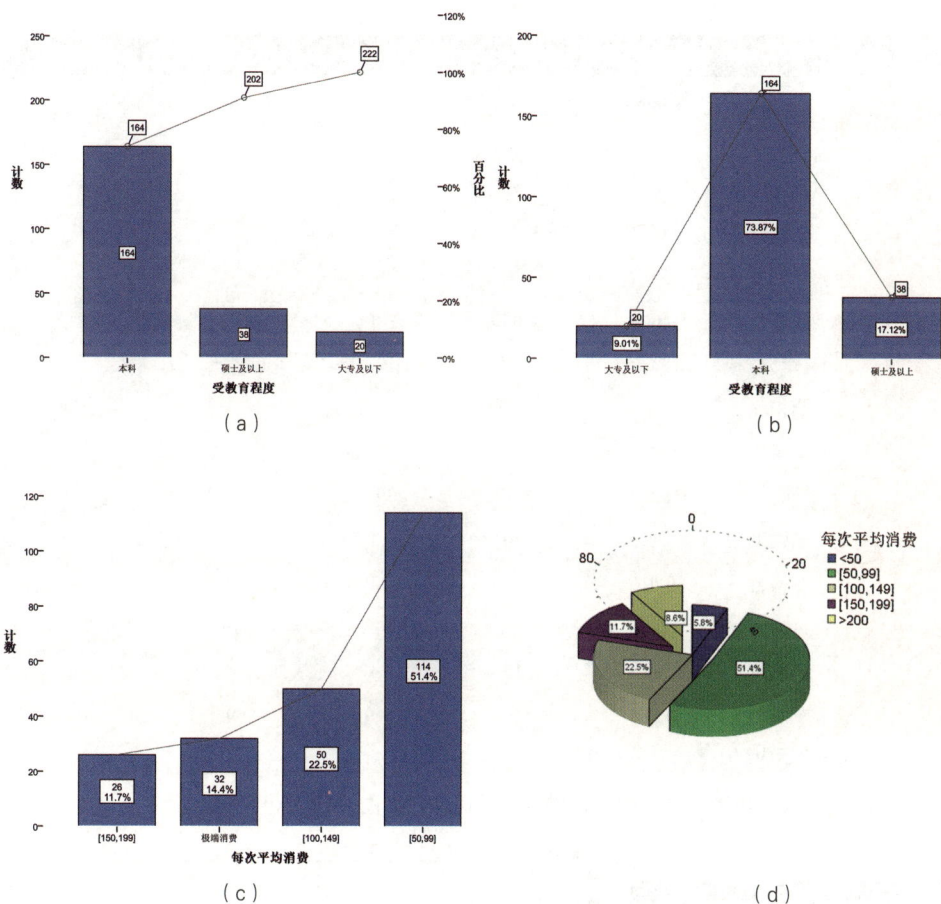

图 6-9　分类变量可视化

2）双变量描述及其可视化

由于相关分析不存在预测和指向问题，所以我们在探索或执行预分析时，使用了卡方检验来判断两两变量间的相关（见表 6-2），除购物原因与受教育程度、购物目的与平均消费金额间的相关关系较弱外，其他变量间的相关性均比较高，这为模型的后续分析提供了相关性基础；相反，如果相关性普遍较弱，则说明整体变量间不存在进一步分析的基础。

表 6-2　皮尔逊卡方检验

		受教育程度	收入	每月购物次数	每次平均消费	购物目的
受教育程度	卡方	—				
	自由度	—				
	显著性	—				

续表

		受教育程度	收入	每月购物次数	每次平均消费	购物目的
收入	卡方	22.382	—			
	自由度	10	—			
	显著性	0.013	—			
每月购物次数	卡方	28.079	32.856	—		
	自由度	8	20	—		
	显著性	0.000	0.035	—		
每次平均消费	卡方	18.676	28.352	19.693	—	
	自由度	6	15	12	—	
	显著性	0.005	0.019	0.073	—	
购物目的	卡方	18.507	38.592	39.306	11.313	—
	自由度	8	20	16	12	—
	显著性	0.018	0.007	0.001	0.502	—
购物原因	卡方	6.400	35.968	26.119	19.977	75.683
	自由度	6	15	12	9	12
	显著性	0.380	0.002	0.010	0.018	0.000

注：结果基于每个最内部子表的非空行和列。

结合图形语言进一步了解这种相关提供的数据信息，如图 6-10 所示。

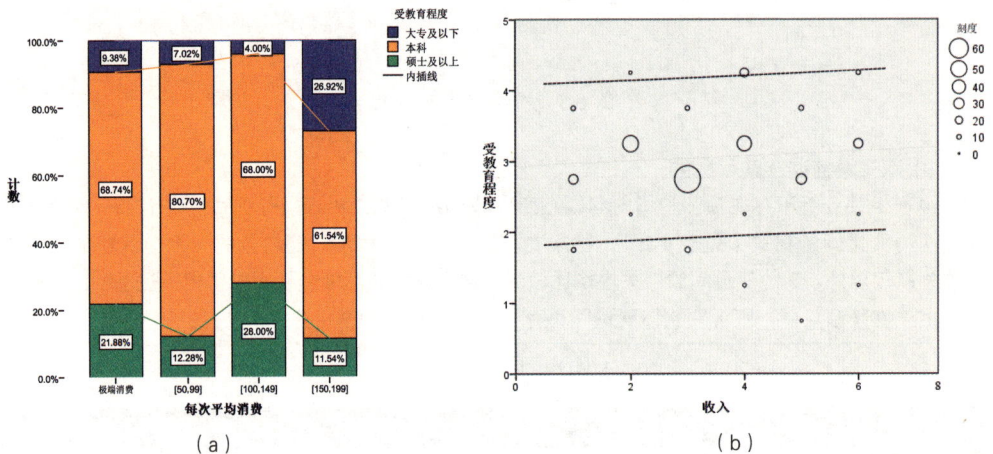

（a）

（b）

图 6-10　相关分析

图 6-10（a）提供了平均消费和学历间的关系，就整体而言，学历为本科和硕士及其以上的消费者的消费特征在各个消费区间的变化错落有致，而大专学历人群主要集中在 [150，199] 区间消费，其他消费区间很少，因此图形提供了主要的类别分布问题。

图 6-10（b）为气泡图。第一，气泡的大小用于显示哪部分是主体人群。由图 6-10（b）可以看出有三个较大的气泡对应于中等收入水平和中等受教育水平（这里的中等指的是平均状况），因此这两个人群是我们消费人群的主体。第二，收入的增加和学历之间仿佛没有关系。主体人群的两条趋势线几乎都是水平的，而在主体人群之外散布着离散的人群，他们的行为特征是学历和收入无法解释的。

SPSS 操作 ▶ 图 6-10（a）的图形绘制——执行"图形"→"图形构建器"命令，选择"图库"选项卡中的"条形图"，选择"简单条形图"和"组 / 点 ID"中的"分组"功能，然后在输出结果中双击条形图，并在图形编辑器中选择"缩放至 100%"。

图 6-10（b）的图形绘制——先将受教育程度和收入的测量级别都改成尺度型（连续型变量），然后执行"图形"→"图形构建器"命令，选择"图库"选项卡中的"散点图"，然后在输出结果中双击散点图，并在图形编辑器中单击"分箱"功能。

6.2.3　构建模型："广义"双标图

本节采用对应分析的方法构建"广义"双标图，从简单对应分析着手，提出对应分析的优、缺点及其常见问题，然后逐步拓展到复杂对应分析的处理。

本节主要完成以下几项任务：第一，使用数据分析完成项目要求，提供决策支持；第二，由对应分析中的双标图延伸其应用，以解决不同变量特征的数据处理。由于这些问题主要围绕双标图展开，所以本节拓展了双标图的应用，选用"广义"双标图这一叫法。

1）对应分析原理及其优、缺点

对应分析过程可以分为如下步骤。

第一，原始数据的变换，每月购物次数 × 购物原因交叉表如表 6-3 所示，标准化残差等于观察频数（计数）与理论频数（期望频数）之差（残差），这就构成了残差矩阵，然后除以理论频数的平方根。变量取值间的关联强度取决于单元格内残差的大小，该值越大，变量间的相关性越强，这也是取值间对应关系的数量基础。

表 6-3　每月购物次数 × 购物原因交叉表

			购物原因			
			享受	陪同异性	生活用品	公事与无聊
每月购物次数	1 次	计数	14	14	10	9
		期望计数	16.1	18.8	5.3	6.8
		残差	−2.1	−4.8	4.7	2.2
	2～3 次	计数	19	22	3	10
		期望计数	18.5	21.6	6.1	7.8
		残差	0.5	0.4	−3.1	2.2
	4～5 次	计数	10	10	5	0
		期望计数	8.6	10.0	2.8	3.6
		残差	1.4	0.0	2.2	−3.6

续表

			购物原因			
			享受	陪同异性	生活用品	公事与无聊
每月购物次数	6～8次	计数	27	36	7	6
		期望计数	26.0	30.5	8.6	11.0
		残差	1.0	5.5	−1.6	−5.0
	大于9次	计数	6	7	0	7
		期望计数	6.8	8.0	2.3	2.9
		残差	−0.8	−1.0	−2.3	4.1
总计		计数	76	89	25	32
		期望计数	76.0	89.0	25.0	32.0

第二，通过卡方指标来判断分类型变量（名义型）间的相关性强弱。卡方分析是将所有残差汇总后得到的综合性取值，但对应分析解决的问题是变量取值间的关系，因此需要对每个残差进行后续分析。卡方分析法通过分解奇异值来确定最终的维数；通过调整行列尺度来确定行列变量的坐标；通过估计方差协方差来初步得到类别对应的散点坐标；通过将行列评分标准化使行列坐标标准化，以得到最终的图形坐标。

对应分析的优点：第一，图形使结果具有更强的可解释性，方便将复杂的数理问题转换为图形问题。第二，可以处理多个分类间的关系，特别是当变量分类水平较多时，图形化的优势更加明显。

对应分析的缺点：第一，很难提供相关关系的假设检验。第二，易受极端值的影响。对应分析对样本量有较严格的要求，通常可以以卡方分析的样本量为准则，某个类别取值少等异常现象使得对应分析缺少稳定性。

2）双标图的应用——简单对应分析

SPSS操作 界面定义和二级对话框模型涉及较多模型预分析的功能（见图6-11）。

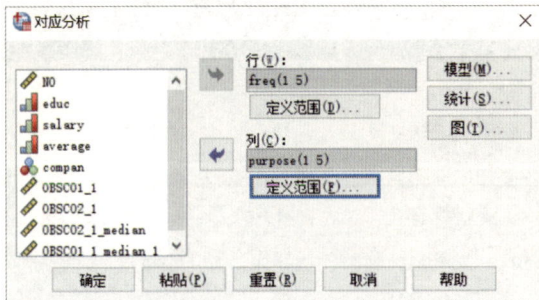

图 6-11 "对应分析"对话框

本案例分析购物频数和购物目的间的相关关系，软件默认输出，如表6-4所示。

表 6-4　对应分析摘要

维	奇异值	惯量	卡方	显著性	惯量比例	
					占	累积
1	0.337	0.113			0.640	0.640
2	0.203	0.041			0.232	0.872
3	0.140	0.020			0.112	0.984
4	0.054	0.003			0.016	1.000
总计		0.177	39.306	0.001[a]	1.000	1.000

a. 16 自由度。

　　奇异值是对原始数据进行转换之后的数据进行分解的结果，主要用于确定维数及其携带的信息量。奇异值的二次方等于惯量，用于说明维度能解释变量间的关联程度，但具体数据代表的信息并不严格对应。惯量总计表示解释总信息量的大小。惯量比例为每个维度占总体的比值，表示每个维度解释数据信息的多少。

　　卡方分析（菜单交叉表中的卡方独立性检验）可以看作对应分析的预分析，判断其条件是否满足，如果卡方显著性报告 $p>0.05$，则需要注意对应分析的结果，因为结果很可能没有任何意义。

　　表 6-5 报告单变量在对应分析中的输出结果，包括频数、解释信息的多少、坐标位置（表中略去）等信息，列点总览表输出与解读与此类似。

表 6-5　行点总览

每月购物次数	数量	贡献				
		点对维的惯量		维对点的惯量		
		第一维度	第二维度	第一维度	第二维度	总计
1 次	0.212	0.002	0.066	0.017	0.200	0.217
2～3 次	0.243	0.004	0.628	0.017	0.952	0.969
4～5 次	0.113	0.033	0.261	0.227	0.661	0.888
6～8 次	0.342	0.143	0.005	0.657	0.008	0.665
大于 9 次	0.090	0.819	0.040	0.972	0.017	0.989
活动总计	1.000	1.000	1.000			

注：对称正态化。

　　数量（mass，译为质量）表示变量的频数或占比，用于反映样本量的大小及其稳定性，预分析内容中也包括了这些信息。维得分表示图形中的坐标值。惯量表示变量类别占总体惯量的比例，该惯量与数量间的差异有助于解释行列间对应类别的关联度。

　　点对维的惯量表示不同类别变量在维度上携带的信息量的多少。例如，第一维度的信息主要来自"大于 9 次"这一变量，第二维度的信息主要来自"2～3 次"这一变量。维对点的惯量表示不同类别变量在各维度上的信息分布情况。例如，"大于 9 次"在第一维度上分布了 97.2% 的信息量。

双标图是对应分析的重点，也是对应分析中所有数据信息集中之地，图6-9（c）与图6-9（d）显示了平均消费分别与收入和购物目的的相关分析。双标图的解读关注如下几个要点，第一，变量取值间距离的远近，越近说明越存在相关；第二，距离原点的远近（越远越相关）和方向指向（越聚集越相关），如果在原点附近且变量间的距离很近，则意味着没有相关性。值得一提的是，以上两个条件是"并"的关系，不是"或"的关系，即需要同时满足。

图6-12（a）释义为（卡方对应的显著性 $p=0.1$，充其量是边缘显著）：高收入人群（本案例的目标人群）每次平均消费金额为 150～199 元，7000～9000 元收入人群每次平均消费金额为 100～149 元，3000～5000 元收入人群每次平均消费金额为 50～90 元，从这层信息上看，收入的增加与平均消费呈现出近似线性增加趋势。"近似"的原因是 5000～7000 元收入的人群出现了极端消费（偏高或偏低）的情况。这个收入层人群中的高收入人群有望进一步转换为 VIP 人群。

图6-12（b）释义为（卡方的显著性 $p=0.938$），一般情况下，消费者在陪同情人和家人购物时倾向于花费更多钱；在陪同朋友购物时花得钱最少；极端消费一般发生在陪同客户、同学时和无聊状态下的购物。但若问以上结论是否可信，其答案是不可信的，因为卡方检验的结果表明该图没有意义。因此务必注意，对双标图进行解读的前提是通过卡方检验，建议当显著性 $p>0.2$ 时无须解读[①]。

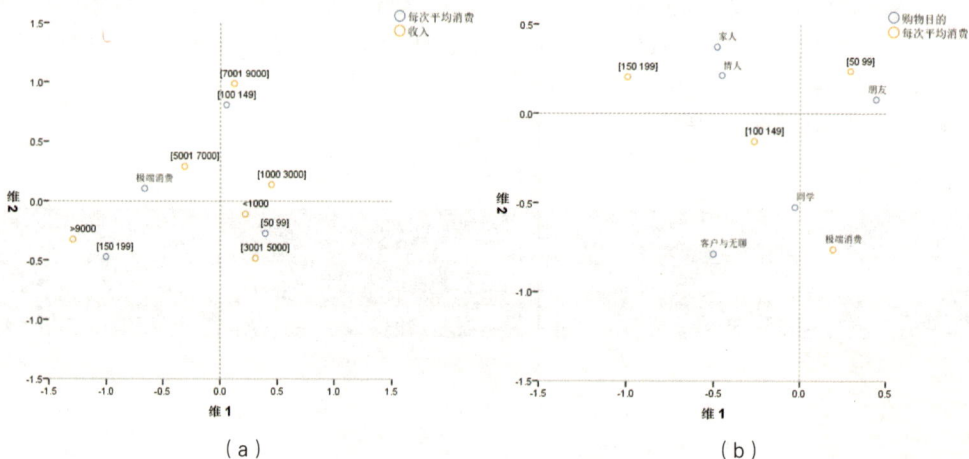

（a）　　　　　　　　　　　　（b）

图 6-12　简单对应分析

再一次重申，我们在图6-12（b）中得到的结论为虚假结论，尽管图6-12中的两张双标图从表面上看没有什么差别，但因为平均消费与购物目的的卡方分析并不显著，所以我们观察到的相关都是随机的，没有统计上的规律性。

3）对应分析的注意事项

我们在上文给出了双标图的解读规则，但某些问题会使解读双标图变得困难，如刻度问题、类别的位置问题等。

图6-13（a）为软件自动输出的双标图，图6-13（b）是修改刻度后的双标图。图6-13（b）和图6-13（a）之间，只是刻度不同，图6-13（a）横轴维1的刻度由原来的 ±1.5 改变为 ±4，这使得

---

① 张文彤等人所著《SPSS 统计分析高级教程》。

图 6-13（a）中清晰的对应关系，看起来很像聚焦在原点附近，而在原点附近的点表示不存在相关关系，所以刻度的设置导致了这一结果。那么什么因素会影响刻度？答案是异常值。因此不管哪个维度存在异常值都会造成类似的结果。

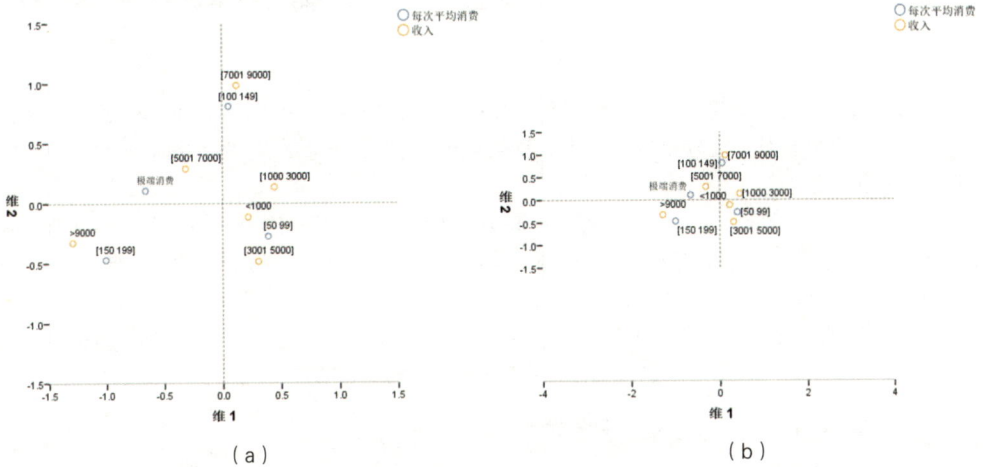

（a）

（b）

图 6-13 双标图注意事项

另外，双标图需添加原点处的参考线，主要因为维度得分为相关程度的转换，数值越靠近（0,0）点表示相关性越弱，所以数值距原点参考线的远近有助于解读变量的相关程度。图 6-14（a）显示了取值偏离原点的远近及其方向，方向表示相关，远近表示相关程度。图 6-14（b）显示了原点与质点（平均值）的差别，该质点并不是无相关，而是平均状况。图形显示了两条信息：第一条，收入和平均消费的大部分数据信息分布在第一维上；第二条，变量取值距离质心的远近表示变量与平均状况的相关程度。例如，高收入人群（收入大于 9000 元的人群）对应的 150 ~ 199 元的平均消费金额实际上在本案例中也是极端情况，偏离平均状况较远，与此类似的还有收入为 7000 ~ 9000元的人群。因此双标图有利于分析分布的极端情况，如贫富分化问题、VIP 人群的行为等。

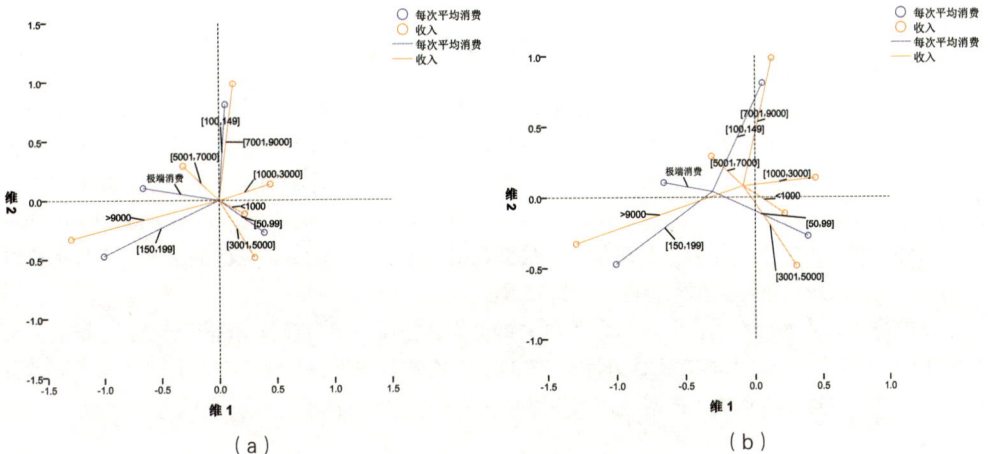

（a）

（b）

图 6-14 双标图的偏好特征

4）双标图的应用——多重对应分析

基于双标图的诸多优点，市场分析案例中行为偏好的系列分析总是努力使结果能像双标图一样简明易懂，即使在精确度上会有所损失。下文我们对多变量及测量级别问题展开了探讨。在菜单中单击"分析"→"降维"→"最优刻度"命令，输出图 6-15（a），该界面提供了三种功能：多重对应分析、分类主要成分和非线性典型相关。

a. 均为名义型变量间的相关

首先假设所有分析变量均为名义型变量，即使存在有序型变量也忽略其取值间的大小关系。这种分析和一元对应分析比较相似，只是多重对应分析处理的变量更多，这意味着多重对应分析考虑的信息更全面。

图 6-15（a）"最优标度"显示，变量的测量级别和变量数的不同组合对应下面三种方法，多重对应分析、分类主要成分和非线性典型相关。图 6-15（b）为"多重对应分析"的对话框，其中"补充变量"只作为参照结果并不参与模型分析。

SPSS 操作 在图 6-15（b）所示界面中将受教育程度设为"补充变量"，其他变量设为"分析变量"，然后单击"变量"选项将所有变量选入类别点的联合图。

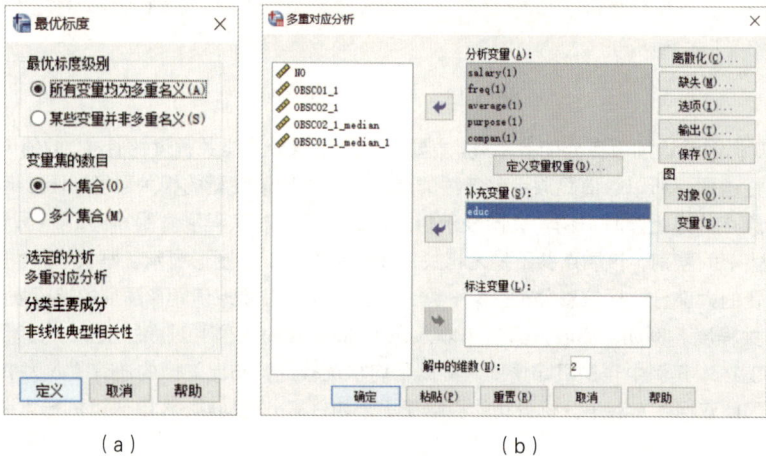

（a）　　　　　　　　　　（b）

图 6-15　"最优标度"对话框和"多重对应分析"对话框

图 6-15（b）中的"离散化"即分箱化功能，该功能提供了各种分箱技术，可按数据的分布形式将其分为正态分布、均匀分析、等间距分组三种形式。"缺失"功能提供了多种数据填补方案，如使用众数或模型填补，也可以将缺失值视为单一类别。"选项功能"提供了常用的正态化方法。

此外，"输出"或"保存"的对象得分是葵花图的维度坐标。类别点的联合图用于描述变量及其取值间的对应关系（类似双标图），比较重要。

模型摘要如表 6-6 所示，该表包含了每个维度的特征值、惯量及其方差百分比。1 维的特征值为 1.967，大于 1，对应的方差百分比为 39.3%；2 维的方差百分比为 33.1%，但这里方差百分比对应的信息解释应理解为大约解释，因为其总和并不为 100%。

表 6-6　模型摘要

维	克龙巴赫 α 系数	方差所占百分比		
		总计（特征值）	惯量	方差百分比
1	0.614	1.967	0.393	39.330%
2	0.495	1.655	0.331	33.108%
总计		3.622	0.724	
平均值	0.560[a]	1.811	0.362	36.219%

a. 克龙巴赫 α 系数平均值基于平均特征值。

　　区分测量图如图 6-16（a）所示，该图显示了每个变量对模型的贡献程度，以及其贡献值主要分布在哪一维度上。例如，每月购物次数的贡献主要分布在维 2 上，对应的取值大概为 0.4。由图 6-16（a）可以看出购物目的和购物原因是模型的主要贡献者。图 6-16（b）是每个观测值在维 2 上的权重分布。例如，个案号为 199 的观测值和个案号为 200 的观测值在维 2 上具有更强的相关性，而个案号为 65、66、167 的观测值在两个维度上的权重都很大，一般用于对客户进行进一步的市场细分的问题中。

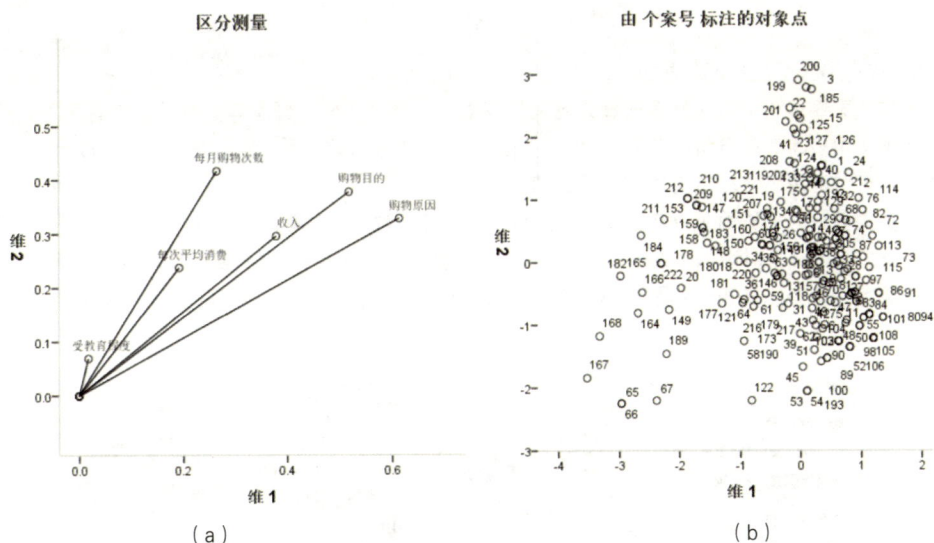

图 6-16　对应分析的变量与观测值权重

　　类别点的联合图如图 6-17 所示，该图为双标图的扩展，该图中大部分散点集中于原点附近，在解释时要注意，该图很可能没有实际意义。第一象限显示购物原因为生活用品，购物目的为家人，这比较好理解，陪同家人购物时倾向于购买平民化商品，图 6-17 显示无消费金额与此对应，这说明没有明显的消费区间。第二象限显示消费次数少，但平均消费额较高，总消费额度偏大。第三象限显示在公事与无聊（强调情绪）状态下消费的金额较大、频次较多。第四象限的数值靠近原点，所以解释时需先经过行业经验的校验才稳妥。

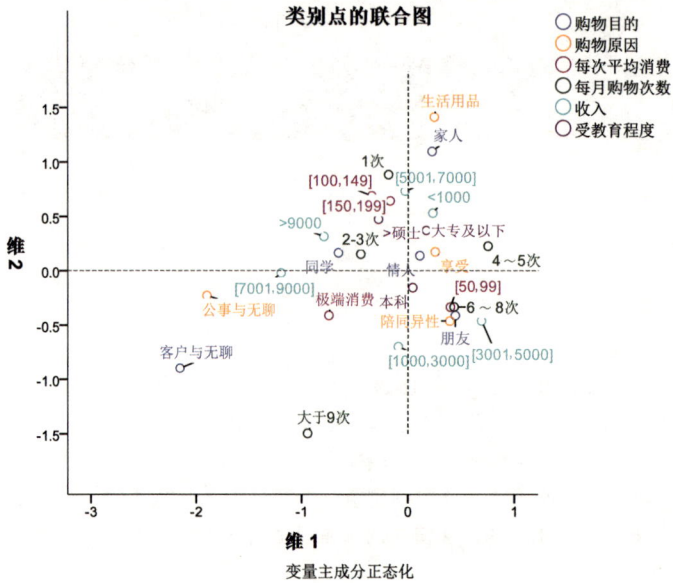

图 6-17　类别点的联合图

b. 存有名义型变量间的相关

上文的案例分析中假设所有变量为名义型变量，但消费金额、频次等变量显然是有序型变量，这样如果使用多重对应分析，有序型变量间的大小信息将被忽略，因此我们使用分类主成分方法，这种方法可以考虑名义型或有序型变量的情况。

分类主要成分的界面菜单与多重对应分析菜单功能一致，具体设置如上文所示。二者的不同是在"分类主要成分"对话框（见图 6-18）"定义标度和权重"中名义型变量定义为名义样条，将有序型变量定义为有序样条，这是分类型变量的连续化处理功能（关于样条信息请见高级统计教程）。

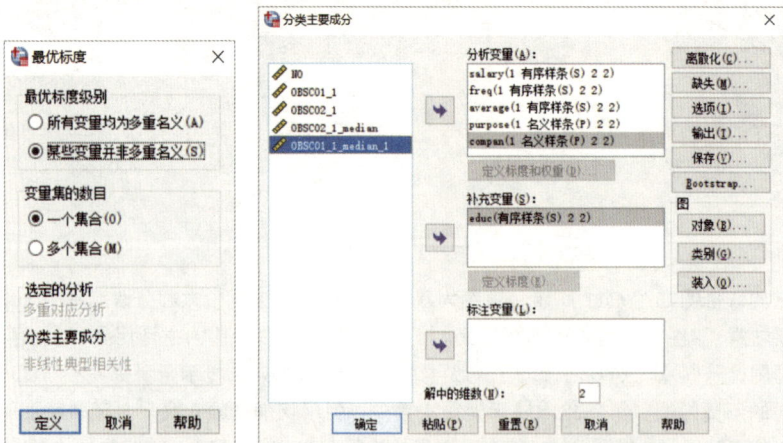

操作步骤：依次单击"分析" → "降维" → "最优标度"命令。

图 6-18　分类主成分的主界面

输出结果与上文案例分析结果几乎相同，双标图与类别点的联合图如图 6-19 所示。双标图显示收入和每次平均消费大体在一个方向，说明两个变量相关性更高，与此相似的还有购物原因和购物目的。双标图提供了变量间的相关及其相关程度（维度上得分的大小）的度量；类别点的联合图提供了变量取值间的相关关系及其相关程度，解释如上。

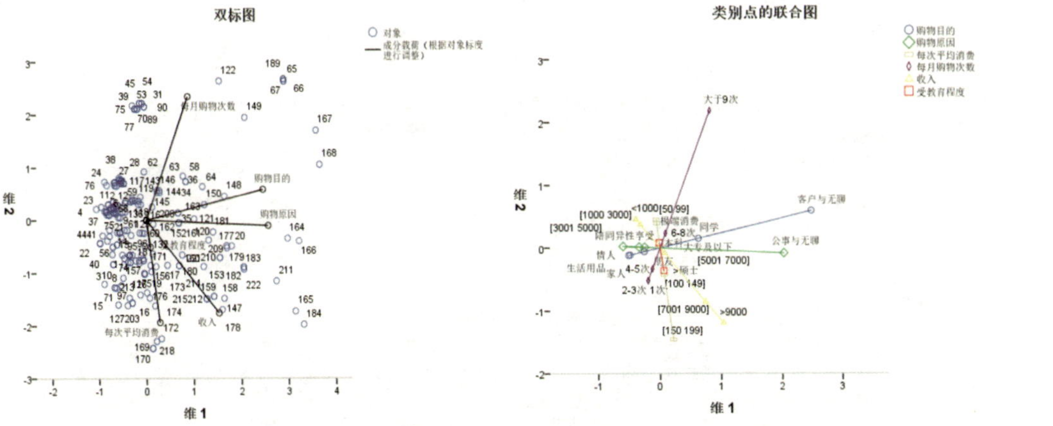

图 6-19 双标图与类别点的联合图

c. 基于设计的广义坐标

在市场案例分析中，借助双标图经常遇到变量众多带来的模型精确度问题，以及结果的可解释性降低的问题。针对这种问题常采用的方法是把变量按取值一一对应合并，以减少变量数量。但合并变量会使取值大幅增加，从而导致模型产生的维度数也大幅增加，所以双标图的"压力"比较大，解释性仍然是个问题，如问卷理论维度的指标、多选题的多分类编码（选项比较多时）、未分组的连续变量等问题。

SPSS 操作 如下方案有助于解决上述问题。

第一步，获得维度评分。下面介绍几种常用的获得维度评分的方法：①如果项目分析关注的重点是变量本身，如收入与贷款，那么就可以将收入与贷款的原始取值视为维度得分；②如果变量特别多而且是连续型变量，则可以使用主成分分析提取因子或主成分，并将其视为维度得分；③如果变量多而且为分类型变量，则使用分类主成分分析提取因子或主成分，并将其视为维度得分。

第二步，汇总每个变量的取值对应的均值（或中位数），即双标图中的坐标（也可以借助SPSS 汇总的"回归变量图"功能绘制广义双标图）。汇总平均值的方式有两种：一种是单独汇总变量的维度得分；另一种是汇总所有变量的维度得分，如图 6-20（a）所示。如果需要单独汇总，则需要多次操作该过程。通过如图 6-20（b）所示的界面可绘制收入和受教育程度在坐标图中的对应关系。

输出如图 6-21 所示，坐标轴一侧的箱体图用于描述数据是否存在异常值，显然维度 1 存在很多异常观测，这说明变量本身存在很多异常值。另外图 6-21 中取值的对应关系显示，第四象限分布着大量高消费者（消费 5000 元以上的人），其对应学历层次以本科为主。第二、三象限分布着低消费者（消费 5000 元以下的人），其与学历对应并不明显。

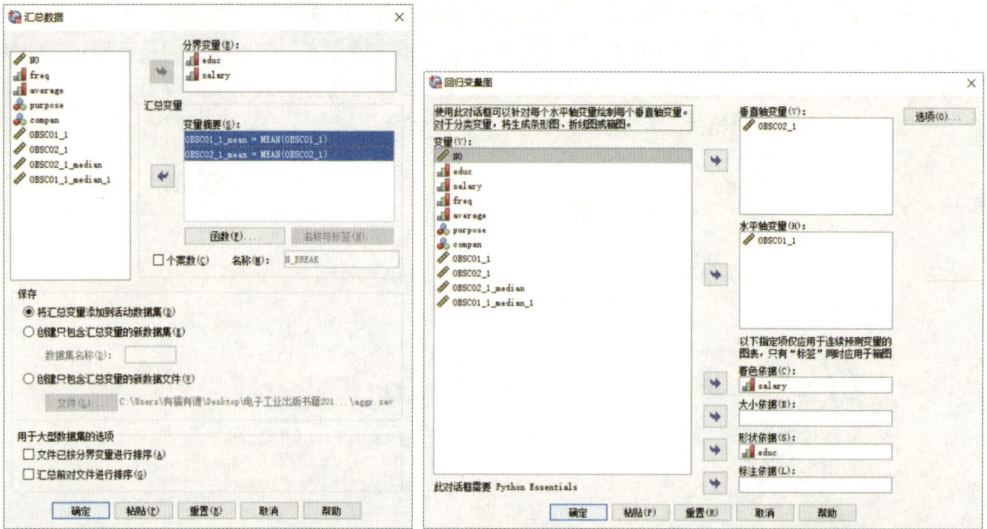

操作步骤：执行"数据"→"汇总"命令。　　　　操作步骤：执行"图形"→"回归变量图"命令。

图 6-20　"汇总数据"对话框与"回归变量图"对话框

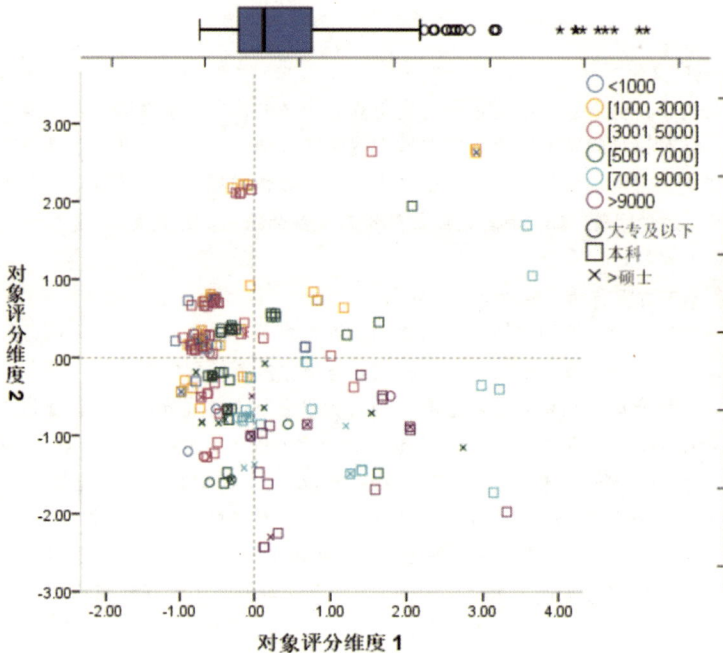

图 6-21　制作"广义"双标图

d. 连续型与离散型变量构建广义坐标

假设在当前分析中，将购买频次、平均消费和收入综合起来可表达一个潜变量——购买力，潜变量的得分可以通过主成分分析获得，那么就可以分析购买力（连续型变量）与其他变量（离散型变量）的关系了。购买力的不同统计量如图 6-22 所示，借助条形图可以更好地了解数据的不同侧面。分析受教育程度、购物目的和购买力的关系，并输出平均值、最大值、最小值和标准差4 个指标。

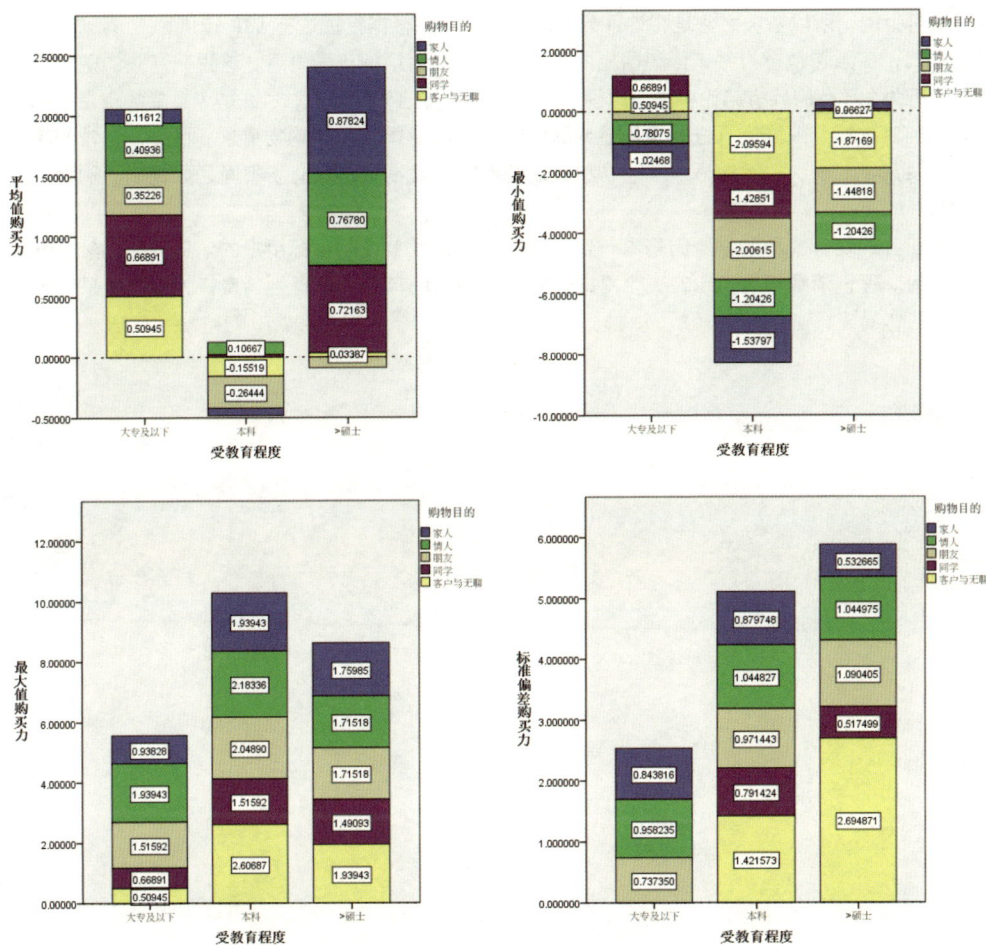

图 6-22　购买力的不同统计量

由购买力的平均值图形可知，不管购物目的如何，本科学历人群的购买力都偏低，而硕士和大专及以下学历的人群的共同之处是在陪同同学购物的情况下购买力偏高；硕士及以上学历人群陪同家人和情人购物时倾向于体现较高的购买力。纵观购买力的最小值、最大值和标准差图形，本科学历人群的最小值和最大值都发生在陪同客户购物或在无聊状态下的购物，因此这组数据离散性很大，容易出现极端值。由图 6-22 可知这些图形提供了了解数据的多个视角——可以纵向和横向比较数据。

6.2.4 结论及营销

第一，低收入人群容易发生极端消费（包括偏高或偏低消费），高收入人群消费适中。从理论上讲，这一结论应该在购物原因中有所体现，但事实上并没有。这说明"面子"形象并不是目标客户主要考虑的问题。结合定性分析发现，目标群体并未出现经济压力问题，这说明其消费是其可支付范围，所以当务之急是将这部分用户找出来，并根据特征进行 VIP 转化。

第二，高频购物行为并未伴随明显的生活情绪，包括烦闷与厌倦感。这说明高频的购物行为是理性行为，现有的分析结论中没有原因、目的和人口属性与之对应，也许是个重要的空白市场，不妨单独对这部分人群进行进一步描述或深度访谈，以了解不同的购物需求。此外，正常的购物频次为每月 2～5 次，针对适中型购物和极端型购物的营销策略应有所不同，如极端型购物主推高毛利额的商品。

第三，购物目的和购物原因基本一致。这在一定程度上说明目标用户的消费行为仍然是理性消费行为。理性消费行为预示着一个更成熟的消费群体的存在；非理性消费行为很可能是一种小众行为，容易误导商业指向。

第 3 部分　模型应用与评估

老板喜欢的"语言"：钱、%、图形和像图形的表。

第 7 章　回归类模型应用

这一章我们回答回归类模型能够解决的四个问题，其中结构问题涉及偏回归系数 β 的两种应用，即单结构和整体结构；预测问题涉及 y 估计值的两种应用，即老样本预测和新样本预测。

7.1　结构性问题：偏回归系数

7.1.1　单结构：偏的意义

单结构是指自变量与因变量间的关系，体现在偏回归系数 β 的解释上。单结构示意图如图 7-1 所示，该图用于研究控制其他因素后自变量取值的平均增量对因变量产生的影响，因此称为偏回归系数，如在其他因素处于控制状态时，机械温度每增加一个级别 y 故障评分增加的幅度。

✏ y预测评分	✏ y故障评分	✏ x1机械温度	✏ x2持续时间	✏ x3工人换班	✏ x4促销季	✏ x5震动频率
7.00	8.00	35～41度	12小时	不换班	正常	明显
6.00	4.00	26～35度	9小时	换班	小型促销	异常
3.00	6.00	10～26度	12小时	不换班	大型促销	明显
5.00	5.00	0～10度	9小时	不换班	小型促销	轻度
5.00	6.00	零下	5小时	换班	正常	无感
2.00	.	10～26度	12小时	不换班	正常	明显
4.00	.	零下	5小时	不换班	小型促销	无感

因变量受到 5 个自变量的影响，使用了 5 行完整的数据训练模型，另 2 行用于预测。

图 7-1　单结构示意图

回归模型要求自变量测量级别是间距型或比率型，若自变量为有序型变量，在保证个案数足够大的情况下，可将其视为间距型来解释；若自变量为名义型变量，则需要对其进行哑变量变换或通过方差分析将其转化成差异问题来处理。

偏回归系数的估计有标准化系数 $Z\beta$ 和非标准化系数 β，根据标准化系数可判断影响因素的主次问题，并将影响较大的 20% 的变量视为主要影响因素，其他变量视为次要因素，而非标准化系数主要用来进行统计解释、业务解释和归因判断。

7.1.2　整体结构：条件规则

整体结构常用于研究自变量与因变量间的关系，其内容体现在 β 的综合解释上。整体结构示意图如图 7-2 所示，5 个自变量 x 分别对应的取值数是 5、3、2、3、4，因此产生了 360 种（$5 \times 3 \times 2 \times 3 \times 4 = 360$）组合。例如，对 y 故障评分使用的规则是机械持续运行"12 小时"，机械温度在"35～41 度"，无明显震感，并在工人"不换班"且临近"大型促销"季的情况下，y 故障评分是多少。整体结构就是研究每种组合对 y 产生的影响。在所有组合或规则中，我们通常将最为重要的影响视为第一影响规则。我们还可以根据影响程度对所有规则排序，从而获得规则间的主次影响关系。

y预测评分	y故障评分	x1机械温度	x2持续时间	x3工人换班	x4促销季	x5震动频率
7.00	8.00	35～41度	12小时	不换班	正常	明显
6.00	4.00	26～35度	9小时	换班	小型促销	异常
3.00	6.00	10～26度	12小时	不换班	大型促销	明显
5.00	5.00	0～10度	9小时	不换班	小型促销	轻度
5.00	6.00	零下	5小时	换班	正常	无感
2.00	.	10～26度	12小时	不换班	正常	明显
4.00	.	零下	5小时	不换班	小型促销	无感

图 7-2　整体结构示意图

整体结构要求自变量为分类型，如果数据是连续型变量，那么就需要先对数据进行分箱化处理。解决整体结构问题的小数据模型以联合分析和对应分析为代表，大数据模型以决策树和贝叶斯为代表。

7.2　预测性问题：估计值

预测问题示意图如图 7-3 所示。老样本预测是对 y 已经存在的观测值再进行预测的行为，即内衍。观测值只表示过去发生的既定事实，随着事物的发展，取值会发生变化。例如，此时运作良好的机器未来可能发生故障；此人现在信用良好并不表示未来一定不会违约。正如前文所述，我们应该相信预测值而不是观测值，所以需要对老样本重新进行预测以评估未来的潜在行为。

	y预测评分	y故障评分	x1机械温度	x2持续时间	x3工人换班	x4促销季	x5震动频率
老样本预测	7.00	8.00	35～41度	12小时	不换班	正常	明显
	6.00	4.00	26～35度	9小时	换班	小型促销	异常
	3.00	6.00	10～26度	12小时	不换班	大型促销	明显
	5.00	5.00	0～10度	9小时	不换班	小型促销	轻度
	5.00	6.00	零下	5小时	换班	正常	无感
新样本预测	2.00	.	10～26度	12小时	不换班	正常	明显
	4.00	.	零下	5小时	不换班	小型促销	无感

图 7-3　预测问题示意图

新样本预测是指不存在 y 观测值进行的预测，即外推。y 在一些情况下难以确定且获取成本高，但又是业务关注和决策的依据，所以需要寻找 y 与"廉价"自变量 x 间的关系，只要确定了 $y = f(x)$ 函数关系，我们就可以通过"廉价"的 x 预测"昂贵"的 y。

为什么自变量廉价呢？图 7-3 中的机械温度可以提前预知、运转时间可控、工人是否换班可以调整、是否促销可以规划、振动频率可以研判，廉价主要表现为获取成本低，因此可以将其代入模型，以预测"昂贵"的 y。

7.2.1 老样本预测：内衍与市场细分

内衍中的"内"为"老"之意，"衍"为"新"之意，其中"新"为市场细分功能，而市场细分的主要应用场景为制作评分卡。下文将通过评分卡的制作过程，来介绍市场细分的主要应用。

评分卡的制作分为以下几个步骤：第一步，构建模型获取预测评分（老样本或内衍）；第二步，对预测评分进行分箱化处理；第三步，制作标签；第四步，定制标签的操作化。评分卡的核心技术上文都有提及，可以参阅相应部分的介绍。

1）模型预测评分

制作评分卡使用的模型与我们构筑的普通模型无异，关键是要根据研究需求确定因变量和影响因素，从而确保构建合理的模型，即模型假设、参数调整等可信度优化，最后把模型的预测值保存下来。制作评分卡使用的模型首推 Logistic 回归，这是因为无论是从模型本身的特性角度来讲，还是从经验角度来讲，该模型既具有高度稳健性，又具有可解释性。

2）分箱化

评分卡是商业应用环节落地决策关键的一步，其通俗性至关重要。如果我们获得某人违约概率的评分为 86%，而一名业务小白在看到 86% 的违约概率后很难知道后续业务应该如何处理。如果根据业务规则或数据拐点等综合信息，将预测概率分组，并标注黑名单，那么在看到黑名单后，即使无经验的人员也可以知道其该客户是需要丢弃的客户。如此业务关系和执行将一目了然。

3）标签化

关于标签化的制作，虽然我们提出了通俗化是评分卡的第一要务，但根据操作手册的不同着眼点，其使用的标签化规则可能不同。

标签化类型如图 7-4 所示，该图展示了三种标签。

评分1标签化	评分2标签化	评分3标签化
五级	一定违约	黑名单
四级	会违约	老赖
三级	不确定	身份不明
二级	不违约	良好
一级	一定不违约	优秀

图 7-4　标签化类型

评分 1 标签虽然看起来不太通俗，但它可以用于提示更为严肃的级别问题，因此这种标签需要事无巨细地定义每个流程，比较适合规章、流程、制度严格的大公司。评分 2 标签对违约概率进行了解读，加入了业务人员或数据分析师的经验，可以帮助我们更好地理解违约概率在业务中的含义，但具体怎么做仍然含混不清，所以仍然需要进行可操作化的定义。评分 3 标签不但给出了概率的实际程度，还呈现了业务的实际意义，所以后续的可操作化定义变得特别明朗，甚至通过标签就可以猜出业务规则。

三种标签没有孰优孰劣之分，需要根据公司的性质、业务人员的基础和决策者等因素选择不同方案。

4）操作化

操作化就是业务执行的依据，可以面面俱到，也可以大而化之，其目的是提高执行者的工作效率，至于细则细化的程度需要使用者自己把握。下文将以图 7-4 中的"身份不明"标签为依据对申请贷款进行操作化定义。

客户申请贷款[①]第 1 步，填写客户信息并出示信息证明；第 2 步，信息录入模型；第 3 步，预测违约概率为 56%，标签显示为"身份不明"；第 4 步，查阅"身份不明"说明细则；第 5 步，递交人工审核；第 6 步，人工判断金融环境；第 7 步，查阅额度细则，限制金额为 5 万～ 6 万元；第 8 步，进行流程审核；第 9 步，系统反馈；第 10 步，督办人和申请人电子签名；第 11 步，提交系统申请；第 12 步，老板同意；第 13 步，发放贷款；第 14 步，系统提示还贷信息；第 15 步，第一次还款……

7.2.2 新样本预测：外推与潜在行为

外推的字面意义是对训练样本外未发生的事件进行评估，即预测。统计学家喜欢使用显变量测量已发生的事件，使用潜变量测量未发生的事件。

反映型测量主要用于建构概念，需要回答测量精确度、信效度等问题，而形成型测量主要用于结构分析、探索因果、市场细分等问题。不管是形成型测量的预测评估，还是反映型测量的降维，都是潜变量评分过程，而潜变量的特征是抽象性、整合性和误差。

社会行为学的问题往往具有抽象性，这也符合多维统计模式下的抽象理论。抽象性必然会带来误差，而且这种误差存在于每个测量变量。如果没有测量误差，则可以使用单指标，但因为每个变量都存在测量误差，所以需要多指标综合测量。那么变量可不可以没有误差呢？变量不存在误差是最理想的状态，但实际上在社会统计学应用中这并不成立，残差的随机性假设、拟合指标等都是根据误差本身的性质计算而来的，如果没有误差，那么统计学大部分内容都将失去意义。

7.3 模型优劣与模型评价

每种统计模型都有自己的评价系统，或统计准则，或业务准则，或同时具备两者。但就评价标准而言，小数据和大数据存在严重的分歧，小数据更侧重统计体系本身的理解，而大数据更侧重对业务的理解。本节将以回归为重点来评估两类 R^2，一类是存在测量尺度的 R^2；另一类是不存在测量尺度的 R^2，从而引起大家对业务和统计两种评价方案的讨论。

7.3.1 R^2 变形记

线性回归的公式如公式（7-1）和公式（7-2）所示，回归可以被分成三部分：因变量、自变量和残差。因变量 y 与预测值 $\hat{y}$ 间的相关为 R^2，是回归类模型中最重要的拟合指标。由此也衍生出不同特征的 R^2，如是否具有测量尺度的 R^2，这些 R^2 在解读上也存在差别。

$$y = \beta_0 + \beta_1 x_1 + \beta_2 x_2 + \varepsilon \qquad （7-1）$$
$$y = \hat{y} + \varepsilon \qquad （7-2）$$

是否具有测量尺度可以从如下角度理解，首先，R^2 的取值为 0 ～ 1，且 0 ～ 1 范围内的任何取值都有意义，而非尺度型往往是区间取值。其次，因变量是否具有更高测量级别的形式，如间距测量或比率测量，而名义测量往往是非尺度型 R^2。

---

① 虚构的操作化流程，请勿效仿。

1）尺度型 R^2

表 7-1 是线性回归的输出，线性回归对因变量的测量要求是间距型测量，并且 R^2 取值为 $0 \sim 1$，因此我们判断此 R^2 为尺度型。

使用 R^2 来判断模型拟合优劣，但普通 R^2 无法判断自变量是否冗余，所以我们通常根据 R^2 与调整后 R^2 间的差异判断自变量冗余问题。经验认为 R^2 间的差异大小在 5% 左右，则差异比较大；R^2 间的差异超过 10%，则差异巨大。这两种情况均意味着自变量冗余，这是判断标准之一，也可以视 $6 \sim 8$ 个自变量以内为宜，若超过该标准则需要看调整后 R^2 的值（也可以根据 R^2 标准估算误差来计算 t 值）。

表 7-1　模型摘要

模型	R	R^2	调整后 R^2	标准估算误差
1	0.601[a]	0.362	0.348	4.069 19

a. 预测变量：常量，情绪总分，适应总分。

2）非尺度型 R^2

二元 Logistic 回归的预测分类输出如图 7-5 所示，其中图 7-5（a）是截距模型的输出，模型预测准确度为 74.9%，这能否说明模型拟合很好呢？我们在前文回答过这个问题，74.9% 仅仅是模型的起点，数值 0 没有意义，并且因变量取值为 0 和 1（或其他二分类取值）没有尺度（没有大小之分），因此 R^2 是非尺度测量。

由于因变量是二分类的，所以模型存在"猜测"因素，如果我们事先知道分类比例是平衡的，那么通过随机猜测，实际上都可以命中 50% 的准确率，所以模型的准确率起点是 50%（严格平衡），而不是 0。因此在解读图 7-5（b）对应的 75.3% 的准确度时，需要将 74.9% 作为基准参照。那么它们间的差异是不是就是 R^2 了呢？回答仍然是否定的。

分类表			
实测	No	Yes	正确百分比
步骤 0　No	3744	0	100.0%
Yes	1256	0	0%
总体百分比			74.9%

注：1. 常量包括在模型中。
　　2. 分界值为 0.500。

（a）

分类表			
实测	No	Yes	正确百分比
步骤 1　No	3650	94	97.5%
Yes	1140	116	9.2%
总体百分比			75.3%

注：分界值为 0.500。

（b）

图 7-5　预测分类精确度

模型摘要如表 7-2 所示，模型的拟合指标考克斯 – 斯奈尔 R^2 是最接近有尺度 R^2 的近似指标，所以其被称为伪 R^2，表示自变量大约解释了 10.4% 的信息。

表 7-2　模型摘要

步骤	-2 对数似然	考克斯 – 斯奈尔 R^2	内戈尔科 R^2
1	5087.470[a]	0.104	0.154

a. 由于参数估算值的变化不足 0.001，因此估算在第 5 次迭代时终止。

7.3.2　图示 R^2：R^2 图与 ROC 曲线

统计指标可用来评价模型优劣，当然如果能够辅之以可视化，可能会收到更好的效果。每一指标都有图形加以辅助，如图 7-6（a）所示的 R^2 图，一般用于展示尺度型 R^2，该图是对相同的因变量和自变量使用线性回归和神经网络模型获得的两组预测得分。将两幅 R^2 图整合在一起，可见两个模型及预测结果非常相近，从而可以对比两个模型。

图 7-6（b）是对相同的因变量和自变量分别构建 Logistic 回归、神经网络、决策树（为了凸显效果，使用了不同的预测变量），然后获得预测概率，并绘制 ROC 曲线（操作步骤：执行"分析"→"ROC 曲线"命令），我们发现前两个模型的预测精确度大体相当（神经网络的预测精确度是 72.1%，Logistic 回归的预测精确度是 72%，决策树的预测精确度为 56.9%，曲线面积都以 50% 为基准），从图形中几乎看不出 Logistic 和神经网络间的差异。

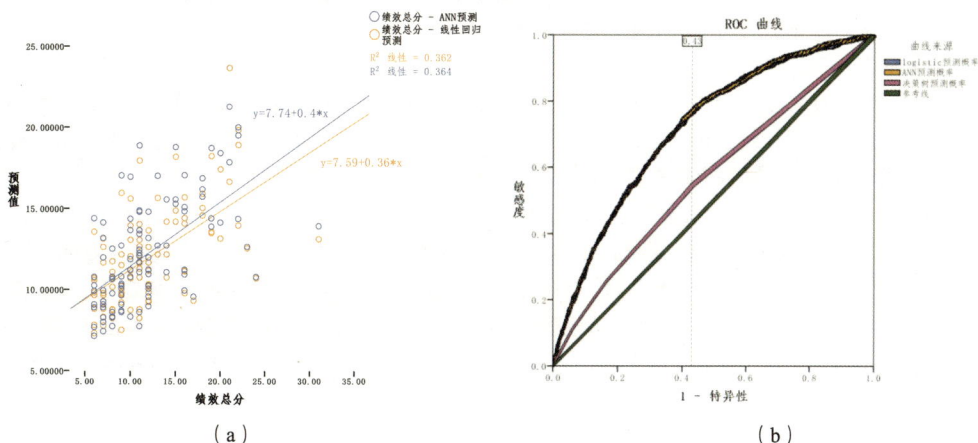

图 7-6　图示 R^2

ROC 曲线的设计起点是 0.5 的面积，分类表的理论起点也是 0.5 的概率，图形和表格的理论支持相同，因此可以用于分类表精确度的图形判断。

有时我们很容易低估 ROC 曲线的实际应用能力。ROC 曲线可应用于工程学的信号处理，在统计学中，对因变量而言，ROC 曲线主要用来评价多模型间的比较；对自变量而言，ROC 曲线可以对自变量重要性进行筛选，其常与独立样本 t 检验、岭回归的特征选择技术配合使用。感兴趣的读者可以拓展阅读内容，并将其综合应用于特征选择技术。

综合来看，不管是 R^2 图，还是 ROC 曲线图，都可以用于判断自变量的相对重要性及进行多模型准确度的对比。因此图形"向内"可进行特征选择，"向外"可用于多模型比较。

7.4　模型优劣与业务评价

7.4.1　小数据的标准：R^2

统计模型非常惧怕"用 A 证明 A"的逻辑怪圈，因此为了避免这类问题的发生，统计模型需要同时满足以下两个条件：行和列的约束。回归模型中的 R^2 表明了 y 与 $\hat{y}$ 的相关性，这几乎构成了小数据最重要的拟合指标。小数据偏爱模型本身的拟合指标的原因是，模型的拟合指标有助于消除逻辑怪圈：行权重的代表性与潜在形式的列。

抽样意义下的观测具有样本权重，即每行数据表示的不是某个个体的信息，而是其权重意义下的群体特征。例如，调查 2000 万人的平均体重，抽取 500 个样本，那么一行数据将代表 4 万人的特征，即一行并不表示一行，而表示一个群体。

此外，为避免发生自相关（横截面数据），通过表示过去的显变量 y 与表示未来的潜变量 $\hat{y}$ 间的相关，既可以评价模型，又可以获取更丰富的信息。

因此可以看出，人们对 R^2 的偏爱不是"执拗"而是符合小数据方法论的"执着"。

7.4.2　大数据的标准：老板

逻辑怪圈也困扰着大数据科学家，但这不是列的问题，而是主流的大数分析并非抽样，这就导致行的约束不存在了，因此很难避免逻辑怪圈的出现。

应对的方法有数据分区、线下数据的评估等。数据分区技术上文已有阐述，而线下数据的评估也许是大数据模型范式转移的另一佐证。大数据模型的拟合指标或评价指标只用作辅助，最终的标准是业务准则。一般来说，小数据模型调校两三天就可以"上架"，而大数据模型通常需要反复评估线下数据，大概 6 个月左右，才能作为运营报告的参考依据。

假如存在一个 R^2 或其他拟合指标非常理想的模型，使用该模型对细分市场进行营销，细分后的样本是 5 万人，响应率是 2%，最终产生购买的人数是 1000 人，减去成本后，利润是 100 元 / 人，净收入是 10 万元，将业绩报告给老板，老板却说远远没有达到预期，此时不管市场细分、营销策划、实际响应率、客户画像有多理想，该模型都要被否定。业务准则可以告诉我们哪里出了问题，而模型却无法做到，这种情况下我们暂时不考虑其他问题，就模型而言，不管拟合指标如何都是不可接受的。

第 8 章　数据分析报告

小数据分析追求简捷美，而大数据追求"繁美"，如具有视觉冲击的饱和颜色、奇怪的形状等，但很遗憾 SPSS 与同类统计软件相比可视化功能有些不如人意，抱怨之声随处可见。其实解决小数据问题是 SPSS 的强项，故很多图形都以简捷特征为主。在本章我们除了介绍小数据常见图形绘制及整合功能，还会介绍图形和表格模板的制作过程。

8.1　可视化图形制作

图形可分为两类，一类是数据分析师在构建模型前用于预分析的图形，通常称为专业图，以直方图、散点图为代表；另一类是模型构建后将复杂的数理关系通俗地展示出来的图形，可以将其视为非专业图，如条形图、折线图、饼图等。前者给数据分析师看，以"繁"为准则；后者给老板看，以"简"为准则。

8.1.1　条形图与折线图

早期条形图用来传达频率或占比信息，但饼图更好地取代了这一功能，因此条形图与折线合作来诠释折线的含义——波动、趋势和累积。既然折线图可以传达这些信息，为什么还要借助条形图呢？其原因是，条形图给人的视觉感受比较好。此外，因为折线的取值也是频率，所以条形图的辅助功能更明显。

条形图转化成直方图如图 8-1 所示。图 8-1（a）中的折线之所以为折线，是因为条形图的顶点连线如折线状，表示离散型变量。如果将条形图变成直方图［见图 8-1（b）］，那么折线则变成曲线，表示连续型变量。

8.1.2　频数与分布

把分类型变量变成连续型变量存在多种方案，如理论假设、增加样本量、统计变换技术等。但是分类和连续都源于频数，只是因为当前假设或样本量的不同，才有所谓的分类与连续之分。

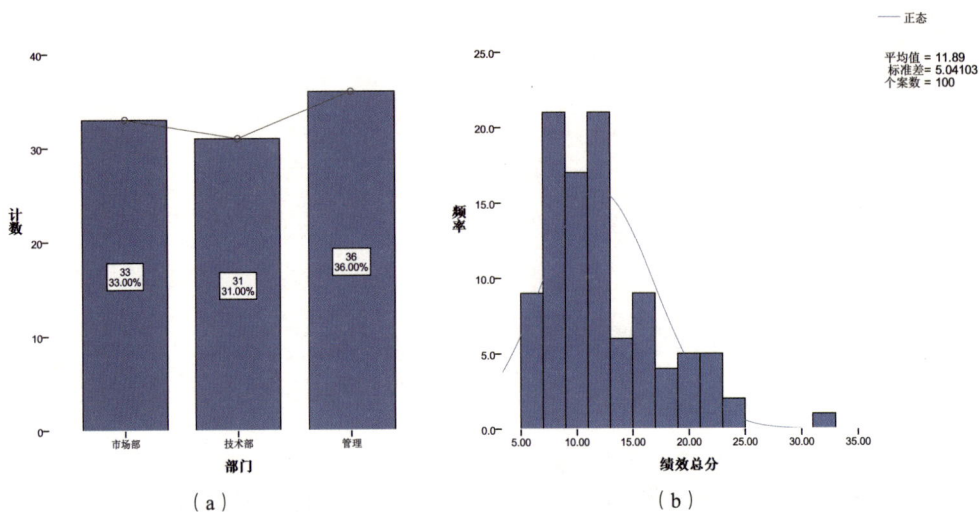

图 8-1　条形图转化成直方图

在既定的理论前提下，通过无穷样本量可以使得变量从分类型变成连续型，此时用于表示离散的条形图将被直方图取代。连续型变量回答的不是频率问题，而是分布问题（见图 8-2），而分布恰恰是小数据极为关心的问题，因为数据需要由小及大排列。大数据并不关心分布问题，其原因是大数据不需要推论，只需检查数据宏观与微观信息，其中微观信息包括数据形状及拐点。面积图是直方图的延展图，可以用于判断数据拐点。如果强调整体分布则看箱体图，因为在大数据场景下极端值或异常值会频繁出现，箱体图能提供更稳健的统计指标。

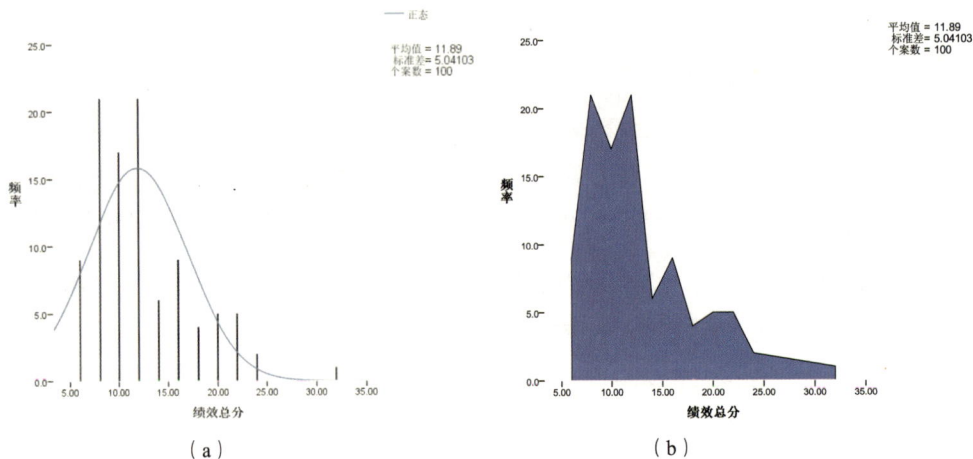

图 8-2　连续变量的表达

8.1.3　多变箱体图

对箱体图由下而上的描述：最小值、下四分位数（Q_1）、中位数（Q_2）、上四分位数（Q_3）、龙须（whisker，或译成盒须、胡须）、最大值、异常值（标注为圆点）和强异常值（标注为星点）

［见图 8-3（a）］。其中 Q_2、iqr（Q_3－Q_1）和龙须（右拖尾的程度）在小数据场景中被频繁使用；在大数据场景中箱体图的每个数值都有可能被用到。

在小数据环境下需要注意以下几点：第一，小数据相较中位数而言更关心均值与中位数相减的符号（负号表示负偏分布，正号表示正偏分布，0 表示对称分布），该指标与上龙须的长度结合可以判断偏态的程度；第二，如果数据偏态分布，那么均值和标准差等指标将失效，中位数和 iqr 稳健的替代指标；第三，小数据并不关心最大值和最小值问题；第四，箱体图是小数据判断异常值最重要的工具。

在大数据环境下需要注意以下几点：大数据不关心数据分布只关心数据主体（iqr）；大数据极容易出现强异常和异常带来的拖尾现象（龙须）；大数据更加关注最大值和最小值的实际取值及数据拐点。除拐点问题外，其他特征在箱体图中都可以得以校验。

因为箱体加上龙须和异常值看起来更像一支蜡烛，所以箱体图又被称为蜡烛图。箱体的纵向每处信息都对应一个统计数值，但横向没有任何意义，因此箱体可以宽一点，也可以窄一点，窄到极限就是一根线，从形状来看像十字星体，因此箱体图也可以称为星线图［见图 8-3（b）］。因盒须像龙须，所以箱体图又称为龙须图。

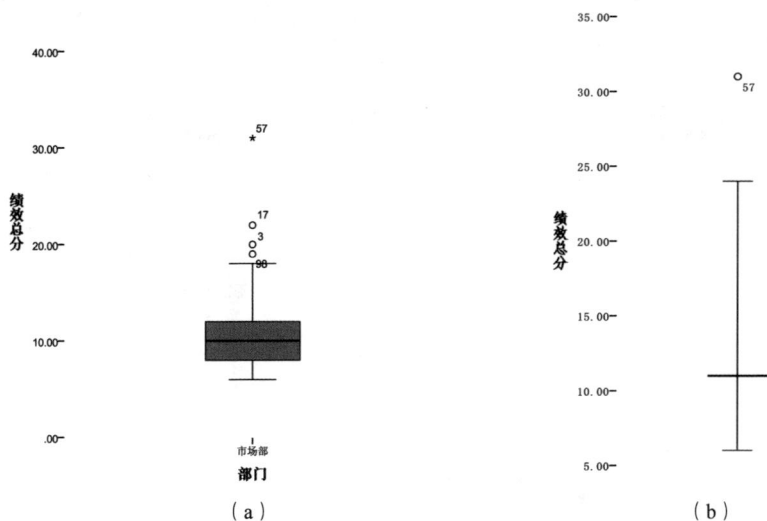

图 8-3　多变箱体图

若一种图形有各种变体，则说明它可以在不同领域使用，即该图形具有那一定通俗性。但箱体图看起来有些专业，应用者是通过会意的方式来解决这个问题的。例如，老板问"数据何解"，答"平均数是……"，即用平均数代替中位数，而老板会误以为平均数就是均值，这是能理解的而且也是准确的，故为会意。

8.1.4　散点图与气泡图

散点图（操作单击：执行"图形"→"回归变量图"命令，气泡需要在图形编辑器中修正大小）是用来判断变量间相关性强弱的图示。我们把散点图视为专业图形，如果使用散点大小表示变量的数量关系，那么散点图就变成了气泡图，而气泡图是非专业图形，其主要原因是气泡图的重点不是行列的相关性，而是气泡的大小，这是可视化的第一要素。

气泡图如图 8-4 所示。这三个气泡图都将情绪总分作横坐标，将适应总分作为纵坐标，气泡大小表示绩效。图 8-4（a）绘制了行列的质心，强调绩效偏离平均状况的行为特征。例如，由图 8-4（a）可知强适应能力和高情绪控制能力对应一部分高绩效者，但在情绪总分取值为 10 附近，且与适应能力无关，也出现了一部分高绩效者等。图 8-4（a）传达的信息量很丰富，但解读起来过于专业，因此不是一副好的气泡图，因为质心传达的统计意义覆盖了气泡大小传达的意义，有些喧宾夺主。图 8-4（b）因为构建了线性回归模型，凸显了情绪与适应间的关系，这使得气泡不再是重点。

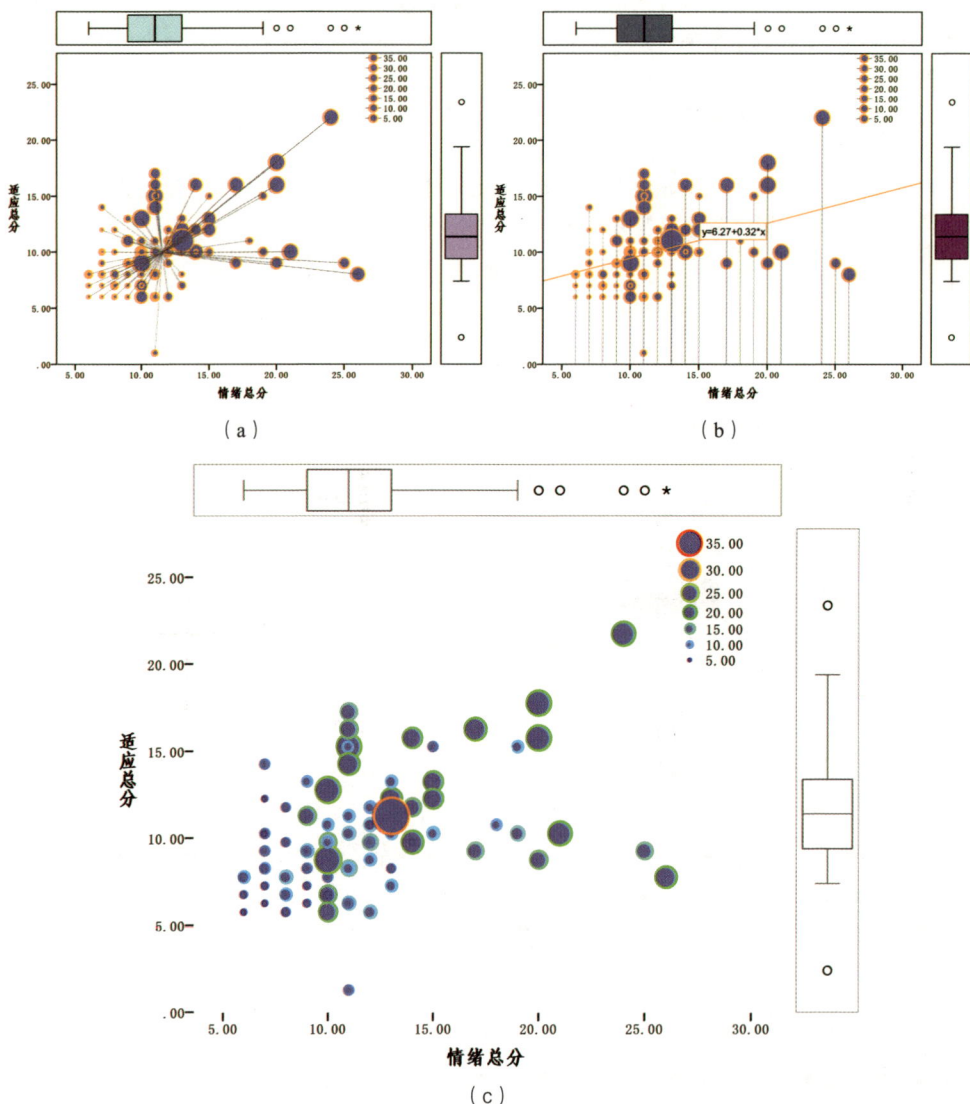

（a）

（b）

（c）

图 8-4　气泡图

如图 8-4（c）所示的气泡图才是我们最终想要的气泡图。建议在气泡元素上做文章，如对气泡的颜色、饱和度、大小，甚至形状做一些处理。图形的重点是气泡，至于其他信息，尽量使用不易察觉的颜色或形状。

图形的主信息和辅信息相辅相成，各行其是。一般而言，主信息以通俗见长，辅信息以专业见长，提供主辅多变的应用图形。

8.2　图形制作与格式

8.2.1　图形制作：绘图、颜色

SPSS 软件的图形功能分布在不同菜单区域中，操作方式也不相同，本节介绍了图形功能分布、图表构建器、图表编辑器等内容。

1）图形功能分布

SPSS 软件将绘图功能分布在图形菜单下［见图 8-5（a）］。在"线性回归：图"对话框［见图 8-5（b）］中有七种图形绘制功能，这些功能可分成两部分，一部分是交互式绘图功能，另一部分是非交互式绘图功能。非交互式绘图功能只有"旧对话框"功能，除此之外都是交互式绘图功能。交互式绘图功能就是，只要变量测量级别得以正确设置，软件就会自动识别可使用的图形及其参数元素。旧版本的对话框功能预警全部可以使用交互式功能替代，所以不建议用户学习旧版本对话框功能。

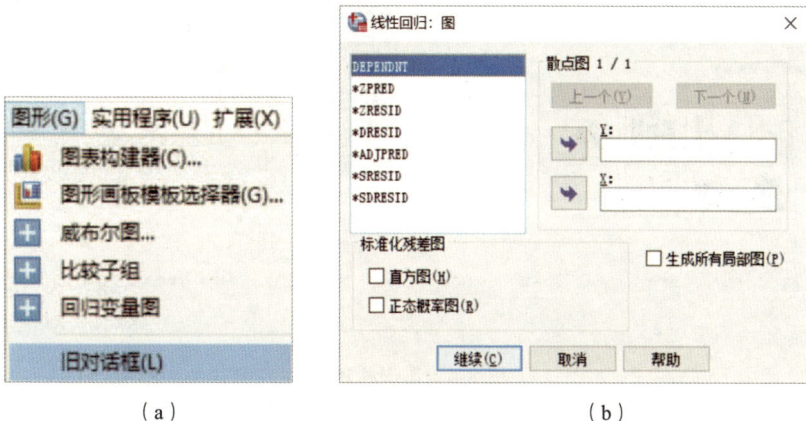

（a）　　　　　　　　　　　　　　　　　　（b）

图 8-5　图形功能分布

"图表构建器"功能是交互式绘图功能的代表，是为小数据服务的，如几十万行以内的数据量。"图形画板模板选择器"绘图功能是为大数据服务的，如百万级别，甚至千万级别的数据体量。其他功能，如"威布尔图"功能，都是整合图功能，整合是指将各种单一图形整合在一起。例如，将箱体图和散点图整合在一起，将分组后的直方图整合在一起等。

图形菜单下的功能可以单独绘制一些统计图形，但有些图形附属于统计模型，因此每个统计模型往往都伴有相应的图形，如线性回归的残差图、决策树模型的树形图等，这些模型的附属图

形主要分布在"分析"菜单和"直销"（Direct Marketing）菜单中。

2）图表构建器

图表构建器对话框左下角"图库"选项卡提供了各种样式的图形［见图 8-6（a）］，这些图形可以分为专业图和非专业图，也可以分为单变量图和双变量图。"图库"功能还提供了每种图形的衍生版本，如分组图、嵌板图、三维立体图等。

绘制图形时一般需要注意以下几条原则：第一，尽量使用二维图形；第二，使用选项时，如行嵌板、列嵌板，由于变量共享的坐标不同，需要视变量量纲而定；第三，衍生图形不管多复杂，一般都沿袭了母图的性质，如面积图衍生自直方图仍传达分布的问题；第四，给数据分析师看的图形和给老板看的图形应该有所区分，因为这是专业和非专业之分；第五，绘制整合图，因为整合图能提供更丰富的统计信息，但这很容易将主信息淹没于众多辅信息中，所以在图形色彩调校上需要注意主色调和辅助色调间的搭配关系。

"基本元素"选项卡［见图 8-5（b）］提供了各种图形的整合，可以对应用问题中的各种细节进行定制化的图形处理，如图形色彩、形状、格式等元素的自定义功能。

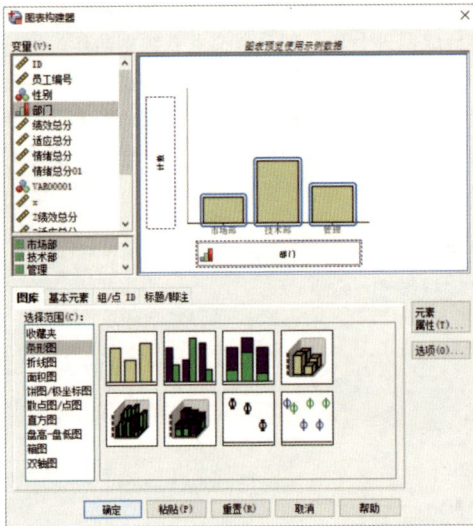
（a）

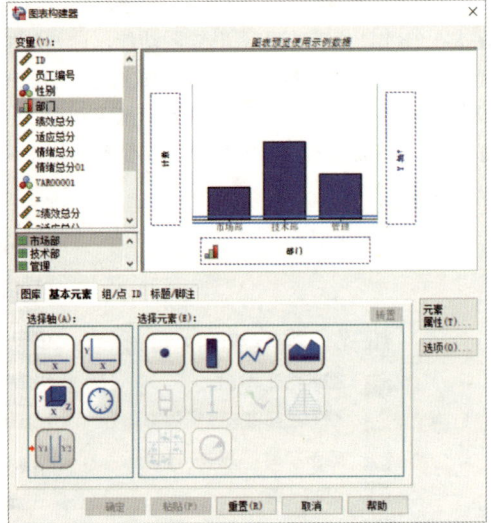
（b）

图 8-6　图形构建器

3）图表编辑器

SPSS 软件输出的所有图形都可以通过双击图形进入图表编辑器状态［见图 8-7（a）］。在"图表编辑器"界面下的操作是，单击的次数与选择的范围相对应。如果单击一次，则选择更广的元素对象；如果单击第二次，则选择范围将缩小；如果单击多次，就可以精准选择某个具体的图形元素。每次单击后对话框右侧都会提供"属性"窗口［见图 8-7（b）］，选择的元素对象不同，右边的"属性"窗口能够调整的功能也不同。如果选中图表，则提供关于图表大小、填充颜色、边框格式的设定；如果选中标签，则提供关于标签刻度、长短、文本位置的设置等。

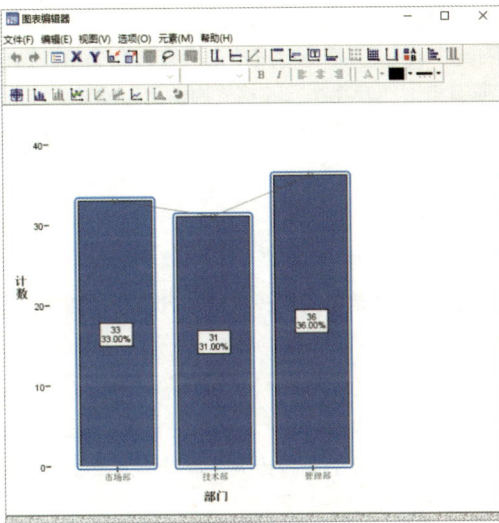
（a）

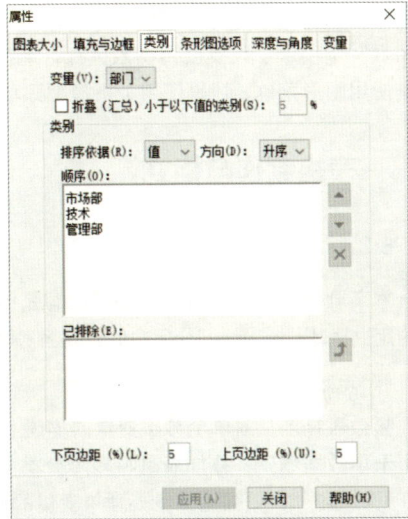
（b）

图 8-7　图表编辑器

8.2.2　图形模板制作与调用

绘制条形图，并在图表编辑器状态下将图形调整成我们希望的样子。调整颜色，中间布以细点纹理、添加数值和百分比标签，整合折线图，并调整条形的宽度［见图 8-8（a）］。如果我们希望把调整的格式保存下来，（在图表编辑器状态下）执行"文件"→"保存图表模板"命令，就会弹出如图 8-8（b）所示的对话框，选择需要保存的布局、样式等格式，然后将文件保存在电脑本地的某个位置上即可，该文件格式为 .sgt。

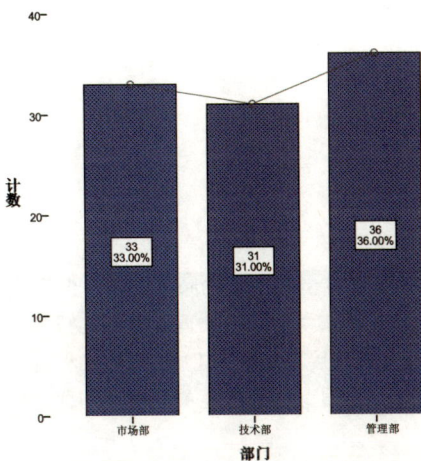
（a）

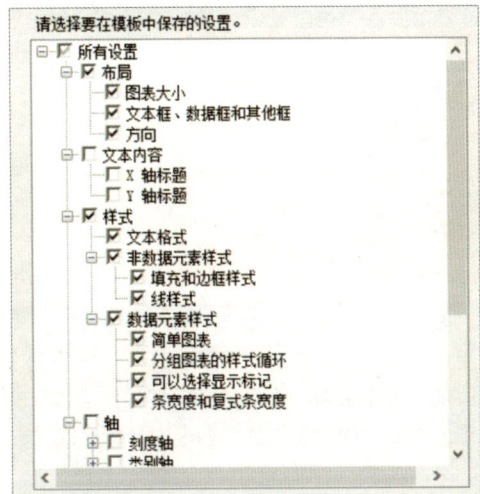
（b）

图 8-8　图表模型的格式设置

在"编辑"菜单下的"图表"选项卡下（操作步骤：依次单击"编辑"→"选项"命令，选择"图表"选项卡）设置使用图表模板，调用保存的 .sgt 文件即可完成格式的自动化调用。这样不管是使用图形菜单，还是使用分析模型菜单，所有条形图都将执行该格式的调用和输出。

8.3 表格制作与格式

8.3.1 表格制作：制表、格式

本节介绍两部分内容，一部分内容是不同表格形式及常见应用；另一部分内容是如何借助软件的定制表（custom tables）功能实现各种表的设计。

1）表格形式

频数表只涉及对单个分类变量的描述（见表 8-1），强调单变量本身的统计性质，如频数特征，多用于小数据场景；叠加表是将多个分类变量排列于单维度上（行或列），其不涉及变量间的相关（见表 8-2），更强调批量处理单变量的过程，多用于大数据场景。

表 8-1 频数表

		计数
部门	市场部	33
	技术部	31
	管理部	36

表 8-2 叠加表

		计数
部门	市场部	33
	技术部	31
	管理部	36
性别	男	56
	女	44

嵌套表和交叉表在数值描述上是相同的，都是描述分类变量间取值的频率问题，但表达的应用含义不同。嵌套表只涉及单维度（行或列）（见表 8-3），主要用来处理取值间的组合，如不同部门的组合数、不同选择偏好的组合等；交叉表涉及双维度（见表 8-4），即行维和列维，用于分析变量间的相关性，如卡方分析、Logistic 回归等。SPSS 软件将表格的三维分别称为行、列、层。

表 8-3　嵌套表

				计数
部门	市场部	性别	男	22
			女	11
	技术部	性别	男	14
			女	17
	管理部	性别	男	20
			女	16

表 8-4　交叉表

		性别	
		男	女
		计数	计数
部门	市场部	22	11
	技术部	14	17
	管理部	20	16

2）定制表功能

定制表功能中的"表"选项卡［见图 8-9（a）］提供了表格样式设计，用鼠标将变量拖曳至绘图区，区分行、列、层的设置就可以完成表格设计，由于定制表界面是交互式的，所以用户通过多次试误就可以完成表格的局部调整。

软件默认报告的统计量是均值和频数，如果我们希望更改统计量，可以选中连续型变量，如绩效。选中连续型变量后图 8-9（a）左下角的"摘要统计"按钮将变得可选，单击该按钮后，就可以看见丰富的统计量指标，如最大值、最小值、方差等。如果希望对类别变量进行调整，选中类别变量后，则左下角的"类别和总计"按钮将变得可选，单击该按钮后即可删除、合并类别，或执行求平均、分类汇总操作。

通过定制表功能还可以计算表格的卡方检验、t 检验及显著性，这些统计量主要用于检验表格行列间的相关性［见图 8-9（b）］。此处的统计检验功能与前文提及的卡方检验（操作步骤：执行"分析"→"描述性统计"→"交叉表"命令，选择"统计"二级对话框）和 t 检验（操作步骤：执行"分析"→"比较平均值"→"独立样本 t 检验"命令）在数理输出上无异，只是应用功能上有所区别，即此处提供批量化输出功能，无须执行单个检验，可一次完成所有变量的统计检验，皮尔逊卡方检验如表 8-5 所示。

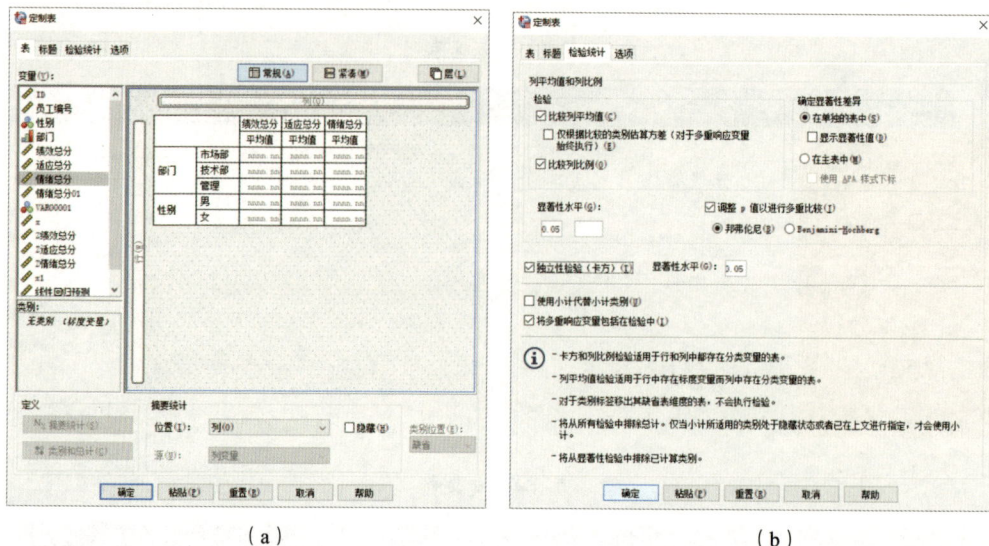

（a）　　　　　　　　　　　　　　　（b）

图 8-9　定制表功能

表 8-5　皮尔逊卡方检验

		收入	每月购物次数	每次平均消费	购物目的	购物原因
受教育程度	卡方	35.768	30.179	30.856	24.823	9.946
	自由度	15	15	12	15	12
	显著性	0.002	0.011	0.002	0.052	0.621

8.3.2　表格模板制作与调用

1）表格模板制作

我们制作了表 8-6 和表 8-7 两种风格的表格，分别将命名为 "表格可视化" 和 "三线格"。那么在输出窗口中任意双击一张表，软件界面的菜单栏即可发生相应的变化，显示 "格式" 菜单，在 "格式" 菜单中找到 "表外观"（table look）选项，并单击 "编辑外观" 选项，即可显示如图 8-10 所示对话框。

表 8-6　表格可视化输出

		绩效总分	适应总分	情绪总分
		平均值	平均值	平均值
部门	市场部	11.27	9.30	11.64
	技术部	10.29	9.55	10.16
	管理部	13.83	10.83	12.64

续表

		绩效总分	适应总分	情绪总分
		平均值	平均值	平均值
性别	男	12.52	10.46	11.91
	女	11.09	9.25	11.07

表 8-7　三线格输出

		绩效总分	适应总分	情绪总分
		平均值	平均值	平均值
部门	市场部	11.27	9.30	11.64
	技术部	10.29	9.55	10.16
	管理部	13.83	10.83	12.64
性别	男	12.52	10.46	11.91
	女	11.09	9.25	11.07

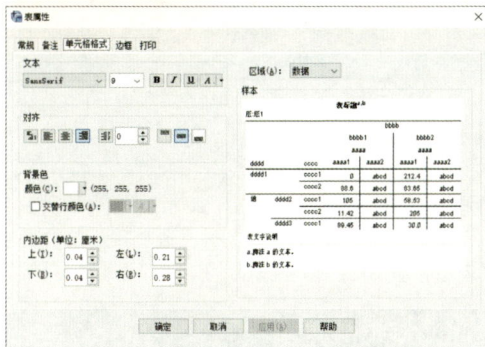
（a）

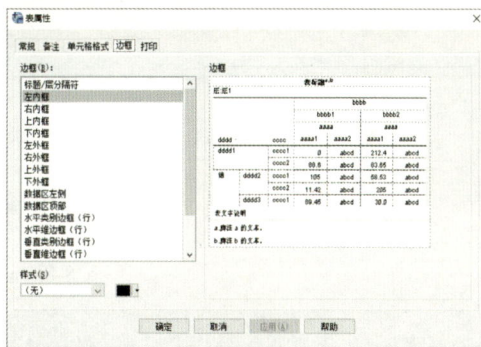
（b）

图 8-10　"表属性"的编辑

"表属性"对话框下有两个重要的功能："单元格格式"和"边框"。

"单元格格式"选项卡如图 8-10（a）所示，该功能可提供表格样本，用户单击表格样本相应的位置，区域功能中的标签就会发生变化，如单击数据区或行标签区。表格的每个区域都提供了个性化的定制功能，如文本格式、对齐方式、背景颜色等。"边框"功能提供了表格边框的设置。图 8-10（b）中的虚线部分表示当前没有线条，但可以添加，通过"样式"下拉框可以调试边框样式。

设置好表 8-6 和表 8-7 的格式，单击"确定"按钮，再单击界面上的"另存为"按钮，即可将表 8-6 和表 8-7 保存在电脑本地的某个位置，并命名为表格可视化和三线格。

2）模板调用

在"编辑"的"选项"下的"透视表"选项卡下（操作步骤：执行"编辑"→"选项"→"透视表"命令）单击"浏览"按钮，找到刚刚保存的"表格可视化.stt"文件，完成格式的自动化调用。不管我们使用的是定制表功能，还是分析模型功能，所有表格都将执行该格式的调用和输出（见图 8-11 和表 8-8）。"三线格 .stt"文件的调用与此类似，此处不再赘述。

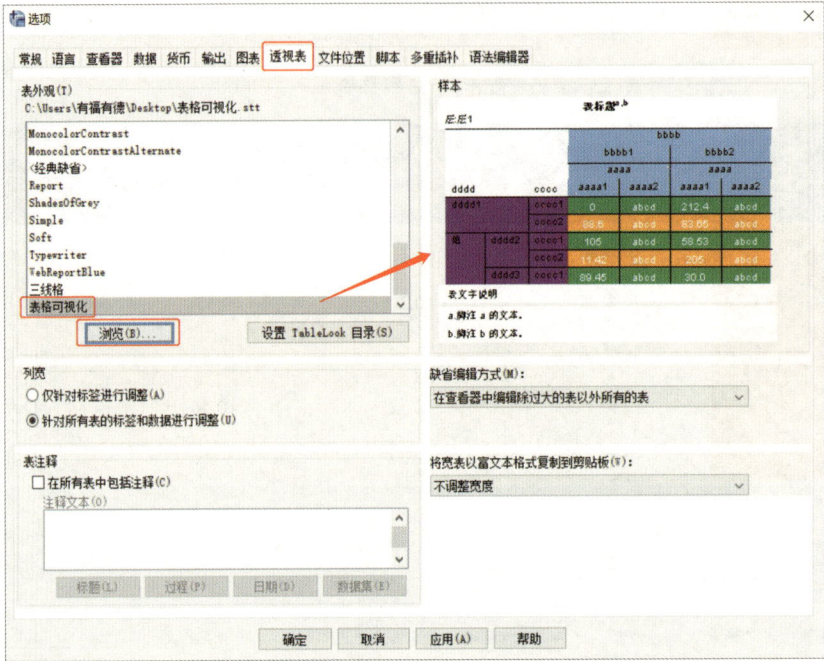

图 8-11　表格模板调用

表 8-8　回归模型系数

模型		未标准化系数		标准化系数	t	显著性
		B	标准误差	β		
1	常量	1.521	2.142		0.710	0.479
	性别	−0.634	0.839	−0.063	−0.756	0.452
	部门	0.771	0.503	0.128	1.533	0.129
	适应总分	0.406	0.143	0.261	2.846	0.005
	情绪总分	0.493	0.107	0.411	4.628	0.000

注：因变量为绩效总分。

8.3.3　OMS 控制面板

OMS 控制面板是 SPSS 中非常强大的输出管理功能，用于对 SPSS 内数据集、命令、图形等多种对象进行输出控制，本书通过对 OMS 控制面板内 Regression 命令的演示，来说明表格输出的基本用法。

"OMS 控制面板"界面下的"输出类型"（Output Types）功能用于确定 OMS 输出结果的类型，其中，表输出是最常见的输出方式。当用户选中输出类型并确定命令标识（Command Identifiers）时，不能以该命令输出的子类型将会变为灰色，意味着该命令不可选；反之，如果命令显示为黑色，则说明命令可选。

命令标识与 SPSS 程序中的命令语法一致，如命令标识"Regression"与回归模型程序中的"Regression"语句相对应。SPSS 的语法不需要逐行逐句编辑，通过调用即可完成语法编写。例如，在回归的主界面设置好角色和参数后，单击界面上的粘贴功能，就可以将语法粘贴下来。也可以使用输出窗口查找需要的输出，如回归系数输出，在系数上右击输出即会显示图 8-12 所示内容。OMS 的命令标识、OMS 表的子类型及 OMS 标签可以一并查找。

图 8-12 OMS 命令查找

"所选命令的表子类型"功能是命令执行结果中的子项。在 SPSS 软件中一个命令往往对应多个输出结果，如执行 Regression 命令会出现 COEFF OUTS R ANOVA 等多个关键字控制的输出项。"命令标识"功能则是为 OMS 起个名字，相当于编程语言中的变量名。最后，输出目标中可选择文件、文件夹或新数据集，本次为新数据集，并将文件命名为"SPSS 数据集"。

目前，OMS 系统处于"new"状态（见图 8-13），需要将状态改为"active"（见图 8-14）。

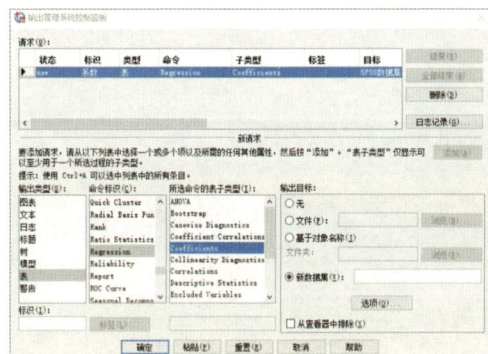

图 8-13 new 状态 OMS 控制面板

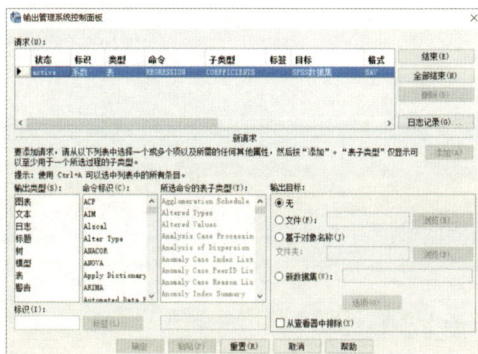

图 8-14 active 状态 OMS 控制面板

输出表格的操作流程模式为"打开 OMS →运行回归→关闭 OMS"。关闭 OMS 的操作为单击图 8-14 中的"结束"按钮，即可产生输出表格（见图 8-15）。

TableNumber_	Command	Subtype_	Label_	Var1	Var2	B	标准误差	Beta	t	显著性
1	Regression	Coefficients	系数	1	(常量)	1.521	2.142	.	.710	.479
1	Regression	Coefficients	系数	1	性别	-.634	.839	-.063	-.756	.452
1	Regression	Coefficients	系数	1	部门	.771	.503	.128	1.533	.129
1	Regression	Coefficients	系数	1	情绪总分	.493	.107	.411	4.628	.000
1	Regression	Coefficients	系数	1	适应总分	.406	.143	.261	2.846	.005

图 8-15　SPSS 数据集

SPSS 语法如下：

```
OMS
  /SELECT TABLES
  /IF COMMANDS=['Regression'] SUBTYPES=['Coefficients']
  /DESTINATION FORMAT=SAV NUMBERED=TableNumber_
   OUTFILE='SPSS 数据集 ' VIEWER=YES
  /TAG='表格'.
REGRESSION
  /MISSING LISTWISE
  /STATISTICS COEFF OUTS R ANOVA
  /CRITERIA=PIN(.05) POUT(.10)
  /NOORIGIN
  /DEPENDENT 绩效总分
  /METHOD=ENTER 性别 部门 适应总分 情绪总分 .
OMSEND TAG=['表格'].
```

附录 A　数据集

（1）数据集：短期绩效 .sav

说明：短期绩效是一份问卷调查数据，主要用于分析哪些应聘者具有高绩效能力，哪些因素会影响绩效。绩效可以表示员工对公司创造潜在价值的总衡量，但为了通俗地表达，会将其理解为工作能力。绩效变量综合了员工的几种特质，并由其所表示的维度综合计算而来，这里我们只能看到总分。

变量如下所示。

性别：应聘者的性别。

部门：应聘者未来所隶属的部门。

绩效总分：衡量员工工作能力的综合性指标。

适应总分：员工的适应能力，包括适应公司文化、人际关系、工作强度等能力的总评分。

情绪总分：评分越高，表示情绪控制能力越强。

（2）数据集：bankloan_binning.sav

说明：银行贷款违约数据来自 SPSS 官方。金融公司，尤其是银行，会涉及金融贷款、欺诈与反欺诈等与用户信用相关的业务分析。本案例分析的重点是信用评估及哪些因素对此造成影响。

变量如下所示。

age：客户的年龄。

age_group：将变量 age 按一定的需求分组处理，分为 4 个取值。

ed：客户的学历，分为 5 个取值。

employ：客户的工作时间。

address：客户在本地的居住时间。

income：客户的收入。

debtinc：贷款与收入的比值。

creddebt：客户的信用卡贷款额度。

othdebt：客户的其他贷款额度的汇总值。

default：客户是否有违约记录，1 表示存在违约记录，0 表示不存在违约记录。

（3）数据集：测量级别 .sav

说明：此数据为模拟数据，用于说明测量级别中间距变量和比率变量的区别。

变量如下所示。

服务 1：受访者对服务的满意度评价。

服务 2：通过服务 1 平移 1 个单位，即 COMPUTE 服务 2= 服务 1+ 1.。

服务 3：通过服务 2 平移 100 个单位，即 COMPUTE 服务 3= 服务 2+ 100.。

产品：受访者对产品的满意度评价。

（4）数据集：missing（缺失数据）.sav

说明：本案例收集了 40 处交通枢纽处的车辆滞流情况。group 中的 1 表示交通高峰期，2 表示非高峰期；b_flow 表示自行车在交通路口处的滞流情况，按交通高峰期类别随机产生 9 个缺失值（其中有一个是自定义的缺失值 999）；e_flow 表示电动车在交通路口处的滞流情况，无缺失；a_flow 表示汽车在交通路口处的滞流情况，无缺失；traffic_jam 表示交通堵塞程度，其值越大表示交通越拥挤，有 5 个缺失值。本数据希望研究电动车、汽车、自行车的滞流量与交通堵塞程度的关系，进而研究重要交通处的堵塞情况。

变量如下所示。

group：分类变量，取值 1 表示高峰期，取值 2 表示非高峰期。

e_flow：电动车滞流量。

a_flow：汽车滞流量。

b_flow：自行车滞流量。

traffic_jam：交通堵塞程度。

（5）数据集：performance.sav

说明：本案例记录了 182 名员工对部门管理效率、对其他员工绩效和胜任力的评价数据，此数据的主要研究目的包括检验胜任力如何影响绩效，绩效和胜任力如何影响管理特征评价。理论上胜任力由三个指标组成——信息搜索能力、团体领导、人际关系；绩效由四个指标组成——目标、荣誉感、竞争、晋升。

变量如下所示。

scale：员工隶属部门的规模，以 30 人为界区分小规模（取值 1）和大规模（取值 2）。

management_eff：gcharacteristic 变量的分组。

ssearch：信息搜索能力评价。

sleadership：团体领导评价。

srelationship：人际关系评价。

gcharacteristic：员工对所隶属部门的管理效率的综合评价。

jaim：员工对未来目标的清晰度。

jhonour：员工对取得的荣誉度的感觉测量。

jcompetency：员工对所在职位资格的自我评估。

jpromotion：员工对职位提升的期望度。

（6）数据集：商品材质 .sav

说明：本数据记录了 96 种钢材的韧性（和钢性）原料性质，其中 96 种子类商品又分成 B 类、

D 类和 X 类，B 类表示本公司技术，D 类表示购买国内的生产技术，X 类表示引进的国外生产技术。96 种产品在全国一共有两个生产线，分成第一生产线和第二生产线。

重点变量 raw_material 即韧性原材料，读者可以将其视为因变量，取值越低成本越低。此外，自变量加固材料、保温材料和防湿材料三种材料属于辅助材料，由于市场价格不断变动，生产同件产品的成本是浮动的，所以需要找到三种辅助材料和韧性原料间的函数关系，这样就可以根据市场价格变动，调整原料配比，带入模型预测，进而检验新产品是否合格。

变量如下所示。

code：商品生产技术子类编号。

raw_material：钢材的韧性和钢性原料性质，是因变量。

code_category：商品生产技术大类编号，属于有序型测量，B 表示本公司技术，D 表示购买的国内的生产技术，X 表示引进的国外生产技术。

addrss：分成第一生产线和第二生产线，属于名义型测量。

auxiliary_materials1：加固材料。

auxiliary_materials2：保温材料。

auxiliary_materials3：防湿材料。

p_sale：促销前销售额（月）。

s_sale：促销后销售额（月）。

（7）数据集：pm_customer_train2.sav

说明：数据为 SPSS 软件官方数据，用于研究客户消费行为的影响因素。数据文件包括客户购买行为、人口学特征和订单行为的数据集合。

变量如下所示。

customer_id：客户标识编号。

gender：性别。

purchase：客户是否产生购买行为，1 为产生购买行为，0 为未产生购买行为。

youngest_child：家庭孩子的最小年龄。

feedindex：食品消费指数，用于研究消费的潜力指标。

debt：（家庭外）贷款。

household_debt：家庭贷款。

income：收入。

members_household：人口数量。

number_products：购买商品数量。

number_transactions：交易记录，包括购买、退货记录。

non_worker_percentage：非工人比例。

white_collar_percentage：白领比例。

（8）数据集：客户信息表 .sav

说明：此数据用于研究用户的消费行为特征。数据包括人口学特征和订单行为数据，其中记录了首次订单时间和最后订单时间，其时间差用于计算商品的订购周期（商品订购周期的 2 倍或 3 倍可以用来判断客户流失的严重程度）。数据还包括订单金额和代金券的使用的使用。

变量如下所示。

cd_cust_id：客户唯一标识编号。

cd_age：年龄。

cd_province：客户所在地。

cd_sex：性别。

cd_firstord_date：第一笔订单时间。

cd_firstord_id：第一笔订单对应的订单编号。

cd_lastord_date：最后一笔订单时间。

cd_lastord_id：最后一笔订单对应的订单编号。

cd_ord_number：所有订单量总计。

cd_ord_amount：所有订单金额总计。

cd_pro_amount：用户代金券的使用额度。